18, 226, 452

LA PALESTINE

AU TEMPS DE JÉSUS-CHRIST

LA PALESTINE

AU TEMPS DE JÉSUS-CHRIST

D'APRÈS

LE NOUVEAU TESTAMENT, L'HISTORIEN FLAVIUS JOSÈPHE

ET LES TALMUDS

PAR

EDMOND STAPFER

DOCTEUR EN THÉOLOGIE

MAITRE DE CONFÉRENCES A LA FACULTÉ DE THÉOLOGIE PROTESTANTE DE PARIS

PARIS

LIBRAIRIE FISCHBACHER

(Société anonyme)

33, RUE DE SEINE, 33

1885

PRÉFACE

—

Ce volume se compose d'une série d'études sur la vie sociale et religieuse des Juifs du premier siècle et continue l'ouvrage que j'ai fait paraître en 1876 [1] ; mon but, en le publiant, est de faciliter l'intelligence des Évangiles.

Je ne connais pas de livre français racontant ce que les Allemands appellent *die neutestamentliche Zeitgeschichte* (l'histoire contemporaine du Nouveau Testament) ; j'essaie de combler cette lacune de notre littérature théologique. Ai-je besoin d'insister sur le puissant intérêt d'une étude de la société au sein de laquelle Jésus a grandi et vécu? Le premier siècle de notre ère a vu s'accomplir le plus grand fait de l'histoire du monde; le christianisme, religion universelle et définitive, y est né et a commencé à se substituer aux cultes nationaux et transitoires dont les hommes s'étaient jusque-là contentés. Il a succédé avant tout au Judaïsme, religion essentiellement nationale. Celui-ci l'a

---

[1] *Les Idées religieuses en Palestine à l'époque de Jésus-Christ.* Paris, chez Fischbacher : 1 vol. in-12, 2ᵉ édit., 1877.

1

enfanté, et on peut dire que ce laborieux travail lui a coûté la vie. L'enfant a tué sa mère en venant au monde. Saint Paul, en particulier, a porté à la religion de ses pères des coups mortels dont elle ne pouvait pas se relever. Elle a succombé au premier siècle, mais les Pharisiens et les Docteurs de la loi sont parvenus à embaumer son cadavre. Grâce à leurs gigantesques efforts, le Judaïsme a traversé les âges; il subsiste encore à l'état de momie. Les Talmudistes ont pratiqué l'embaumement et, après dix-huit cents ans écoulés, nous avons sous les yeux le spectacle étrange de cette momie. Elle est bien morte, comme toutes les momies; mais elle est merveilleusement conservée. Or, c'est précisément à l'époque de Jésus-Christ que la vie religieuse du Judaïsme expirant a commencé de prendre ces formes arrêtées et définitives qui semblent devoir ne passer jamais. La nation juive a disparu, mais sa nationalité même se perpétue au milieu des plus étonnantes péripéties, des plus effroyables bouleversements; le culte mosaïque a disparu, mais la Synagogue en éternise le souvenir; le Pharisaïsme a disparu, mais l'Israélite de nos jours descend en droite ligne des Pharisiens. Ce fait est unique dans les fastes de l'humanité et la vérité de la parole du chapelain de Frédéric II s'impose à nous. Comme le roi libre-penseur lui demandait de prouver d'un seul mot l'action de Dieu dans l'histoire, il répondit : Sire, les Juifs !

INTRODUCTION

—

LES SOURCES DE CE LIVRE

Le Nouveau Testament, les écrits de Josèphe et les Talmuds, tels sont, le titre l'indique, les trois sources que nous
avons consultées. Il n'y en a point d'autres, en effet. Les
écrits pseudépigraphes, composés en Palestine aux environs
de l'ère chrétienne, n'ont d'importance que pour l'histoire
des idées du peuple juif. Ils ne nous renseignent ni sur sa
vie sociale, ni sur ses pratiques religieuses. Nous aurons l'occasion de parler de ces singuliers écrits en traitant de la
littérature juive au premier siècle, mais ils ne sauraient,
à aucun titre, être considérés comme des sources pour
l'étude que nous entreprenons. Quant aux auteurs païens,
les détails qu'ils nous donnent çà et là sur les Juifs sont
assez insignifiants. Parmi les Grecs, nous mentionnerons
Polybe ; les fragments des quinze derniers livres de son histoire romaine donnent quelques renseignements sur la Judée ;
Diodore de Sicile, dont on a conservé un passage sur Antio-

chus Epiphane ; Strabon, dont les notices géographiques sur
la Syrie ont une réelle valeur ; Plutarque qui parle des Juifs
à propos de Crassus, de Pompée, de César, de Brutus et
d'Antoine; enfin Appien et Dion Cassius qui avaient écrit
des ouvrages considérables dont quelques fragments sont
parvenus jusqu'à nous. Parmi les écrivains latins, nous
trouvons, dans les lettres et les discours de Cicéron, quelques
détails pour l'histoire de la Syrie. Tacite avait raconté le
siège de Jérusalem en parlant des règnes de Vespasien et de
Titus dans ses *Histoires*. Mais nous n'avons qu'un fragment
de cet ouvrage. Heureusement que nous y trouvons un abrégé
de l'histoire des Juifs jusqu'à la guerre de Titus. Quant aux
Annales qui racontent l'histoire romaine de l'an 14 à l'an
68, elles nous ont été heureusement conservées, sauf un
passage, et servent avec les *Douze Césars* de Suétone à nous
renseigner çà et là sur les rapports des Juifs avec le monde
romain au premier siècle. Tout cela, on le voit, est fort peu
de chose, et nous avons raison d'affirmer qu'il ne nous reste
que trois sources de l'histoire des Juifs contemporains de
Jésus-Christ : 1° les écrits des premiers chrétiens, anciens
Juifs qui avaient tous vécu en Palestine, et dont les ouvrages
furent plus tard réunis sous le nom de Nouveau Testament;
2° les écrits de Flavius Josèphe, le grand historien juif qui
s'est étendu en détail, à plusieurs reprises et dans différents
ouvrages, précisément sur les évènements de l'histoire juive
au Ier siècle, et enfin 3° les Talmuds, vaste et indigeste compilation de sentences rabbiniques, qui offre, à celui qui se
donne la peine de l'étudier, un tableau fidèle des mœurs, des
croyances, de l'état social et religieux des contemporains de
Jésus.

1° LE NOUVEAU TESTAMENT

Les écrits des premiers chrétiens, des témoins de la vie de
Jésus, apôtres ou compagnons d'apôtres, prirent de bonne
heure une très grande valeur dans l'Église chrétienne. La

tradition orale, d'abord puissante, se perdait et devenait incertaine. Les communautés avaient pris l'habitude de lire les
livres des apôtres au culte public et les plaçaient sur le même
rang que le Code sacré des Juifs, connu sous le nom d'Ancien Testament, et que leur avait transmis la Synagogue. On
donnait différents noms à cette collection de documents chrétiens. Peu à peu, celui de Nouveau Testament fut employé et
généralement adopté. Chaque Église avait le sien et il pouvait différer des autres. Celle-ci acceptait tels livres et rejetait tels autres, celle-là faisait le contraire. La plupart divisaient le recueil en deux parties : les livres *incontestés*, universellement admis, et les livres *contestés*, qui restaient l'objet de discussions plus ou moins critiques. Enfin, au quatrième siècle, le choix définitif fut fait. Un certain nombre
d'écrits contestés disparurent de tous les recueils sacrés, et les
autres, au contraire, prirent le rang et l'autorité des incontestés. Le *Nouveau Testament*, sous sa forme actuelle, fut décidément fixé et, joint à l'Ancien Testament, tous deux formèrent depuis ce temps ce qu'on appelle la Bible. Les livres
dont se compose le Nouveau Testament sont donc d'origines
et de dates fort diverses, et, depuis plus d'un siècle, toutes
les questions critiques possibles, authenticité, intégrité, historicité, etc., ont été soulevées à leur sujet. Elles ont été
discutées, résolues, puis remises en question, résolues autrement, étudiées de nouveau, et il en sera ainsi pendant longtemps encore. Nous n'avons pas à nous engager ici dans ce
dédale et à nous prononcer sur l'ensemble des problèmes si
délicats et si importants soulevés par l'étude de chacun des
livres du Nouveau Testament. Nous n'avons qu'à juger de
leur valeur historique. Pouvons-nous nous fier à leur témoignage, et les renseignements qu'ils nous donnent sur l'époque
de Jésus et sur le Judaïsme du premier siècle en Palestine
sont-ils dignes de foi ? Telle est la question, et nous n'hésitons pas à la résoudre par l'affirmative. Il importe de justifier en quelques mots cette réponse.

Le Nouveau Testament nous offre d'abord trois écrits, trois Évangiles appelés Evangiles synoptiques, parce qu'ils rapportent presque constamment les mêmes évènements. L'examen le plus superficiel leur donne une source commune ; ils ne forment à eux trois qu'un seul document, le document synoptique. Sous leur forme actuelle, qu'ils aient été ou non précédés d'Évangiles aujourd'hui perdus, ils ont été écrits après l'an 60 et avant l'an 80. Nous plaçons l'Évangile de Marc le premier, celui de Matthieu le deuxième, celui de Luc le troisième, et, s'il fallait préciser les dates, nous dirions : l'Évangile de Marc a été écrit vers l'an 65 ; la rédaction grecque actuelle de l'Evangile de Matthieu fut faite un peu avant 70 et l'Evangile de Luc fut composé un peu après cette époque.

Le caractère anonyme de ces écrits, la simplicité, la naïveté avec lesquelles leurs auteurs composent leurs récits, donnant les faits sans beaucoup d'ordre ni de soin, les groupant les uns à la suite des autres et sans esprit critique, nous montrent assez que nous avons affaire à des chroniqueurs se bornant à collectionner ce que la tradition leur a transmis. Les trois premiers Évangiles nous offrent des récits qui ont dû être conservés longtemps dans la tradition orale et que les Évangélistes ont insérés dans leurs ouvrages tels qu'on les récitait encore de leur temps. Ils abondent en détails certainement exacts sur les Pharisiens, les Saducéens, les Scribes ; ils nous donnent le spectacle authentique des discussions des Docteurs et des Rabbins, la vraie physionomie des croyances messianiques, la juste notion des coutumes du premier siècle. Celles-ci apparaissent partout dans leur rédaction, et en particulier dans les paraboles du Christ dont les sujets étaient toujours empruntés à la vie sociale de ses auditeurs. Les paroles que les Évangélistes placent dans la bouche des personnages qui sont en scène, les détails de mœurs épars çà et là dans les faits qu'ils rapportent, les révélations qu'ils renferment sur les coutumes, les doctrines, la vie religieuse des

Juifs du premier siècle, tout cela est d'une sincérité et, par suite, d'une historicité incontestable. Les Évangélistes n'ont aucune prétention critique, aucun esprit de jugement; ils sont simples et naïfs et, par conséquent, fidèles.

Le livre des *Actes des Apôtres*, continuation de l'Évangile de Luc, témoigne d'un esprit critique plus étendu. Son auteur, qui, déjà dans le troisième Évangile, classait ses sources et les jugeait, a décidément ici ses préférences. On ne peut méconnaître chez lui un désir de concilier les deux grandes tendances qui s'accusaient dans l'Eglise primitive, celle des Judéo-Chrétiens et celle des Pagano-Chrétiens. Mais la discussion de ce problème, si intéressant pour la critique approfondie du livre des *Actes*, n'a point d'importance pour nous. Nous n'aurons, pour ainsi dire, aucun emprunt à faire à cet ouvrage. Qu'il nous suffise de dire ici qu'il nous offre, à tout prendre, un tableau fidèle du monde juif et romain au premier siècle. Nous n'aurons point non plus à citer les Épîtres catholiques et l'Apocalypse. Ces livres, sauf peut-être l'Épître de Jacques, ont été écrits sous l'empire de préoccupations étrangères au Judaïsme contemporain de la vie de Jésus.

Il reste les Épîtres de saint Paul et le quatrième Évangile. Les Epîtres de saint Paul auront pour nous une importance capitale. Elles ont été écrites par un ancien Pharisien, par un homme qui a passé sa jeunesse à Jérusalem, qui y a vécu en même temps que Jésus et dans un monde différent du sien, dans le monde officiel des Docteurs et des Scribes. Il y a pris leurs habitudes de langage et de raisonnement, il est rompu à leur manière de discuter, il connaît à fond leurs doctrines, il les a lui-même crues et pratiquées. Les Épîtres de Paul seront donc pour nous une mine inépuisable de renseignement sur la vie religieuse des Juifs contemporains de Jésus.

Le quatrième Évangile a un tout autre caractère. Rédigé à la fin du premier siècle, il offre un mélange curieux de parties certainement historiques, de détails qui remontent irrécusa-

blement à la vie de Jésus et de parties plus difficiles à accepter,
de détails où la personnalité de l'auteur est presque seule en
scène. Aussi ce livre est-il peut-être le plus extraordinaire
qui ait jamais été écrit. Il est aussi difficile de nier son
authenticité que d'admettre sa pleine et entière historicité.
Il reste et restera la croix des théologiens, pour employer la
vieille expression consacrée. Nous croyons qu'il est de l'apôtre
Jean, soit qu'il ait été rédigé par lui, soit qu'il ait été écrit
par ses disciples immédiats et sous son inspiration directe ;
mais, à l'inverse des Synoptiques, son authenticité est pour
nous plus évidente que son historicité. Pour ceux-là, l'historicité est certaine et le nom de l'auteur importe peu. Pour
le quatrième Évangile, le nom de l'auteur importe beaucoup, mais, une fois qu'il est trouvé, il reste à faire la part
de sa personnalité dans la rédaction de son livre, ce qui
est d'une inextricable difficulté. Nous ne le consulterons
donc qu'avec prudence ; mais, en même temps, avec confiance, car nous n'oublierons pas que c'est Jésus qui a créé
la personnalité de Jean et non pas Jean celle de Jésus.
Nous contrôlerons toujours les données du quatrième Évangéliste par celles des Synoptiques, mais elles auront pour
nous, de prime abord, une grande autorité, car elles nous
donnent, elles aussi, sur le milieu dans lequel Jésus a vécu,
des renseignements dont il nous semble impossible de méconnaître la vérité.

2° LES ÉCRITS DE JOSÈPHE

Flavius Josèphe naquit à Jérusalem la première année du
règne de Caligula, qui commença le 16 mars 37 après Jésus-
Christ. Nous savons, d'autre part, que lorsqu'il termina son
ouvrage, intitulé les *Antiquités judaïques*, il était dans sa
cinquante-sixième année, et que Domitien était dans la treizième année de son règne. Or, celle-ci commençait le 13 septembre 93 ; Josèphe est donc né après le 13 septembre 37 et
avant le 16 mars 38. Nous ne connaissons sa vie que par le

récit qu'il en fait lui-même dans son *Autobiographie* et par
les détails épars dans son *Histoire de la guerre des Juifs*.
Recueillons d'abord le témoignage qu'il se rend à lui-même.
Il nous raconte qu'il était de race sacerdotale et d'une famille
très estimée. Une de ses ancêtres maternelles aurait été fille
de Jonathan, le premier grand-prêtre macchabéen[1]. A quatorze ans, il possédait, dit-il, si complètement la science rabbinique que les prêtres et les principaux personnages de la
ville venaient l'interroger et se faisaient instruire par lui. Il
affirme ensuite qu'à seize ans il connaissait à fond les doctrines des Pharisiens, des Saducéens et des Esséniens. Il
s'était livré à cette étude pour pouvoir choisir en connaissance de cause celle des trois tendances qui lui conviendrait
le mieux; mais, avant de se prononcer, il se retira au désert
auprès d'un certain Banus, qui lui donna la dernière consécration. Banus se nourrissait de fruits sauvages, avait un
vêtement d'écorces et se livrait fréquemment à des baptêmes
ou ablutions religieuses. Josèphe vécut trois ans dans son
intimité, puis se décida pour la secte des Pharisiens; il avait
dix-neuf ans[2]; à vingt-six ans (64 après Jésus-Christ), il fit le
voyage de Rome. Il était alors avocat et chargé d'une mission importante par des Juifs que le procurateur Félix avait
fait illégalement déporter. Un acteur juif de sa connaissance
le recommanda à l'impératrice Poppée et, grâce à son intervention, il obtint gain de cause pour ses clients. Revenu en
Judée (66), il se mêla activement aux intrigues politiques qui
devaient aboutir au soulèvement général de son peuple
contre les Romains. Les Saducéens étaient opposés à la
guerre, « A quoi bon », disaient-ils, « une lutte inégale?
pourquoi courir à une perte certaine? » Les Pharisiens
étaient au contraire pour la résistance; mais ils se partageaient en deux camps: les intransigeants, étroits et fanatiques, qui prêchaient la lutte à outrance et qui ne reculaient

[1] *Vita*, § 1; *D. B. J.*, préface, § 1.
[2] *Vita*, § 2.

pas devant le meurtre; on comptait parmi eux les sicaires
exaltés qui poignardaient tout transgresseur de la loi; à côté
d'eux se trouvaient les Pharisiens modérés qui conseillaient
la prudence. Josèphe était de ce nombre. Il avait même commencé par s'opposer à la guerre. Dans son voyage de Rome,
il avait vu de quelle formidable puissance disposaient les
Romains. Mais quand il comprit que l'insurrection était inévitable, il demanda un commandement et fut chargé d'orga-
niser et de diriger le soulèvement de la Galilée. C'était un
poste des plus difficiles. La Galilée n'était pas sûre; sa population était fortement mêlée d'éléments païens et, de plus,
cette province devait recevoir le premier choc de l'ennemi.
Pourquoi une pareille mission fut-elle confiée à Josèphe?
Est-ce le parti des modérés qui est parvenu à le faire nommer? ou plutôt les exaltés n'ont-ils pas voulu l'éloigner de
Jérusalem?[1] A partir de ce moment, l'histoire de Josèphe se
confond avec l'histoire de la dernière guerre des Juifs. Le
récit qu'il nous fait des actes de son gouvernement en Galilée[2] manque malheureusement de clarté. Il nous parle des
forces considérables qu'il avait réunies et, en même temps,
nous raconte que la Galilée était si peu disposée à combattre
qu'il dut soumettre à son autorité des villes où cependant ne
se trouvait pas un seul Romain. Quand Vespasien arriva, la
province entière se rendit. Les places fortes ouvrirent leurs
portes les unes après les autres, sauf une seule, Jotapata, où
Josèphe se réfugia avec ses dernières troupes. La relation
qu'il fait du siège de cette forteresse est intéressante et bien
écrite[3]. Il veut capituler; ses troupes le forcent à rester et
lorsqu'enfin il faut céder, il parvient à se cacher avec ses
officiers dans une sorte de caverne, dont l'entrée était presque impraticable et où il échappe quelque temps à la fureur
des Romains; mais il est trahi, et Vespasien lui envoie l'ordre

[1] *D. B. J.*, II, 20, 4; *Vita*, § 7.

[2] *Vita*, § 7 — 71.

[3] *D. B. J.*, III, 6-13.

de se rendre. Ses compagnons le contraignent de rester et ils décident qu'ils se tueront les uns les autres en désignant par le sort ceux qui mourront les premiers. Le hasard veut que Josèphe reste seul avec un soldat auquel il persuade de se rendre au vainqueur, et ils sortent de la caverne au milieu des cris de mort des légions. Josèphe, conduit devant le général Vespasien, lui prédit immédiatement, et sans hésiter, que les successeurs de Néron ne règneront que peu de temps, et qu'un jour il aura l'empire. Vespasien lui laisse alors la vie sauve, le traite même avec prévenance et lorsque, plus tard, il fut nommé empereur par ses légions, il se souvint de la prophétie de son prisonnier et lui rendit la liberté[1]. Josèphe, affranchi, prit par reconnaissance le nom de famille de Vespasien, *Flavius*, et à dater de ce jour il resta attaché à la maison impériale. Pendant le siège de Jérusalem, les Romains l'employèrent souvent comme parlementaire. Il va sans dire que les assiégés lui reprochaient sa défection et l'accusaient d'avoir trahi leur cause. Plusieurs fois des pierres furent lancées contre lui du haut des murailles; son père Mathias et son frère, restés dans la ville, furent massacrés par la populace comme suspects. Après la prise de Jérusalem, il fut assez heureux pour sauver quelques-uns de ses amis du supplice de la croix.

Nous ne savons presque rien de la fin de sa vie. Il vécut à Rome, protégé par Domitien et plus encore par l'impératrice Domitia[2]. Il fut, du reste, très en faveur auprès des trois empereurs Flaviens: Vespasien, Titus et Domitien. La date de sa mort est inconnue : il vivait encore dans les premières années du second siècle, car il a écrit son autobiographie après la mort d'Agrippa, et ce prince mourut la troisième année de Trajan, en l'an 100. Eusèbe[3] affirme qu'on éleva à Rome une statue à Josèphe. Il s'était marié trois fois. Pen-

---

[1] *D. B. J.*, IV, 10, 7.
[2] *Vita*, § 76.
[3] *H. E.*, 3, 9.

dant sa captivité à Césarée, il avait épousé une juive qu'il répudia pour se remarier à Alexandrie où il avait accompagné Vespasien. Il eut un fils de ce second mariage; puis il divorça encore une fois pour épouser une autre juive crétoise, de laquelle il eut plusieurs enfants.

Nous venons de résumer la vie de Josèphe en citant son propre témoignage. La critique de ce récit est difficile; les moyens d'en contrôler l'exactitude nous manquent presque complètement: mais on éprouve en le lisant un sentiment naturel de défiance. L'auteur parle trop de lui dans ses écrits: on le trouve à la fois léger et vaniteux. En outre, certains détails de sa narration sont décidément inacceptables. Les personnes qui savent ce qu'était alors la science rabbinique ne croiront jamais qu'il fût capable, à quatorze ans, de donner des instructions aux légistes de son temps. Sa prétention d'avoir étudié à fond les diverses tendances religieuses de son siècle et d'avoir lui-même été un Pharisien zélé est injustifiable. Il nous donne, dans ses histoires, des notions tout à fait erronées sur les Pharisiens, les Saducéens et les Esséniens. Le parallèle qu'il fait entre leurs doctrines et les philosophies de la Grèce n'a aucun fondement sérieux, et quand il passe sous silence les passions politiques des Pharisiens, assimilant bon gré mal gré, le pharisaïsme au stoïcisme, il commet là des erreurs d'autant plus impardonnables qu'elles sont intentionnelles. Il falsifie l'histoire dans son intérêt personnel et dans l'intérêt de son peuple; car il lui fallait à tout prix se faire bien voir des Romains.

Ce n'est pas tout. Josèphe, en parlant de lui dans ses écrits, prend toujours le ton d'un accusé qui se défend. On sent que des reproches graves lui étaient faits par ses compatriotes et qu'il avait à se justifier devant eux. Nous le savons, du reste. Juste de Tibériade avait écrit, lui aussi, l'histoire de la guerre juive, et il y accusait Josèphe de trahison envers sa patrie. Celui-ci dirigea son autobiographie toute entière contre Juste de Tibériade. Toute l'histoire du siège de Jotapata, avec la prédiction qui la termine, a une couleur légendaire très prononcée. S'il s'étend ainsi sur sa conduite en Galilée, sur le rôle qu'il a joué dans cette province, c'est certainement que l'opinion publique lui était ici défavorable et qu'il avait à se réhabiliter devant elle. Josèphe nous apparaît dans tout ce récit, comme un homme plein de confiance en lui-même et qui, à l'heure de la défaite, n'a pas eu la même force morale que ses compatriotes égarés et enthousiastes si nombreux autour de lui. Plus tard, quand il écrivit l'histoire de cette guerre, il n'eut pas davantage le sentiment de la grandeur de la lutte qu'il racontait. Il alla jusqu'à démentir froidement l'espérance messianique, en appliquant à Vespasien les prophéties des livres saints [1], et il prétendait connaître les Pharisiens! et être lui-même un Pharisien! Du reste, il n'a pas assez de talent pour peindre les évènements sous leur vrai jour. Nous ne nierons pas cependant que l'intérêt ne l'ait rendu fort habile. Il voulait faire reconnaître aux Romains la grandeur historique de son peuple; sa nation était haïe et il a essayé dans ses écrits de la relever aux yeux de ses détracteurs, sans pour cela renier la foi mosaïque et sans méconnaître ouvertement les traditions reçues. Lui-même professait une philosophie rationaliste assez inoffensive, celle du déisme et de la morale naturelle.

Il nous reste quatre écrits de Josèphe: 1° Περὶ τοῦ Ἰουδαϊκοῦ πολέμου, la Guerre Juive, ou De Bello Judaïco [2]. Il a divisé cet ouvrage en sept livres [3]. L'histoire même de la guerre est précédée d'une introduction qui embrasse tout le premier livre et la moitié du second et qui raconte les faits accomplis depuis Antiochus Epiphane (175 avant J.-C.) jusqu'à la déclaration de guerre (66 ans après J.-C.). La fin du second livre nous raconte la première année de la

[1] D. B. J., V, 5, 4.
[2] Vita, § 74.
[3] Ant. Jud., XIII, 10, 6.

guerre. Josèphe s'y montre assez médiocre historien ; il ne nous rapporte point les vraies causes du soulèvement des Juifs; il ne parle ni des tendances des partis, ni de la politique suivie par les Romains ; il se borne au rôle de chroniqueur qui enregistre les faits.

Du troisième au septième livre, c'est le témoin oculaire qui parle, et la lecture devient vraiment émouvante. Le troisième livre traite de l'insurrection en Galilée (67 après J.-C.). Les quatrième, cinquième et sixième racontent les autres faits de la guerre et le siège de Jérusalem ; le septième, enfin, relate les derniers évènements jusqu'à la défaite définitive des insurgés. Josèphe avait d'abord écrit cette histoire en langue aramaïque; plus tard, il la traduisit lui-même en grec. Pour la rédaction de cet ouvrage, il a, avant tout, utilisé ses souvenirs personnels. Il semble, en particulier, avoir été bien renseigné pour le siège de Jérusalem. Il nous raconte qu'il prenait des notes pendant les opérations et qu'il avait, par les déserteurs, de fréquents rapports sur ce qui se passait dans la ville [1]. Vespasien et Titus auxquels il remit son ouvrage, reconnurent, dit-il, la parfaite exactitude de son récit. Il date probablement de la fin du règne de Vespasien [2].

2° Ἰουδαϊκὴ ἀρχαιολογία, l'*Histoire ancienne des Juifs* ou *les Antiquités Judaïques*, traite en vingt livres l'histoire du peuple juif, depuis les origines jusqu'à la déclaration de guerre aux Romains (66 après J.-C.). Les dix premiers livres répètent les faits racontés dans l'Ancien Testament et nous mènent jusqu'à la captivité de Babylone. Le livre onzième raconte les évènements accomplis depuis le règne de Cyrus jusqu'au règne d'Alexandre le Grand. le douzième se termine à la mort de Judas Macchabée (160 av. J.-C.); le treizième à la mort d'Alexandre (67 av. J.-C.); le quatorzième au début du règne d'Hérode le Grand (37 av. J.-C.). Le règne de ce

---

[1] *Contr. App.*, I, 9.

[2] *Contr. App.*, I, 9 ; *Vita*, § 65.

prince, mort en l'an 4 av. J.-C., est raconté dans les quinzième, seizième et dix-septième livres. Enfin, les trois derniers rapportent les événements accomplis depuis la mort
d'Hérode jusqu'à l'an 66 ap. J.-C., date de la déclaration de
guerre. Josèphe, pour les premiers livres de son histoire jusqu'à Néhémie, n'a pas eu d'autres sources à sa disposition
que l'Ancien Testament, dont il abrège ou développe le contenu ; il a dû emprunter ses développements à la tradition rabbinique [1]. Il est très incomplet et insuffisant pour l'époque
écoulée de Néhémie à Antiochus Epiphane (440-175 av. J.-C.),
ce qui est d'autant plus regrettable qu'il est pour nous le
seul historien de cette période. Or, il semble n'avoir eu aucune idée de son importance exceptionnelle et du développement que prit alors le judaïsme. Il ne nous parle ni de l'origine de la Synagogue, ni de celles du Pharisaïsme, du Saducéisme, de l'Essénisme. Pour l'histoire des Asmonéens, il a
utilisé le premier livre des Macchabées, Polybe, Strabon et
Nicolas Damascène. Il paraît avoir été très bien renseigné sur
le règne d'Hérode le Grand. En revanche, il l'est fort mal
sur ses successeurs, sauf sur les deux Agrippa. C'était de
l'histoire contemporaine et il pouvait interroger les témoins
et les acteurs des faits qu'il rapportait. Josèphe écrivit son
ouvrage des *Antiquités judaïques* sur la demande d'un certain Epaphrodite dont il était le client [2]. Celui-ci, qui ne savait pas l'hébreu et qui ne comprenait pas bien les Septante,
engagea Josèphe à composer une histoire de son peuple à l'u-
sage des Græco-Romains. Cette proposition fut accueillie avec
empressement. Ce grand travail n'était donc pas destiné par
l'auteur à ses compatriotes, mais aux païens ; il veut relever
les Juifs à leurs yeux ; on les accuse de ne pas avoir d'histoire, de ne pas avoir de héros ; il va prouver le contraire,

---

[1] Voyez Hartmann : *Die enge Verbindung des alten Testaments mit dem neuen*, 1831, p. 464-514.

[2] *Antiq. Jud.*, I ; *Contr. App.*, II, 41 ; *Vita*, § 76.

raconter la haute antiquité de son peuple, les grands faits de son passé, et l'arracher au mépris qu'on lui montre [1].

Tout en racontant l'histoire des Juifs, il ne perd pas de vue son apologie personnelle et répond aux attaques de Juste de Tibériade. Disons à la louange de Josèphe qu'il ne fit rien pour perdre son rival, ce qui lui aurait été facile, puisqu'il était bien vu à la cour. Il se borna à se défendre par la plume et il le fit, du reste, assez faiblement, se contentant d'en appeler aux approbations officielles de Titus et d'Agrippa II. Cet ouvrage des *Antiquités judaïques* fut écrit en plusieurs fois [2] et achevé l'an 13 de Domitien (93-94 ap. J.-C.).

3o *L'autobiographie (vita).* Cet ouvrage n'est pas, comme on pourrait le croire d'après le titre, un récit de la vie de Josèphe, mais une apologie de sa conduite en Galilée (66-67 ap. J.-C), lorsqu'il y commandait en chef les forces juives pendant l'insurrection (§ 7-§ 74). Les paragraphes 1-6 et 75-76 ajoutent à cette apologie quelques détails biographiques, servant d'introduction et de conclusion. C'est encore pour répondre à Juste de Tibériade, qui, dans ses écrits, avait présenté les faits sous un jour peu favorable à Josèphe, que celui-ci rédigea ces quelques pages vers la fin de sa vie.

4o *Contre Appion, ou de la haute antiquité du peuple juif,* ouvrage en deux livres, écrit en réponse aux attaques d'Appion, savant égyptien, qui, cinquante ans auparavant, avait contesté, non sans une certaine érudition, l'ancienneté de la religion juive, ce qui, aux yeux d'un grec, lui enlevait tout crédit et tout prestige. Le livre d'Appion avait été beaucoup lu vers le règne de Tibère, et était encore célèbre. Josèphe y répond dans un plaidoyer plein de parti-pris et sans aucune valeur critique. Il y cherche à justifier les Juifs de tout les bruits qui circulent contre eux. Cet ouvrage fut écrit après l'an 93 [3].

---

[1] *Ant. Jud.*, XVI, 6, 8.

[2] Préface, § 2.

[3] I, 10.

Outre ces quatre écrits, on trouve souvent dans les éditions de Josèphe le *Quatrième livre des Macchabées*, intitulé aussi : *De l'empire de la raison*. Les Pères de l'Eglise lui en attribuaient la rédaction [1]. Les critiques modernes sont d'accord pour nier que cet ouvrage soit de lui. Cependant M. Reuss ne se prononce pas et ne trouve pas décisifs les motifs invoqués contre son authenticité [2].

Un important écrit de Josèphe a été perdu. Il y fait allusion plusieurs fois dans les *Antiquités judaïques* en disant : καθὼς καὶ ἐν ἄλλοις δεδηλώκαμεν [3]. Les citations qu'il fait de ce écrit perdu se rapportent toutes à l'histoire des rois Séleucides [4].

Dans l'antiquité et dans l'Eglise du moyen-âge, Josèphe jouit d'une réputation que peu d'historiens ont eue. Renié par les Juifs, inconnu des Talmudistes, il avait été adopté par les chrétiens comme un des leurs. Ses écrits complétaient pour eux l'Histoire sainte et en confirmaient la vérité. De plus, ses récits de l'Ancien Testament étaient plus faciles à lire que l'Ancien Testament lui-même. Il n'avait point de passages didactiques ni de développements abstraits, et se bornait à narrer les faits en les peignant sous de vives couleurs. Son histoire des Hérodes était un commentaire excellent des Evangiles, et sa narration du siège de Jérusalem fut longtemps une des bases de l'apologétique chrétienne, le Christ ayant prédit dans ses discours eschatologiques les faits mêmes qu'il racontait. Enfin, il parlait de Jean-Baptiste [5], de Jésus-Christ [6], de saint Jacques [7].

---

[1] Eusèbe, *H. E.*, 3, 10; Jérôme, *Catal. script. eccl.*

[2] *Revue de théologie de Strasbourg*, année 1859, p. 270.

[3] *Ant. Jud.*, XIII, 2, 1; 2, 4; 4, 6 et 5, 11.

[4] Nous avons utilisé l'édition des œuvres complètes de Josèphe publiée par Firmin Didot en 1845 : Φλαβίου Ἰωσήπου τὰ Εὑρισκόμενα, 2 vol. in-8, édit. Dindorf.

[5] *Antiq. Jud.*, XVIII, 5, 2.

[6] *Antiq. Jud.*, XVIII, 3, 3.

[7] *Antiq. Jud.*, XX, 9, 1.

Ses ouvrages formaient donc une sorte de supplément à la Bible et ils acquirent par là une immense popularité.

On en fit des éditions chrétiennes. Ces éditions chrétiennes parurent de très bonne heure, car son passage sur Jésus-Christ ne nous est parvenu qu'interpolé par les chrétiens ; peut-être même a-t-il été entièrement composé par eux. Ce passage, où Jésus-Christ est expressément désigné comme le Christ annoncé par les prophètes, servit pendant des siècles à défrayer l'apologétique.

Voici ce passage : « Dans ce temps vécut Jésus, homme « sage, si toutefois il est permis de ne voir en lui qu'un « homme. Car il accomplit des œuvres admirables, il fut le « maître de ceux qui trouvent du plaisir à recevoir la vérité. « Il attira à lui plusieurs Juifs et même plusieurs païens. « Il était le Christ (ὁ Χριστὸς οὗτος ἦν). Quand Pilate, auquel « l'avaient dénoncé les principaux de notre nation, l'eut « condamné au supplice de la croix, ceux qui l'avaient aimé « d'abord n'ont pas cessé de l'aimer. Il leur apparut, en « effet, le troisième jour, vivant, comme les divins oracles « l'avaient prédit, ainsi que mille autres choses étonnantes « sur lui. Le peuple des chrétiens, qui a reçu ce nom à cause « de lui, subsiste jusqu'à aujourd'hui. »

L'authenticité de ce morceau finit cependant par être mise en doute et, au dix-septième siècle, il n'était plus défendu par personne. On comprend, du reste, que les Pères de l'Eglise aient accueilli avec enthousiasme un historien juif qui leur fournissait des armes si commodes pour la conversion des Juifs et des païens. Justin Martyr, Clément d'Alexandrie, Tertullien, Origène, Eusèbe, Basile, Grégoire de Nazianze, le portaient aux nues ; Jérôme l'appelle le Tite-Live grec. Sa renommée fut si grande au moyen-âge qu'une réaction était inévitable, et dans les temps modernes on a parfois trop rabaissé Josèphe. Le personnage lui-même est certainement peu intéressant : vaniteux et prétentieux, il a le tort de se prendre sérieusement pour un grand écrivain.

S'il n'a pas été absolument traître à sa patrie, puisqu'il a cherché à justifier les Juifs des accusations qui pesaient sur eux, cependant il a accepté la faveur des Romains, et en particulier des empereurs, qui avaient anéanti sa nation.

Comme écrivain, nous ne devons pas le comparer aux grands classiques, ce serait injuste, mais aux autres historiens de son temps, et il tient parmi eux une place honorable. Si son style est artificiel, si sa rhétorique est déplaisante, ce sont-là des défauts dont son époque est plus coupable que lui-même. Quand ses sources sont bonnes, il sait les utiliser ; il lui arrive même de les critiquer avec intelligence [1]. Le reproche le plus grave à lui faire est d'avoir quelquefois falsifié l'histoire dans son intérêt personnel. Il prétend, par exemple, que la haine de son peuple pour les Romains n'était que le crime isolé de quelques fanatiques, quand il sait fort bien que sa nation toute entière partageait la haine de l'étranger. C'est encore le vain désir de cacher les passions politiques de ses compatriotes et la prétention de trouver, en Judée comme en Grèce, des écoles de philosophie stoïcienne ou épicurienne, qui lui a fait dénaturer la vraie physionomie des partis religieux en Palestine. On peut affirmer, toutefois, que l'ensemble de ses récits est exact, autrement il n'aurait pas osé en appeler au témoignage de Vespasien, de Titus et d'Agrippa. Quand il mourut, il préparait un grand ouvrage sur Dieu et son essence et sur la loi de Moïse [2].

3° LES TALMUDS

Après la restauration d'Esdras et de Néhémie, lorsque le peuple fut tout entier devenu fidèle et que la Loi fut lue régulièrement dans les synagogues, il se forma des collèges de docteurs plus spécialement versés dans l'étude du texte sacré

---

[1] *Antiq. Jud.*, XIV, 1, 3 ; XV, 6, 3 ; XVI, 7, 1 ; XIX, 1, 10 ; XIX, 1, 14.

[2] *Ant. Jud.*, I, 1, 1 ; I, 10, 5 ; III, 5, 6.

et dans son interprétation. Ces docteurs de la Loi, appelés aussi scribes[1], étaient consultés dans les cas difficiles. Ils prenaient la parole à la synagogue pour donner, de la lecture qui venait d'être faite, un commentaire instructif à la fois et édifiant. Ils eurent bientôt une grande influence ; leurs paroles les plus remarquables étaient retenues de mémoire par leurs disciples. Ceux-ci les citaient ; elles passaient de bouche en bouche ; elles se conservaient. Peu à peu ces paroles prononcées par des maîtres vénérés prirent une autorité religieuse considérable. Quelques-uns de ces développements des scribes devinrent même presque indispensables à quiconque voulait observer fidèlement la Loi. Prenons, par exemple, le commandement qui interdisait tout travail le jour du Sabbat : cet ordre à la fois vague et absolu avait besoin d'être commenté. Assurément, certain travail était permis : on pouvait se lever, se vêtir, manger et boire ce jour-là, on pouvait marcher, puisqu'on devait aller à la Synagogue. Il fallait donc expliquer nettement ce qui était permis et ce qui était défendu. Les scribes le firent ; ils découvrirent trente-neuf espèces d'occupations interdites [2].

Ce commentaire important devait naturellement être connu de tous. Il formait, avec les commentaires semblables sur les autres parties de la Loi, une sorte de *seconde Loi* développant et précisant la première, « l'entourant d'une haie », c'est-à-dire de préceptes qui la protégeaient et aidaient à son observation [3]. On ne manqua pas, quand un certain nombre de générations de docteurs de la Loi eurent passé, de faire remonter les paroles des plus célèbres d'entre eux jusqu'à Moïse. Ce n'était pas eux, disait-on, qui avaient prononcé les premiers ces paroles. Elles leur avaient été transmises.

[1] Nous traiterons en détail de l'origine des Scribes et de leurs fonctions, Livre II, chapitre III.

[2] Voir Livre II, chapitre VII, *Le Sabbat*.

[3] C'est la παράδοσις τῶν πρεσβυτέρων dont il est parlé Ev. de Mat., XV, 2 ; Ev. de Marc, VII, 3.

C'est Moïse qui en est l'auteur. En réalité, il n'y avait pas eu de scribes avant Esdras ; il n'y avait pas une seule de ces traditions orales, sur la manière d'appliquer la Loi, qui remontât même à l'exil. Toutes dataient au plus tôt de la Restauration, et la plupart y étaient très postérieures ; mais il fallait, pour que la Loi orale eût autant d'autorité que la Loi écrite, l'attribuer à Moïse lui-même. Il fut donc convenu que Moïse avait donné, outre sa Loi écrite, une Loi orale aussi importante qu'elle, destinée à développer et à expliquer la première. Cette Loi orale, transmise de Moïse aux soixante-dix anciens, des soixante-dix anciens aux membres de « la grande Synagogue »[1], était parvenue, passant de génération en génération, jusqu'aux écoles des docteurs de la Loi florissant au premier siècle. Hillel, le plus remarquable d'entre eux, songea le premier à écrire ces traditions orales. Devinant peut-être des cataclysmes tels que la tradition orale pouvait se perdre, il jugea prudent de la fixer par l'écriture. Il est certain que de son temps, à Jérusalem, on rédigea un texte, recueil des principales traditions rangées sous six titres déterminés. Nous ne savons ce que devint ce texte et s'il contribua dans une mesure quelconque à la rédaction de celui qui nous a été conservé et qui fut rédigé beaucoup plus tard. Si Hillel songea à mettre un peu d'ordre dans les traditions en usage de son temps, ce fut surtout Rabbi Aquiba, au commencement du second siècle, qui se préoccupa de classer les traditions orales et les arrangea par ordre de matières. Ce code écrit prit le nom de *Mischna*. Il a été perdu lui aussi[2], nous ne possédons plus que la *Mischna* de Judas le saint, rédigée vers la fin du second siècle, mais elle relève directement de celle d'Aquiba. A cette époque, les docteurs Juifs ne faisaient plus que compiler les paroles de leurs prédécesseurs

[1] Pirké Aboth, I, 1. Voir Livre II, chapitre II. Hillel et Schammaï, et chap. III, Les Docteurs de la Loi.

[2] Epiphane, *hær.*, XV, 33, 9 ; Talm. Babyl., *Horajoth*, 13 *b*.

et n'avaient plus aucune originalité. Le mot *Mischna* a été traduit par Epiphane δευτέρωσις [1], « répétition » (de la Loi). Il répond peut-être davantage à « reproduction de paroles sues par cœur » ; ou « leçons orales ». La Mischna est divisée en six parties (*Seder, sedarim*) ; c'est la division de Hillel qui s'était conservée. Les six parties forment ensemble soixante-trois traités ; chaque traité est divisé en chapitres et chaque chapitre en versets. Cette Mischna, qui avait une autorité souveraine avant d'être écrite, en prit une plus grande encore quand elle fut rédigée. Pour la plupart des Juifs, elle remplaça la Loi. Le livre sacré était supplanté par le commentaire. Ce commentaire, cette Mischna, devenue la Loi, remplaçant la Thora qu'elle expliquait, fut expliquée à son tour, et les docteurs, après avoir lu la Mischna à leurs disciples, ne manquaient pas de leur donner un développement interminable de la lecture qu'ils venaient de faire. Ce développement, ils ne le puisaient pas dans leur propre fonds. Nous l'avons dit, à partir d'Aquiba il n'y eut plus de préceptes originaux en Israël ; ils le puisaient dans la partie de la tradition restée orale, ils disaient comment tel ou tel grand docteur du passé comprenait ce passage de la Mischna et il se forma une *troisième Loi*. Cette troisième Loi se fit à la fois dans deux endroits différents, dans les deux grands centres juifs des premiers siècles : Sura en Babylonie et Tibériade en Palestine. La Mischna avait, en effet, été portée à Sura par Abba Areka, surnommé Rab, disciple de Judas le saint. Ces commentaires nouveaux furent écrits à leur tour ; on les appela Guemaras (compléments). Il y en eut deux : la Guemara dite de Babylone, faite à Sura, et la Guemara dite de Jérusalem, faite à Tibériade. D'ordinaire, au lieu du mot Guemara, on emploie le mot Talmud (du verbe *Lamad*, apprendre), c'est-à-dire science, discipline, doctrine par excellence. Il y a donc deux Talmuds : celui de Babylone et celui de Jérusa-

---

[1] Epiph., *hœr.*, XV, 33, 9.

lem, et tous deux sont le développement et le commentaire
de la Mischna. Celle-ci ne fait pas partie des Talmuds. Elle en
a été seulement l'occasion. Elle a été le texte des discussions
talmudiques, comme la Loi de Moïse avait été le texte à propos duquel la Mischna s'était formée.

On distingue dans la Mischna et dans les Talmuds deux
sortes de développements. Ceux qui sont purement juridiques,
qui se rapportent exclusivement à la Loi, et ceux qui sont
destinés à édifier le lecteur, à nourrir son âme, à lui faire du
bien. Tout ce qui se rapporte à l'étude exclusive de la Loi
s'appelle halaka (règle de conduite); c'est l'élément légal de
la tradition, le strict développement du texte qui précède,
c'est-à-dire de la Thora pour la Mischna, de la Mischna
pour les Talmuds. Les parties édifiantes, plus larges, plus
populaires s'appellent Agada (récit, du verbe *agid*, s'exprimer).
La première sorte d'exégèse, la halaka, était chère à l'école
de Schammaï; la seconde, l'agada, était préférée par les disciples de Hillel. L'enseignement de Jésus dans le sermon sur
la montagne, dans les paraboles, certaines parties des épîtres
de saint Paul, se rattachent à l'Agada.

La Mischna est écrite en hébreu. Voici les titres des six
livres qui la composent :

1° Des semences. (Il traite des lois sur l'agriculture, des
bénédictions ou prières, des dîmes dues aux prêtres, aux
lévites, aux pauvres, de l'année sabbatique, des mélanges
interdits dans les plantes, les animaux, les vêtements) ;

2° Des Fêtes. (Il traite des cérémonies accomplies les jours
de fête et des travaux qui y sont interdits) ;

3° Des Femmes. (Il traite du mariage, de la famille, du
divorce, etc.) ;

4° Des Dommages. (Il traite de la législation civile et criminelle, de l'idolâtrie, du sanhédrin, tribunal suprême, et se
termine par le fameux traité des Pères, recueil des anciennes
maximes des rabbins) ;

5° Des Saintetés (sacrifices offerts au temple et description
du temple) ;

6° Des Purifications (lois sur la pureté).

Ce simple énoncé suffit à montrer l'importance capitale
de la Mischna dans l'étude que nous entreprenons. On peut
dire qu'elle est une source jamais tarie des renseignements
les plus étendus à la fois et les plus circonstanciés sur la vie
juive au premier siècle. Elle date de l'époque de Jésus-
Christ, car si elle a été rédigée longtemps après lui, elle
est cependant le résumé fidèle et sûr de ce que pensaient
et disaient ses contemporains. Nous croyons même que les
traditions qui sont à sa base sont au moins de deux siècles
antérieures à l'ère chrétienne.

Le Talmud ou Guemara de Babylone renferme, nous
l'avons dit, les discussions des écoles de Babylonie et en particulier de celle de Sura. Commencé par Asché, continué par
son fils **Mar**, et par son disciple Marimor, il ne fut achevé que
vers l'an 550. C'est un énorme recueil qui, traduit et imprimé,
ne renfermerait pas moins de soixante volumes in-8° ; et
cependant le style en est concis jusqu'à l'obscurité. Il est écrit
en araméen. Nous lui ferons quelques emprunts mais en
petit nombre, car il ne reproduit que très imparfaitement la
physionomie du Judaïsme de Palestine. Le Talmud de Jérusalem, au contraire, écrit aussi en araméen, et rédigé à
Tibériade, aura pour nous une réelle importance. Il fut écrit
vers 350, il est donc plus ancien que l'autre; plus court aussi
puisqu'il ne renferme que la matière de 12 vol. in-8°.

D'ordinaire, on comprend la Mischna dans les Talmuds,
et, dans le titre de cet ouvrage, nous avons suivi cet
usage. L'expression les Talmuds implique pour nous la
Mischna qui en est le texte aussi bien que les Guemaras
qui en sont le développement. Cependant cette expression
est impropre, nous l'avons expliqué ; les Talmuds ne sont,
exactement parlant, que les Guemaras. A vrai dire, la
Mischna est la principale source rabbinique du livre que

nous publions. Elle est courte, facile à consulter et a l'avantage de reproduire très exactement une époque voisine du premier siècle, sinon le premier siècle lui-même. Les Guemaras sont beaucoup plus longues à lire et leur étude est des plus fastidieuses. Elles sont très mal faites, ou plutôt ne sont pas faites du tout. Elles nous offrent, jetées pêle-mêle, et dans une confusion inextricable, les discussions des rabbins. Il n'y a, dans ces pages interminables, ni style, ni ordre, ni talent ; la langue en est aussi déplorable que la pensée, la forme que le fond. L'une est barbare, l'autre est inintelligible. C'est un fatras, un insupportable fatras dont l'ensemble forme un des ouvrages les plus repoussants qui soient au monde. Il faut le lire cependant, car on y trouve çà et là une perle précieuse. Elles sont rares, mais belles, et il vaut la peine de les chercher quand on sait qu'il s'agit de deviner un monde disparu, de reconstituer une société perdue, le monde et la société dans lesquels a vécu Jésus. Mais quel contraste entre l'Évangile et les Talmuds ! Se dire que ces deux livres sont sortis de la Palestine, presque à la même époque, confond l'imagination. On nous affirme quelquefois que le christianisme est naturellement sorti du Judaïsme de son temps, que la plupart des maximes évangéliques avaient été prononcées avant l'ère chrétienne et que « le noble et doux Hillel a été le frère aîné de Jésus. » Eh bien, ces affirmations ne correspondent à aucune réalité historique. Le meilleur traité de la Mischna, le Pirké Aboth, est séparé par un abîme des préceptes de la morale évangélique. Nous avons étudié le Judaïsme du temps de Jésus avec la plus grande sympathie, désireux de le trouver plus près du Nouveau Testament que ne le pensent en général les chrétiens, et de découvrir les précurseurs du Christ. Nous croyions même d'avance à cette découverte. Nous avons parlé ailleurs de « libéraux »[1], précédant Jésus-Christ et préparant les

---

[1] *Les Idées religieuses en Palestine à l'époque de J.-C.*, chap. XII, Les libéraux.

voies à une réforme. Nous déclarons ici qu'une étude plus
attentive du Judaïsme du premier siècle a modifié nos vues
sur ce point. L'Evangile a été préparé par l'Ancien Testament, par les prophètes, mais nullement par les rabbins et
par les écoles des scribes. Hillel n'a jamais été un libéral au
vrai sens de ce mot. Il est resté toute sa vie un casuiste
comme les autres, et il faut en finir avec la plaisanterie du
libéralisme de Hillel. Les Talmuds que nous avons étudiés
avec le désir d'y trouver quelque chose de vrai et de
grand, un peu de largeur, un peu d'air respirable et de
vie pour l'âme, les Talmuds ne sont, répétons-le, que le
fatras le plus incompréhensible, le livre le plus ennuyeux
et le plus ridicule qu'on puisse imaginer. Nous ne craignons
pas d'être démenti par personne, sauf par les Israélites
modernes, cela va sans dire — car ils jugent cette question
avec un parti pris évident. L'Évangile a été la lumière
brillant tout-à-coup au sein des ténèbres. Il est le contraire de ce qu'on pensait et disait de son temps. Loin
d'être préparé par son milieu, il a été avant tout une réaction
formidable et implacable contre lui. Son apparition subite
ne peut s'expliquer autrement. Il est une réaction. Le contraste est absolu entre la parole de Jésus et la parole des
scribes. Jésus a été donné aux hommes. Il venait de Dieu et
Dieu le leur a « livré. » Tel est le résultat impartial, scientifique, purement désintéressé, des longs travaux auxquels nous
nous sommes adonné et nous bénissons Dieu de nous avoir
mis au cœur d'entreprendre une étude dont notre foi sort
ainsi fortifiée [1].

[1] Outre les Talmuds, nous utiliserons quelques ouvrages dans lesquels
se sont aussi fixées les traditions des rabbins, on les appelle *Midraschim* (pluriel de Midrasch, interprétation, commentaire. Le verbe
darasch signifie fouler aux pieds et par ext. scruter, étudier). Les
Midraschim sont des commentaires bibliques. Les plus anciens sont
contemporains de la Mischna. Ce sont le traité *Mechilta* sur une partie
de l'Exode, le traité *Sifra* sur le Lévitique, le traité *Sifre* ou *Sifri* sur
les Nombres et le Deutéronome.
Les citations fréquentes faites de ces ouvrages dans les Talmuds

BIBLIOGRAPHIE

FLAVIUS JOSÈPHE. — Une traduction latine des écrits de Josèphe fut faite de très bonne heure. L'auteur de cette traduction est resté inconnu. En 1544, parut la première édition grecque imprimée des ouvrages de l'historien Juif. Elle est pleine de fautes. Elle servit cependant cent cinquante ans. La traduction latine fut imprimée ensuite à Venise, à Vérone, à Milan, à Augsbourg, à Paris, à Bâle. Au quinzième siècle, avaient paru deux traductions, l'une française, l'autre italienne. Au seizième, il en parut deux encore : l'une en allemand, l'autre en espagnol. Elles étaient toutes faites sur le texte latin. A la fin du dix-septième siècle, et au commencement du dix-huitième, les éditions critiques commencèrent : la première de Ittig, en 1691 (in-folio, Leipzig) ; la deuxième de Hudson, en 1720 (2 vol. in-folio, Oxford) ; la troisième de Havercamp, en 1726 (2 vol. in-folio, Amsterdam) ; cette dernière édition était accompagnée d'une bonne traduction latine avec notes et variantes. En 1845, Dindorf a publié, chez Firmin Didot, en deux volumes in-8°, Φλαβιοῦ Ἰωσηποῦ τὰ Εὑρισκόμενα. Depuis, deux autres éditions ont paru, celle de Tauchnitz, en 1850 (6 vol. in-16) et celle de Bekker (Leipzig, 6 vol. in-8, 1855-1856).

Arnaud d'Andilly a traduit en français « La guerre des

prouvent leur ancienneté. Ils datent au moins de l'époque d'Aquiba (commencement du second siècle).

Enfin nous aurons l'occasion de citer quelques traités d'histoire, le *Megillah Taanith* (livre du jeûne) et le *Seder olam* ou *Seder alam rabba*, explication de l'histoire biblique depuis Adam jusqu'à Alexandre-le-Grand avec quelques notes sur l'époque qui a suivi la mort d'Alexand

Juifs » et « Des antiquités judaïques » (1667). Voir sur cette œuvre du solitaire de Port-Royal, Sainte-Beuve (*Port-Royal* II, p. 28²). La dernière édition du travail d'Arnaud d'Andilly est celle du Panthéon littéraire de Firmin Didot, 1 vol. in-8. Notons encore deux traductions françaises, celle du père Joachim Gillet (Paris, 1756, 4 vol. in·4°) et celle de l'abbé Glaire (Paris. 1846, 1 vol. in-4°).

Sur Josèphe et ses écrits, on peut consulter en français : R. Ceillier, *Histoire générale des auteurs sacrés et ecclésiastiques* (Paris, 1729, I, 552-580). — L'article de la *Biographie universelle de Michaud*. — Philarète Chasles, *De l'autorité historique de Flavius Josèphe* (Paris, 1841). — Egger. *Examen critique des historiens anciens de la vie et du règne d'Auguste*. (Paris, 1844). — Reuss, *Revue de théologie de Strasbourg*, Art. Flavius Joseph, (2° série, tome IV, année 1859]. — E. Renan, *les Evangiles* p. 259 et suiv. — Ed. Stapfer, *Encyclopédie des sciences religieuses*. Art. sur Josèphe. — En allemand, la bibliographie est considérable. Mentionnons parmi les derniers ouvrages parus, Duschak, *Josephus Flavius und die Tradition* (Vienne, 1864). — Baumgarten, *Der Schrifstellerische Character des Josephus*. (*Jahrb. für deutsche Theol.*) (1864, p. 616-649). Hausrath, *Uber den jüdischen Geschichtsschreiber und Straatsmann Flav. Josephus*, *Histor. Zeitschrift de Sybel XII*, 1864. — Ewald, *Geschichte des Volks Israël* (3° édit. VI, 700 et suiv., VII, 89-110). Schürer, *Lehrbuch der Neutestamentlichen Zeitgeschichte* 1874, p. 19 et suiv. — *Des Flavius Josephus Schrift gegen Appion, Text und Erklærung* de J.G. Müller, ouvrage posthume (Bâle, 1877). — Boëttcher, *Lexicon zu Flav. Jos.* Leipzig, 1879.

LES TALMUDS. — Les Talmuds furent imprimés pour la première fois à Venise, par Daniel Bomberg, vers 1520.

Les éditions récentes sont pour le *Talmud de Babylone*, celle de Sittenfeld, 12 volumes, Berlin, (1862-1868) et pour le *Talmud de Jérusalem* celle de Krotoschia (1861), en un vol. in folio ; et celle de Schitomir, (1860-1867), en quatre vol. in-folio.

Le texte et la traduction latine d'une grande partie du *Talmud de Jérusalem* (19 traités), se trouvent dans le *Thesaurus des antiquités sacrées* de Ugolino (Vol. XVII-XXX).

La *Mischna* fut traduite en allemand par Rabe, Anspach (3 vol. in-4°, 1760-1763) et en latin par Surenhusius, (6 volumes in-folio, Amsterdam, 1698-1703).

Le traité Berakhoth du Talmud de Babylone fut publié avec une traduction en allemand par Pinner, Berlin, 1842.

Nous avons en français le *Pirké Aboth* dans le *Rituel des Prières journalières à l'usage des Israélites*, par Anspach et le même ouvrage par Drach et le volume Ier d'une traduction intitulée : le *Talmud de Babylone, traduit en langue française et complété par celui de Jérusalem et par d'autres manuscrits de l'antiquité judaïque*, par l'abbé L. Chiarini. Leipzig, 1831.

Voir aussi : Traité des *Berakhoth, la Mischna et les deux Guemaras*, par Moïse Schwab, 1 vol. in-8. Paris, 1872. Enfin la traduction complète de la *Mischna et du Talmud de Jérusalem*, par le même auteur, est en cours de publication chez Maisonneuve, à Paris.

On lira avec grand profit le travail de M. Pressel sur le *Thalmud* dans la *Real Encyclopédie*, de *Herzog*.

L'ouvrage le plus remarquable qui ait été fait sur les Talmuds est le vaste recueil latin intitulé : *Horœ hebraïcæ et talmudicæ in quatuor Evangelistas*, de Lightfoot. 2e édition, Leipzig (1674), 1 vol. petit in-folio. Schœtgen a aussi traité le même sujet : *Horœ hebr. et talm. in N.T.* Dresde, 1733, 1 vol. in-4° ; enfin Delitzsch a publié une série de travaux portant le même titre : *Horœ hebraïcæ et talmudicæ* dans la *Luther. Zeitschrift,* (1876-1878).

Parmi les travaux allemands sur la Palestine à l'époque de Jésus-Christ, nous citerons :

Gfrœrer. — *Das Iahrhundert des Heils*, 2 vol. 1838.

Schneckenburger. — *Vorlesungen uber neutestamentliche*

Zeitgeschichte, ouvrage publié après sa mort par Lœhlein, 1862. 1 vol. in-8.

Hausrath. — *Die Zeit Christi* (1868-1872), 2 vol. in-8.

Le premier volume commence avec la prise de Jérusalem, par Pompée, 63 av. J.-C. et se termine avec l'histoire de l'administration de Pilate. Le second volume raconte l'histoire des Juifs jusqu'à la mort d'Agrippa I et celle des apôtres, jusqu'à la rédaction de la seconde épître aux Corinthiens. Le même ouvrage, continué jusqu'à la fin du siècle apostolique (2° édit., 1872-1877, 4 vol.) est intitulé *Neutestamentliche Zeitgeschichte*.

Ewald. — *Geschichte des Volks Israël*. Tomes IV, V, VI, VII.

Graetz. — *Geschichte der Juden*. Tomes III et suiv. 3° édit. 1878 et suiv.

Keim. — *Geschichte Jesu von Nazara*. 3 vol., 1867-1872.

Langen. — *Das Judenthum in Palæstina zur Zeit Christi*. 1 vol. in-8, 1866.

Geiger. — *Jüdische Zeitschrift für Wissenchaft und Leben*, Breslau, depuis 1863.

Le même, *Das Judenthum und seine Geschichte*. Breslau, 1865.

Kuenen (en hollandais). *La Religion d'Israël jusqu'à la destruction de l'état juif*, traduction anglaise. Londres, 3 vol., 1874 et 1875.

Riehm. — *Handwœrterbuch des biblischen Altherthums*.

Le *Real Wœrterbuch* de Winer.

Schürer. — *Neutestamentliche Zeitgeschichte*, 1 vol. in-8, (1874).

On peut consulter encore la collection de la *Zeitschrift der Deutschen morgenlœndischen Gesellschaft*, de Leipzig.

Nous recommandons aussi les monographies suivantes :

F. Delitzsch. — *Handwerkerleben zur Zeit Christi*, brochure in-18, 3° édit. 1879.

Du même auteur : *Sehet welch ein Mensch !* (brochure, 1872).

Du même auteur : *Jesus and Hillel* (brochure, 3° édit. 1879).

Ferdinand Weber. — *System des Altsynagogalen Palaestini-chen Theologie.* Leipzig, 1880, in-8.

P.-E. Lucius. — *Der Essenismus in Seinem Verhœltniss zum Judenthum.* Strasbourg, 1881.

Wieseler. — *Chronologische Synopse der vier Evangelien* 1843.

Caspari. — *Chronologisch-Geographische Einleitung in das Leben Christi.* Hambourg, 1869. Traduction anglaise.

La géographie et la topographie de la Palestine ont été étudiées par :

Reland. — *Palæstina ex monumentis veteribus illustrata,* Utrecht (1714), 2 vol. in-4.

Neubauer. — *La géographie du Talmud,* 1 vol. in-8. Paris 1868.

Bædeker. — *Guide du voyageur en Palestine et en Syrie* (ouvrage allemand), rédigé par Socin, professeur à Tubingue (2ᵉ édit. 1880). Il a été traduit en français.

Isambert et Chauvet. — *Orient, Syrie, Palestine* (collection des guides Joanne, ouvrage français) (1882).

Bovet. — *Voyage en terre sainte,* 1861, in-8.

E. de Pressensé. — *Le Pays de l'Évangile,* 1864, in-12.

G. Charmes. — *Voyage en Syrie.* Revue des Deux Mondes, année 1881.

Van de Velde. — *La Palestine.*

De Saulcy. — *Voyage autour de la Mer Morte,* 2 vol. in-8. Paris, 1853.

Le même. — *Voyage en Terre sainte,* 2 vol. in-8.

Dʳ Lortet. — *La Syrie d'aujourd'hui,* in-4°, 1883.

V. Guérin. — *Description géographique, historique, archéolo-gique de la Palestine,* 7 vol. in-8, et les ouvrages de Clermont Ganneau, de Vogüé, de Renan, du duc de Luynes, etc., etc.

Etude historique de la topographie de Jérusalem pendant les temps bibliques, par J. Walther, ministre de l'Evangile. Genève, 1880.

Victor Guérin. — *Géographie de la Palestine.*

Ath. Coquerel fils. — *Topographie de Jérusalem.*

G. Ebers et H. Guthe. — *Palæstina in Wort und Bild.* Stuttgart, 1883 et suiv., in-folio.

Voir aussi les collections de la Revue archéologique, de la Revue asiatique, des Archives des missions scientifiques et littéraires.

Sur l'ensemble de l'histoire de la Palestine au premier siècle, nous indiquerons :

Munk. — *La Palestine*, 1 vol. in-8, Firmin-Didot, 1863.

Derenbourg. — *Essai sur l'histoire et la géographie de la Palestine.* Paris, 1867, in-8.

J. Salvador. — *Histoire de la domination romaine en Judée et de la ruine de Jérusalem*, 2 vol. Paris 1847.

A. Réville. — *Le peuple Juif et le Judaïsme au temps de la formation du Talmud.* Revue des Deux-Mondes, Nov. 1867.

Le même. — *Le Judaïsme depuis la Captivité de Babylone d'après Kuenen.* Revue des Deux-Mondes, Mars 1872.

Renan. — *Les Origines du Christianisme*, 1er vol., *Vie de Jésus*, 15e édit. revue, 1876 ; 2e vol., *Les apôtres* ; 3e vol., *Saint-Paul.*

De Saulcy. — *Sept siècles de l'histoire Judaïque*, in-12, 1874.

Le même. — *Les derniers jours de Jérusalem*, in-8, 1866.

Le même. — *Jérusalem*, in-8, 1882.

Duruy. — *Histoire des Romains*, Tome IV, 1882.

E. Pierotti. — *La Palestine actuelle dans ses rapports avec l'ancienne*, 1 vol. in-8, 1865.

Havet. — *Le Christianisme et ses origines*, Tome III, *Le Judaïsme*, 1878.

Voir sur les croyances religieuses des Juifs au 1er siècle :

M. Nicolas. — *Des doctrines religieuses des Juifs pendant les deux siècles antérieurs à l'ère chrétienne.* Michel Lévy, in-8, 1866.

Reuss. — *La théologie chrétienne au siècle apostolique*, 2 vol. in-8. Strasbourg, 1864.

Ed. Stapfer. — *Les Idées religieuses en Palestine à l'époque de J.-C.*, 2ᵉ édit., in-12, 1878.

Maurice Vernes. — *Histoire des Idées messianiques depuis Alexandre jusqu'à l'empereur Hadrien*, in-8, 1874.

Colani. — *J.-C. et les espérances messianiques de son temps*, in-8, 1864.

Cohen. — *Les Pharisiens*, 2 vol. in-8. Paris, Calmann Lévy, 1877.

Montet. — *Essai sur l'origine des partis Pharisien et Saducéen*, in-8. Paris, 1883.

Darmsteter. — *Coup d'œil sur l'histoire du peuple Juif*, in-8. Paris, 1881.

Et les monographies suivantes sur les mœurs, la vie sociale, etc. :

De Saulcy. — *Histoire d'Hérode le Grand*, in-8. Paris, 1867.

Ath. Coquerel fils. — *Les Hérodes*. Revue de théologie de Strasbourg, année 1858, Tome II.

Gustave Flaubert. — *Trois Contes*. Paris, in-12, 1877, Hérodias.

A. Wabnitz. — *Judaïsme et Christianisme ; Hillel et Jésus*. Revue théologique de Montauban, Janvier 1880.

Vie de Hillel l'Ancien, par M. le grand rabbin Trénel.

Weill. — *Le Judaïsme, ses dogmes et sa mission*, 3ᵉ partie. Paris, 1869, in-8.

Encyclopédie des sciences religieuses, publiée sous la direction de F. Lichtenberger (Paris Fischbacher), Articles : *Jérusalem*, par Chauvet ; *Jésus-Christ*, par Sabatier ; *Synagogue*, par Wabnitz ; *Scribes, Pharisiens, Saducéens*, par E. Stapfer ; *Talmud*, par Derenbourg ; *les Hérodes, Hillel, Schammaï*, par E. Stapfer, etc., etc.

De Saulcy. — *L'art Judaïque*, in-8, Paris (1864).

Le Temple de Jérusalem, par le comte Melchior de Vogüé, 1 vol. in-folio, 1864.

James Fergusson. — *The Temple of the Jews at Jerusalem.*
Londres, 1878, in-4°.

Braun. — *De Vestitu sacerdotum Hebrœorum.* Amsterdam
(1698), in-4°.

De Vogüé. — *Syrie centrale ; Inscriptions sémitiques publiées
avec traduction et commentaire.* Paris, 2 v. in-folio (1868-1877.)

De Saulcy. — *Catalogue raisonné des monnaies judaïques
recueillies à Jérusalem en novembre* 1869.

Le même, dans la collection de la Revue numismatique, *Mémoire sur les monnaies du temps des Séleucides.*

Rabbinowicz. — *De la législation criminelle du Talmud,*
Paris, 1876, in-8.

Le même. — *La Législation civile du Talmud,* 5 vol. in-8.
Paris, 1878-1880.

Moïse Meyer. — *Du Prosélytisme des Juifs au temps d'Auguste.* Revue Israélite, année 1861, Tome II.

*La femme juive, sa condition légale d'après la Bible et le
Talmud,* par Emmanuel Weill, rabbin à Versailles. Paris,
Baër, brochure in-8, 1874.

L'éducation et l'instruction des enfants chez les anciens Juifs,
par Joseph Simon, brochure in-8. Paris, Fischbacher (1879).

L'esclavage selon la Bible et le Talmud, par le grand Rabbin
Zadok Kahn.

La Botanique de la Terre sainte, par Frédéric Hamilton, à
Nice, etc., etc., etc.

Enfin la littérature anglaise est très riche en ouvrages sur
la Palestine. Les plus remarquables sont :

Robinson. — *Biblical Researches in Palestine,* etc., 1838,
3° édit. 1867. Londres, 2 vol. in-8.

Ch. Wilson. — *The Lands of the Bible visited,* etc., 1847,
2 vol. in-8.

Le même, *Picturesque Palestine.* 4 vol. in-4°, Londres.
En cours de publication.

Le même. — *Ordnance Survey of Jerusalem,* 2 vol. in-folio,
1865.

Schwarz. — *A descriptive Geography of Palestine*. Philadel-phie, 1858, 1 vol. in-8.

Stanley. — *Sinaï and Palestina*, 1853, in-8; 2ᵉ édit. 1856.

Smith. — *Dictionnary of Greek and Roman Geography*. Londres, 1854, 2 vol. in-8, etc., etc., etc.

Le même, *Dictionnary of the Bible*. Londres, 1863. 3 v.

LIVRE PREMIER

LA VIE SOCIALE

CHAPITRE I

LA GÉOGRAPHIE DES ÉVANGILES

La Palestine. — Ses frontières, son étendue. — La Galilée. — Le chiffre de sa population. — Nazareth. — Naïm. — Tibériade. — Capharnaüm. — Le Lac. — La Pérée. — Machéronte. — La Décapole. — Césarée de Philippe. — Bethsaïde Julias. — La Samarie. — Sichem. — Le puits de Jacob.

LA PALESTINE

Le plus ancien nom de la Palestine (en hébreu Pelescheth)[1] est Canaan.

Les premiers habitants prétendaient, en effet, descendre de Canaan, fils de Cham. Dépossédés par la conquête des Hébreux, ils disparurent et les vainqueurs firent appeler leur nouveau pays, terre des Hébreux ou terre d'Israël. Après l'exil, elle reçut le nom de terre de Judée, de même que les habitants voyaient changer leur nom d'Israélites en celui de Juifs. Les débris de la tribu de Juda avaient, en effet, presque exclusivement servi à former la nationalité nouvelle. Aussi les Romains disaient-ils toujours la Judée, la province de Judée, entendant par là désigner toute la Palestine, tandis qu'en réalité ils n'en désignaient qu'une partie, la province du Sud. Zacharie, le prophète, nomme une fois la Palestine : Terre sainte, et l'auteur de l'épître aux Hébreux l'appelle

---

[1] Ce mot désignait d'abord le pays habité par les Philistins et se traduirait exactement la *Philistine*.

la Terre promise [1]. Dans les Talmuds elle est appelée Terre
d'Israël ou Terre par excellence [2].

Les limites de la Palestine ont souvent varié dans le cours
de l'histoire. L'antique pays de Canaan n'occupait qu'un
espace assez restreint. Le Jourdain le bornait à l'Est, la mer
à l'Ouest ; sa frontière du Sud partait de Sodome et Gomorrhe
et aboutissait à Gaza, sa frontière Nord partait de l'Hermon
et aboutissait à Sidon. David et Salomon gouvernèrent un
royaume beaucoup plus étendu, dont nous n'avons pas à
parler ici.

Il est impossible à l'aide des Talmuds de fixer les frontières
de la Palestine au temps de Jésus-Christ. Les indications que
nous trouvons éparses çà et là dans ces vastes recueils sont
vagues, confuses et souvent contradictoires. Voici quelles
étaient approximativement ces limites : la province d'Idumée
la bornait au Midi et la frontière se trouvait être une ligne
imaginaire, partant du Sud de la Mer Morte et allant jusqu'à la
mer : celle-ci servait de frontière à l'Ouest, sauf une bande de
terrain vers le Nord, qui formait la Phénicie avec Tyr et Sidon
et qui ne dépendait point de Jérusalem. Au Nord, la frontière
était marquée par le mont Liban et par la province d'Abilène (la Syrie) ; à l'Est enfin, la province de Pérée, qui était
au-delà du Jourdain, se perdait peu à peu dans le désert. Nous
ne pouvons préciser davantage ; ces sortes de frontières qui
sont toutes religieuses restent naturellement vagues et indéfi-
nies. Jérusalem, centre religieux de la Palestine, était presque
exclusivement habitée par des sectateurs du Judaïsme. Si
l'on s'éloignait de la ville, la population se mélangeait de
païens et la proportion de ceux-ci était d'autant plus forte
qu'on était plus distant de la ville sainte. Là, où on ne rencontrait plus de Juifs ; là où la population était entièrement
païenne, on n'était plus en Palestine.

Quant aux frontières politiques du pays, elles étaient natu-

---

[1] Ep. aux Hébreux, ch. XI, v. 9.
[2] Babyl. *Gittin*, fol. 8.

rellement plus nettes et se trouvaient aussi plus étendues
que les frontières religieuses. L'Idumée, par exemple, au
Sud, ou l'Abilène au Nord, pouvaient faire partie de tétrarchies, être au pouvoir de tel ou tel des Hérodes, et par suite
appartenir à la Palestine, sans cependant avoir un seul Juif
dans leur population.

Les Talmuds donnent à la Palestine une étendue très exagérée. Elle aurait eu 2,250,000 milles romains carrés, chiffre
imaginaire créé par les rabbins dans un but apologétique [1].

Saint Jérôme [2] comptait 160 milles romains du Nord au
Sud de la Palestine. Le mille romain valait 1,481 m. 75 c.,
160 milles donnent 237 kil. ou environ 59 lieues, c'est à peu
près la distance de Paris au Havre. La largeur du pays était
beaucoup moindre, et si nous ne comptons pas la Pérée,
nous ne trouvons du Jourdain à la mer qu'une vingtaine de
lieues environ. Du reste Saint Jérôme ne nous donne ici aucun
chiffre. Après avoir indiqué la longueur du pays du Sud au
Nord, il refuse en ces termes d'en donner la largeur: « *Pudet
dicere latitudinem terræ repromissionis ne ethnicis occasionem
blasphemandi dedisse videamur.* » Résumons-nous d'un mot: La
Palestine avait en surface à peu près l'étendue de la Suisse.

Pendant la vie publique de Jésus-Christ, nous remarquons
trois grandes divisions politiques: 1º La Judée et la Samarie
avec quelques villes frontières sont administrées par un procurateur romain; 2º La Galilée et la Pérée appartiennent au
tétrarque Hérode Antipas; 3º La Batanée, la Trachonite, la
Gaulonite, l'Iturée, l'Auranitide, dépendent de son frère le
tétrarque Philippe. De ces dernières petites principautés, tout
à fait insignifiantes, nous ne dirons rien ici. Elles étaient
situées au Nord-Est du lac de Tibériade, dans une contrée où
Jésus-Christ ne pénétra jamais. Par contre, nous donnerons
quelques détails sur les autres provinces dont il est fréquemment parlé dans le Nouveau Testament. Leur position géo-

[1] Babyl. *Sotah*, 49 b.
[2] *Lettre à Dardanus*, 129.

graphique est aisée à comprendre. Les trois provinces de la Judée, de la Samarie et de la Galilée étaient l'une au dessus de l'autre, entre le Jourdain et la mer, la Judée au Sud, la Samarie au centre, la Galilée au Nord. Quant à la Pérée, elle comprenait tout le pays compris au-delà du Jourdain, au Sud de la tétrarchie de Philippe.

LA GALILÉE

Ce nom lui venait des mots Gelil haggoyim, (cercle des Gentils), par lesquels on la désignait souvent parce que sa population était très mêlée et que les païens y étaient nombreux. Cette petite contrée était certainement, au premier siècle, le plus ravissant coin de la terre. La description que nous en a laissé l'historien Josèphe, donne l'idée d'une véritable merveille. Tout y était réuni, la douceur du climat, la beauté de la nature, la richesse inépuisable du sol. Ici de gras pâturages couverts d'arbres magnifiques, là des collines boisées descendant jusqu'au lac [1]. Celui-ci, incessamment animé par les barques des pêcheurs, offrait sur ses bords la végétation la plus abondante et y réunissait, au moins sur la rive occidentale, ce qui ne se voit nulle part ailleurs, des arbres de toutes les essences, le noyer, par exemple, à côté du palmier; sans parler des arbres fruitiers proprement dits : l'olivier, le figuier, la vigne, tous d'une fertilité surprenante [2].

« Le pays de Nephthalie est partout couvert de champs « féconds et de vignes; les fruits de cette contrée sont recon- « nus pour être extrêmement doux [3]. »

Quant à la population, voici comment s'exprime Josèphe [4] : « Aucune partie du pays n'est déserte, au contraire, tout est « parsemé de villes et la population des villages est, à cause

[1] Jos. *D. B. J.*, III, 3, 2.
[2] Jos. *D. B. J.*, III, 10, 8.
[3] *Berakhoth*, 44 a.
[4] *D. B. J.*, III, 3, 2.

« de l'abondance et de la facilité des approvisionnements, si
« nombreuse, que le moindre village (κώμη) a plus de quinze
« mille habitants. » Josèphe exagère volontiers et en général,
les chiffres qu'il donne ne doivent être accueillis qu'avec une
grande défiance. Il nous est impossible d'accepter celui qu'il
vient de nous indiquer. Même en entendant par κώμη non pas
le village, mais le district entier, la commune, nous ne pouvons admettre que la population du moindre district se soit
élevée à quinze mille habitants. A ce compte, la Galilée entière
aurait eu en tout trois millions d'habitants, et comme elle
n'avait que vingt lieues environ du Nord au Sud, et neuf à
onze de l'Est à l'Ouest, c'est-à-dire quatre-vingt-dix à cent
milles carrés, il y aurait eu trente mille habitants par mille
carré, ce qui est tout à fait inadmissible. Contentons-nous
donc d'admettre que le pays était très peuplé, sans nous laisser aller à articuler un chiffre.

Josèphe compte en Galilée[1] 204 villages et 15 villes fortifiées. Ces chiffres sont peut-être exacts. Les villes fortifiées
pouvaient être fort petites. Quant aux villages ce n'étaient
certainement que des bourgades plus ou moins grosses, parfois des hameaux.

On distinguait la haute et la basse Galilée[2] : celle-là était
au Nord et couverte de montagnes; celle-ci au Sud et était
un pays de plaines. Bornons-nous, sans poursuivre davantage
une description topographique et détaillée du pays, à passer
rapidement en revue les localités nommées dans le Nouveau
Testament et, en particulier, celles habitées par Jésus.

Nommons avant tout le village où il fut élevé, Nazareth
(aujourd'hui Nasrah)[3]; c'est presque le seul endroit de tout

[1] *Vita*, § 45.
[2] Jos. *D. B. J.*, III, 3, 1 ; Mischna *Schebiith*, 9, 2.
[3] Près de Nazareth se trouvait un hameau appelé Bethléhem (Josué,
XIX, 15). Dans les Talmuds ce nom se retrouve, et pour distinguer ce
hameau du village de la Judée qui porte le même nom, il est appelé
Bethléhem Cerieh, expression équivalent à Bethléhem Nitseriah, c'est-à-
dire Bethléhem près de Nazareth ou dans le district de Nazareth. On

le pays qui ait conservé sa physionomie primitive : sauf deux
ou trois constructions modernes qui le déparent, il est tel
qu'il était lorsque Jésus l'a habité. Ailleurs, à Jérusalem, par
exemple, tout est changé ; on ne peut s'y recueillir ; on rencontre à chaque pas les inventions ridicules d'une superstition maladroite et stupide ; à Nazareth, c'est tout le contraire.
On y voit la fontaine où Marie venait, deux fois au moins par
jour, la cruche sur l'épaule, puiser l'eau nécessaire à la maison ; on y monte sur la colline qui domine le village et le pays
tout entier et du haut de laquelle les habitants voulurent un
jour précipiter Jésus. On y visite des rues, qui n'ont pas dû
changer d'aspect depuis que Jésus y jouait enfant et où, jeune
homme, il travaillait de son état de charpentier. Il n'est pas
un sentier des environs qu'il n'ait plusieurs fois parcouru,
pas un sommet qu'il n'ait gravi et sur lequel il n'ait prié !
Malgré les dires de Josèphe, Nazareth n'avait certainement
pas plus de trois ou quatre mille âmes au Ier siècle. Ce village n'est pas même nommé par lui. Les Talmuds le passent
aussi sous silence et nous savons que les bourgeois de Jérusalem, qui estimaient peu les Galiléens, disaient en particulier
de Nazareth : « Peut-il en sortir rien de bon ?[1]. » Il n'y avait
certainement pas de garnison romaine à Nazareth. Perdu
dans les montagnes, à 25 lieues de Jérusalem, à huit ou
neuf heures de marche de Capharnaum, loin des grandes
routes, ce charmant village restait presque ignoré.

Rappelons en passant Naïm, mentionnée une fois dans
l'Évangile[2] et qui était dans la plaine d'Esdrelon et Ka-

ne peut s'empêcher de se demander si Jésus, appelé dans les Evangiles
« le Nazaréen » ou « le Nazarénien », ne serait pas né précisément dans
ce hameau près de Nazareth. Plus tard, on aurait confondu ce lieu de
naissance avec le Bethléhem Ephrata de Judée, berceau de la famille de
David, et où, d'après la tradition, le Messie devait naître. Nous posons
cette question sans prétendre la résoudre. Le Bethléhem de Galilée
existe encore, c'est le village de Beït-Lahm au N.-O. de Nasrah (Nazareth). Voir Neubauer, *Géographie du Talmud*, p. 189-190.

[1] Ev. de Jean, I, 47.

[2] Ev. de Luc, VII, 11.

na [1] (aujourd'hui Kefer Kana), au nord de Nazareth, et donnons quelques détails sur Tibériade. — Tibériade (aujourd'hui
Tabariyya) était bâtie à la mode romaine. Résidence d'Antipas
elle avait été entièrement reconstruite par lui, peuplée
d'étrangers et consacrée à Tibère; de là son nom [2]. Aussi les
habitants étaient-ils tous païens. Les Juifs, surtout les Rabbis
et les hommes pieux, évitaient d'y venir même en passant [3],
et il est probable que Jésus n'y est jamais allé. Les splendeurs
païennes dont Antipas affectait de s'entourer froissaient le
sentiment national et religieux. Cette ville, située à quatre
lieues de Capharnaum et capitale de la Galilée est nommée
trois fois dans l'Evangile de Jean [4]. C'est à Tibériade que
furent écrites plus tard la Mischna et le Talmud de Jérusalem
et plus tard encore la Masora ou l'appareil critique du texte
biblique [5].

Tibériade est au bord du lac qui porte son nom et près de
l'endroit où le Jourdain en sort pour se diriger vers la Mer
Morte; on pouvait passer ce fleuve sur un pont construit à cet
endroit même. Il n'y en avait qu'un seul autre, le pont de
Jacob entre le lac Samochonite et le lac de Tibériade. Ce pont
de Jacob faisait partie de la route de Jérusalem à Damas.
Partout ailleurs on traversait en bateau. Si maintenant nous
remontons la rive occidentale du lac en nous dirigeant vers
le Nord nous traversons d'abord une ligne de rochers
escarpés qui aboutit à une large plaine presque au niveau de
l'eau, c'est le pays de Génézareth; à l'entrée se trouve aujour-
d'hui un misérable village (Medjdil) et on se demande s'il ne
serait pas construit sur l'emplacement de Magdala, le bourg
de Marie Magdeleine. La plaine traversée, nous arrivons, toujours en suivant la rive, à un joli chemin étroit taillé dans le

---

[1] Ev. de Jean, II, 1 et suiv.
[2] Jos., *Ant. Jud.*, XVIII, 2, 3 ; *Vita*, § 12, 13, 64 ; Pline, *H. N.*, V, 15.
[3] Jérus., *Schebiith*, IX, 1.
[4] Ev. de Jean, ch. VI, 1 ; 23 ; XXI, 1.
[5] Voir notre introduction, les *Talmuds*.

roc, chemin qui a toujours existé et que certainement Jésus
a souvent suivi. C'est un des rares endroits de la Palestine
dont on peut dire avec assurance, rien n'y a été changé
depuis le premier siècle, Jésus a vu ces rochers, il a marché
sur ces pierres, il a suivi cette route.

Si nous continuons à remonter le lac et à suivre ses bords
nous parvenons à son extrémité septentrionale. C'est là,
non loin des rives du Jourdain, que se trouve Capharnaum
(aujourd'hui Tell Hum) et nous voici au foyer même de la
prédication galiléenne de Jésus. C'est à Capharnaum qu'il
a demeuré, c'est de là qu'il partait pour parcourir la contrée et là qu'il revenait après avoir été « de lieu en lieu en
faisant le bien. » Entre Magdala et Capharnaum il faut
placer Dalmanutha dont il ne reste aucun vestige ; quant à
Betsaida et à Chorazin leur emplacement est plus impossible
encore à déterminer. On cherche Chorazin tantôt au Nord
à l'endroit appelé aujourd'hui Khorazi, tantôt à une heure
et demie de Tibériade, là où est aujourd'hui Bir-Kherezoum.
Une seule chose est certaine, c'est que ce petit canton de
trois à quatre lieues à peine a été le théâtre principal de
l'activité de Jésus.

Capharnaum (Képhar signifie village) (village de Nahum)
était formé de constructions juives toutes grossières; Josèphe
l'appelle Κεφαρνώμη [1]. Ce bourg était à égale distance de
Césarée de Philippe au N.-E., de Naïm au S.-O., de Tyr
et de Sidon au N.-O., et de Gadara au S.-E.; à une demi-
heure de marche on trouvait l'embouchure du Jourdain et il
tirait une certaine importance de sa position géographique.
Situé sur la grande route d'Egypte en Syrie (section de
Jérusalem à Damas), il avait un important bureau de publicains [2] et une garnison romaine commandée par un centurion [3]. Saul de Tarse y passa quand il se rendit de Jérusalem

[1] *Vita*, § 72.
[2] Ev. de Math., IX, 9.
[3] Ev. de Luc, VII, 2.

à Damas et on aime à croire qu'il ne put traverser ce bourg sans songer à Jésus et que les pensées qui se pressèrent alors dans son âme hâtèrent la crise qui se préparait, qui allait éclater quelques heures plus tard, et faire de lui le plus grand des apôtres.

A Tell Hum, on visite les restes d'une synagogue, mais les ruines assez bien conservées de son portique sont évidemment postérieures au premier siècle. Ce n'est pas la synagogue que Jésus a fréquentée.

Nous avons plusieurs fois nommé le lac. Il a cinq à six lieues de long et trois à quatre lieues de large ; la barque des apôtres mettait deux heures pour le traverser à la rame dans sa plus grande largeur. Ses bords aujourd'hui déserts étaient au premier siècle les plus ravissants du monde; mais si les arbres ont disparu, la grève est toujours la même, nette et propre, couverte de petits galets incessamment battus par le léger mouvement des flots. Le lac de Tibériade n'est pas un étang, mais une petite mer. Il a ses colères subites, ses tempêtes aussi vite apaisées que rapidement déchaînées. Il était autrefois et est encore aujourd'hui très poissonneux. L'une des espèces de poissons que l'on y pêche appelée par les arabes El-ialtry n'existe ailleurs que dans le Nil, en Egypte. Ce poisson est de forme ronde, bon à manger et d'une chair un peu rouge.

La mer de Galilée n'a pas la couleur bleu foncé de la Méditerranée ou du lac de Genève. Elle est d'un bleu-grisâtre qui rappelle le lac de Neuchatel, auquel elle ressemble beaucoup. Cette ressemblance est rendue plus frappante encore par la présence sur l'eau de ces larges taches que tous les voyageurs remarquent sur les lacs suisses et dont personne n'a pu encore expliquer la provenance. Le lac de Tibériade est placé à plus de six cents pieds [1] au-dessous du niveau de la Méditerranée et les chaleurs en avril

[1] Exactement 212 mètres.

et en juillet y sont affreuses. Les nuits y sont assez douces, tandis qu'elles sont fraîches dans le reste du pays, mais on y souffre beaucoup des moustiques et les voyageurs qui y passent une nuit comprennent aisément que dans ce pays-là le diable ait été appelé dieu des mouches, (Beelzébuth). Josèphe affirme qu'au premier siècle, le climat des bords du lac était très agréable [1]. Cela est fort possible, car le pays étant très boisé, il y pleuvait plus souvent qu'aujourd'hui, et de plus, la végétation entretient toujours une certaine fraîcheur.

LA PÉRÉE

La Pérée n'est pas nommée dans les Evangiles, nous n'avons donc presque rien à en dire. Elle faisait partie de la tétrarchie d'Antipas. C'était une province insoumise occupant tout le territoire de la rive orientale du Jourdain, stérile et fort peu peuplée. Josèphe nous indique ses limites : « Elle s'étend en longueur de Machœrous à Pella et en largeur de Philadelphie au Jourdain [2] », mais on ne sait où placer Pella, qui était une forteresse.

Machœrous ou Macheronte est mieux connu ; c'était un énorme château-fort situé à soixante stades du Jourdain sur des rochers de basalte d'une effrayante hauteur. Cette forteresse avait été bâtie par Alexandre Jannée, puis rasée par Gabinius et relevée par Hérode. Elle avait des murailles de cent vingt coudées, des créneaux et des tours ; dans l'intérieur, des appartements royaux qu'Antipas venait quelquefois habiter et, au-dessous, des souterrains qui servaient de prison. La vue que l'on avait du sommet des tours était merveilleuse ; au Sud, les contours de la mer Morte, avec Engaddi et Hébron, puis, en remontant à l'Ouest, les monts de la Judée au milieu desquels se détachait Jérusalem dont

---

[1] Jos., *D. B. J.*, III, 10 ; 7 et 8.
[2] *D. B. J.*, III, 3, 3.

on apercevait le palais d'Hérode, et le temple dominé par l'énorme tour Antonia ; à droite Jéricho et sa forêt de palmiers toujours verts, puis le Jourdain dont le ruban d'un bleu grisâtre se déroulait sur la plaine. Lorsque Antipas revint de Rome emmenant Hérodiade, la femme de Philippe son frère, il répudia, pour l'épouser, la fille d'Arétas, roi des Arabes. Celui-ci lui déclara la guerre et, pour la soutenir, Antipas dut venir habiter son palais de Machœrous. C'est alors que s'y passa le drame horrible de la mort de Jean-Baptiste.

Les murs de Machœrous ont été découverts en 1807 par Seetzen [1].

Il ne nous reste plus à nommer que la Décapole [2]. C'était une confédération de dix villes, dont voici les noms d'après Pline [3] : Damas, Philadelphie, Raphana, Skhytopolis, Gadara, Hippos, Dion, Pella, Gelasa (pour Gerasa) et Camatha. Du reste Pline lui-même n'est pas certain de les citer exactement. La seule de ces villes qui soit nommée dans les Evangiles Gadara était, dit Josèphe, la plus forte métropole de la Pérée [4].

Le mot Pérée (traduction grecque de l'hébreu *Eber* au-delà) avait souvent une signification plus large encore que celle que nous lui avons donnée ; on s'en servait pour désigner tout le pays situé à l'Est du Jourdain et alors il comprenait aussi les provinces de la tétrarchie de Philippe : la Trachonitide, la Gaulanitide, l'Auranitide, la Batanée. Nous avons dit que nous ne décririons pas ces provinces qui n'ont joué aucun rôle dans l'histoire évangélique. Nous mentionnerons seulement Césarée de Philippe, appelée d'abord Panæas (en l'hon-

---

[1] Aug. Parent, *Machœrous*. Paris, 1868.
[2] Ev. de Marc, V, 1 ; de Matt., VIII, 28 ; de Luc, VIII, 26.
[3] *H. N.*, V, 18.
[4] La variante Gerasa, donnée par la Vulgate, est une erreur. Gerasa était loin du lac. Jésus n'est pas allé chez les Géraséniens, mais chez les Gadaréniens. La version syriaque du second siècle donne avec raison la véritable leçon : *Gadaréniens*.

neur du dieu Pan). Un bois et une grotte, la grotte de Panium,
lui étaient consacrés. Hérode avait bâti auprès un temple, en
l'honneur d'Auguste, et c'est Philippe, son fils, qui en agran-
dissant la ville, changea son nom en celui de Césarée. On y
ajoutait ordinairement les mots « de Philippe » [1] pour la distinguer de la grande ville de Césarée en Judée, résidence du
procurateur. Il en est de même d'une certaine ville de Bethsaïde que Philippe avait surnommée Julias, en l'honneur de
Julie, fille d'Auguste, et qu'il ne faut pas confondre avec le
petit village de Bethsaïde, dont l'emplacement est inconnu [2].

LA SAMARIE

Les Samaritains sont souvent nommés dans l'Evangile.
Nous parlerons de leur origine et de leurs coutumes dans un
chapitre spécial sur la population de la Palestine au premier
siècle [3]. Ici nous nous bornerons à quelques détails géographiques indispensables à l'intelligence des Livres Saints.

La Samarie, enclavée entre la Judée et la Galilée, était plus
petite qu'elles. Son territoire ne s'étendait même pas jusqu'à
la mer, car toute la côte à partir du Carmel appartenait à la
Judée. Aussi les Galiléens qui se rendaient à Jérusalem
prenaient-ils volontiers, soit le chemin qui longeait la mer,
soit la rive opposée du Jourdain. Ils évitaient ainsi de traverser un territoire où ils étaient exposés aux insultes des habitants. La Samarie tirait son nom de sa capitale: Samarie [4].
Cette ville avait été bâtie par Omri, roi d'Israël, sur une colline [5] qu'il avait achetée d'un certain Schemer dont elle a
conservé le nom ; Salmanasar l'avait détruite. Elle fut reconstruite ; mais Jean Hyrcan la détruisit encore. Enfin, Gabinius,

[1] Ev. de Matth., XVI, 13 ; de Marc, VIII, 27.
[2] Ev. de Luc., IX, 10, désigne vraisemblablement *Bethsaïde Julias*.
[3] Voir chap. VI, *La Population*.
[4] De même aujourd'hui on l'appelle le pays de Nablous du nom de
Nablous, sa ville principale.
[5] Esaïe, XXVIII, I.

légat impérial de Syrie, la fit rebâtir, et, sous Hérode le Grand,
elle était florissante. Ce prince y fit bâtir un temple en l'honneur d'Auguste et changea son nom en celui de Sébaste (mot
grec ; en latin Augusta) qu'elle porte encore (Sebustieh).

Sichem (aujourd'hui Nablous) a pour nous plus d'intérêt
que Samarie. C'était une fort ancienne ville construite dans
une vallée. Le mont Ebal est au Nord et le fameux Garizim
au Sud. L'Evangile de Jean l'appelle Sychar [1], c'est un terme
ironique qui signifie ivresse, on ne le trouve que là ; il nous
paraît être un de ces sobriquets inventés par les Juifs qui
défiguraient les noms samaritains et, par mépris, les tournaient en ridicule. La ville moderne, Naplouse (Néapolis,
ville nouvelle) n'est pas bâtie exactement sur l'emplacement
de Sichem, mais à côté. Il en était déjà ainsi du temps de
Saint Jérôme. Près de là est le puits de Jacob, presque entièrement comblé aujourd'hui. Si à Nazareth, à Jéricho, à Bethléem, les souvenirs du premier siècle sont encore vivants, il
n'en est pas de même au puits de Jacob. Cette fontaine,
immortalisée par l'entretien de Jésus avec la Samaritaine,
n'est plus qu'un trou sans profondeur au milieu d'un
champ ; l'emplacement en paraît bien authentique, mais
l'authenticité n'est pas tout. Il faut des ruines, des pierres
au moins ; quelque chose qui rappelle le passé, qui permette
à l'imagination de le reconstruire. Au puits de Jacob, il n'y
a rien ; et pour y retrouver Jésus et l'y entendre, il faut se
rappeler que d'après les paroles mêmes qu'il y a prononc-
cées, on ne doit pas plus adorer près du puits qu'ailleurs,
il faut se rappeler que le culte qu'il a fondé au bord de cette
fontaine, est un culte « en esprit et en vérité ».

[1] Ch. IV, v. 5.

CHAPITRE II

La Géographie des Évangiles (*Suite*)

LA JUDÉE. — JÉRUSALEM

L'aspect général de la Judée est celui d'un pays de montagnes. Le sol est rocailleux, la terre aride et desséchée, et si le contraste de la Judée et de la Galilée est encore frappant aujourd'hui, il devait certainement l'être plus encore au premier siècle. En Galilée la nature était tour à tour riante ou grandiose, partout riche et luxuriante, la terre d'une admirable fertilité, l'eau abondante, les champs bien cultivés, le pays tout entier très boisé. En Judée les montagnes dominaient, abruptes, arides, incultes et l'impression générale était celle de la sécheresse et de la désolation.

La capitale était Jérusalem, la plus grande cité de la Palestine, le siège des autorités religieuses, le centre du culte et de la vie publique, la ville qui attirait immédiatement les regards. Elle est située à douze heures de la mer et à huit heures du Jourdain. Dans la Genèse elle est appelée Salem [1], et voici comment la tradition juive expliquait le changement de son nom [2] : « Abraham a appelé cet endroit Jireh et Sem l'a appelé Salem. Et Dieu dit : Si je l'appelle

[1] Genèse, XIV, 18.
[2] Beresch. Rabb.; sect. 9.

Jireh, cela déplaira au juste Sem, et si je l'appelle Salem, cela déplaira au juste Abraham. Je lui donnerai donc à la fois les noms que chacun lui a donnés. »

Nous commencerons par chercher une vue d'ensemble de la ville au premier siècle et, pour cela, nous monterons sur la colline des Oliviers, nous prendrons le chemin qui mène à Béthanie et nous regarderons Jérusalem telle qu'elle nous apparaît à l'endroit précis où Jésus la vit le jour des Rameaux et pleura sur elle. La première impression est celle d'une ville forte presque imprenable. Une épaisse et haute muraille se dresse au-delà du torrent de Cédron, elle est garnie de tours et s'éloigne à droite et à gauche en remontant vers l'Est et l'Ouest pour entourer toute la ville. Quelques unes des tours dépassent les autres en hauteur. Il y en a surtout trois énormes que l'on aperçoit de l'autre côté de la ville dans l'éloignement. Dans l'enceinte apparaît la masse des maisons groupées, serrées les unes contre les autres ; elles n'ont point de toits mais des terrasses et forment autant de petits cubes de pierres blanches qui se détachent sur le ciel bleu. Elles apparaissent à inégales hauteurs, suivant qu'elles sont ou non sur des collines. Enfin deux édifices gigantesques dominent la cité : le Temple et le palais d'Hérode. Le Temple apparaît comme une forteresse ou plutôt comme une ville fortifiée dans la ville. On distingue à peine au-delà des formidables murailles qui l'entourent plusieurs enceintes successives entourées de portiques et à l'extrémité Nord, à droite du spectateur, le sanctuaire lui-même, dont le toit très élevé est tout entier garni d'aiguilles dorées. Enfin, derrière le sanctuaire, séparé du Temple mais, à cette distance, paraissant faire corps avec lui, se dresse un cube monstrueux dont la plate-forme supérieure domine toutes les cours intérieures de l'édifice sacré. C'est la tour Antonia. « Celui qui n'a pas vu Jérusalem, disent les Talmudistes, n'a jamais vu une belle ville[1]. »

[1] Babyl. *Soukah*, 51 *b*.

Descendons maintenant le mont des Oliviers, approchons-nous de la ville, et avant d'y entrer, examinons-en l'enceinte. Un mur énorme percé de portes en fait tout le tour; il environne la colline sur laquelle le Temple est bâti, ferme Jérusalem au Midi, entoure aussi la colline de Sion qui est au Sud-Ouest, remonte vers le Nord, et faisant un angle droit au sommet duquel est bâtie la tour Hippicus, il semble entrer en ville et va en ligne droite rejoindre le mur occidental du Temple. C'est une ancienne enceinte, dont la dernière partie est maintenant inutile, car la cité s'est étendue au Nord dans un quartier appelé Acra ou la ville basse. Ce quartier est lui-même environné d'un mur qui l'enferme et, avec lui, le palais du procurateur et la tour Antonia; enfin, au-delà, toujours au Nord, la ville s'étend encore; des maisons éparses et déjà nombreuses couvrent une colline appelée Bézétha, et, dans quelques années, Hérode Agrippa I bâtira une troisième muraille qui, continuant la première enceinte à partir de la tour Hippicus, enfermera un grand espace de terrain, entre autres celui où se trouve le Calvaire, et rejoindra la première enceinte non loin de la piscine de Bethesda et tout près du Temple.

Pendant la vie du Christ, cette enceinte n'est pas faite et l'emplacement du Calvaire est encore hors des portes. Nous empruntons à Josèphe cette distinction très nette des trois murailles. La troisième n'existait pas au temps de Jésus, la première seule servait et la seconde là où la première était devenue inutile.

Les enceintes sont admirablement construites. Les murs sont « pleins de saillies et d'enfoncements [1] ». Le premier est garni de créneaux et fortifié par soixante tours qui sont séparées les unes des autres par un espace de deux cents coudées (90 mètres). Le deuxième mur a quatorze de ces tours et plus tard le mur d'Agrippa en aura quatre-vingt-

[1] Tacite, *Hist.*, V, 11 : « Muri per artem obliqui aut introrsus sinuati. »

dix. La ville, dit Josèphe, a trente-trois stades de circonférence, ce qui fait sept kilomètres environ, mais il ne faut pas oublier qu'il comprend dans cette mesure la muraille d'Agrippa, qui ne fut élevée qu'au milieu du premier siècle.

Quel pouvait être le nombre des habitants de la ville pendant la vie de Jésus ? Il est très difficile de le dire. Les recensements de population sont presque impossibles en Orient, même aujourd'hui. Pour la population actuelle du Caire, par exemple, on hésite entre un minimum de deux cent mille et un maximum de six à sept cent mille. Les témoignages antiques font, pour Jérusalem, presque entièrement défaut. Cicéron, dans une de ses lettres, appelle Jérusalem « une bicoque » [1]. Par contre, Hécathée d'Abdère cité par Josèphe [2] évaluait le nombre des habitants sous Alexandre-le-Grand à cent vingt mille. Nous sommes disposé à croire ce chiffre très peu exagéré. Il nous donne un maximum ; quant au minimum on peut le trouver ainsi : La ville actuelle a à peine quinze mille habitants ; si l'on tient compte de ce chiffre et de la place qu'occupaient les anciennes enceintes, on peut donner à la ville antique un minimum de quatre fois quinze mille habitants, c'est-à-dire de soixante mille environ. Jérusalem avait donc au moins soixante mille habitants et au plus cent vingt mille. M. Renan parle de cinquante mille seulement ; ce chiffre est bien faible. Cet auteur ne tient pas compte de l'extrême facilité des orientaux à s'entasser sur un étroit espace. M. Chauvet [3] suppose quatre vingt à cent mille âmes, ce qui nous semble beaucoup plus près de la vérité.

Au moment des grandes fêtes le chiffre de la population augmentait dans une proportion énorme. M. Hausrath [4] va jusqu'à parler de trois millions pour la fête de Pâques. Il est certain que la foule affluait, à ce moment, de tous les points

[1] Ad Atticum, II, 9.
[2] Contre Appion, I, 22.
[3] Encycl. des Sciences relig. Art. *Jérusalem* et Collect. des Guides Joanne : *l'Orient.*
[4] Dans son ouvrage *Die Zeit Christi.*

du territoire. On dressait des tentes dans les rues, dans la campagne; les environs immédiats étaient encombrés. Ce détail nous explique pourquoi Jésus, dans les derniers temps de sa vie, sortait de la ville tous les soirs et allait passer la nuit à Béthanie ou dans une ferme du mont des Oliviers. Il ne trouvait pas à se loger à Jérusalem. Nous comprenons aussi qu'autour de la croix, dressée aux portes même, il y eut une véritable foule. Pendant le siège, la population de l'intérieur de Jérusalem fut au moins d'un million.

Nous n'avons encore parlé que de l'enceinte; avant d'entrer dans la ville, examinons-en les portes. Chacune d'elles forme dans l'épaisseur de la muraille une allée voûtée d'une certaine profondeur et fermée par des battants à ses deux extrémités. C'est ainsi qu'étaient faites aussi toutes les portes du Temple. Au-dessus de la voûte était une chambre spacieuse où pouvaient se tenir ceux qui défendaient l'entrée. Nous ne savons rien de positif sur le nombre des portes et sur l'ordre dans lequel elles étaient placées. Reland, dans son fameux ouvrage sur la Palestine[1] en nomme plusieurs, mais se borne à une simple nomenclature : 1° la porte Ancienne au N.-E.; 2° la porte d'Éphraïm ou de Benjamin au Nord; 3° la porte de l'Angle au N.-O.; 4° la porte de la Vallée; 5° la porte du Fumier; 6° la porte de la Source au S.-E. Nous ne reconnaissons qu'une seule de ces portes, celle du Fumier ou des Egouts; elle est indiquée par Néhémie[2] et était près de l'emplacement actuel de la porte Maugrabine. Elle fut appelée aussi porte des Esséniens. Mais il y en avait d'autres que Reland ne nomme pas; par exemple, la porte des Jardins (Djennath) à l'Est, près de laquelle était le Calvaire[3]. Le deuxième mur destiné à entourer l'Acra ou la ville basse commençait à cette porte. Elle tirait son nom de

[1] Relandi *Palœstina*, livre III, p. 855.
[2] II, 13.
[3] Nous acceptons comme authentique l'emplacement traditionnel du Calvaire et du Saint-Sépulcre. Cette opinion est générale aujourd'hui parmi les savants. Voir *Voy. en Terre-Sainte*, par F. Bovet.

plantations d'arbres fruitiers nombreuses de ce côté de Jérusalem. Au premier siècle ces jardins tendaient à disparaître et
étaient remplacés par des maisons. Quelques années plus
tard Agrippa fera entrer ces maisons dans la ville en bâtissant
le troisième mur. Ces jardins se trouvaient placés sur des
terrains très accidentés ; les grottes et les rochers y étaient
nombreux ; quelques-uns appartenaient à de riches personnages. Joseph d'Arimathée, membre du Sanhédrin, en possédait un et y avait fait creuser dans le roc un tombeau pour
lui et les siens ; le Calvaire était précisément là, dans l'angle
formé par le premier et le second mur d'enceinte, au carrefour des routes de la vieille et de la nouvelle ville et à
quelques pas de cette porte des Jardins qui fut certainement
celle par laquelle Jésus sortit accompagné de Simon de
Cyrène portant la croix.

Nous savons aussi l'existence d'une certaine porte des Poissons [1], mais sans pouvoir en indiquer l'emplacement [2] ; à côté
d'elle se trouvait le marché aux poissons tenu par des
Tyriens et alimenté par les pêcheurs du lac de Tibériade [3].

A l'Est, derrière le Temple, une porte appelée aujourd'hui
porte St-Etienne était nommée autrefois porte des Brebis ;
le réservoir de Béthesda était tout auprès, et c'est par elle
que passaient les brebis destinées aux sacrifices. On aime
à se représenter que la scène du chapitre X de l'Evangile
de saint Jean s'est passée près de cette porte. Jésus voyait
entrer et sortir les brebis et, suivant sa méthode constante,
faisait simplement allusion à ce qui se passait sous ses
yeux en disant : « Je suis, moi, la porte des brebis. » Elle
était la principale sortie de la ville à l'Est, elle touchait le
Temple. Jésus dut sans cesse entrer dans la ville et en sortir
par cette porte. C'est par elle qu'il passa le jeudi soir

[1] Chron., XXXIII, 14.
[2] M. Walther, *Etude historique de la topographie de Jérusalem*,
voit pouvoir la placer au Nord de la ville.
[3] Néhémie, XIII, 16.

6 avril 30 [1] quand il sortit de Jérusalem pour aller au jardin
des Oliviers où il fut arrêté. Plus loin que l'emplacement
de la porte des Brebis et du même côté on voit aujourd'hui
un reste du temple d'Hérode [2], une entrée aujourd'hui murée
appelée porte d'Or. Par elle on pénétrait dans les cours intérieures du Temple, et comme elle s'ouvrait sur la vallée de
Cédron et le mont des Oliviers, c'est probablement par elle que
Jésus passa le dimanche des Rameaux. Nous ne pouvons
parler avec précision d'aucune des autres portes de Jérusalem
dont Néhémie ou d'autres écrivains de l'Ancien Testament
nous donnent les noms. Au Midi, du reste, il n'y en avait
pas ; le mont Sion était par là inaccessible.

Entrons maintenant dans la ville. Nous avons nommé
déjà les quatre collines sur lesquelles elle était bâtie :
Sion, Morijah, Bézétha et Acra. Nous savons déjà que
Bézétha couvert de maisons au temps du Christ était cependant encore en dehors des enceintes.

Il reste Sion ou la ville haute, Morijah ou la colline du
Temple, et Acra ou la ville basse. Josèphe place Sion au
S.-O. séparant entièrement cette montagne de celle du
Temple (Morijah), à l'Est. Cette affirmation ne s'accorde pas
avec les données bibliques qui parlent toujours de Sion
comme de la montagne sainte [3], celle sur laquelle s'élevait
le sanctuaire et les archéologues modernes s'accordent à rec-
tifier sur ce point les données de l'historien juif. Sion
n'est pas la colline S.-O., mais la colline orientale y compris
l'éminence sur laquelle était le Temple. Sion est la vieille
ville, celle de David qui, au temps de Jésus, occupait toute
la partie Sud de Jérusalem. Le nom primitif d'une colline
s'était étendu à plusieurs quartiers, les plus élevés de la
cité. Puis Jérusalem avait grandi au Nord et grandissait

[1] Voir *Les Dates principales de la vie de Jésus* livre II, chapitre XV.
[2] C'était l'opinion de M. de Saulcy. D'autres archéologues ne croient
pas les restes de cette porte antérieurs à l'empereur Hadrien (117-138
ap. J.-C.).
[3] Psaume II, 6, etc.

encore au premier siècle. Une vallée profonde séparait la ville haute de la colline du Temple d'une part et de la ville basse de l'autre. Cette vallée appelée vallée des fromagers ou de Tyropœon, a disparu presque entièrement aujourd'hui. Elle est comblée par les décombres et les détritus amassés depuis dix-huit siècles. Le nom de vallée des fromagers lui était donné au premier siècle et il datait sans doute des origines de la ville.

La place principale de Jérusalem était au fond de cette vallée, elle s'appelait Xystus et, au dire de Josèphe, aurait été le forum de la ville, le lieu des assemblées populaires, le Pnyx de la cité. Sur cette place était le βουλή, palais du conseil. Enfin au-dessus passait un pont reliant la colline du Temple à la ville haute. Si nous nous plaçons sur cette colline du Temple, nous voyons à nos pieds Jérusalem toute entière. Elle nous apparaît comme formée de deux villes distinctes, la Haute et la Basse. La ville haute est à notre gauche, la ville basse à notre droite et, devant nous, séparant ces deux moitiés de la cité, le vieux mur de la première enceinte avec le Tyropœon et la grande place du Xystus.

Le second mur (qui plus tard sera dans l'intérieur) entoure au Nord toute la ville basse.

Si nous parcourons l'intérieur de Jérusalem, nous y trouvons quelques places publiques outre celle que nous venons de nommer : la place des Bouchers [1], la place des Ouvriers en laine [2], le marché des Engraisseurs, celui des Lainiers (habité par des foulons païens) appelé aussi marché supérieur [3]. Il y avait encore une place dont le nom nous est inconnu [4] et par laquelle on passait pour aller du Temple au mont des Oliviers ; Jésus dut bien souvent la traverser.

Ces places sont balayées tous les jours [5], détail qui con-

---

[1] Mischna *Erubhin*, ch. X, hal. 9.
[2] Jos., *D. B. J.*, V, 24.
[3] Mischna *Erubhin*, chap. X, hal. 9.
[4] Esdras, X, 9.
[5] Babyl., *Baba Metsia*, 26 *a*.

traste avec la malpropreté des villes de l'Orient moderne.
Il n'y a point de jardins, car on craint l'odeur de l'engrais [1],
sauf cependant un jardin de roses qui date du temps des
prophètes [2]. Les fourneaux sont interdits à cause de la
fumée [3]. Les rues sont étroites, mais les plus importantes
ont été dernièrement pavées par Hérode le Grand. Çà et
là apparaît une voie plus large que les autres et dans
celle-ci des boutiques, des bazars, mais c'est toujours près
des portes qu'il y a le plus de mouvement et que sont ména-
gés les plus larges espaces. Nous ne connaissons les noms
que de deux rues, celle des Boulangers [4] et celle du Temple,
qui longeait le mur occidental de la montagne sainte. La ville
est tout entière en montées et en descentes ; nous savons que
la montée qui donnait accès au Temple n'était pas très
rapide. Les bœufs et les brebis la gravissaient aisément.
L'enfant était dispensé de se présenter au Sanctuaire pour les
trois grandes fêtes, jusqu'au jour où, d'après l'école de
Hillel, « il pouvait monter seul la montagne du Temple en
donnant la main à son père [5]. »

Le mouvement des rues dans nos grandes villes modernes
ne saurait nous donner aucune idée de la vie journalière
dans les grandes cités du monde antique. A Paris, à Londres,
ce qui frappe avant tout, c'est le grand nombre des voitures.
Or, à Rome, les chars ne circulaient que la nuit. Le jour, les
trottoirs étaient envahis par les étalages des marchands qui
n'avaient point de boutiques fermées comme de nos jours, et
sur la chaussée circulaient les piétons et les litières. Quant
aux chevaux, aux chars, aux voitures, ils ne passaient
qu'après la chute du jour et lorsque les boutiques étaient
fermées. Il en était de même à Jérusalem. On ne voyait
aucune voiture dans les rues ; quant aux litières, elles étaient

[1] Babyl., *Baba Kama*, 82 *b*.
[2] Babyl., *Baba Kama*, 82 *b*.
[3] Babyl., *Zebahim*, 96 *a*.
[4] Jérémie, XXXVII, 21.
[5] *Chagig.* ch. I, hal. 1. Voir aussi *D. B. J.*, V, 13.

rares et d'ordinaire remplacées par des chameaux ou des ânes. Du reste, la plupart des rues étaient si étroites, que jamais voiture au monde n'aurait pu y pénétrer. C'est à peine si deux ânes chargés pouvaient y marcher de front.

Le lecteur aura remarqué que les noms de rues et de places qui nous ont été conservés, indiquent toujours quelque métier : les bouchers, les chaudronniers, les boulangers; ces noms nous portent à croire que les divers métiers étaient groupés par quartier dans l'intérieur de Jérusalem, occupant qui une rue, qui une place, qui un carrefour. Cette opinion se confirme quand nous savons le nombre incroyable de synagogues que possédait Jérusalem. Il y en avait 480[1]. On comprend ce chiffre exorbitant, lorsqu'on sait qu'aujourd'hui, dans les villes musulmanes, le nombre des mosquées n'est pas moins considérable. Chaque famille a pour ainsi dire la sienne. Les synagogues de Jérusalem étaient certainement la propriété exclusive des grandes familles et surtout des corporations. Il y en avait une, par exemple, appelée synagogue des chaudronniers. De plus, les étrangers de passage dans la ville, avaient à leur usage la synagogue spéciale de la contrée d'où ils venaient; il y avait les synagogues des Cyrénéens, des Ciliciens, des Asiatiques, des Alexandrins[2]. Dans celle-ci on employait la langue grecque, et on lisait la traduction des Septante[3]. Toutes ces synagogues étaient très fréquentées et chaque matin, au lever du jour, les rues se remplissaient de femmes, de scribes, de Pharisiens, leurs *Tefillin* attachés sur le bras, se rendant à leur synagogue préférée.

Parlons maintenant des monuments que nous avons aperçus du haut du Mont des Oliviers : les tours d'enceinte, le palais d'Hérode et la tour Antonia.

Nous décrirons le Temple dans des chapitres spéciaux de

---

[1] Jérus., *Megillah*, fol. 73 *b*. — 400 seulement d'après Jérus. *Ketuboth*, 35 *b*.

[2] Actes des Ap., VI, 9.

[3] Jérus. *Sota*, 21 *b*.

notre second livre auxquels nous renvoyons le lecteur. Les
tours d'enceinte étaient nombreuses, nous en distinguons
trois, les tours Hippicus, Phasaël et de Mariamne. Elles sont
toutes neuves ayant été construites ou plutôt surélevées
par Hérode le Grand. La tour Hippicus (nom d'un ami d'Hérode) était quadrangulaire [1]. Elle avait vingt-cinq coudées,
(11 m. 25 c.), de côté, trente coudées (13 m. 50) de hauteur,
à partir de l'endroit où elle cessait d'être intérieurement
massive, (nullement creuse (οὐδαμοῦ διάκενος) ; à l'intérieur on
avait creusé une citerne de vingt coudées (9 m) de profondeur.
Elle avait deux étages, plusieurs chambres et au sommet était
garnie de créneaux de trois coudées. Le parapet avait deux
coudées. Sa hauteur totale était de quatre-vingts coudées
(36 m.).

La tour Phasaël (nom d'un frère d'Hérode) avait quarante
coudées (18 m.) de côté. C'était un cube régulier, à partir de
l'endroit où elle cessait d'être intérieurement massive. Elle
était assez luxueusement arrangée, avait un portique intérieur et une salle de bains. Sa hauteur totale à partir du sol
était de quatre-vingt-dix coudées (40 m. 50 c.) On dit
qu'elle ressemblait assez au phare d'Alexandrie.

La tour de Mariamne (nom d'une des femmes d'Hérode)
était massive jusqu'à la hauteur de vingt coudées (9 m.). Elle
formait aussi un carré de vingt coudées (9 m.) et avait au
total 55 coudées (24 m. 75 c.). L'intérieur était encore plus
luxueux que celui de la tour Phasaël. Ces trois tours déjà
fort hautes, surtout les deux premières, paraissaient plus
élevées encore parce qu'elles étaient bâties sur des collines.
Titus laissa ces tours debout. Elles étaient au Nord du palais
royal et la tour Phasaël subsiste encore en partie sous le nom
de tour de David. La tour Hippicus était exactement où est
aujourd'hui le château de Jérusalem, qui a été bâti par les
Sarrazins sur ses fondements, à l'angle N.-O. du premier
mur d'enceinte.

[1] τετράγωνος, Jos., D. B. J., V, 4, 3.

Le palais d'Hérode le Grand était un admirable monument. Il s'élevait derrière les trois tours que nous venons de décrire et occupait le N.-E. et l'Est de la ville haute. Il fut encore embelli par Agrippa II, et Josèphe nous en a laissé une description enthousiaste. Il était magnifique, dit-il, au-delà de toute description, (παντός λόγου κρεῖσσον.) [1] « Il dépasse le temple en magnificence », disait-on encore. Ce palais bâti en marbre blanc était entouré d'un mur de trente coudées (13 m. 50 c.), à l'intérieur on voyait des salles de festin garnies de cent lits pour les convives ; pierres rares et variées, toits et plafonds admirables, chambres en grand nombre, ameublements précieux, rien n'y manquait. Les jardins, les bassins, les aqueducs étaient plus surprenants encore.

De toutes ces splendeurs, il n'est pas resté le moindre vestige. Etait-ce au palais de son père que demeurait Antipas lorsque par hasard il venait à Jérusalem ? Jésus entra-t-il dans cette magnifique demeure lorsque, le matin de sa mort, Pilate l'envoya au tétrarque ? Nous n'en savons rien.

Hérode le Grand avait encore construit dans la ville haute deux autres palais : Cesarcion et Agrippeion. Il avait, on le sait, le goût des constructions. Josèphe dit qu'il avait fait élever un théâtre à Jérusalem et un amphithéâtre ou hippodrome près de Jéricho [2]. Il avait aussi fait faire à soixante stades des murs, à l'Est de Jérusalem, du côté de l'Arabie et à l'endroit même où il avait repoussé les partisans d'Antigone quand il avait dû s'enfuir de Jérusalem, un monument appelé Hérodion. C'était un énorme tumulus surmonté de tours rondes avec un palais à l'intérieur, et des aqueducs y amenant l'eau en abondance. L'emplacement de ce tumulus est connu. La colline près de Beit-Lehm appelée « mont des Français » ou « mont du petit paradis» n'est autre que l'Hérodion. Mr de Vogüé en a étudié les ruines.

La tour Antonia était une gigantesque forteresse située à

[1] *D. B. J.*, I, 21.
[2] *Ant. Jud.*, XV, 8, 1.

soixante mètres de l'angle N.-O. du Temple[1]. Elle avait été élevée sur un rocher de cinquante coudées (22^m,50^c) à pic de tous côtés et garni du haut en bas de pierres polies qui en rendaient l'ascension impossible. Ce rocher ou cube de pierres avait un demi stade (95^m de côté). Le sommet formait une plate-forme carrée de 40 coudées de côté (18^m) et par conséquent de 304 mètres carrés. Cette plateforme était entourée d'un parapet de trois coudées (1^m,35). Aux quatre angles s'élevaient des tours et sur la partie centrale de la plateforme était construit un palais entouré d'un mur et composé de plusieurs pièces avec portiques et salles de bain, sans parler du logement nécessaire aux troupes. Trois des tours avaient cinquante coudées (22^m,50^c) la quatrième, celle qui était à l'angle S.-E. et par conséquent la plus rapprochée du Temple avait soixante-dix coudées (31^m,50) ; les Romains Tenaient à ce qu'elle conservât cette hauteur pour pouvoir surveiller les prêtres dans les cours intérieures du Temple. Ils consentaient à n'y point pénétrer par respect pour la religion juive, mais ils voulaient voir tout ce qui s'y passait. De plus, deux escaliers conduisaient de la tour aux portiques du parvis des Gentils et les jours de fête les soldats de la garnison romaine venaient monter la garde dans cette cour[2]. Le rocher sur lequel Antonia était bâtie a été mesuré de nos jours, il a bien de 22^m à 25^m de hauteur ; le sommet de la tour S.-E. se trouvait ainsi être à 63^m au dessus du pavé des cours du Temple ; c'est à peu de chose près, la hauteur des tours de Notre-Dame de Paris.

Cette forteresse avait été bâtie par les princes Macchabéens. Elle fut appelée Bâris[1]. Ce mot prononcé par les Juifs Birah et qu'ils empruntèrent probablement aux Perses, car il ne se rencontre que chez les écrivains postérieurs à l'exil, signifie tout simplement château fort, citadelle ; Hérode le

---

[1] Jos., *D. B. J.*, V, 5, 8.

[2] La tour Antonia communiquait aussi avec le Temple par une allée souterraine.

Grand, pour flatter Antoine son maître, changea ce nom en celui d'Antonia.

C'est dans cette forteresse que fut conduit saint Paul lors de son arrestation [1]; mais ce n'est pas là que se trouvait le prétoire où Jésus fut jugé. Il était tout à côté, dans l'ancien palais d'Hérode, et touchait la tour Antonia. Le sérail du pacha de Jérusalem se trouve aujourd'hui sur l'emplacemen du prétoire.

Les citernes et les réservoirs paraissent avoir été assez nombreux à Jérusalem. Il y avait un réservoir devant la tour Antonia et un autre au nord de la ville [2]. Quant à celui de Béthesda il était le même que celui de Siloé. Tout le quartier où il se trouvait s'appelait quartier de Siloé. On ne sait donc pas si la tour dont parle l'Evangile [3] était à la piscine même et contiguë à ses portiques ou seulement dans le quartier et à une certaine distance.

Nous n'avons plus qu'à mentionner les excavations et les souterrains nombreux creusés sous la ville et sous le Temple. Toutes les cités bâties sur des carrières, dont on a extrait la pierre destinée aux constructions, ont ces sortes de catacombes. Les souterrains de Jérusalem sont en partie bouchés aujourd'hui. Ceux que l'on peut visiter sont assez étendus et le voyageur voit au fond des blocs énormes, des pierres gigantesques, toutes taillées et semblables à celles qui forment la muraille du Temple et ses fondations à l'angle S.-E. de la ville. Ce sont des pierres taillées du temps de Salomon, dont on n'eut pas besoin pour le sanctuaire, et qui sont restées en place depuis trois mille ans [4].

Et maintenant si l'on veut se faire aujourd'hui, dans notre dix-neuvième siècle, quelque idée de la Jérusalem du premier, ce n'est pas en Palestine, dans la ville de ce nom,

---

[1] Actes des Ap., ch. XXI, v. 34.
[2] D. B. J., V, 30.
[3] Ev. de Luc, XIII, 4.
[4] Ce qui explique le passage 1 Rois, VI, 7, disant que les pierres étaient amenées toutes taillées et prêtes à être mises en place.

qu'il faut la chercher, c'est plutôt dans les villes musulmanes et arabes de l'Algérie, de l'Egypte, de l'Asie Mineure. Le voyageur qui visite une de ces grandes cités orientales, y retrouve les rues étroites encombrées d'ânes et de chameaux, les maisons blanches en forme de cube, les bazars tumultueux et bruyants que Jérusalem offrait autrefois aux regards. S'il est dans une ville sainte, il y rencontre le mépris et la haine que le païen rencontrait certainement à Jérusalem, il y trouve aussi une dévotion et des rites semblables à ceux des Juifs, il y croise des scribes portant leur encrier à leur ceinture et y entend des prédicateurs à la parole ardente comme il s'en trouvait dans la cité sainte d'autrefois.

ENVIRONS DE JÉRUSALEM

L'est de la ville était le seul côté qui fut un peu joli. C'est le seul aussi dont nous parlerons, puisqu'il ne s'agit pour nous que de chercher les traces du passage de Jésus et de jeter quelque lumière sur les pages principales de l'Evangile[1]. A l'est, en effet, se dressait la colline appelée « Mont des Oliviers ». Les Talmuds l'appellent quelquefois Mont Mischha[2].

Josèphe le place à cinq stades (950 m.) du mur d'enceinte[3]. En deux minutes on descendait au fond de la vallée du Cédron, puis, le ruisseau passé, on montait la colline, car la vallée n'occupait que la largeur même du ruisseau. Avant d'arriver au torrent on traversait Bethphagé, ainsi nommée à cause de ses figuiers. Bethphagé n'était pas un village mais un faubourg de Jérusalem [4], car tout l'espace contigu au

[1] Mentionnons aussi, au Sud de la ville et du côté où la muraille était inaccessible, la profonde vallée de Gehinnom (Géhenne). On y jetait les immondices de Jérusalem qu'un feu perpétuel consumait lentement ; c'était un de ces espaces vides et désolés comme on en voit dans les environs des grandes villes. Elle avait une réputation détestable et son séjour était souvent cité comme l'image du feu éternel de l'enfer.

[2] Jérus. *Taanith*, IV, 8.

[3] *Ant. Jud.*, XX, 8, 6.

[4] Babyl., *Pesachim*, 53 *a* et 63 *b*.

mur oriental de la ville portait ce nom. Toute la colline de Oliviers, le nom l'indique, était très boisée et on remarquait sur le versant qui regardait le Temple les tombeaux des prophètes et autres grands personnages de l'Ancien Testament. Jésus les voyait et sans doute les désignait du doigt lorsque sous le portique de Salomon il disait aux Pharisiens : « Vous ressemblez à ces sépulcres blanchis [1]. » Quelques-uns de ces monuments funéraires ont traversé les siècles et se voient encore, entre autres celui d'Absalon, que plusieurs voyageurs croient authentique.

On pouvait passer le Cédron snr un pont qui reliait le Temple au Mont des Oliviers. Le sanctuaire se trouvait ainsi réuni à cette colline, et ce voisinage immédiat donnait à celle-ci un caractère sacré. On la considérait parfois comme faisant partie de « l'aire du Temple ». Aussi les prêtres y avaient-ils établi quatre boutiques qu'ils tenaient eux-mêmes et dont le revenu appartenait à la puissante famille du saducéen Hanan. Ce petit bazar était installé sous deux cèdres magnifiques [2], qui donnaient asile à des nuées de colombes. Celles-ci étaient à vendre, et chaque mois on retirait *quarante* saa de la vente des colombes pour les cérémonies de purification imposées aux femmes [3]. Il est vraisemblable que Marie alla acheter sous ces cèdres les colombes qu'elle offrit pour sa purification [4]; car, dit un des Talmuds, ces oiseaux « suffisaient pour les sacrifices de pigeons de tout Israël. » C'est aussi là, dans la maison d'habitation de Hanan, attenante au bazar, que Jésus fut conduit immédiatement après son arrestation [5].

L'Évangile de Jean parle d'un « jardin » d'oliviers [6] dans lequel Jésus « entra. » Il est évident pour nous qu'il s'agit ici d'un enclos planté d'oliviers et où se trouvait un pressoir,

[1] Ev. de Matth., chap. XXIII, v. 27.
[2] Jérus., *Taanith*, IV, 8.
[3] Jérus., *Taanith*, fol. 69, 2.
[4] Ev. de Luc, II, 22, 23, 24.
[5] Voir notre chapitre IV, le Sanhédrin.
[6] Ev. de Jean, XVIII, I.

(Gethsémané signifie pressoir à huile) et par conséquent d'une propriété de rapport appartenant à un ami de Jésus qui, sans doute, demeurait à Jérusalem, car les jardins, nous l'avons dit, étaient interdits dans l'intérieur de la ville. Tous les jardins étaient donc en dehors des murailles « surtout au pied du Mont des Oliviers » [1].

Jésus, en quittant Jérusalem le jeudi soir 6 avril 30, se rendit donc dans l'enclos du « pressoir à huile. » Il s'y était souvent réuni avec ses disciples ; Judas le savait. Il y conduit la troupe, on arrête Jésus et on l'emmène aussitôt à la maison de Hanan dont nous venons de parler, contiguë au bazar et à côté des deux cèdres ; c'était une propriété de l'ancien grand prêtre.

Il fallait vingt minutes à peine pour aller de la porte de la ville jusqu'au sommet de la colline des oliviers, puis on descendait et, après vingt minutes encore de marche, on arrivait à Béthanie (maison des dattes), (aujourd'hui El-Azirié)[2]. Ce chemin, que Jésus parcourut le jour des Rameaux, existe encore avec ce détour de la route où la ville sainte, cachée jusque là, apparaît tout à coup [3]. Béthanie, au milieu des fermes et des villages, tout entouré de palmiers et comme dans les bois, était sur le versant qui regarde le Jourdain et la mer Morte. C'est là que Jésus trouvait un peu de calme après les discussions du parvis des Gentils. Le contraste entre la capitale et le village était bien tranché ; Jérusalem, c'était la ville, la foule, la fatigue physique et morale, les disputes et la haine des Pharisiens, des Saducéens, de tous ceux

[1] Talmud, *Bava Kama*, ch. VII. Les jardins étaient autrefois, ce qu'ils sont encore dans l'Orient moderne, un luxe très apprécié.

[2] Il nous est impossible de voir Béthanie dans le Beth Hini dont le Talmud de Jérusalem dit : « Les boutiques de Beth Hini furent détruites trois ans avant Jérusalem » (Jérus., *Péah.*, I, 3), car Beth Hini désigne ici les boutiques des fils de Hanan auprès des cèdres. Le Béthanie des Evangiles était plus éloigné de Jérusalem et de l'autre côté de la colline.

[3] C'est à ce détour de la route qu'il faut placer la scène rapportée, Ev. de Luc, XIX, 41 et suiv.

qui voulaient la mort de Jésus. Béthanie, c'était la campagne, la solitude, le repos du corps et de l'âme, l'hospitalité de Marie, de Marthe, de Lazare, de ceux que Jésus aimait.

Béthanie était le premier village que l'on rencontrait sur la route de Jérusalem à Jéricho, et, à partir de cet endroit, le chemin n'offrait plus aucune sécurité ; aussi Jésus y a-t-il prononcé la parabole du bon Samaritain [1]. Cette histoire, placée là, était admirable de vérité et d'à-propos. Les prêtres et les lévites étaient souvent appelés à parcourir ce chemin ; nous savons en effet par les Talmuds [2] que des vingt-quatre classes de prêtres et de lévites, plusieurs résidaient à Jéricho et il y avait une lutte constante de prééminence entre les prêtres de cettte ville et ceux de Jérusalem. Quant au fait lui-même d'une attaque de brigands dans les massifs de montagnes qui séparent Béthanie du Jourdain, il se présentait sans cesse. En plein gouvernement romain, la police des grandes routes était fort mal faite, les Romains se reposaient sans doute sur les Juifs du soin de garder leurs chemins, et les Juifs, de leur côté, se reposaient sur les Romains. Les chemins n'étaient alors surveillés par personne, et Saint Jérôme [3] raconte que de son temps, la route était infestée de hordes de brigands.

Avant de quitter les environs immédiats de Jérusalem, rappelons que Salomon avait fait construire trois grands réservoirs taillés dans le roc et placés l'un au-dessus de l'autre : on les appelait « les étangs de Salomon » et ils servaient à alimenter d'eau les jardins du roi qui étaient tout près. Ces jardins avaient disparu depuis longtemps et les réservoirs ne servaient plus à rien. Lorsque les Romains réduisirent la Judée en province, ils voulurent les utiliser, et Ponce-Pilate fit construire un aqueduc amenant leurs eaux à Jérusalem. Il prit l'argent nécessaire à cette construction dans le trésor du Temple. C'était l'argent sacré, le Corban, aussi les Juifs ne le lui par-

[1] Ev. de Luc, X, 30 et suiv.
[2] *Taanith*, fol. 67, 4.
[3] *Ad. Jerem.*, III, 2.

donnèrent-ils jamais[1]. Ce vol du Corban fut un des griefs
sans nombre soulevés par l'administration de Pilate. Les
« étangs de Salomon » subsistent encore, ainsi que l'aqueduc
de Pilate. On les appelle étangs d'Ourtas et ils fournissent
d'eau le Haram de Jérusalem.

A Jéricho, nous sommes au bord du Jourdain. Cette
ville au N.-E. de Jérusalem, n'en était séparée que par
une distance de vingt kilomètres à peine, *dix Parsa* d'après
les Talmuds[2]. Elle n'en était guère plus éloignée que Versailles de Paris. Elle était et elle est restée aujourd'hui
un des plus ravissants endroits de la Syrie. Josèphe dit
de cette ville comme de la Galilée : « c'est un pays divin [3]. »
Nulle part les palmiers n'y étaient aussi beaux et aussi
nombreux. Ils formaient une véritable forêt entourant la
ville de tous côtés, sans parler des jardins et des cultures
dont la richesse et l'abondance ont fait l'admiration de l'antiquité [4] « La plaine de Jéricho est couverte de blés [5], » Comme
elle formait une tête de route, elle avait une douane importante. Aussi l'épisode de Zachée [6], s'y trouve-t-il très naturellement placé.

Le Jourdain y passe, encaissé entre des rochers nus. Toute
sa vallée ainsi que la plaine de Jéricho ont le climat des tro-
piques, et la ville, placée très au-dessous du niveau de la
Méditerranée, jouit d'un printemps perpétuel. Le froid des
hauteurs qui l'environnent y est inconnu.

Si, en partant de Jéricho, nous descendons le Jourdain, nous
arrivons à l'oasis d'En-Gaddi qui est à treize lieues de Jérusalem, non loin de la mer Morte, dans laquelle se jette le fleuve.
C'est là que demeuraient, au premier siècle, les solitaires

[1] Voir le chapitre suivant, Ponce-Pilate.
[2] Babyl., *Joma*, 20 *b*.
[3] Jos., *D. B. J.*, IV, 8, 3 ; I, 6, 6 ; I, 18, 5 ; *Ant. Jud.*, XV, 4. 2 ;
IV, 6, 1 ; XIV, 4, 1.
[4] Eccli., XXIV, 18 ; Strabon, XVI, 2, 41.
[5] *Mekhilta*, sect. Beschalah, 1.
[6] Ev. de Luc, XIX, 1 et suiv.

esséniens, entièrement séparés du monde, véritables moines dans leurs couvents.

La mer Morte, sur la rive occidentale de laquelle ils avaient bâti leur monastère, est immense, elle a dix-neuf lieues de long sur cinq de large, les Talmuds l'appellent « mer salée » ou « mer de Sodome. » Son eau a un goût détestable et sa pesanteur spécifique est telle que l'on peut fort bien s'y soutenir sans savoir nager [1]. « Jamais un homme ne s'est noyé dans la mer salée » [2]. Les poissons ne peuvent y vivre et on n'y trouve aucune plante aquatique. Le rivage cependant est parsemé de coquillages. Les Arabes de nos jours l'appellent le lac de Loth (Bakret Louth).

Remontons maintenant du côté de Jérusalem. A deux lieues de cette ville et à trois cents pieds au-dessus d'elle nous rencontrons le village de Bethléem. Jésus y est né d'après les Evangélistes Matthieu et Luc, et ce petit bourg a certainement conservé, comme celui de Nazareth, la physionomie qu'il avait au premier siècle. Bethléem forme, comme Jérusalem, une sorte de presqu'île tenant d'un côté aux montagnes qui l'entourent et inaccessible de tous les autres côtés. La porte regarde Jérusalem, c'est encore celle par laquelle entrèrent Joseph et Marie la veille de la naissance de Jésus. Le puits, certainement antique, est à côté, et c'est là que se passait toute la vie publique. Autour du puits et devant la porte était le forum, le foyer de la vie sociale. Chaque soir et chaque matin les habitants s'y rencontrent, les troupeaux y vont boire, conduits par les bergers [3], et les jeunes filles, la cruche snr l'épaule, viennent puiser l'eau dont on a besoin à la maison. Les voyageurs s'y arrêtent aussi, ils y dressent leurs tentes et y préparent

---

[1] Jos., *D. B. J.*, IV, 8 ; Tacite, *Hist.*, V, 6.

[2] Parole de Rabbi Dini citée Bab., *Schabbath*, 108 *b*. Elle est exacte. On peut se soutenir dans l'eau de la mer Morte sans savoir nager, à cause de son extrême densité, mais le baigneur est contraint à un effort continuel pour maintenir sa tête hors de l'eau.

[3] Genèse, XXIV, 11.

leurs repas. Justin Martyr, écrivant dans la première moitié du second siècle, nous parle de « la grotte de la nativité. » L'Evangile, il est vrai, ne dit pas que Jésus soit né dans une grotte, mais les excavations de Bethléem servaient d'étables autrefois comme aujourd'hui et, sans croire nécessairement à l'authenticité de celle que l'on montre maintenant aux voyageurs en lui donnant le nom de « grotte de la nativité », il est fort possible que l'étable dans laquelle est né le Christ fût effectivement une grotte.

La dernière ville de Judée, mentionnée dans le Nouveau-Testament [1], est Joppé (aujoud'hui Jaffa) (Jafo chez les anciens hébreux). Les Israélites n'avaient point d'autre port ou plutôt d'autre ville maritime, car de port il n'y en avait point, il ne peut pas y en avoir. Le rivage est pour ainsi dire inaccessible. Les bâtiments restent au large, on ne peut aborder qu'en canot. Jaffa rendit de grands services lors de la construction du Temple de Salomon. Les cèdres abattus sur le Liban y arrivaient sur des radeaux et de là étaient transportés à Jérusalem [2].

[1] Actes des Apôtres, chap. IX, 36 et 43.
[2] 2 Chron., II, 16 ; Esdras, III, 7.

CHAPITRE III

LES HÉRODES. — PONCE-PILATE. — FINIS JUDÆÆ

Mort d'Hérode le Grand. — Ses fils. — Les premières années de la vie de Jésus. — Les premières révoltes. — Judas le Gaulonite. — Les procurateurs. — L'administration de Pilate. — Hérode Antipas. — Hérode Agrippa I. — Hérode Agrippa II. — L'insurrection finale. — La guerre. — Le siège et la ruine de Jérusalem.

Lorsque Jésus naquit il y avait trente-quatre ans qu'Hérode le Grand régnait sur la Palestine[1]. Il devait mourir quelques mois plus tard. Ce roi, rusé à la fois et barbare, avait été un abominable tyran. Son nom n'était prononcé qu'à voix basse et avec terreur. Les Juifs le détestaient. D'abord il était d'origine étrangère, il était d'Idumée. C'est *un esclave Iduméen* se disaient à l'oreille les Pharisiens quand ils étaient sûrs que personne ne les entendait; esclave parce qu'il servait les Romains et que, tout en s'appelant roi, il n'était en réalité qu'un lieutenant de l'Empereur.

Tour à tour valet d'Antoine ou d'Octave, suivant que l'un ou l'autre était maître du monde, il avait poursuivi la politique la plus insensée aux yeux des Juifs parce qu'elle humiliait la nation, lui ôtait son indépendance, renversait toutes ses espérances de domination universelle. A l'intérieur, il avait fait des dépenses extravagantes, et avait cherché par des flatteries à se faire bien voir du peuple. Car il était de ces souverains qui tâchent de faire oublier à leurs sujets la perte de leur liberté en la remplaçant par des plaisirs et par des fêtes.

[1] Voir livre II, chapitre XV, *Les dates principales de la vie de Jésus*.

Cette tactique pouvait réussir à Rome où le peuple était avili ; elle ne pouvait réussir à Jérusalem où le peuple était soutenu par de fortes croyances religieuses et par un patriotisme ardent. Aussi rien n'avait diminué la haine des Juifs pour leur souverain. L'effroi qu'il inspirait n'était du reste que trop justifié. Déjà meurtrier de la plupart des membres de sa famille, il ordonnait encore la mort de son fils aîné peu de jours avant de mourir lui-même. On avait essayé de se débarrasser de lui ; plusieurs complots régicides avaient été formés, il les avait tous déjoués et avait livré les conjurés à d'atroces supplices. Cette dernière année, celle même de la naissance de Jésus[1], il fait placer un aigle d'or sur le grand portail du Temple. De courageux Pharisiens osent l'arracher et le briser ; mais ils sont reconnus et Hérode les fait brûler vifs. Sa manie de braver sans cesse le sentiment national préparait la lutte dernière, celle qui devait mettre fin à l'existence même du peuple Juif. L'exaltation de ce malheureux peuple ira toujours en grandissant ; elle a commencé le jour où Pompée, 63 ans auparavant, s'est emparé du sanctuaire et a profané de sa présence le Saint des Saints.

C'est dans cette atmosphère politique et religieuse si agitée que Jésus vient de naître et va grandir. Quant au vieux roi de soixante-dix ans, il est atteint d'une cruelle maladie. Sentant la fin venir il se fait transporter dans son palais de Jéricho. Là il est à la campagne, au milieu des palmiers, au sein d'une nature splendide. On est aux premiers jours du printemps ; mais il faut mourir. Il a alors la folie de vouloir faire perdre à tout le monde cette vie qui lui échappe. Il ne rêve que meurtres et deuils. Le massacre des dix ou douze enfants de Bethléem[2] est un de ces crimes comme il s'en commit beaucoup alors. Plus ombrageux que jamais, rempli de soupçons et poursuivi de craintes chimériques, ayant au cœur,

---

[1] Il est possible cependant que Jésus fut né déjà depuis deux ou trois ans.

[2] Ev de Matth., chap. II, vers. 1 et suiv.

TABLEAU DE LA GÉNÉALOGIE DES HÉRODES

Dressé d'après les Indications de Joséphe [1]

ANTIPATER + 43
(KYPROS)

| PHAZAEL + 40 av. J.-C. eut un fils appelé aussi PHAZAEL dont la fille se nommait KYPROS. La KYPROS qu'épousa AGRIPPA I était probablement la fille de MARIAMNE MACCHABÉE. | HÉRODE LE GRAND + 4 av. J.-C. | JOSEPH + 38 av. J.-C. | PHÉROAS + 5 av. J.-C. | SALOMÉ + vers ... J.-C. eut trois ... JOSEPH + 34 av ... KOSTOBAR + ... J.-C. : ALEXAS... |

1re Épouse DORIS	2e Épouse MARIAMNE MACCHABÉE				3e Épouse MARIAMNE Fille de SIMON	4e Épouse une samaritaine du nom de MALTHACÉ			5e Épouse CLÉOPÂTRE de Jérusalem		HÉRODE eut cinq femmes : 6e ... dont il eut PH... 7e PHÉRNE dont ROXANE; 8e E... il eut SALOMÉ... 10e Deux de se... dont il n'eut p... fants.
ANTIPATER + 4 av. J.-C.	ARISTOBULE + 7 av. J.-C.	ALEXANDRE + 7 av. J.-C.	KYPROS a peut-être épousé (AGRIPPA I)	SALAMSO (PHAZAEL)	PHILIPPE BOÉTUS (HÉRODIAS)	HÉRODE ARCHELAÜS (GLAPHYRA)	HÉRODE ANTIPAS (HÉRODIAS)	OLYMPIAS	PHILIPPE LE TÉTRARQUE + 34 ap. J.-C.	HÉRODE	

HÉRODE DE CHALCIS (BÉRÉNICE II)	AGRIPPA I + 44 ap. J.-C. (KYPROS)	HÉRODIAS (PHILIPPE BOÉTUS) (HÉRODE ANTIPAS)			SALOMÉ (PHILIPPE LE TÉTRARQUE)

AGRIPPA II + 100 ap. J.-C.	BÉRÉNICE II (HÉRODE DE CHALCIS) (POLÉMON DE CILICIE)	DRUSILLE (AZIZUS) (FÉLIX)	MARIANNE

BÉRÉNICE III

[1] Ant. Jud., XIV, 7, 3, D. B. J., I, 8, 9. Ant. Jud. XVII, 1, 3, D. B. J., I, 28, 4. Ant. Jud., XVIII, 5, 4. XIX, 9, I. D. B. J. II, 11, 6.

avec le désir insensé de régner toujours, le besoin insatiable
de répandre le sang, il ordonne ce massacre de petits enfants
et la mort de son fils aîné; enfin il fait emprisonner quelques-
uns des meilleurs citoyens et des plus considérés de Jérusalem avec l'ordre secret de les assassiner en même temps qu'il
expirerait. Devinant que personne ne regretterait sa mort, il
voulait, suivant son propre aveu, qu'il y eût des larmes
répandues au moment de son décès. Il succomba enfin le
28 mars, le jour même de la Pâque; mais son ordre sangui-
naire ne fut pas exécuté.

Hérode laissait par son dernier testament : 1° à Archélaüs,
sa succession au trône avec la Judée, l'Idumée et la Samarie;
2° à Antipas le titre de tétrarque avec la Pérée et la Galilée;
3° à Philippe (fils de Cléopâtre) le titre de tétrarque avec la
Batanée, la Gaulanitide, la Trachonitide et Panéas. Nous donnons ci-contre le tableau complet de la généalogie des Hérodes.

Délivrés d'Hérode le Grand, les Juifs devaient rester aussi
malheureux qu'auparavant. Il faut le dire, ils n'étaient plus
dignes de la liberté et, quand le roi n'était pas un tyran au
joug de fer, des émeutes éclataient partout. Ils ne savaient
plus que se révolter; ce qui arriva sous Archélaüs.

Celui-ci avait célébré à son père de splendides funérailles
et il en avait profité pour faire des promesses au peuple; mais
quand ce peuple lui demanda la punition des espions d'Hérode le Grand, qui avaient fait tant de mal par leurs délations,
il refusa et il s'ensuivit un soulèvement où trois mille Juifs périrent. Archélaüs cependant s'était rendu à Rome; il voulait soumettre à Auguste le testament de son père; les désordres n'en
furent que plus grands en Judée. On a peine à se faire une
idée de l'état des esprits à cette malheureuse époque; on vivait dans une atmosphère enfiévrée; les passions politiques et religieuses qui animaient les Juifs étaient arrivées à
leur dernier degré d'exaltation. Le joug de Rome devenait
plus odieux chaque jour. La haine de l'étranger était d'autant plus profonde et farouche qu'elle était sans espoir. Le

peuple Juif ne peut rien ; il est matériellement impuissant,
il le sait et il n'en est pas plus sage pour cela ; moins il attend de la terre, plus il attend du ciel. Le miracle, l'apparition du Messie, le « *Deus ex machinâ* », voilà son suprême désir et sa seule espérance. Toutes les classes de la société partagent cette espérance aussi bien les sicaires assassins que les
dévots pieux et doux. Tous attendent « la consolation d'Israël. » La révolte, sans être unanimement approuvée, est dans
l'air ; elle est inévitable ; elle devient l'état normal de la nation. Nous ne sommes pas surpris d'apprendre que la prédication de Jean-Baptiste réussit ; elle devait réussir dans un
tel milieu. Il suffisait d'annoncer à ces Juifs exaltés que le
Messie allait paraître, qu'il exercerait un jugement terrible
contre les impies, pour acquérir aussitôt une grande popularité ; et il faut se reporter aux plus mauvais jours de notre
histoire nationale, aux temps des grandes révolutions où
plus rien n'était normal et où les passions populaires étaient
déchaînées, pour avoir une juste notion de l'état des esprits
pendant les années qui s'écoulèrent de l'an 63 avant Jésus-
Christ à l'an 70 après lui, et, en particulier, pendant la vie de
Jésus. Les cas de folie étaient fréquents alors comme ils le
sont toujours en temps de révolution. Les démoniaques dont
parlent les auteurs du temps n'étaient le plus souvent que de
pauvres fous, des cerveaux brûlés, des illuminés prenant
leurs rêves pour des réalités et dont une foi religieuse exaltée avait tourné la tête.

Les premières années de la vie de Jésus furent au nombre
des plus mauvaises. Hérode, le fou criminel et détesté, n'est
plus là, mais les Juifs n'ayant rien à espérer de son successeur et le sentant plus faible que son père commencent à se
remuer. Ces émeutes partielles qui éclatent sans cesse jusqu'au dernier soulèvement de l'an 66 sont comme les premiers et sourds grondements d'un volcan dont l'éruption va
se produire et s'annonce déjà par quelques jets de lave et
une longue agitation souterraine.

Que se passe-t-il pendant qu'Archélaüs est à Rome? Sabinus, procurateur du légat de Syrie, envahit la Palestine et s'empare de Jérusalem. Les Juifs lui opposent une résistance terrible. Les portiques du Temple sont brûlés et Sabinus, enfermé dans le palais royal, demande du secours au général Varus, alors en Orient, le même qui fut plus tard tué en Germanie. Varus accourt, force les insurgés à lever le siège du palais et, s'emparant de deux mille d'entre eux, il les fait crucifier. Qu'on se représente ces deux mille croix dressées aux portes mêmes de Jérusalem, dans les champs, dans les carrefours, sur les collines, le long des routes. Ce n'est pas tout ; pendant cette émeute, provoquée par Sabinus, le pays tout entier avait été dans l'anarchie. Un certain Judas, fils d'un patriote galiléen mis à mort par Hérode le Grand, répandait la terreur en Galilée. Des brigands conduits par un ancien esclave d'Hérode, un certain Simon, pillait la ville de Jéricho ; enfin un berger, appelé Athrongœus, se faisait nommer roi, se mettait avec ses quatre frères à la tête de véritables armées et parcourait le pays.

Auguste approuva cependant le testament d'Hérode, malgré les plaintes des Juifs ; il espérait sans doute que le fils ressemblerait au père et saurait tenir cette nation. Mais Archélaüs ne parvint pas à asseoir sa domination en Judée et l'empereur, se décidant à écouter les doléances de ses sujets, le déposa et l'exila à Vienne dans les Gaules (6 ap. J.-C.). Ses états, c'est-à-dire la Judée, l'Idumée et la Samarie furent réduits en province romaine, annexés à la Syrie et administrés par un procurateur. Auguste avait enfin la paix. Quant aux Juifs ils ne perdaient ni ne gagnaient au change. Les émeutes pourront devenir moins fréquentes, en tout cas elles seront plus vite réprimées, mais le joug de l'étranger sera plus lourd que jamais. Les soldats romains, en effet, tiendront partout garnison et ces soldats, les officiers surtout, envoyés ainsi dans l'extrême Orient, au milieu de ces Juifs détestés, pourront tout se permettre ; aucune plainte ne sera désormais écoutée ; quoi qu'ils

fassent, ils resteront impunis. Les Juifs qui ne voudront pas
se soumettre tiendront la campagne. Leurs bandes indiscipli-
nées attaqueront les Romains partout où ils les rencontre-
ront.

Josèphe les appellera « des chefs de voleurs, remplissant la
Judée de brigandages [1] ». En parlant ainsi il ne dira qu'une
partie de la vérité. Ces brigands n'étaient souvent que des
patriotes exaspérés, des hommes sincèrement religieux, et
qui n'avaient d'autre tort que de se laisser entraîner par
l'exaltation de leur fanatisme.

Pour comprendre ce qu'était l'administration nouvelle il
faut se souvenir de l'organisation générale de l'Empire romain à cette époque. Quand les Romains ne laissaient
pas un pays conquis se gouverner lui-même, ils l'annexaient
purement et simplement à l'une des grandes provinces qui
partageaient l'empire. Ces provinces étaient de deux sortes,
les impériales et les sénatoriales. Les premières qui relevaient
directement de l'empereur étaient les provinces frontières ;
leur importance militaire était considérable. La Judée, la
Samarie, l'Idumée furent annexées à la province impériale
de Syrie.

Chacune de ces provinces impériales était administrée
par un légat ou propréteur, sorte de gouverneur militaire
choisi par l'empereur. Au-dessous de lui, un procurateur
était chargé de percevoir les impôts. Dans les provinces
étendues et importantes (et la Syrie était de ce nombre) ce
personnage réunissait les administrations de la guerre, de la
justice et des finances. Pontius Pilatus, par exemple, qui n'é-
tait que procurateur sous les ordres du légat de Syrie, avait
tous les pouvoirs d'un préteur. Ces procurateurs résidaient à
Césarée et ils ne se rendaient à Jérusalem qu'au moment des
grandes fêtes. La population était à ces moments-là si nombreuse et si turbulente, les émeutes étaient si fréquentes,
que leur présence était indispensable. Ils demeuraient

[1] *D. B. J*, II, 6.

VIE DE J.-C.	ÈRE CHRÉTIENNE	EMPEREURS	JUDÉE	LÉGATS IMPÉRIAUX DE SYRIE	GRANDS-PRÊTRES	
	37 av. J.-C.		Avénement d'Hérode le Grand		1. Ananel (37-36)	
	27 —	Avénement d'Auguste (27 av. J.-C. — 14 ap.)			2. Aristobule (35)	
	6 —			Quintilius Varus *qui périt en l'an 9 en Germanie*	Ananel pour la 2e fois (34 et suiv.)	Nommés par Hérode le Grand
Naissance probable de Jésus	4 —		Mort d'Hérode le Grand. Partage de ses états entre Archélaüs, Antipas et Philippe le Tétrarque	Intervention de Varus en Judée Sulpicius Quirinius (?) (3 à 2 av. J.-C.) (750 ou 751)	3. Jésus, fils de Phabes	
					4. Simon, fils de Boéthos (24-5)	
					5. Matthias, fils de Théophile (5-4)	
3 ans	1 —			Caius César (1 av. — 4 ap. J.-C.)	6. Joasar, fils de Boéthos (3)	
8 ans	4 ap. J.-C.			Volusius Saturninus (4-5)	7. Eléasar, fils de Boéthos (4 et suiv.)	Nommés par Archélaüs
					8. Joasar, fils de Sié. Joasar pour la 2e fois	
10 ans	6 —		Archélaüs est déposé *Procurateurs :* 1º Coponius (6-9)	Sulpicius Quirinius (6-11) (pour la 2e fois (?) (760)	9. Hanan (6-15 ap. J.-C.)	Nommé par Quirinius
13 ans	9 —		— 2º Marcus Ambivius (9-12)			
15 ans	11 —			Aulius Creticus Silanus (11-17)		
16 ans	12 —		— 3º Annius Rufus (12-15)			
18 ans	14 —	Avénement de Tibère (14-37)			10. Ismaël, fils de Phabi (vers 15-16 ap. J.-C.)	Nommés par Valérius Gratus
19 ans	15 —		— 4º Valerius Gratus (15-26)		11. Eléasar, fils d'Hanan (vers 16-17)	
21 ans	17 —			Calpurnius Piso (17-19)	12. Simon, fils de Kamithos (17-18)	
23 ans	19 —			Sextius Saturninus (19-20)	13. Joseph Kaïaphas (vers 18-36 ap. J.-C.)	
24 ans	20 —			Ælius Lammia (20-32)		
30 ans	26 —		— 5º Pontius Pilatus (26-36)			
Mort à 34 ans le 7 avril	30 —					
	32 —			Pomponius Flaccus (32-35)	14. Jonathan, fils de Hanan (36-37)	Nommés par Vitellius
	35 —			Vitellius, *père de l'empereur de ce nom* (35-39)	15. Théophile, fils de Hanan 37 et suiv.)	
	36 —		— 6º Marcellus (36-38)	peut-être une seule personne		
	37 —	Avénement de Caligula (37-41)				
	38 —		— 7º Marcellus (38-41)			
	39 —			Pétronius (39-42) (Pétrone)	16. Simon Kanthéras, fils de Boéthos (41 et suiv.)	Nommés par Agrippa I
	41 —	Avénement de Claude (41-54)	Agrippa I, toute la Palestine (Roy. de son grand-père) (41-44)		17. Matthias, fils de Hanan	
	42 —			Vibius Marsus (42-44)	18. Eleonaios, fils de Kanthéras	
	44 —		*Procurateurs :* 8º Cuspius Fadus (44-45)		19. Joseph, fils de Kamith (44)	Nommés par Hérode de Chalcis
					20. Ananias, fils de Nébédaios (vers 47-59)	
	45 —		— 9º Tibère Alexandre (45-48) *Neveu de Philon. Juif devenu romain*	Cassius Longinus (45-50)		
	48 —		— 10º Cumanus (48-52)			
	50 —			Ummidius Quadratus (50-60)		
	52 —		— 11º Félix (*frère de Pallas*) (52-60)			
	54 —	Avénement de Néron (54-68)			21. Ismaël, fils de Phabi (vers 59-61)	
	60 —		— 12º Portius Festus (60-62)	Domitius Corbulon (60-63) (*Tacite, Annales, livre 14, § 20*)	22. Joseph Kabi (61-62)	
	62 —		— 13º Albinus (62-64)		23. Ananos (62, 3 mois seulement)	Nommés par Agrippa II
	63 —			Cestius Gallus (63-66). *Battu par les Juifs*	24. Jésus, fils de Damnaios (vers 62-63)	
	64 —		— 14º Gessius Florus (*le dernier*) (64-66)		25. Jésus, fils de Gamaliel (vers 63-65)	
					26. Matthias, fils de Théophilos (65 et suiv.)	
	67 —		Vespasien avec les pouvoirs de légat impérial de Syrie	Licinius Mussianus (67-69)	27. Phannias ou Phineceos, fils de Samuel (67-68)	Nommé par le peuple pendant la guerre
	68 —	Galba				
	69 —	Othon, Vitellius, Vespasien	Marcus Antonius Julianus laissé par Vespasien à son départ de Judée			
	70 —		Céréalis après la prise de Jérusalem par Titus			

alors, sinon dans la tour Antonia même, qui servait de caserne à la garnison romaine, du moins tout à côté ; on leur avait bâti un modeste palais, un pied-à-terre avec une vaste salle pavée au rez-de-chaussée qui servait de prétoire et où ils rendaient la justice. Nous avons déjà précisé ces détails en décrivant Jérusalem.

Le tableau ci-contre fournit au lecteur la liste complète des légats impériaux de Syrie et des procurateurs avec les dates principales de la vie de Jésus en regard. La dernière colonne renferme la liste des grands prêtres dont nous parlerons plus loin. Quand la Judée fut annexée à la Syrie, Sulpicius Quirinius venait d'y être nommé légat impérial et Coponius (6 à 9) fut le premier procurateur de Judée. Rien de saillant ne se passa sous son administration non plus que sous celles de ses trois successeurs : Marcus Ambivius (9-12), Annius Rufus (12-15), Valerius Gratus (15-26).

Le recensement de Quirinius fut seul le signal d'une émeute provoquée par Judas le Gaulonite. Ce recensement se fit après l'an 6 de l'ère chrétienne c'est-à-dire après la déposition d'Archélaüs [1]. Cet ordre de dénombrer la population excita un vrai scandale en Judée. Il parut une tyrannie de plus, une menace d'aggraver les impôts. Livrer son nom, se faire inscrire sur des listes romaines, c'était, en quelque sorte, consacrer sa servitude. Judas le Gaulonite ou le Galiléen [2] se mit à la tête du parti des révoltés. Il était né à Gamala en Gaulonite et son cri de ralliement était celui-ci : « Nous n'avons pas d'autre maître que Dieu, nous ne devons pas payer le tribut à César ni reconnaître son autorité [3]. » Il avait avec lui un Pharisien appelé Sadok, disciple de Schammaï, représentant par conséquent de la droite pharisienne. Ces ré-

---

[1] On connaît l'erreur de Luc, chap. II, 1. Il place ce recensement l'année même de la naissance de Jésus-Christ tandis qu'il ne se fit que quelques années plus tard.

[2] Actes des ap., V, 37. Jos. *Ant. Jud.*, XVIII, 1, 6. XX, 5, 2. *D. B. J.*, II, 8, 1.

[3] Jos. *Ant. Jud.*, XVIII, 1, 1 et 6.

volutionnaires s'organisèrent et devinrent redoutables. Ils prirent un nom officiel, les *Kanaïm*, c'est-à-dire les zélateurs ou les zélotes en souvenir de Phinées qui avait été zélateur de la Loi [1]. Ils ne se distinguaient des Juifs dévots que par la fermeté de leurs principes politiques. Conséquents avec leur foi religieuse, ils la mettaient en pratique en professant des idées républicaines, et en se déclarant implacables ennemis de la royauté au dedans, des Romains au dehors. Josèphe dit qu'ils attirèrent à eux « tous ceux qui aimaient la liberté » [2]. Le mouvement insurrectionnel de 66 était déjà en germe dans cet important soulèvement. Un des apôtres de Jésus [3], Simon, semble avoir été un de ces zélateurs, disciple de Judas le Gaulonite, avant de s'attacher à Jésus de Nazareth. Un certain Éléazar qui devait jouer plus tard un rôle important dans le siège de Jérusalem était aussi un des parents et des amis de Judas le Gaulonite. Jésus devait avoir alors de dix à quinze ans. Il était à cet âge où son âme s'ouvrait aux premières impressions religieuses et où ses parents l'emmenaient au Temple pour la premièrefois. On se représente que le bruit du soulèvement de Judas le Gaulonite pénétra jusque dans l'échoppe du charpentier de Nazareth et que l'enfant entendit parler de cette révolte, des idées ardentes qui l'avaient inspirée, de la répression terrible qui l'étouffa. Judas fut tué en effet. Il eut pour successeur ses fils : Jacques, Simon et Menahem. Jacques et Simon furent pris et crucifiés [4]. Menahem devait leur survivre et jouer son rôle lui aussi dans le siège de Jérusalem [5].

Pontius Pilatus fut le cinquième procurateur romain en Judée. Il resta dix ans au pouvoir (26-36). Son supérieur, le légat de Syrie, était Ælius Lammia, qui fut remplacé deux ans après la mort de Jésus-Christ par Pomponius Flaccus, puis par

[1] Nombres, XXV, 7, 10.
[2] Jos. *Ant. Jud.*, XVIII, 1.
[3] Ev. de Luc,, VI, 15.
[4] Jos. *Ant. Jud.*, XX, 5, 2.
[5] *Id.*, *D. B. J.* II, 17, 8, 10; *Vita*, § 5.

Vitellius, le père du futur empereur de ce nom. Ce Pilatus (de *pilum*, javelot) fut encore plus détesté que ses prédécesseurs [1]. Il n'était pas un méchant homme, mais il était faible à la fois et violent et ne sut pas gouverner les Juifs. Il est vrai que ce gouvernement de la Judée était bien la tâche la plus ingrate et la plus difficile qu'on pût imaginer. L'Évangile de Jean, et ce n'est pas un des traits les moins remarquables de l'historicité de cet écrit, nous a conservé un portrait admirable de vérité du caractère de Pontius Pilatus. Il avait bien la physionomie qui lui est donnée dans le récit que fait cet Évangile du procès de Jésus ; désireux de bien faire, accessible aux idées de justice, d'équité, de droiture, mais vindicatif, sceptique, irrésolu il craignait avant tout de perdre la confiance du légat de Syrie ou du César de Rome. Tel il nous apparaît pendant toute la durée de son administion. Une fois il fit entrer à Jérusalem pendant la nuit les enseignes romaines portant l'image de l'empereur, bravade inutile que les Juifs ne pouvaient tolérer, aucun signe de la divinité impériale ne devant paraître dans le voisinage du Temple. Ils réclamèrent ; ils allèrent importuner Pilate à Césarée, et Pilate céda ; il fit retirer les enseignes. Plus tard il prit de l'argent dans le trésor du Temple pour construire un aqueduc qui devait amener de l'eau à Jérusalem, il s'ensuivit une émeute, et Pilate envoya à la foule révoltée des soldats romains déguisés en Juifs ; ceux-ci, se démasquant tout à coup, firent un affreux carnage des insurgés. Il aimait le guet-apens et l'Évangile nous parle d'un massacre qu'il ordonna dans le Temple, devant l'autel même des sacrifices, mêlant le sang de malheureux Galiléens à celui des animaux qu'ils faisaient immoler. Ce fut à la Pâque de l'an 30, le vendredi 7 avril [2], qu'il ratifia la sentence de mort prononcée par les Juifs contre Jésus-Christ.

[1] *Ant. Jud.*, XVIII, 3, 1.
[2] Voir pour la justification de cette date, Livre II, chapitre XV, *Les Dates principales de la Vie de Jésus*.

Après la mort du Christ, Pontius Pilatus devait encore gouverner la Judée pendant six ans. Ce fut une maladresse qui le perdit. Il voulut empêcher les Samaritains de se réunir sur le mont Garizim. Ceux-ci prétendaient y chercher des vases sacrés du tabernacle de Moïse qui y auraient été enfouis, croyaient-ils, par les Romains. Pilatus envoya des soldats les massacrer. C'en était trop, et cette fois, les plaintes des malheureux Samaritains furent écoutées. Vitellius, légat de Syrie, destitua Pontius Pilatus et l'envoya à Rome se justifier. Il n'y arriva qu'après la mort de Tibère (37) et l'historien Eusèbe [1] a recueilli une tradition d'après laquelle Caligula l'aurait exilé dans les Gaules où il se serait tué de désespoir. Tel fut cet homme, souvent au-dessous de sa tâche, quelquefois cruel, mais beaucoup moins mauvais que ne l'a cru l'Église. Nous étudierons plus loin, en parlant du Sanhédrin, la part de responsabilité qui lui incombe dans le procès et la condamnation de Jésus. Son successeur fut Marcellus.

Les autres fils d'Hérode, Antipas et Philippe le Tétrarque, avaient été plus habiles qu'Archélaüs, ou plutôt, n'ayant pas à gouverner Jérusalem, ils ne s'étaient pas trouvés aux prises avec les mêmes difficultés que lui. Aussi les Romains ne les avaient-ils destitués ni l'un ni l'autre. Antipas avait eu, nous l'avons dit, la Galilée et la Pérée; Jésus, habitant Nazareth, était donc un de ses sujets. Philippe était tétrarque de la Batanée, de la Trachonitide, de l'Auranitide et de Panéas. Il bâtit une ville à la place du village de Bethsaïda et lui donna le nom de Julias. Il changea aussi le nom de Panéas qui devint Césarée de Philippe. Il régna trente-sept ans et mourut à Julias (34 après J.-C.). Ce prince fait certainement contraste avec les autres membres de sa famille par la douceur de ses mœurs et de son caractère. Il ne laissa pas d'enfants, et ses provinces furent réunies à la Syrie. Philippe n'est nommé qu'une seule fois dans le Nouveau Testament [2].

[1] *H. E.*, II, 7.
[2] Ev. de Luc, III, 1.

Antipas, son frère, était aussi tétrarque, et non pas roi,
comme le dit à tort l'Evangéliste Marc[1]. Le Jourdain divisait
son domaine en deux parties : la Galilée et la Pérée. Il était
bien le fils d'Hérode le Grand par son caractère et par ses
mœurs, ἡσυχίαν ἀγαπῶν dit Josèphe[2]; moins actif que son père,
il était, comme lui, faible, cruel et voluptueux. Jésus-
Christ le comparait à un renard [3]. De temps en temps
Antipas était obligé de repousser par la force les violations
de son territoire par les Arabes sur les frontières de la Pérée;
aussi se hâta-t-il d'épouser, dans un but politique, la fille
de leur roi Arétas. Il pensait par là se garantir de leurs incur-
sions mieux encore que par la guerre ou des forteresses.
Peut-être était-ce Auguste lui-même qui l'avait contraint à
ce mariage[4].

Antipas, comme tous les Hérodes, aimait le luxe et la pro-
digalité. Il voulut une capitale magnifique, une résidence
royale, choisit pour l'établir la plus belle partie de la
Galilée, la rive occidentale du lac et le voisinage des sources
d'Emmaüs; il peupla cette ville d'étrangers, y bâtit des édifices nombreux et lui donna une physionomie aussi païenne
que possible. En l'honneur de Tibère il appela cette ville
Tibériade.

Vers la fin de sa vie, il tomba au pouvoir d'une de ses
nièces, Hérodiade, dont il est parlé dans le Nouveau Testament. Il fit sa connaissance dans un voyage à Rome, on ne
sait à quelle époque. Elle avait épousé un de ses oncles,
Philippe, un frère d'Antipas, qui n'avait pas été nommé dans
le dernier testament d'Hérode et qui vivait à Rome en
simple citoyen. Cette femme ambitieuse le suivit en Galilée
avec sa fille Salomé, et Antipas, répudiant la fille d'Arétas
et la renvoyant à son père, vécut publiquement avec elle.

---

[1] VI, 14.
[2] *Ant. Jud.*, XVIII, 7, 2.
[3] Ev. de Luc, XIII, 32.
[4] Suétone *Aug.*, ch. 48.

Arétas marcha contre son gendre et le battit. Antipas demanda du secours à Tibère, et Vitellius reçut l'ordre de secourir le tétrarque. C'est à cette époque que Jean-Baptiste languissait dans un des cachots de Machéronte, et était mis à mort par Antipas à l'instigation d'Hérodiade pour avoir prononcé cette héroïque parole : « Il ne t'est pas permis de vivre avec la femme de ton frère[1]. »

Josèphe nous a conservé, sur la prédication de Jean-Baptiste, des détails qui sont probablement accommodés au goût des Grecs et des Romains ses lecteurs, et les renseignements que nous donnent les Evangiles sur l'activité publique de Jean sont assurément plus authentiques. Quant aux causes véritables de l'emprisonnement de Jean, nous sommes disposé à croire avec Josèphe que la politique n'y fut point étrangère. Jean prêchait l'attente messianique avec une passion et une puissance qui devaient porter ombrage à Hérode. Ses auditeurs, sinon lui-même, ne séparaient pas la politique de la religion dans leur espoir d'une délivrance prochaine, et les allusions à Antipas, inconscientes ou non, étaient, en tout cas, faciles à découvrir dans les paroles de Jean. Il fut enfermé dans la monstrueuse forteresse de Machéronte où le tétrarque se trouvait précisément à cause de sa guerre avec Arétas ; c'est là qu'il fut mis à mort[2].

Cependant Vitellius apprit la mort de Tibère et n'exécuta pas ses ordres. Caligula nomma, à son avènement, roi de Judée, Agrippa I, frère d'Hérodiade, son favori et son compagnon de débauches. La série des procurateurs de Judée se trouvait par là interrompue et Agrippa devait bientôt réunir sous son sceptre tous les états de son aïeul Hérode le Grand. Hérodiade, en effet, furieuse que son frère eût un titre plus élevé que son mari, poussa celui-ci à faire le voyage de Rome

---

[1] Ev. de Marc, ch. VI, 14-30,

[2] M. Gustave Flaubert nous a laissé dans le conte d'*Hérodias* une merveilleuse description de Machéronte et de la mort de Jean-Baptiste. — *Trois contes*, par G. Flaubert, Paris, Charpentier, 1877.

et à demander le diadème. Sa demande fut rejetée et bientôt les intrigues d'Agrippa I firent déposséder Antipas de ses États. Condamné à l'exil, il se rendit à Lyon dans les Gaules, suivi d'Hérodiade qui lui resta fidèle. Plus tard il passa en Espagne où il mourut. Sa tétrarchie fut ajoutée au royaume d'Agrippa I.

Le règne de ce prince fut relativement paisible. Il n'y eut pour ainsi dire point d'émeutes sous son administration. Il sut se faire aimer et joua toute sa vie le rôle d'un Juif fervent. Il agrandit Jérusalem, fit construire le mur dit d'Agrippa dont les restes se voient encore aujourd'hui. Mais la tranquillité de la nation n'était qu'apparente; c'était le calme trompeur qui précède d'ordinaire les grandes tempêtes et après Agrippa (mort en 44) les soulèvements recommencèrent. Theudas se mit à prêcher la délivrance prochaine et invita la foule à le suivre au désert. Il annonçait qu'il traverserait le Jourdain à pieds secs [1]. Il périt et quatre cents de ses partisans périrent avec lui.

La série des procurateurs Romains avait recommencé, toujours plus détestés les uns que les autres : Cuspius Fadus, Tibère Alexandre, ancien Juif devenu Romain, renégat par conséquent, et qui fit crucifier les deux fils de Judas le Gaulonite, enfin Cumanus et avec lui les préliminaires de l'insurrection finale, la révolte des Zélotes de Jérusalem et le massacre de vingt mille d'entre eux [2]. Sous Félix, l'affranchi de Claude, le frère du fameux Pallas, paraissent les sicaires, armés de poignards, qui frappent dans la foule quiconque leur paraît suspect [3]. La terreur se répand partout ; les honnêtes gens n'osent plus sortir de chez eux [4]. Les prétendus prophètes, les magiciens, les faux Messies surgissent de tous côtés et mettent le

[1] Jos. *Ant. Jud.*, XX, 5, 1.
[2] Jos. *Ant. Jud.*, XX, 5, 3. Il est évident que ces chiffres de Josèphe sont très exagérés.
[3] Mischna, *Sanhédrin*, IX, 6. Voir aussi Ev. de Jean, XVI, 2. Jos., *D. B. J.*, livre IV et suiv.
[4] Jos. *D. B. J.*, II, 33.

comble à la surexcitation des esprits [1]. L'un de ces imposteurs venu d'Égypte, réunit trente mille hommes sur le mont des Oliviers. Cette immense armée est taillée en pièces [2].

La misère est affreuse, car les travaux du Temple sont achevés et dix-huit mille ouvriers se trouvent sans pain. Festus succède à Félix et Agrippa II est nommé roi, mais il n'a que l'ombre du pouvoir et ne possède aucune autorité. Festus disparaît bientôt ; Albinus, son successeur, se laisse acheter par les malfaiteurs. Son administration est particulièrement détestable. « Il était lui-même, dit Josèphe, le principal chef des voleurs. » Sous Gessius Florus, le dernier de ces procurateurs, les Juifs de Césarée saisissent le premier prétexte venu pour se soulever. Ceux de Jérusalem en font autant, trois mille six cent trente hommes, femmes, enfants sont massacrés ou crucifiés ; mais cette fois la répression est inutile, l'insurrection l'emporte et ni le procurateur ni le légat lui-même, Cestius Gallus, ne parviennent à se faire écouter. Agrippa II vient à son tour haranguer les Juifs, il les supplie de s'apaiser, il leur démontre la folie de leur conduite, on ne lui répond que par l'insulte et la révolution s'organise partout (66). Onze cent mille Juifs devaient périr dans cette lutte suprême, d'après Josèphe ; six cent mille d'après Tacite. Les insurgés, maîtres de Jérusalem et du Sanhédrin, font de cette assemblée une sorte de convention nationale. Elle est présidée par Simon, fils de Gamaliel l'Ancien (bien différent de son père). Il frappe des monnaies dont l'exergue porte : Simon, Nâssi d'Israël, et au revers : Liberté d'Israël. C'est la République avec une dictature de salut public.

Cependant un groupe de modérés envoie une députation secrète à Gessius Florus pour le supplier d'agir ; il en est encore temps. Mais les démagogues, dirigés par un certain

---

[1] Voir sur les séditions continuelles, Jos. *Ant. Jud.*, livres XVII et XVIII. *D. B. J.*, livres I et II.

[2] Quand saint Paul fut arrêté à Jérusalem il fut un instant confondu avec cet Égyptien. *Actes des ap.*, XXI, 38.

Eléazar, le propre fils du grand prêtre Hananiah[1], appreñ-
nent cette démarche; ils accusent les modérés de trahison et
la guerre civile éclate dans Jérusalem. Les radicaux sont
vainqueurs, ils s'emparent de la ville haute; les palais
royaux sont brûlés, les greffes des actes publics pillés et tous
les titres de créance anéantis. Il faut en finir, disent
les révolutionnaires, avec les aristocrates, les réaction-
naires, les Saducéens. Eléazar poursuit son père, le grand
prêtre Hananiah; celui-ci se réfugie avec plusieurs Saducéens dans les égouts; ils sont découverts et mis à mort;
(14 août 66).

Bientôt après, la tour Antonia est prise et sa garnison
massacrée. Les insurgés sont maîtres de Jérusalem, et, par
suite, du pays tout entier. Un immense et fol espoir de
vaincre s'empare de ces forcenés. Les Romains répondent à
cette gigantesque révolte par le massacre des Juifs disséminés dans l'empire. Il en périt vingt mille à Césarée,
treize mille à Scythopolis, deux mille cinq cents à
Ascalon, dix mille à Damas, deux mille à Ptolémaïde,
cinquante mille à Alexandrie. Les insurgés de Judée répondent à leur tour en mettant les païens hors la loi (9 février 67).

Cestius Gallus, moralement obligé d'agir, fait semblant
d'envahir le pays. Il va jusque sous les murs de Jérusalem.
Josèphe affirme qu'avec un peu d'énergie il aurait mis fin à
la guerre; mais il n'ose pas provoquer les Juifs et se
retire sans combat. Les Juifs, enhardis par cette retraite,
le poursuivent, le harcèlent, changent sa fuite en dé-
route.

De plus en plus exaltés par cette victoire, les insurgés
organisent la défense dans tout le pays. Un comité
d'hommes intelligents et modérés se réunit et nomme des

---

[1] Hananiah n'était plus grand prêtre en exercice, mais il avait conservé une grande influence sur le parti sacerdotal. Le véritable grand
prêtre était un homme obscur, Matthias. (Jos., *Ant. Jud.*, XX, 9, 7).

commissaires généraux qui iront soulever la province. Josèphe, le futur historien, est chargé du poste le plus périleux, la Galilée. C'est alors que les Romains, exaspérés par ce petit peuple si remuant[1], se décident à en finir et envoient contre lui le général Vespasien.

Nous avons raconté, en parlant de Josèphe, comment celui-ci, chargé de défendre la Galilée, la perdit au contraire. Cette perte irréparable fait éclater encore une fois la guerre civile à Jérusalem. Le parti de la guerre à outrance l'emporte de nouveau ; deux insurgés, Jean de Gischala et Simon ben Gioras, s'emparent du pouvoir, remplissent les prisons de suspects et les font massacrer. Les anciens zélotes deviennent les modérés ; ils sont les Girondins de la révolution tandis que les sicaires, avec Jean et Simon à leur tête, en sont les Jacobins. Quant au parti sacerdotal, il est considéré comme traître à la patrie et tout entier condamné à mort. C'est le règne de la terreur. Hanan, le fils du grand prêtre de ce nom dont parle l'Évangile, est massacré dans cette formidable tuerie qui met fin au sacerdoce juif.

Les Pharisiens conservateurs de l'école de Hillel auraient aussi péri s'ils n'étaient parvenus à sortir de la ville par un stratagème ingénieux. Les terroristes faisaient garder les portes, mais Yochanan ben Zacchaï, le chef de ces Pharisiens modérés, se fait passer pour mort et placer par ses disciples dans un cercueil. Un convoi funèbre n'inspire point de défiance, on les laisse passer aux portes ; c'est ainsi qu'ils s'échappent et réussissent à gagner Jabné[2]. Les chrétiens parvinrent aussi à sortir de la ville, à ce moment-là, et se réfugièrent à Pella.

Cependant Néron était mort (9 juin 68). Ses trois successeurs, Galba, Othon, Vitellius ne font que passer et le général Vespasien est proclamé empereur par les légions. Il part pour

[1] Tacite, *Ann.*, livre V, ch. 10.
[2] Midrasch sur Kohelet, VII, 11.

Rome et charge son fils Titus de continuer la guerre. Titus vient mettre le siège devant Jérusalem.

Dans l'intérieur de la ville, l'anarchie était effroyable. Les insurgés s'étaient divisés en trois partis en guerre les uns contre les autres. Ils ont pour chef respectifs : Jean de Gischala, Simon ben Gioras et, un troisième forcené, Eléazar ben Simon. Les rues sont inondées de sang ; et, pendant que les habitants s'entr'égorgent comme des fous furieux, les Romains font le siège et le poursuivent avec cette admirable stratégie dont ils ont depuis longtemps le secret et qui leur assure d'avance la victoire. Grâce à des travaux d'une précision étonnante, ils arrivent à rendre le blocus complet le 10 avril 70. Au bout d'un mois, ils ont franchi la première enceinte, et le nord de la ville est en leur pouvoir. Ils attaquent ensuite la tour Antonia, et Titus, sur les instances de Bérénice, fait un dernier essai de conciliation. Josèphe est envoyé aux assiégés ; il tâche de parlementer. On le reçoit à coups de pierre. Titus, irrité, décide alors de crucifier cinq cents prisonniers par jour, et bientôt le bois manque pour faire les croix. La famine et la peste éclatent dans la ville ; il y circule d'horribles histoires : une mère a mangé son enfant. Le 17 juin, le sacrifice perpétuel est interrompu au Temple. Il n'y a plus de victimes à offrir ; il n'y a plus de prêtre pour sacrifier. Cependant les Romains avancent toujours. Ils prennent toute la ville, sauf le Temple qui se dresse, forteresse imprenable et dernier asile des insurgés. Au mois d'août, les machines romaines commencent à en battre les formidables murailles et y font des brèches. Un des premiers jours de ce mois d'août[1], un légionnaire lance un tison enflammé sur la toiture du sanctuaire et parvient à y

[1] Le samedi 9 ou 10 du mois d'Ab. (*Taanith*, IV, 6. *Dion Cassius*, 66, 7). Titus, dit Josèphe, était personnellement opposé à la destruction du Temple. Sulpicius Severus au IVᵉ siècle affirme au contraire que Titus tenait à le brûler pour en finir avec les révoltes des Juifs. Il est possible que Sulpicius Severus ait puisé ce renseignement dans les « Histoires » perdues de Tacite.

mettre le feu. Les portiques étaient déjà brûlés. Le sanctuaire est bientôt réduit en cendres, et alors il ne reste plus
de la ville que quelques tours démantelées, le mur occidental du Temple et ces formidables soubassements qui datent
du roi Salomon et sont encore en place aujourd'hui.

Cependant Jean de Gischala et Simon ben Gioras vivent encore et luttent toujours. Ils occupent un dernier quartier de la
ville haute. Un combat suprême leur est livré, et le 6 septembre tout est fini. Simon ben Gioras fait prisonnier est réservé pour le triomphe de Titus à Rome. Il sera ensuite fla-
gellé et crucifié. Les autres chefs de l'insurrection sont
condamnés à une prison perpétuelle.

Josèphe raconte que Titus laissa dans le pays un certain
Terentius Rufus[1]. Il s'agit sans doute de ce Turnus Rufus dont
il est dit : « Le 9 du mois Ab, Turnus Rufus, l'impie, Edomite,
fit passer la charrue sur l'emplacement du Temple et les endroits environnants[2]. » Et ailleurs : « La ville de Jérusalem
fut fouillée par la charrue[3] ». C'est ainsi que s'accomplit la
prédiction de Jésus-Christ : « Il n'en sera pas laissé pierre sur
pierre[4]. »

Il nous est impossible de ne pas rendre hommage en terminant au patriotisme des Juifs et à la grandeur de ce peuple
infortuné, victime de ses idées religieuses et du rêve gigantesque de rénovation universelle que, depuis tant de siècles,
il portait dans son sein. Il fallait qu'il mourût ; il fallait que
cette nationalité prît fin pour que l'idée religieuse, l'idée
juive et maintenant l'idée chrétienne débarrassée de tout ce
qui l'attachait à un pays, à une ville, à un Temple et à une
race pût se répandre dans le monde. Elle ne devait conqué-
rir la terre qu'en se spiritualisant, et elle ne devait se spiri-

---

[1] *D. B. J.*, VII, 7.
[2] Maimon. *Taanith*, ch. V.
[3] *Taanith*, ch. IV.
[4] Ev. de Math., XXIV, 2. Quelques murs cependant subsistèrent, deux
ou trois tours et peut-être aussi la porte appelée aujourd'hui *porte
dorée* ou *porte d'or*.

ritualiser qu'en voyant disparaître tout ce qui faisait d'Israël une nation. Les convulsions du Judaïsme expirant sont les premières du monde antique. Elles annoncent qu'il va bientôt mourir. Elles seront suivies des convulsions autrement longues et terribles de l'empire romain, et toutes ses souffrances seront les douleurs de l'enfantement du monde moderne et dé l'établissement du christianisme.

CHAPITRE IV

LE SANHÉDRIN

Son Origine. — Le nombre de ses membres. — Qui était Président du Sanhédrin ? — Les ἀρχιερεῖς. — Les Attributions du Sanhédrin. — Sur qui retombe la
responsabilité de la mort de Jésus? — La Commission juridique. — La Salle
des Séances. — Où Jésus fut-il jugé? — Les Sanhédrins provinciaux.

Les Romains, suivant leur politique constante et qui
leur avait toujours réussi, avaient laissé aux Juifs leurs
autorités religieuses, leurs tribunaux particuliers, leurs
Sanhédrins.

Au premier siècle, l'administration des affaires publiques
et de la justice était partagée entre les procurateurs et les
tétrarques d'une part et les autorités locales de l'autre. Il est
parfois difficile de fixer les limites de leurs pouvoirs respectifs. Cependant, sous la suprématie des procurateurs, le Sanhédrin de Jérusalem, dont nous allons parler spécialement,
avait un rôle presque exclusivement religieux et ne s'occupait que des affaires intérieures. Ce Sanhédrin était une assemblée permanente, un sénat[1] qui siégeait à Jérusalem, dont
les pouvoirs avaient été très étendus sous les Macchabées et
dont nous chercherons tout à l'heure à déterminer les attributions au premier siècle. Il va sans dire que la tradition
juive en faisait remonter l'institution à Moïse et la trouvait
fort clairement exposée dans la Loi[2], mais il va sans dire

[1] Il n'y avait pas, à côté du Sanhédrin, une seconde assemblée, un
Sénat, comme on l'a conclu à tort du passage Actes des Apôtres, V, 11 :
« συνέδριον καὶ γερουσίαν » Ce mot γερουσία n'est qu'une explication du
mot συνέδριον à l'usage des lecteurs d'origine païenne.

[2] On citait en particulier le passage Nombres, XI, 16.

aussi qu'il n'y a rien de commun entre le Sanhédrin et les hommes dont parle Moïse et qui sont désignés comme représentants du peuple [1]. Il n'y a non plus aucun lien entre cette première assemblée et celle qui devait se former plus tard. Sous Esdras lui-même le Sanhédrin n'existait pas encore ; Esdras créa ce qu'on appelle la « grande synagogue, » terme impropre qui fait confondre cette institution avec les synagogues proprement dites et qu'on ferait mieux de remplacer par celle de : *grande assemblée*. Celle-ci subsista jusque vers l'an 300 avant Jésus-Christ. C'était un collège de Scribes résolvant les questions de théologie. Le Sanhédrin, au contraire, était une autorité gouvernementale. Nous trouvons la première trace de son existence sous Antiochus Epiphane (223-187). Josèphe parle en effet, d'une γερουσία, c'est-à-dire d'un sénat [2] qui aurait fonctionné alors. Il est donc possible que les Ptolémées eussent permis aux Juifs la création du Sanhédrin pour gagner leur affection en les autorisant à se gouverner eux-mêmes ; mais le pouvoir de cette assemblée devait être fort peu de chose sous leur administration et sous celle des Séleucides ; il est évident que c'est sous les Hasmonéens seulement que cette γερουσία put devenir puissante. De 162 à 130 nous ne trouvons aucune mention de son existence. Tout nous porte à croire que c'est le roi Hyrcan qui, en 130, organisa ou réorganisa le Sanhédrin. Il en fit une sorte de représentation nationale [3] ; avant cette époque le pouvoir appartenait presque exclusivement au grand prêtre.

Les Romains, en s'emparant de la Palestine, (63 ans avant J.-C.), laissèrent subsister le Sanhédrin, mais en restreignant ses pouvoirs. Nous trouvons pour la première fois le mot συνέδριον dans les Psaumes de Salomon, ouvrage composé à

[1] Voir 1 Rois, VIII, 1, XX, 7. 2 Rois, XXIII, 1. Ezéchiel, XIV, 1, XX, 1. Esdras, V, 9, VI, 7, 14, X, 8.

[2] *Ant. Jud.*, XII, 3, 3.

[3] I Macch., XII, 6, II Macch., I, 10, IV, 44, XI, 27, Cf., Judith, IV, 8, XV, 8. Le Sanhédrin est aussi appelé πρεσβύτεροι τοῦ λαοῦ. I Macch., I, 27, VII, 33, XI, 23, XII, 35, etc.

cette époque. Josèphe l'emploie aussi [1] quand il nous raconte que le jeune Hérode fut cité devant le Sanhédrin comme ayant outrepassé ses pouvoirs (47 av. J.-C.). Le Sanhédrin donna là son dernier signe d'indépendance. Plus tard, Hérode vainqueur, maître de la ville, se vengeait cruellement en décimant ses anciens juges et le Sanhédrin ne fut plus qu'un troupeau docile prêt à approuver tous les actes du maître. L'indépendance se réfugia dans les écoles des Pharisiens. Ceux-ci furent désormais en minorité au Sanhédrin et laissèrent la majorité aux Saducéens toujours prêts à être complaisants pour le pouvoir.

Le Sanhédrin avait, au premier siècle, sous les Hérodes et sous les procurateurs, une existence officielle. Il se réunissait, il délibérait, il avait une apparence d'autorité [2].

Il comptait 71 membres. Ce chiffre nous est donné par la Mischna [3]. Il est emprunté à la loi [4], et peut être difficilement contesté. Josèphe le confirme quand il nous dit qu'il établit en Galilée un conseil de soixante-dix anciens « à l'instar de celui de Jérusalem [5] ». Le président était le soixante et onzième.

Ici se pose une grosse question : Qui était président du Sanhédrin? Etait-ce, de droit, le grand prêtre, ou les deux charges, celle de grand prêtre et celle de président du Sanhédrin, étaient-elles distinctes? Nous n'hésitons pas à répondre que, *pendant la vie du Christ*, la présidence apparte-

---

[1] Jos. *Ant. Jud.*, XIV, 9, 3-5.

[2] Jos. *Ant. Jud.*, XV, 6, 2 — fin. Ev. de Matth., V, 22, XXVI, 59; de Marc, XIV, 55, XV, 1; de Jean, XI, 47. Actes, IV, 15. Luc, XXII, 66, qui appelle le Sanhédrin πρεσβυτέριον. Voir aussi Actes XXII, 5. Dans le passage Actes V, 21, le Sanhédrin est appelé γερουσία. Voir aussi Actes VI, 12 et suiv., XXII, 30, XXIII, 1 et suiv., XXIV, 20. — Un des membres Joseph d'Arimathée est appelé βουλευτής ; Marc, XV, 43, Luc, XXIII, 50. Josèphe nomme aussi le Sanhédrin βουλή, *D. B. J.*, II, 15, 6, II, 16, 2.

[3] *Sanhédrin*, I, 6.

[4] Nombres, XI, 16.

[5] *D. B. J.*, II, 20, 5.

nait au grand prêtre. Lorsque Jésus fut condamné, Kaïaphas présidait le Sanhédrin. Il [n'y avait pas, comme on l'a cru, un autre président dont l'autorité était annulée par l'influence prépondérante de Kaïaphas. Josèphe et le Nouveau Testament résolvent cette question aussi clairement que possible. Citons ici le témoignage de Josèphe : « Après le bannissement d'Archélaüs, dit-il, l'administration fut aristocratique ; mais la *présidence du peuple fut confiée aux grands-prêtres* [1]. » Le grand-prêtre, dit-il ailleurs, garde les Lois, *juge les différends*, fait exécuter les sentences contre les condamnés [2]. »

Dans un passage plus formel encore, il désigne expressément Ananos (62 ap. J.-C.) comme remplissant les deux fonctions de grand prêtre et de président du Sanhédrin [3]. Dans le Nouveau Testament, les passages abondent [4] et tous sont concluants.

Le savant Lightfoot, dans ses *Horæ hebraïcæ et talmudicæ*, et plusieurs critiques après lui, entre autres Mr Cohen, dans son livre des « *Pharisiens* », ont cru à tort que, *du temps de Jésus-Christ*, la présidence du Sanhédrin appartenait aux membres de la famille de Hillel. Celui-ci avait été nommé président de son vivant; or Siméon, son fils, lui aurait succédé, puis Gamaliel son petit-fils. Ceux qui défendent cette opinion citent à l'appui plusieurs passages des Talmuds.

Étudions ces passages. Dans le traité *Chagiga* [5], nous trouvons deux listes de noms parallèles : José ben Joeser et José ben Jochanan; José ben Perachia et Nittaï d'Arbela; Juda ben Tabbaï et Simon ben Schetach; Abtalion et Schemaïa; Schammaï et Hillel. Cette double liste de duumvirs se trouve aussi dans le premier chapitre du Pirké Aboth. On appelait ces personnages les couples (zougoth), et le traité *Chagiga*,

---

[1] *Ant. Jud.*, XX, 10, les dernières lignes du chapitre.

[2] *Contr. App.*, II, 23. Voir aussi *Ant. Jud.*, IV, 8, 14.

[3] *Ant. Jud.*, XX, 9, 1.

[4] Actes V, 17 et suiv., VII, 1, IX, 1 et 2, XXII, 5, XXIII, 2, 4; XXIV, 1.

[5] *Chagiga*, II, 2.

après les avoir nommés, ajoute : « Les uns étaient présidents et les autres vice-présidents du Tribunal » (c'est-à-dire du Sanhédrin) « le président s'appelait Nâssi (prince), et le vice-président Ab Beth Din (Père du Tribunal), parce qu'il présidait dans les affaires judiciaires[1]. »

Cette dernière observation nous paraît juste. Il y eut des duumvirs [2]; Hillel fut bien Nâssi (prince), et nous ne voyons pas pourquoi ce terme n'aurait pas signifié président du Sanhédrin. Les duumvirs étaient aussi probablement les chefs des écoles des Docteurs de la Loi, et la tradition talmudique a sans doute raison de les confondre souvent avec les présidents du Sanhédrin. Quand Hillel fut nommé Nâssi par acclamation, nous pensons qu'il fut porté à la fois à la présidence des écoles des Docteurs et à la présidence du Sanhédrin[3]. Nous acceptons donc comme exact ce passage du traité *Chagiga*.

Mais dans d'autres traités, la tradition talmudique, que nous venons de signaler, se développe, s'enrichit et alors tombe dans l'erreur. C'est ce que n'ont su voir ni Lightfoot, ni Mr Cohen. D'après le Talmud de Babylone[4], la présidence du Sanhédrin serait *restée* dans la famille de Hillel. Siméon I, son fils, lui aurait succédé, et, après Siméon, Gamaliel l'Ancien, le maître de saint Paul, aurait été chef de cette assemblée. Il aurait laissé lui aussi le pouvoir à son fils. Nous aurions ainsi la liste ininterrompue des présidents du Sanhédrin depuis les Macchabées jusqu'à la destruction de Jérusalem. Mais ici nous sommes en contradiction formelle avec Josèphe et avec le Nouveau Testament, et Mr Cohen[5] se trompe quand il affirme que Siméon fils d'Hillel, et père de Gamaliel, présidait le Sanhédrin l'année de la mort de Jésus. D'après

---

[1] Nous trouvons ces noms dans les traités suivants de la Mischna. *Horajoth*, II, 5-7, III, 1, 3. *Edujoth*, V, 6. *Taanith*, II, 1.

[2] Nous en reparlerons plus loin, livre II, chap. II.

[3] Talm. Jérus., *Pesachin*, VI, 33 a.

[4] *Schabbath*, fol. 15 a.

[5] *Les Pharisiens*, tome I, p. 415 et tome II, p. 54.

Lightfoot [1], le président aurait été Gamaliel lui-même. Nous avons aussi commis cette erreur [2]. Elle est évidente; nous savons quelles étaient les tendances de Gamaliel. Il était plus libéral encore que son grand-père, et on admettrait difficilement que, président du Sanhédrin, il se fût abaissé devant le grand prêtre et l'eût laissé décider à sa place. Du reste, le livre des Actes [3] nomme Gamaliel comme docteur de la loi, *membre* du Sanhédrin et ne dit point qu'il en fût le président. Josèphe [4] nous parle de Siméon, fils de Gamaliel, et dit qu'au temps de la guerre il était membre du Sanhédrin. Il ne dit pas qu'il le présidât.

Il y a donc dans les Talmuds deux traditions : l'une, la plus ancienne, nous affirmant que les docteurs célèbres ont été présidents et vice-présidents du Sanhédrin jusqu'à Hillel et Schammaï inclusivement, mais ne parlant pas de leurs successeurs ; cette tradition est vraie à nos yeux ; l'autre, plus moderne, affirmant que la présidence est restée dans la famille d'Hillel ; celle-là est fausse. Et ici, nous croyons devoir nous séparer de MM. Schürer, Derenbourg, etc., qui rejettent les deux traditions ; la première comme la seconde. M. Schürer croit même à une interpolation. Nous pensons, au contraire, que la première des deux traditions est parfaitement historique. D'après elle, le grand-prêtre n'était pas primitivement président de droit du Sanhédrin, et il ne l'a pas été avant la mort de Hillel [5]. A ce moment, au contraire, il le de-

---

[1] *Horæ hebraïcæ et talmudicæ*, p. 462.
[2] *Les idées religieuses en Palestine à l'époque de J.-C.*, p. 198-199.
[3] V, 34.
[4] *Vita*, §§ 38 et 39.
[5] Le passage *Ant. Jud.*, XIV, 9, 3-5 que cite Schürer pour prouver que Hyrcan était à la fois grand-prêtre et président du Sanhédrin (47 avant J.-C.), n'est pas concluant ; car Hyrcan nous semble ici agir plutôt comme roi hasmonéen que comme président du Sanhédrin. Quant au verset I Macch. XIV, 44, qui dit qu'il est interdit de convoquer aucune assemblée sans l'autorisation du grand prêtre, il est bien vague et ne suffit pas pour prouver une présidence effective de cette assemblée dès cette époque.

vint, et garda cette présidence jusqu'à la ruine de Jérusalem.
Parmi les passages de Josèphe que nous avons cités, il en est
un qu'on n'a pas assez remarqué, dont le sens est fort
clair et confirme notre opinion. « Après la mort d'Hérode et le
bannissement d'Archélaüs, dit-il (6 ap. J.-C.), l'administration fut aristocratique et *la présidence du peuple fut confiée
aux grands-prêtres* [1]. » Elle ne leur était donc pas confiée auparavant ; ce passage nous semble concluant. La présidence du
grand-prêtre a commencé alors, et c'est exactement à la mort
de Hillel. Cette mort fut le signal d'un changement dans la
présidence. Elle fut ôtée aux Pharisiens et donnée aux Saducéens, et non-seulement aux Saducéens, mais, parmi eux, au
grand-prêtre. Remarquons que cette prise de possession coïn-
cide exactement avec le commencement du règne des procurateurs romains. Archélaüs fut banni comme Hillel venait de
mourir. Or, les Romains favorisaient précisément le saducéisme conservateur et détestaient les libéraux et les patriotes
partisans des idées de Hillel. C'est eux, sans doute, qui im-
posèrent d'autorité ce changement. Dans cette hypothèse, le
premier grand-prêtre, président du Sanhédrin, aurait été le
fameux Hanan, beau-père de Kaïaphas. On se représente
fort bien cet homme habile, intelligent, sans scrupule, s'emparant de cette charge après plusieurs grands prêtres insignifiants qui avaient laissé Hillel présider. L'autorité des
Saducéens devint alors très grande ou, du moins, tout à fait
officielle. Le Sanhédrin perdit toute indépendance et il est à
remarquer que la condamnation de Jésus n'a peut-être tenu
qu'à cette substitution de la famille d'Hanan à la famille de
Hillel. Il est permis en effet de douter que Jésus eut été condamné à mort si l'ancien état de choses avait subsisté et si
Gamaliel, le sage et tolérant Gamaliel, avait présidé le tribunal devant lequel il comparut.

---

[1] *Ant. Jud.*, XX, 10 à la fin. Voici le texte : τὴν δὲ προστασίαν τοῦ
ἔθνους οἱ ἀρχιερεῖς ἐπεπίστευντο.

Hanan [1], grand-prêtre de l'an 7 à l'an 14, fut déposé, mais il conserva son titre et son autorité [2]. Il avait une influence considérable. Son gendre Kaïaphas fut grand-prêtre de l'an 25 à l'an 36. Déposé en 36 par Vitellius, légat de Syrie, il fut remplacé par Théophile, fils de Hanan. Cinq des fils de cet homme furent ainsi grands-prêtres tour à tour et présidents du Sanhédrin. C'est « la famille sacerdotale », disait-on, comme si le sacerdoce y était héréditaire [3]. Pendant cinquante ans elle garda le pontificat. Hanan, dont le règne avait duré si longtemps, passait pour avoir été un homme très heureux [4].

Le Sanhédrin comptait, avons-nous dit, soixante et onze membres, y compris le président. Le Nouveau Testament distingue dans cette assemblée les grands prêtres (ἀρχιερεῖς), les anciens (πρεσβύτεροι) et les scribes (γραμματεῖς) [5]. La Mischna, de son côté, nous donne une division à peu près semblable. « Le Sanhédrin se compose, dit-elle [6], de prêtres, de Lévites et d'israélites dont les filles ont le droit d'épouser des prêtres. » Elle entend par cette dernière expression les Israélites qui pouvaient, en produisant leurs tables généalogiques, établir la pureté de leur origine juive. Ces membres se rencontraient dans toutes les classes de la société.

Il est assez difficile de déterminer le sens exact du mot grands-prêtres (au pluriel) dans le Nouveau-Testament, car il n'y avait à la fois qu'un seul grand-prêtre. On peut supposer que celui-ci, une fois déposé, gardait son titre. Josèphe, en effet, conserve toute leur vie aux grands-prêtres leurs titres d'ἀρχιερεῖς. Or ceux-ci étaient au nombre de six pendant la vie d'Hérode, de huit pendant la vie de Jésus-Christ. Le grand-prêtre

---

[1] Ἄννας dans le Nouveau Testament; Ἄνανος dans Josèphe; ce ne sont que deux transcriptions grecques de l'hébreu Hanan ou Khanan.

[2] Év. de Luc III, 2; Actes. IV, 6.

[3] Jos. *Ant. Jud.*, XV, 3, 1. *D. B. J.*, IV, 5, 6 et 7.

[4] Jos. *Ant. Jud.*, XX, 9, 1.

[5] Marc, XIV, 53, XV, 1; Matth., XXVI, 3, 57, 59, XXVIII, 11-12; Luc, XXII, 66; Actes, IV, 5, 6.

[6] *Sanh.*, IV, 2.

avait, en effet, un caractère indélébile ; il était censé nommé à vie et quand il était déposé et remplacé, il conservait dans sa retraite un certain nombre de prérogatives dont on ne pouvait le dépouiller [1]. Cette explication serait entièrement acceptable si le Nouveau Testament n'appelait pas grands-prêtres des hommes qui n'avaient jamais été souverains pontifes, par exemple Jean[2], Alexandre [3] ; Skeuas[4] ; Josèphe fait de même[5]. Ce nom désignait-il alors les chefs des vingt-quatre classes de prêtres ? Nous n'en avons aucune preuve. L'hypothèse la plus vraisemblable donne ce nom aux membres des familles qui fournissaient les grands-prêtres. Le souverain pontificat était, en effet, un droit de certaines familles [6] (par exemple celle de Hanan). Le mot ἀρχιερεῖς aurait donc une triple signification ; au singulier, il désignerait le grand-prêtre proprement dit ; au pluriel, ceux qui avaient été grands-prêtres et enfin ceux qui pouvaient le devenir comme membres des familles qui seules avaient droit au pontificat.

Le nom πρεσβύτεροι était le nom général des autres membres. Ils n'étaient pas nécessairement laïques et plus d'un prêtre pouvait se rencontrer parmi eux. Quant aux γραμματεῖς c'étaient les Scribes dont nous parlerons dans un chapitre spécial.

Nous avons dit que la majorité du Sanhédrin était saducéenne. Tous les prêtres, entre autres, étaient saducéens et il était bien rare au premier siècle qu'un prêtre fut pharisien. Ce parti cependant devait être largement représenté dans l'assemblée. Josèphe et le Nouveau Testament nous montrent pharisiens et saducéens mêlés sans distinction de parti [7].

---

[1] *Horajoth*, III, 1, 4.

[2] Actes des Apôtres, IV, 6.

[3] id.   id.   id.

[4] id.   id.   XIX, 14.

[5] *D. B. J.*, II, 20, 4. Jésus fils de Sapphias, τῶν ἀρχιερέων ἕνα. Voir aussi *Vita*, § 39, *D. B. J.*, IV, 9, 11 ; V, 13, 1.

[6] *D. B. J.*, IV, 3, 6. Josèphe parle dans ce passage de grands-prêtres choisis en dehors des familles où il fallait les prendre.

[7] Cf. Actes des Ap., IV, 1 et suiv., V, 17 ; XXIII, 6 ; Jos. *Anti Jud.*

Les attributions du Sanhédrin étaient fort nombreuses ; il votait les lois, il était donc un corps législatif ; de plus il exerçait la justice et possédait les pouvoirs judiciaires les plus étendus ; c'était devant lui que comparaissaient les faux prophètes ; il traitait aussi des questions de doctrine et pouvait être, à l'occasion, un véritable concile. En outre, il était chargé de certains détails fort importants à cette époque ; il surveillait les familles sacerdotales et s'occupait des mariages qui s'y faisaient. Les filles, nous l'avons dit, ne pouvaient épouser que des Israélites [1] ; il gardait dans ses archives les tables généalogiques des principales familles juives [2] ; il autorisait les guerres, fixait les limites des villes, pouvait seul modifier leurs enceintes [3] ou l'enceinte du Temple. Il établissait le calendrier et les néoménies, (le président et trois membres étaient chargés de ce soin [4].) Bref, il était à la fois parlement et concile.

Dans le Nouveau Testament nous voyons le Christ cité devant le Sanhédrin comme blasphémateur [5], les apôtres Pierre et Jean comme faux prophètes et séducteurs du peuple [6], le diacre Etienne comme ayant blasphémé contre Dieu [7]. l'apôtre Paul comme anéantissant la Loi [8].

Les Romains avaient-ils ôté au Sanhédrin le droit d'exécuter une condamnation à mort et s'étaient-ils réservé celui de ratifier avant son exécution toute condamnation entraînant la peine capitale ?

Ce double fait semble ressortir du récit évangélique de la

XV, 9, 1, avec Actes des Ap., V, 34. XXIII, 6, et Jos. *D. B. J.*, II, 17, 3. *Vita*, §§ 38, 39.

[1] *Midoth* à la fin.
[2] Jos. *Cont. App.*, I, ch. 2
[3] *Sanhédr.*, I, *a*.
[4] *Sanhédr.*, X, *b*.
[5] Ev. de Matth., XXVI, 65.
[6] Actes des Ap., ch. IV et V.
[7] Actes, VI, 13 et suiv.
[8] Actes, XXIII, 1 et 2.

condamnation de Jésus. Les Juifs s'écrient devant Pilate : « Il ne nous est pas permis de faire mourir personne [1], » et c'est l'autorité romaine qui présida à la crucifixion. — Mais Etienne n'a-t-il pas été condamné et exécuté par le Sanhédrin ? [2] Jésus-Christ ne dit-il pas dans son enseignement : « ils vous traineront dans les synagogues, il vous feront mourir etc. [3] » On peut dire, il est vrai, que ce dernier passage n'est pas entièrement concluant. Il n'implique pas nécessairement que le droit de vie et de mort appartenait à la synagogue. Quant à la mort d'Etienne, on peut y voir une irrégularité. Elle s'accomplit sans jugement ; ce fut un assassinat commis par une foule ameutée, l'acte de violence d'une populace furieuse. Elle eut lieu précisément au moment où Pilate allait être déposé pour son excessive rigueur envers les Juifs. Nous pensons cependant que le Sanhédrin avait le droit strict de condamner et d'exécuter Etienne et qu'il aurait pu aussi faire exécuter Jésus. Pourquoi donc a-t-il demandé à Pilate de ratifier sa sentence ? Parce qu'il ne voulait pas que la condamnation de Jésus fut religieuse, il voulait qu'elle fut politique. Les Talmuds vont nous l'expliquer clairement, « Quarante ans avant la ruine du Temple, dit la Mischna, les sentences capitales furent enlevées à Israël [4] » par qui ? évidemment par les Romains. Quarante ans avant la destruction du Temple, nous sommes précisément en l'an 30, l'année même où les Juifs disent à Pilate : « Il ne nous est pas permis de faire mourir personne.» Mais nous allons voir que ces expressions étaient inexactes. Le droit d'exécuter ne fut pas vraiment enlevé au Sanhédrin, c'est lui qui y renonça de lui-même. En effet, ce fut précisément à cette époque qu'il cessa de tenir ses séances dans le local ordinaire, à l'intérieur du Temple et se réunit dans la cour des païens, près

---

[1] Jean, XVIII, 31, confirmé par Josèphe. *Ant. Jud.*, XX, 9, 1.
[2] Actes des Apôtres, chap. VII.
[3] Ev. de Marc, XIII, 9, 13 ; de Luc, XXI, 12-17.
[4] *Sanhédrin*, fol. 24, 2.

de la porte, où il possédait une autre salle de réunion[1]. Pourquoi ce changement qui l'éloignait un peu du sanctuaire et semblait donner par là moins de poids à ses décisions? Les Talmuds l'expliquent en disant qu'à cette époque tourmentée, les crimes, les assassinats s'étaient multipliés de telle sorte que le Sanhédrin ne pouvait plus les punir tous de la peine de mort; le nombre des condamnations eut été trop considérable. Il renonça alors à se réunir dans la salle ordinaire de ses séances; ailleurs il se sentait moins coupable de ne pas toujours condamner à mort. Le Sanhédrin a donc laissé tomber de lui-même son droit de condamner à mort; les Romains ne le lui ont pas précisément enlevé, mais il en est venu, par faiblesse, à ne plus oser condamner et exécuter les brigands, les sicaires, les zélotes fanatiques, d'autant plus que leurs attentats avaient souvent un caractère religieux et patriotique. Le peuple aurait pu l'accuser de frapper des patriotes dont le seul crime était de vouloir délivrer leur pays. Et alors, pour tous les procès religieux, pour toutes les affaires où il pouvait craindre de voir sa sentence blâmée par les Pharisiens purs, par les exaltés, par une portion quelconque du peuple, le Sanhédrin demandait au procurateur de le soutenir et de le couvrir de son autorité. Nous croyons que tel a été le cas dans le procès fait au Christ. Le Sanhédrin n'a pas osé prendre sur lui seul la responsabilité de son exécution, car il savait que Jésus avait été à un moment très populaire. Il pria donc Pilate de l'appuyer. Le mot: « il ne nous est pas permis de faire mourir personne » était moins l'expression d'une vérité qu'une flatterie au gouverneur.

Et quant à Étienne et plus tard à saint Paul[2], le Sanhé-

---

[1] Jos., *D. B. J.*, V, 4, 2, *id.*, VI, 6, 3.

[2] Actes des Ap., ch. XXV, 10, XXVI, 32. Saint Paul n'échappe à la condamnation à mort du Sanhédrin qu'en demandant à être jugé par l'empereur lui-même. Cependant saint Paul était citoyen romain. Ce titre lui créait une situation particulière. Il pouvait exiger la ratifica-

drin n'avait aucun scrupule à les condamner à mort, et les
Romains ne les en blâmaient pas. C'était « des affaires con-
cernant la loi» comme dira plus tard Gallion [1], et les Romains
« ne s'en mettaient point en peine. » Deux passages des Talmuds montrent que le Sanhédrin avait conservé le droit
de mettre à mort, sous la domination romaine. Rabbi
Lazare, fils de R. Zadok, racontait que dans son enfance il
avait vu la fille d'un prêtre surprise en adultère, entourée de
fagots et brûlée[2]. Or, ce R. Lazare vit la fin de Jérusalem et
la ruine du Temple en l'an 70. Les Romains étaient en Palestine depuis 133 ans. Ils y étaient entrés en 63 avant J.-C.,
quand Pompée prit Jérusalem. Ils étaient donc déjà maîtres
du pays quand R. Lazare était enfant. Le même traité du
Talmud de Jérusalem [3], nous racontant la procédure suivie
pour surprendre l'hérétique, dit que Ben Sutda à Lydda fut
épié de cette manière, amené au Sanhédrin et « lapidé ».
Ces passages sont formels et résolvent la question.

Cette juridiction pénale qui était la plus importante, la
plus élevée des prérogatives du Sanhédrin appartenait plus
particulièrement à une partie de l'assemblée composée
de vingt-trois membres seulement. Au besoin, vingt-trois
membres quelconques suffisaient. Il est bien évident
que la nuit de l'arrestation de Jésus, les membres réunis à la hâte n'étaient pas plus de vingt-trois. Cette commission juridique était appelée Beth-Din, (maison de justice) et présidée par le vice-président de l'assemblée
entière nommé, à cause même de ses fonctions, Ab Beth-Din.
Deux autres commissions, aussi de vingt-trois membres,
étudiaient les questions soumises à l'assemblée plénière formée des trois sections réunies. Il y avait donc, en réalité,

tion de sa condamnation non-seulement par le procurateur mais par le
légat impérial lui-même. Aussi les Juifs songeaient-ils à l'assassiner
dans un guet-apens.
[1] Actes des Apôtres, XVIII, 15.
[2] Talm. Jérus., *Sanh.*, fol. 24, 2.
[3] Talm. Jérus., *Sanh.*, fol. 25.

trois Sanhédrins. Ils se réunissaient, l'un à la porte de la montagne du Temple, l'autre à la porte du parvis et le troisième dans la salle « en pierres de taille. » Ces trois locaux étaient compris dans l'enceinte du Temple. Le plus grand des trois, celui qui était le plus près du sanctuaire et dans lequel le Sanhédrin tenait ses réunions plénières quotidiennes, sauf les jours de sabbat et de fêtes solennelles[1], était la salle en pierres de taille *(ex cæsis lapidibus exstructa)* *(Lischat-ha-gazith.)* Elle tirait ce nom de sa construction particulière[2].

Nous avons parlé tout à l'heure de ce passage des Talmuds d'après lequel le Sanhédrin ne se réunit plus dans ce local à partir de quarante ans avant la destruction du Temple. Comme ce changement était nécessité par les questions judiciaires, ce fut certainement la commission des vingt-trois membres chargée de ces sortes d'affaires qui se déplaça. Elle se réunit, avons-nous dit, dans le parvis des païens, à la porte, mais elle eut aussi un autre lieu de réunion, dans une propriété particulière de la famille de Hanan appelée Khaneioth, c'est-à-dire bazars (du Mont des Oliviers[3]). Elle se trouvait, son nom l'indique, au sommet du Mont des Oliviers, et c'est certainement dans ces Khaneioth que Jésus fut conduit immédiatement après son arrestation. « On le mena d'abord chez Hanan, beau-père de Kaïaphas[4] » disent les Évangiles confirmant ainsi les indications des Talmuds[5].

Le Sanhédrin avait à sa disposition un certain nombre d'agents (ὑπηρέτης dans le Nouveau Testament) chargés d'exécuter ses ordres. Ce sont eux qui ont arrêté Jésus ; c'étaient eux qui avaient prononcé ce mot : « Jamais homme n'a parlé

---

[1] *Joma tob.*, V, 2.
[2] *Midoth* à la fin, voir livre II, chapitre XII. *Les parvis du Temple.*
[3] Traité *Sanhédrin.*
[4] Ev. de Jean, XVII, 13. Cette affirmation du quatrième Evangile est certainement une des preuves les plus remarquables de son historicité.
[5] Nous avons parlé en détail de cette propriété de Hanan dans notre description du Mont des Oliviers, chap. II. *Les environs de Jérusalem.*

comme cet homme[1]. » Ils remplissaient les fonctions d'agents de police ; sorte de licteurs (*virgiferi*) « ils vérifiaient les poids et mesures et frappaient ceux qui faisaient mal[2] ».

Ce Sanhédrin de Jérusalem, dont le pouvoir était si considérable ne pouvait cependant pas juger tous les procès, tous les délits, tous les crimes commis sur l'étendue du territoire de la Palestine. Chaque ville, chaque village même avait un petit Sanhédrin local de sept membres, les sept qui dirigeaient la synagogue.

Parmi ces sept, il y en avait trois, les trois chefs, appelés *triumvirs*, qui prononçaient seuls les jugements sans importance. Ils réglaient les questions d'héritage[3]. « Les triumvirs, dit Maimonide[4], devaient avoir sept qualités : sagesse, douceur, piété, haine de Mammon, amour de la vérité, être aimé des hommes, et avoir une bonne réputation. » Les sept étaient chargés de la police et jugeaient tous les cas qui n'entraînaient pas la peine capitale. Lorsque la synagogue de Nazareth[5] condamna Jésus à mort, elle outrepassait ses pouvoirs. Si cependant elle avait pu exécuter sa sentence et précipiter Jésus du haut de la montagne comme le voulaient quelques fanatiques, elle n'aurait probablement pas été poursuivie. Cette exécution sommaire aurait été considérée comme une preuve de patriotisme et de foi religieuse donnée par des zélotes. Et à quiconque était zélote, tout était permis[6].

Quand ces petites assemblées provinciales fonctionnaient régulièrement elles se tenaient à la porte des villes.

[1] Ev. de Jean, chap. VII, 46.

[2] Maimon., *Sanhédr.*, ch. I, Babyl. *Joma*, fol. 15, 9. Ev. de Mt., V, 25.

[3] Celles que Jésus refusait un jour de résoudre ; et, en effet, il n'en avait pas le droit n'étant pas membre du triumvirat. Ev. de Luc, XII, 13 et suiv.

[4] Maimon., *Sanhédr.*, ch. I.

[5] Ev. de Luc, IV, 29.

[6] « Celui qui vole les vases sacrés, qui maudit le nom de Dieu. . . . . les zélotes le tuent », dit la Mischna en l'approuvant, *Sanhédr.*, fol. 81, 2.

La porte a toujours été en Orient la place publique, le forum, le rendez-vous commun des habitants. Elle l'est encore chez les Arabes, et on sait que le cabinet de Constantinople s'appelle la *Porte Ottomane*. On amenait les malades au Christ à la porte des bourgs[1]. Chez les anciens Hébreux la justice se rendait près des portes [2] et les audiences se donnaient le matin[3] à cause de la chaleur du climat. Les débats étaient publics et il était interdit aux juges d'accepter des présents [4]. L'enquête était minutieuse [5]. Il fallait au moins deux témoins[6], attestant sous la foi du serment qu'ils avaient vu commettre le crime [7]. Dans les affaires civiles, un seul témoin suffisait[8]. Ces détails, que nous empruntons pour la plupart à l'Ancien Testament et qui rappellent beaucoup la manière de procéder des Arabes encore aujourd'hui, peuvent nous donner une idée de ce qui se passait au premier siècle. Ils nous amènent à traiter de la *justice* telle qu'elle était exercée à cette époque par le grand Sanhédrin de Jérusalem.

[1] Ev. de Marc, 1, 34.
[2] Genèse, XXXV, 24, II Sam., XV, 2.
[3] Jérémie, XXI, 12, Psaume, CI, 8.
[4] Deut., XVI, 19, XXVII, 25.
[5] Deut., XIII, 14, XVII, 4.
[6] Nomb. XXV, 30. Deut., XIX, 15.
[7] Lév., V, 1.
[8] Ex., XXII, 11. Ev. de Matth., XXVI, 63 et suiv.

CHAPITRE V.

LA JUSTICE

La Procédure, d'après les Talmuds. — Leur récit de la mort de Jésus. — Les peines prononcées. — La Prison. — L'Amende. — La Bastonnade. — La Lapidation. — Le supplice de la Croix.

Les Talmuds nous ont conservé les détails les plus circonstanciés sur la procédure suivie par le Sanhédrin à l'égard des accusés qui comparaissaient devant lui. Si ces détails sont exacts, cette assemblée aurait exercé la justice avec une remarquable impartialité mêlée d'une bienveillance qu'on ne saurait trop admirer.

Nous commencerons par exposer les faits, nous les apprécierons ensuite. D'après le traité « *Sanhédrin* » les juges, réunis dans la «salle de la pierre de taille», s'asseyaient en demi cercle; le président était au milieu et avait à sa droite le vice-président. A chacune des extrémités de l'hémicycle se tenait un secrétaire ou greffier. L'un d'eux écrivait les paroles prononcées en faveur du prévenu et qui pouvaient le faire acquitter, l'autre celles qui étaient à sa charge et qui pouvaient entraîner sa condamnation. Devant les juges et sur trois rangs se tenaient les disciples des scribes, les candidats à l'exercice de la justice, ceux que nous appellerions les étudiants en droit. Chacun avait sa place et la connaissait[1]. L'accusé devait avoir une attitude humble, triste, soumise[2]. Quand la vie du prévenu était en jeu, les juges, à en croire les Talmudistes, faisaient tout pour le sauver. On commen-

[1] *Sanhédrin*, IV, 3.
[2] Jos., *Ant. Jud.*, XIV, 9, 4.

çait par les preuves à décharge avant d'en formuler une seule à charge [1]. Celui qui avait parlé en faveur de l'accusé ne pouvait pas ensuite déposer contre lui, tandis que l'inverse était permis et un témoin à charge pouvait, ensuite, témoigner à décharge. L'acquittement pouvait être prononcé immédiatement. Si les juges condamnaient, ils devaient renvoyer au lendemain la sentence de condamnation [2]. Le vote se faisait par assis et levé. Pour l'acquittement, une simple majorité suffisait ; pour la condamnation, il fallait une pluralité de deux voix [3]. Si, par exemple, sur les vingt-trois membres, douze se prononçaient pour la condamnation et onze pour l'acquittement, l'accusé était acquitté ; aussi les condamnations capitales étaient-elles très rares. A ces affirmations étranges, les Talmudistes ajoutent un récit fantaisiste du procès et de la condamnation de Jésus-Christ [4]. Cette condamnation aurait eu lieu longtemps avant la Pâque, et le Sanhédrin l'aurait fait proclamer publiquement pendant quarante jours, en invitant tous ceux qui pouvaient justifier Jésus, à venir déposer en sa faveur [5]. Enfin il n'aurait pas été crucifié, mais lapidé et ensuite pendu. Jamais ses accusateurs ne l'auraient présenté à Pilate comme coupable envers l'Etat ; son procès aurait été purement religieux. Il va sans dire que ces allégations n'ont aucune espèce de fondement. Cette partie du traité du « Sanhédrin » a été rédigée par des gens pressés de se justifier parce qu'ils sentent l'effrayante responsabilité que fait peser sur leur haute assemblée la lecture du récit de la Passion dans les Évangiles.

Nous avons, dans le même traité des Talmuds, d'autres passages plus sincères et qui nous montrent que les Juifs ne pratiquaient pas toujours la justice avec l'équité et

[1] *Sanhédrin*, IV, 1.
[2] *Sanhédrin*, IV, 1, V, 1.
[3] *Sanhédrin*, IV, 2.
[4] Babyl. *Sanhédrin*, fol. 43, *a*.
[5] Ces passages ont été supprimés par la censure dans plusieurs éditions des Talmuds.

la bonté dont nous venons de parler. Lorsqu'il s'agissait d'arrêter un « séducteur du peuple » (*mesith*), tout était permis, même le guet-apens. Il fallait deux témoins. On les faisait cacher à portée du prévenu et sans que celui-ci les vît. Près de lui, on allumait deux lumières, car les témoins devaient être oculaires[1]. On lui disait alors de répéter son blasphème ; s'il le faisait et ne se rétractait pas, les deux témoins paraissaient et l'emmenaient au tribunal. Sa condamnation était alors certaine, il mourait lapidé. Nous l'avons dit, c'est le guet-apens ordonné et remplaçant l'instruction telle que nous la pratiquons aujourd'hui. Les Talmuds avouent que l'on agit ainsi avec Jésus. Deux témoins apostés le surprirent de cette manière[2]. Les Évangiles nous parlent aussi de témoins préparés d'avance pour faire condamner Jésus[3]. Il est fort possible, du reste, que les détails des Talmuds sur le guet-apens autorisé aient été eux aussi rédigés après coup. De plus, il est certain qu'il y eut dans la précipitation avec laquelle Jésus fut en quelques heures arrêté, jugé, condamné et exécuté, une illégalité flagrante. Le Sanhédrin a violé la Loi : 1° En commençant à juger Jésus-Christ pendant la nuit, car « les jugements entraînant la peine capitale se font le jour et se terminent le jour[4] » ; 2° En tenant conseil pour condamner Jésus sur sa seule confession[5]; 3° En jugeant Jésus la nuit qui précédait la fête, d'après la date donnée par les synoptiques, car à ce moment là il était défendu à la justice de siéger. « On ne juge pas le soir de la fête[6]. » Or, on sait que le jour commençait la veille au soir ; la nuit qui précédait un jour de fête en faisait nécessairement partie.

---

[1] *Sanhédrin*, IV, 5.

[2] Talm. Jérus., *Sanhéd.*, XIV, 16. Babyl., *id.*, 43, *a* ; 67, *a*.

[3] Év. de Math., XXVI, 59, 60, 61.

[4] *Sanhédr.*, ch. 4, hal. 1. Il est vrai qu'ils ont attendu le matin pour prononcer la sentence. Ev. de Matth., XXVII, 1, le moment où ils devaient réciter les phylactères !

[5] Nomb., XXXV, 30.

[6] *Moed. Katon*, ch. 5, halac. 2.

Les peines prononcées par la loi de Moïse étaient au
nombre de cinq : l'amende, l'interdiction, le sacrifice expia-
toire, les punitions corporelles, la peine capitale. Il n'y est
point question de prison[1]. Celles-ci ne furent instituées qu'à
partir des Rois[2]. Elles comptaient au nombre des peines prononcées soit par le grand Sanhédrin, soit par les Sanhédrins
locaux. Ces peines semblent avoir été au nombre de quatre, la
prison, l'amende, la flagellation et la mort. Nous savons qu'il
y avait à Jérusalem une prison publique. Les Actes des apôtres
en parlent plusieurs fois[3]. Il est probable qu'elle était dans
la tour Antonia[4]. L'Evangile nous parle aussi de prison pour
dettes[5]. Sur l'amende, nous avons plus de détails ; elle avait
été instituée pour remplacer l'antique et terrible loi du
Talion qui existe encore parmi les Arabes et qui, cependant,
pouvait, déjà du temps de Moïse, être évitée par le paiement
d'une amende sauf dans le cas d'homicide[6]. Au premier
siècle, ces compensations pécuniaires étaient tarifées et
cotées plus ou moins haut, suivant le délit. « Quelqu'un a-t-il
donné à son prochain un soufflet sur l'oreille, qu'il lui donne
une mine[7]. S'il l'a frappé sur la mâchoire, qu'il lui donne
deux cents zouz[8]. »

On en exigeait quatre cents de celui qui avait tiré l'oreille
de son prochain ou lui avait arraché les cheveux, de celui
qui avait craché sur lui ou lui avait enlevé sa tunique[9]. La
même amende était imposée à celui qui avait découvert le

---

[1] Sauf dans le passage Lévitique, XXIV, 12, mais il s'agit ici de
l'arrestation du coupable, gardé jusqu'à ce que son sort ait été décidé.
Sa punition n'est pas la prison, mais la mort. Voir Nomb., XV, 34.

[2] I Rois, XXII, 27. Jérémie, XX, 2. XXXVII, 15.

[3] Actes des Ap., V, 18. XII, etc., etc.

[4] Voir notre description de Jérusalem, chapitre II.

[5] Ev. de Matth., XVIII, 30.

[6] Levit., XXIV, 19 et Nombres, XXXV, 31.

[7] *Bava Kama*, ch. 8, hal. 6.

[8] Le zouz ou denier valait 0, 88 c. Deux cents zouz représentaient
176 fr. environ ; voir chapitre XI.

[9] Ev. de Mt., V, 40.

visage d'une femme en public. Du reste, toutes ces peines étaient proportionnées à la dignité de la personne lésée. Quant à l'insulte, aucune loi ne la punissait. Aussi l'époque que nous décrivons a-t-elle été par excellence le règne de l'injure. Deux Juifs ne pouvaient discuter froidement, et les insultes les plus méprisantes, les injures les plus grossières, faisaient partie de la conversation courante dans toutes les classes de la société.

La flagellation, ou plutôt la bastonnade, était de toutes les peines la plus répandue. Les petits Sanhédrins provinciaux l'infligeaient journellement. L'exécuteur était alors le hazzan, le factotum de la synagogue [1]. Cette peine du fouet, décrite dans le *Deutéronome* [2], existe encore en Égypte ; c'est un de ces usages orientaux conservés sans changement depuis l'époque la plus reculée et qui était certainement, au premier siècle, ce qu'elle était quinze siècles avant et ce qu'elle est encore dix-huit siècles après. Elle est appliquée immédiatement après le jugement et devant le juge. Le patient, couché à terre, reçoit les coups. Cette peine cruelle n'a rien et n'avait certainement autrefois rien d'avilissant. Aujourd'hui le nombre des coups n'est point limité. Il l'était autrefois à quarante coups et pour être sûr de ne pas dépasser ce nombre, on n'en donnait que trente-neuf. De là l'expression de saint Paul : « quarante coups moins un [3] », mais on recevait trente-neuf coups pour chaque délit séparément et on pouvait de suite recevoir deux fois, trois fois quarante coups moins un [4]. On pouvait aussi diminuer le nombre si la faute n'était pas grave [5], et on ne condamnait parfois qu'à cinq ou six coups de bastonnade [6].

[1] Voir livre II, chapitre VI. *La synagogue.*
[2] Chapitre XXV, 1, 2, 3.
[3] II Corinth. XI, 24.
[4] Saint Paul avait reçu cinq fois la bastonnade.
[5] Luc, XII, 47, 48.
[6] Il faut distinguer la flagellation de la bastonnade. « J'ai reçu des Juifs, dit saint Paul, cinq fois quarante coups moins un, j'ai été fla-

La peine capitale était presque toujours la lapidation. Les Talmuds indiquent la strangulation mais sans donner de détails, et il n'en est point parlé dans l'Ancien Testament. Le supplice juif, par excellence, était la lapidation. La loi ordonnait, en particulier, de lapider sans l'entendre, tout prophète, tout rabbi qui détournerait le peuple du mosaïsme quand même il ferait des miracles [1]. Il était considéré comme destructeur du culte établi. Cet épouvantable supplice est décrit en détail dans la Mischna [2]. Le condamné était conduit nu au supplice; si c'était une femme on lui laissait ses vêtements. On le menait toujours hors de la ville [3], n'importe où, car partout le sol de la Judée est jonché de pierres qui lui ont toujours donné un aspect stérile et désolé. Il fallait seulement qu'il fût dans une vallée ou dans un fossé ayant au moins deux fois sa hauteur. Un des témoins le précipitait au fond. « S'il tombe sur les reins et s'il meurt, bien, sinon qu'un autre témoin lui jette une pierre sur la poitrine [4]. » Les premières pierres devaient aussi être jetées sur la tête, pour hâter la mort et abréger les souffrances de la victime. Du reste, il n'y avait point de bourreaux proprement dits. Du temps des Rois, le souverain désignait les officiers chargés de l'exécution. Cet usage existe encore dans certains pays d'Orient. Mais, chez les Arabes, l'exécuteur est celui qui a droit à la vengeance et au premier siècle il en était ainsi [5]. Après la lapidation le corps du supplicié était pendu ; cette dernière ignominie était épargnée aux femmes.

La mort par l'épée, usitée du temps des Rois [6], n'est men-

---

gellé trois fois » (II Cor., XI, 24); nous ne savons ce qu'était cette flagellation.

[1] Deutéronome, XIII, 1 et suiv., Jean VIII, 59. X, 31, 33. XI, 8. S. Luc, XX, 6. II Corinth., XI, 25.

[2] *Sanhédrin*, ch. IV, § 4.

[3] Talmud. de Babyl., *Sanhédr.*, fol. 42, 2.

[4] *Sanhédr.*, VI. hal., 4.

[5] Voir le récit de la mort d'Etienne; Actes des Apôtres, ch. VII.

[6] 2 Sam., I, 15. 1 Rois, II, 25, 31, 34.

tionnée que deux fois dans le Nouveau Testament[1] et n'est
décrite nulle part dans les Talmuds.

Il nous reste à parler du supplice de la croix. Il avait été
introduit en Palestine par les Romains. En Italie, ce supplice
n'était appliqué qu'aux esclaves et pour punir les crimes d'État.
Encore voulait-on ajouter à la mort l'infamie, car autrement
on faisait périr le condamné par l'épée[2]; mais en Palestine,
les Romains mettaient facilement les Juifs en croix. N'appar-
tenaient-ils pas à une race méprisée, à une race esclave?
leur patriotisme haineux et farouche ne les rendait-il pas
tous coupables de crime envers César, le Sénat et le peuple
romain? Nous avons parlé de Varus faisant crucifier deux
mille insurgés l'année de la naissance de Jésus-Christ et de
Titus, faisant mettre en croix, pendant le siège de Jérusalem,
cinq cents prisonniers par jour.

Nous avons expliqué plus haut pourquoi le Sanhédrin fit
ratifier par Pilate la sentence de mort qu'il avait prononcée
contre Jésus; nous pensons qu'il craignait un soulèvement
du peuple et voulait pouvoir dire : « Ce n'est pas pour un
crime d'hérésie que Jésus a été condamné à mort, c'est par
le procurateur romain et pour un crime d'État. » Si le Sanhédrin avait eu le courage de son opinion, Jésus aurait été
lapidé; mais, accusé devant Pilate, jugé par lui en dernier
ressort et condamné comme ayant aspiré à la royauté, il
devait être envoyé au supplice de la croix. Quant aux brigands crucifiés avec lui, ils ne pouvaient être que des misérables de la pire espèce.

Une fois la condamnation prononcée, le condamné appartenait à l'autorité romaine. Un centurion à cheval, assisté de
soldats exécuteurs, au nombre de quatre au moins, présidait
au supplice qui était ainsi une exécution militaire. C'était
aussi des soldats qui donnaient au malheureux la bastonnade

[1] Ev. de Marc, VI, 2, 28 et Actes des Ap., XII, 1 et 2.
[2] Jos., *Ant. Jud.*, XVII, 10, 10. XX, 6. 2, *D. B. J.*, V, 11, 1.

ou flagellation qui devait toujours précéder le supplice[1]. On le chargeait ensuite du bois de la croix et on l'emmenait. Il n'y avait point à Jérusalem d'emplacement spécialement consacré aux exécutions. On crucifiait hors de la ville et dans le voisinage des portes. On choisissait un tertre un peu élevé et près d'une route fréquentée, car, il ne faut pas l'oublier, le but immédiat de la crucifixion n'était pas de donner la mort, mais simplement d'exposer aux regards, aux insultes, à l'ignominie. Le condamné ne mourait qu'au bout de plusieurs heures, parfois de plusieurs jours. Pas une seule des blessures qui lui étaient faites n'était vraiment mortelle et quand il était d'une forte constitution, il ne succombait qu'à la faim. Josèphe parle de crucifiés qui, détachés de la croix après un certain temps et ayant reçu des soins prolongés, s'étaient rétablis. Il est évident que l'hémorrhagie des mains clouées et des pieds cloués devait s'arrêter assez vite ; et puis on se bornait parfois à les attacher avec des cordes. D'ordinaire le supplicié succombait à une congestion cérébrale. La suspension des bras étendus était l'origine d'atroces douleurs ; le sang se portait à la tête avec violence et une sorte d'apoplexie emportait le malheureux. Et puis quand la mort était trop lente à venir et que les souffrances du crucifié semblaient devoir se prolonger longtemps, on l'achevait ou l'on hâtait sa fin en lui brisant les os des jambes[2].

Il est probable que le lieu où fut crucifié Jésus avait déjà servi à des supplices de ce genre. C'était un tertre dénudé appelé Golgotha, mot hébreu qui veut dire crâne, c'est-à-dire en forme de crâne, nous dirions en français : Chaumont[3]. Ce tertre était au N.-E. de Jérusalem. C'était sans doute un de ces endroits tristes comme on en rencontre dans

---

[1] Josèphe, *D. B. J.*, II, 14, 9. Tite Live, 33, 36, Quinte Curce, 7, 11, 28.

[2] Ev. de Jean, XIX, 31 et 32.

[3] Le nom des Buttes Chaumont à Paris où était autrefois le gibet de Montfaucon a la même origine (Mont Chauve).

le voisinage immédiat des grandes villes, un de ces champs abandonnés que l'on appelle terrains vagues. M. Bovet[1] affirme et démontre que les emplacements traditionnels du Saint-Sépulcre et du Calvaire sont authentiques. Nous avons dit que cette opinion est de plus en plus admise aujourd'hui.

La croix était faite de deux poutres liées en forme de T. Elle était peu élevée et les pieds du condamné touchaient presque la terre. On lui ôtait ses vêtements, car on était toujours crucifié nu ; on l'attachait ou on le clouait pendant que la croix était encore couchée à terre, puis on la dressait pour la planter dans un trou profond et préparé d'avance. Le moment où le condamné se sentait suspendu était d'une angoisse et d'une douleur inexprimables. Les Juifs, par humanité, avaient l'habitude de lui donner du vin aromatisé pour l'étourdir[2].

Puis les soldats le gardaient et le misérable restait là, poussant, au milieu de la foule, les cris que lui arrachait la douleur. Parmi les spectateurs les uns étaient indifférents ; n'avaient-ils pas vu cent fois des brigands en croix ? les autres étaient hostiles, les passants lui disaient des insultes, les enfants lui jetaient des pierres ; et les heures succédaient aux heures ; la nuit tombait et alors le crucifié restait seul avec ses effroyables souffrances physiques, étourdi par la *posca*[3] et surtout par la congestion croissante du cerveau, sentant la mort venir peu à peu, la trouvant trop lente à son gré et souvent, quand le soleil du lendemain se levait à l'horizon et que le mouvement recommençait aux abords de la ville et autour de lui, il était encore vivant, souffrant toujours plus et suppliant le premier venu de l'achever. On ne lui répondait même pas. Tel était ce supplice dont certainement

[1] Voyage en Terre Sainte.
[2] Talm. Babyl., *Sanhédr.*, fol. 43, *a*.
[3] Sorte de boisson vinaigrée que les soldats romains avaient toujours avec eux et dont ils donnaient quelquefois à boire au condamné.

rien n'a approché dans les effroyables annales de la cruauté des hommes. L'histoire n'en connaît pas de plus atroce. La bête humaine ne pouvait pas en imaginer de pire.

CHAPITRE VI

LA POPULATION

Quelle population habitait la Palestine au premier siècle? Il est impossible de répondre à cette question sans remonter jusqu'au temps de l'exil et sans connaître les migrations des peuples qui se firent à cette époque. La nation fut presque tout entière emmenée en captivité, et, pendant l'exil, la Palestine ne fut, pour ainsi dire, habitée que par des païens. Ceux des Israélites qui revinrent plus tard, appartenaient exclusivement à la caste des prêtres et des lévites et aux tribus de Judas et de Benjamin [1]. Ils trouvèrent dans le pays quelques restes épars des dix tribus qui avaient échappé à l'exil et qui se joignirent immédiatement à eux, « voulant s'éloigner de l'impureté des païens » [2]. Quant aux dix tribus elles-mêmes, elles restèrent à Babylone, Josèphe l'affirme en propres termes [3], et au temps d'Aquiba, on se demandait s'il ne fallait pas attendre toujours le retour des dix tribus [4]. Les habitants de la Palestine furent donc à partir d'Esdras les descendants des seules tribus de Judas et de Benjamin, aussi reçurent-ils le nom de Juifs à la place de celui d'Hébreux qui servaient autrefois à les désigner, mais ces Juifs étaient inégalement

[1] Esdras, I, 5. IV, 1. X, 9. Néhémie, XI, 4, etc.
[2] Esdras, VI, 21. Néhémie, V, 29, 30, 31.
[3] *Ant. Jud.*, VI, 5, 2.
[4] Mischna, *Sanh.*, X, 3.

répartis sur le territoire de la Terre Sainte. Le plus grand nombre d'entre eux se rencontrait à Jérusalem même et en Judée. C'est là que leurs pères avaient vécu, c'est là qu'Esdras et Néhémie avaient accompli la grande œuvre de la restauration nationale, c'est là que l'insurrection maccabéenne avait laissé les traces les plus profondes, c'est là que les Scribes et les Docteurs de la Loi avaient leurs écoles, c'est là, enfin, qu'était le Temple, le centre de l'activité religieuse, la forteresse imprenable du Judaïsme. Plus on s'éloignait de Jérusalem, plus on rencontrait de païens. Dans la ville même et dans toute la Judée, il n'y en avait pour ainsi dire pas. En Galilée, au contraire, on en trouvait beaucoup. La population galiléenne était fort mélangée; le vieux sang hébreu ne s'y était pas conservé pur et les Galiléens différaient beaucoup des Judéens. Le contraste des deux peuples était ausssi frappant que celui des deux pays. Ici, une nature tour à tour riante et grandiose et une population à la foi simple et profonde, aux idées neuves et hardies; là, un sol aride et désolé et un peuple attaché à ses traditions, ne voulant connaître que la lettre de la Loi. En Galilée les esprits s'ouvraient volontiers aux croyances nouvelles; en Judée toute innovation venait se heurter à l'absurde orgueil du « Sofer » qui savait sa « Thorah » par cœur. Le paysan galiléen, moins instruit que l'habitant des villes, pouvait cependant faire preuve de beaucoup plus d'indépendance dans les idées et d'un véritable esprit de liberté. Chez les bourgeois de Jérusalem, on ne trouvait au contraire que routine et préjugés. La Galilée a été le berceau du christianisme : c'est à Nazareth que Jésus a grandi. La Judée ne pouvait donner naissance qu'à un pharisaïsme étroit et à un saducéisme sans avenir. La foi antique s'y pétrifiait. Elle est entrée au premier siècle et à Jérusalem dans le moule que lui avaient fabriqué les Scribes et dont elle n'est pas sortie depuis. Nous l'y voyons encore enfermée aujourd'hui. Les Galiléens étaient laborieux [1] et n'étaient point rêveurs. Leur

---

[1] Jos., *Ant. Jud.*, VIII, 5, 6. *D. B. J.*, III, 3, 1.

idéal messianique devait être peu élevé. Sans doute l'élément
juif dominait en Galilée. Ses habitants faisaient partie du
peuple élu, mais il n'était pas rare de rencontrer des Galiléens d'origine phénicienne, syriaque, arabe et même d'origine grecque. Tout ce que nous savons des Galiléens par les
Talmuds est de nature à nous les faire aimer. Ils disent bien
qu'ils étaient querelleurs [1]; mais, dans plusieurs passages, ils
nous les montrent, au contraire, charitables et bienveillants :
« Dans un endroit de la Galilée supérieure, on avait soin de
faire servir tous les jours à un pauvre vieillard une portion de
volaille, parce qu'il avait l'habitude de prendre cette nourriture aux jours de sa prospérité[2] » Les Galiléens étaient plus
soucieux de l'honneur que de l'argent [3]. Ils étaient supersti-
tieux ; les Syriens leur avaient appris à craindre les démons ;
du reste, leurs mœurs étaient très pures et ils payaient fort
exactement l'impôt. Aussi Antipas était-il fort riche. Sa dé-
trarchie lui rapportait deux cents talents[4].

Le caractère doux et conciliant des Galiléens, la largeur de
leurs idées, leurs fréquents contacts avec les païens, les faisaient mal voir en Judée. Le Galiléen qui montait au temple
pour les fêtes était regardé de haut en bas par les fervents et
orgueilleux jérusalémites. Sa dévotion ardente était tournée
en ridicule par les prêtres. On se moquait de sa prononciation
vicieuse [5], et puis il passait pour ignorant ; il ne savait pas
la Loi ; il n'était pas d'une orthodoxie correcte et on l'appelait volontiers « sot Galiléen »[6]. Il était convenu qu'aucun
homme sérieux ne pouvait sortir de la Galilée et en particulier de Nazareth[7]. Rien ne justifiait un tel mépris, car le pa-

[1] Babyl., *Nédarin*, 48, *a*.
[2] *Tosiftah Peah*, ch. 8.
[3] Jérus., *Kethouboth*, IV, 14.
[4] Un million cinquante six mille francs.
[5] Ev. de Mt., XXVI, 73 et parall. Actes II. 7. Talm. Babyl., *Erubin*,
53 *a* et suiv. *Bereschith rabba*, 26 *c*.
[6] Talm. Babyl., *Erubin*, 53 *b*.
[7] Jean VII, 52. I, 46, 47.

triotisme du Galiléen était aussi ardent que celui du Judéen. En l'an 66, la jeunesse de Galilée fut la première à se lever et à montrer sa haine de l'étranger[1]. Josèphe dit des Galiléens : ils sont belliqueux (μάχιμοι). Si les Judéens et eux s'aimaient peu, cependant ils n'éprouvaient les uns contre les autres rien qui ressemblât à de la haine. Ils étaient trop voisins pour que leur jalousie mutuelle ne s'éveillât pas, mais leur rivalité portait toujours sur des points de détail, et, dans les grandes questions religieuses et patriotiques, ils savaient être profondément unis. On pourrait comparer ces deux petits peuples aux Genevois et aux Vaudois qui ne perdent jamais une occasion de se critiquer, de se jalouser, de se tourner réciproquement en ridicule et qui, cependant, sont absolument unis dans toute question où les intérêts généraux de la Suisse se trouvent engagés.

Entre la Judée et la Galilée se trouvait la Samarie. Elle était habitée par une population qui était de la part de tous les autres Palestiniens l'objet d'une haine aveugle, implacable, mortelle. On ne peut l'expliquer qu'en rappelant l'origine des Samaritains.

Après la ruine du royaume d'Israël, le roi Salmanasar avait cherché à repeupler le pays et il y avait envoyé des colons venus des provinces de Babel, de Cuthra, d'Ava, de Hamath et de Sapharvaïm[2] ; ceux de Cuthra furent les plus nombreux et, plus tard, les Juifs refusant de reconnaître les Samaritains pour leurs frères, les appelaient Cuthéens[3]. Ils avaient un peu raison, car les habitants de la Samarie avaient beau se faire passer pour Israélites, ils étaient en très grande majorité d'origine étrangère. Cependant, païens de naissance, ils ne l'étaient plus de religion. Ils avaient adopté les croyances des Israélites restés dans le pays, avaient appris à lire la Loi et avaient fait du Pentateuque leur code sacré. Mais ils

___

[1] Jos., *D. B. J.* III, 1, 2.
[2] II Rois, XVII, 24 et suiv.
[3] Χουθαῖοι dans Jos., *Ant. Jud.*, IV, 14, 3. VI, 4, 4. VIII, 9, 1.

en étaient restés là ; ils n'avaient voulu accepter ni l'autorité
des livres des prophètes, ni les traditions chères aux Pharisiens ; à Jérusalem on les considérait comme de dangereux
hérétiques. Adorant le même Dieu que le reste des Juifs, lisant avec une égale vénération les mêmes Ecritures, voyant
comme eux en Moïse leur législateur suprême et l'envoyé de
Jéhovah, ils étaient cependant plus détestés que les païens.
L'hérétique est toujours plus redouté que l'infidèle ; et, en
religion, une nuance crée d'ordinaire une scission plus grave
qu'une opposition tranchée. La haine, profonde dès le premier jour, alla toujours en augmentant, envenimée par les
moindres évènements auxquels le préjugé et la légende donnaient des proportions formidables. Elle éclata pour la première fois quand les exilés revinrent, conduits par Zorobabel
et Josué[1]. Elle augmenta encore quand Esdras et Néhémie
arrivèrent en Palestine[2]. Rien ne devait plus l'arrêter. La
tradition finit par enseigner qu'Esdras, Zorobabel et Josué
avaient solennellement anathématisé et excommunié les
Samaritains au nom de Jéhovah[3]. Sous Alexandre le Grand,
il se passa un fait très grave qui rompit définitivement les
relations des deux peuples. Manassé, frère du grand prêtre
Jaddua, avait épousé la fille du gouverneur de Samarie ; jaloux de son frère, avide de pouvoir, il obtint d'Alexandre la
permission de bâtir sur le mont Garizim, un temple rival de
celui de Jérusalem[4]. Il en fut le grand-prêtre, y attira des
sacrificateurs et des lévites, les laissa épouser des femmes
étrangères et le scandale de ces unions illicites et de ce culte
nouveau mit le comble à l'indignation des Judéens[5]. Ce mélange de judaïsme et de paganisme leur apparut comme une
abomination. Les vieilles traditions de haine du royaume de
Juda contre le royaume d'Israël se réveillèrent aussi vives

---

[1] En 520 avant J.-C., Esdras, IV, 1-5 et 24.
[2] En 445 avant J.-C. Néhémie, IV, 1 à 17.
[3] *Tanahim*, fol. 17, 4..
[4] Jos., *Ant. Jud.* II, 7, 2.
[5] Jos., *Ant. Jud.*, VII, 7. Josèphe les caractérise avec beaucoup d'esprit.

qu'autrefois[1]. Au premier siècle, les rapports des Juifs et des
Samaritains étaient pires que jamais[2]. Les Galiléens qui se
hasardaient à traverser leur province pour se rendre à Jérusalem couraient de vrais dangers[3]. Mais il ne leur était pas
défendu de tenter l'aventure. « La terre samaritaine est pure,
l'eau y est pure, les habitations pures et les chemins purs »
dit un des Talmuds[4]. On comprend cette parole ; la Samarie
faisait partie de la « Terre Sainte », on ne courait donc aucun risque de contracter une souillure en la traversant. Seulement il fallait se résigner d'avance à y être insulté par les habitants et on ne pouvait se permettre aucune relation avec eux.
Les Juifs évitaient même de demander à manger aux Samaritains : « un morceau de pain d'un samaritain, disait-on, est
de la chair de porc[5]. » Il est vrai que Jésus traversant un
jour leur pays, les disciples vont acheter des vivres à Sichem[6]. Mais Jésus ne traitait pas les Samaritains comme le
faisaient ses compatriotes. Ceux-ci, du reste, furent quelquefois plus larges : Rabbi Jacob bar Acha disait : « La
nourriture des Cuthéens est permise pourvu qu'il n'y soit
mêlé ni vin ni vinaigre »[7], et ailleurs nous lisons encore ce
passage : « les azymes des Cuthéens sont permis et avec eux
on peut remplir ses devoirs à la Pâque[8]. » Cependant une telle
tolérance ne devait guère être de mise au premier siècle. Le
Pharisien de ce temps-là évitait de prononcer même le mot
de Samaritain, c'était un vilain terme, une expression grossière. Il ne se la permettait que lorsqu'il voulait faire à son
adversaire une mortelle injure ; appeler un homme : Samari-

---

[1] L'auteur de l'Ecclésiastique, Jésus ben Sirach, attaque grossièrement
les Samaritains, Eccli. L, 26 et 27.

[2] Les Samaritains instituèrent un Sanhédrin semblable à celui des
Juifs Σαμαρέων ἡ βουλή, dit Jos., *Ant. Jud.*, XVIII, 4, 2.

[3] Jos., *Ant. Jud.*, XX, 6, 1. *D. B. J.* II, 52, 3. Luc VI, 52-53.

[4] Jérus., *Avoda Zarah*, fol. 44, 4.

[5] Mischna, *Schebiith*, 8, 10.

[6] Ev. de Jean, IV, 7.

[7] Jérus., *Avodah Zarah*, fol. 44, 4.

[8] Babyl., *Kiduschin*, fol. 76, 1.

tain ! était la dernière des insultes. Le Juif ne la disait qu'a-
près avoir épuisé son vocabulaire de gros mots. Dans la parabole du Bon Samaritain, lorsque Jésus dit au Scribe : « Lequel des trois te semble avoir été le prochain de celui qui
était tombé entre les mains des voleurs ? » Le Scribe évite de
répondre : c'est le Samaritain ; il emploie une périphrase :
« c'est celui qui a exercé la miséricorde envers lui ». Il faut dire
qu'un fait récent avait encore monté les esprits contre les
Samaritains. Sous le procurateur Coponius, un des prédécesseurs de Pilate, quelques-uns d'entre eux se glissèrent dans
le Temple au milieu de la nuit pendant les fêtes de Pâques ;
ils y répandirent des ossements et souillèrent le Lieu Saint. Le
lendemain les prêtres ne purent y entrer pour officier[1]. Du
reste, la haine religieuse avait éteint dans leur cœur l'amour
de la patrie. Ils furent favorables aux Séleucides et plus tard
aux Romains. Le grand soulèvement de l'an 66 les laissa
complètement indifférents. Ils y gagnèrent de ne pas être
dispersés ou détruits comme les Juifs et, après l'effroyable
catastrophe de l'an 70, ils continuèrent d'habiter la Samarie.
et, fait étrange, ils y ont vécu jusqu'à nos jours. Ce petit
peuple vient de disparaître après avoir survécu plus de dix-
huit cents ans aux terribles bouleversements dont la Palestine
a été le constant théâtre. Les Samaritains montraient encore
il y a quelques années au voyageur qui les visitait un vieux
manuscrit du Pentateuque qu'ils conservaient avec soin, et
ils n'avaient nullement perdu leurs coutumes religieuses, car
ils possédaient sur le mont Garizim un petit édifice, un temple, où ils célébraient la Pâque, en immolant l'agneau pascal, ainsi que la Pentecôte, les Tabernacles et la fête des
Expiations. Tout cela est fini ; ils étaient encore 150 il y a
trente ans ; il n'y en a plus aujourd'hui. Le xixe siècle a vu
mourir le dernier des Samaritains.

[1] Plus tard sous le procurateur Cumanus (48-52) des pèlerins Galiléens.
qui traversaient la Samarie furent assassinés par les habitants (Jos..
Ant. Jud. VIII, 9, 1).

Nous venons de caractériser les habitants des trois plus importantes provinces de la Palestine, la Judée, la Galilée et la Samarie. Nous avons constaté chez les Galiléens et surtout chez les Samaritains une très forte proportion de païens. Essayons de préciser cette influence de l'élément étranger, et en particulier, de l'élément grec dans la population.

La langue grecque, nous le montrerons plus loin, était parlée dans certains milieux. On l'avait subie, tout en la détestant; il l'avait bien fallu. Or, en acceptant la langue d'un peuple, on accepte plus ou moins ses idées. La connaissance d'une langue entraîne presque forcément celle des notions philosophiques et religieuses du peuple qui la parle. Le fait s'était produit d'autant plus facilement pour la Palestine, qu'elle était entourée d'un véritable cercle de villes grecques. La Décapole, en particulier, était grecque. Les bons Juifs gémissaient d'un si déplorable état de choses. Les Macchabées ne s'étaient révoltés que pour détruire l'influence hellénique et les Pharisiens, au premier siècle, continuaient la lutte avec courage, mais la force des évènements l'emportait. Aristobule I avait été l'ami des Grecs; Hérode le Grand le fut davantage encore. Il profita de ce que la Samarie était fort peu attachée au Judaïsme pour changer le nom de sa capitale en celui de Sébaste, pour y faire frapper des monnaies grecques et y faire bâtir un temple à Auguste[1]. Les dieux païens étaient donc adorés en Samarie. Ils l'étaient aussi à Tibériade, capitale de la Galilée; nous savons quels cultes étaient célébrés à Gaza, à Askalon, à Césarée; on y adorait à la fois des divinités locales et les grands dieux de la Grèce[2]. Entre ces villes qui faisaient partie de la Palestine, et celles qui étaient au-delà des frontières, il n'y avait, au point de vue religieux, qu'une diffé-

[1] Jos., *Ant. Jud.* XV, 8, 5. *D. B. J.*, I, 21, 2.
[2] Mionnet, *Description des Médailles antiques*, V; 535-539; 579-585 et supplément, VIII; 371-375. Voir aussi Lebas et Waddington, *Inscriptions*. Ce n'est que par les médailles qu'on connaît la plupart des divinités locales. Nous avons aussi des monnaies de Tibériade avec des divinités grecques.

rence : la présence dans celles-là du parti pharisien toujours
remuant et dominateur, parvenant parfois à obtenir la majorité et à faire la loi. Sauf ce détail, le paganisme était aussi
florissant dans certaines parties de la Palestine qu'il pouvait
l'être dans le reste de la Syrie et dans toute l'Asie Mineure.
On comprend alors l'inquiétude du parti pharisien, la crainte
qu'il éprouvait de voir le paganisme s'étendre et on se rend
mieux compte de la persistance et de l'acharnement de la
haine qu'il nourrissait contre les païens.

Cette haine était profonde de part et d'autre. Le Pharisien
était le type du Juif hostile, raide, intransigeant. Il voulait
faire de son peuple une nation séparée, distincte de toutes
les autres. Il la sentait perdue si elle pactisait avec le paganisme. En effet, elle était trop petite pour ne pas être purement et simplement anéantie dans l'immense empire. Le seul
moyen de la préserver était de lui conserver son existence à
part. Il avait fallu accepter le gouvernement romain, se soumettre aux mille exigences du vainqueur, mais celui-ci n'avait
pas touché au culte et l'espoir du Pharisien était là. Il cherchait à fonder la perpétuité du culte de la synagogue, et par
là, à assurer la perpétuité de sa religion et même de sa nationalité. Il faut avouer qu'il y a admirablement réussi, puisque
le Judaïsme subsiste encore et qu'on lui fait même l'honneur,
dans certains pays, de le considérer comme dangereux.

Les Pharisiens témoignaient de deux manières leur aversion
du paganisme. Ils évitaient avec soin d'adopter les mœurs
païennes, surtout les usages religieux des « Gentils » et ils se
gardaient de tout contact avec les païens eux-mêmes. Jamais
ils ne se servaient d'objets leur ayant appartenu. Ils auraient
contracté ce qu'ils appelaient une « souillure ». On comprend
le scandale affreux donné par saint Paul aux judæo-chrétiens
quand ils apprirent qu'il avait des rapports avec les païens
et les amenait à l'Évangile [1].

---

[1] Il est vrai que les Pharisiens faisaient aussi des prosélytes. Nous en
parlerons plus loin.

La ville Sainte, en particulier, devait rester pure de toute image, statue, représentation quelconque de l'empereur ou d'un dieu. Hérode le Grand ayant voulu placer des trophées dans le théâtre qu'il avait fait construire, les Pharisiens s'y étaient opposés [1]. Lorsqu'il fit mettre un aigle sur la porte du Temple, il provoqua une émeute [2] et Pilate ne fut pas plus heureux lorsqu'il fit entrer les enseignes romaines dans la ville [3]. Pendant la guerre on n'eut rien de plus pressé que de détruire le palais d'Antipas à Tibériade parce qu'il renfermait des statues [4]. Les Talmuds défendent de se servir du bois provenant d'une forêt païenne, du feu allumé avec ce bois, du pain cuit avec ce feu..., etc., etc. [5]. « Il n'est pas permis à un Juif d'avoir le moindre rapport avec un étranger ou d'aller chez lui [6]. » Cette règle, ainsi formulée par les « Actes des Apôtres, » ne souffrait aucune exception. Les païens étaient tous « impurs [7]. » Cet éloignement prit peu à peu les proportions d'une formidable haine, et nous trouvons dans Maimonide des paroles véritablement atroces sur les Gentils : « L'Israélite qui tue un étranger, dit-il, n'est pas mis à mort par le Sanhédrin, parce que le Gentil n'est pas le prochain » et « si l'un d'eux tombe dans la mer, que le Juif ne l'en retire pas, car il est écrit : « Tu ne te lèveras pas dans le sang de ton prochain, mais celui-là n'est pas mon prochain [8]. » Ces paroles jettent une sinistre lumière sur le sens véritable de ce mot de Jésus : « Qu'il soit pour toi comme un païen [9]. » Les Scribes enseignaient que la poussière de la terre païenne

---

[1] Jos., *Ant. Jud.* XV, 8, 1-2.

[2] Jos., *Ant. Jud.* XVII, 6, 2. *D. B. J.* I, 33, 2.

[3] Jos., *Ant. Jud.* XVIII, 3, 1. *D. B. J.*, II, 9, 2-3.

[4] Jos., *Vita*, § 12.

[5] *Aboda Sara*, I, 7. II, 3. III, 9.

[6] Actes, X, 28.

[7] Ev. de Jean, XVIII, 28. « Ils n'entraient point dans le prétoire afin de pouvoir manger la Pâque. »

[8] Voir aussi Jérus. *Demaï*, fol. 23, 1.

[9] Ev. de Mt., XVIII, 17.

était une souillure[1]; de là cette expression : « Secouez la poussière de vos pieds[2]. »

Cependant l'esprit mercantile de la nation juive ne trouvait pas toujours son compte à cette séparation absolue et cette haine de tous les instants. Aussi quelques rabbins en avaient-ils adouci l'expression au profit du commerce. « Il est permis, disaient-ils, d'acheter de la viande, du lait, de l'huile, du pain préparé par des païens, mais non d'en faire usage[3]. » Si, après les avoir achetés, on ne pouvait en faire usage soi-même, il ne restait plus qu'à les revendre et évidemment cette restriction fut imaginée dans un but mercantile. Du reste, on ne pouvait s'asseoir à une table païenne ; la seule vue du monde païen était pour les Juifs un objet de dégoût. Les trois reproches les plus sanglants qu'ils faisaient aux païens étaient de manger de la viande de porc, de ne pas observer le sabbat, et de représenter la Divinité[4].

Si les Juifs détestaient ainsi les païens, il faut dire que les païens leur rendaient haine pour haine, mépris pour mépris. Quand ils étaient d'abord entrés en rapport avec eux, ceux-ci ne leur avaient inspiré que de la curiosité et une curiosité assez bienveillante. Ils avaient rendu hommage à la beauté du Temple. Ptolémée lui avait fait des dons[5], Auguste lui avait donné des vases à vin (ἀκροτόφοροι)[6]. Sous son règne et sous celui de Tibère, les Juifs n'étaient nullement détestés. Les Hérodes, par exemple, étaient Juifs et cependant fort bien vus à Rome. Acmé, la confidente de l'impératrice Livie, était Juive. Horace avait un Juif parmi ses amis. Mais quand on les connut mieux on les

---

[1] Babyl., *Sanhédr.*, fol. 12, 1.

[2] Ev. de Mt., X, 14 ; de Luc. IX, 5.

[3] *Aboda Sara*, II, 6. Jos., *D. B. J.*, II, 21, 2. *Vita*, § 13.

[4] Plutarque, *Sympos*, IV, 5. Juvénal, *Sat.*, VI, 160. Jos., *Cont. Appion*, 2, 6. Tacite, *Hist.*, V, 5. (Voir aussi V, 8). Pline, *H. N.*, 13, 4 et 46.

[5] Jos., *Ant. Jud.*, XII, 2 ; XIII, 3, 4. C. *App.*, II, 5. *D. B. J.*, VII, 3, 3. Luc, XXI, 5.

[6] Jos., *D. B. J.*, IV, 3, 10.

trouva ridicules et enfin quand ils se soulevèrent, quand ils
tinrent quatre ans en échec la formidable puissance militaire
dont disposaient les empereurs, ils n'inspirèrent plus que de
l'aversion. Déjà Cicéron avait écrit : « Ces nations de la Syrie et
de la Judée sont nées pour la servitude [1] ». Sénèque se moque
des pratiques du sabbat [2] ; il dit quelque part : « Cette misérable et criminelle nation s'est insinuée dans le monde entier
et y a répandu ses usages [3]. » Tacite les regarde comme « la lie
de l'esclavage [4] » et déclare qu'ils se sont rendus célèbres par
leur « haine du genre humain. » Un Dieu dont la nation était
vaincue et qui résistait encore, cela semblait aux Romains le
comble du ridicule. Il fallait être puissant pour être Dieu et
puisque la cause de Jéhovah était perdue, il était blasphéma-
toire et absurde de croire encore en Jéhovah. Constantin se
fera chrétien, trois siècles plus tard, parce que les dieux
païens ne sont plus de force à lutter contre le Dieu des chrétiens. Celui-ci a prouvé sa puissance par ses victoires et ceux-
là leur faiblesse par leurs défaites.

Il faut bien se rendre compte de l'abîme qui séparait le
Juif du Romain, pour comprendre et admirer le miracle
accompli par les premières prédications chrétiennes. Dans
toutes les Églises nouvelles, des tables saintes sont dressées et
à ces tables le Juif est à côté du Grec et du Romain, l'esclave
à côté de l'homme libre, le pauvre à côté du riche, tous sur
le même rang, sans distinction, sans privilèges, mangeant du
même pain, buvant à la même coupe. Telles ont été l'égalité
et la fraternité chrétienne paraissant tout à coup dans ce
monde plein de divisions, de colères et de haines qui s'appelait le monde romain du premier siècle.

Il est remarquable que chez certains Pharisiens l'esprit de
prosélytisme l'emportait souvent sur l'obligation de ne pas

---

[1] Cicéron, *De Prov. cons.* 5, 10.
[2] *Epist.* 95, 47.
[3] *Fragm.* 42.
[4] *Hist.* V, 8.

frayer avec les païens. Ceux de l'école de Hillel considéraient
le prosélytisme comme un devoir. Les païens étaient perdus
à jamais s'ils n'apprenaient pas à connaître le vrai Dieu et
ils devaient consacrer leur temps et leur vie à arracher le
plus d'âmes possible à la perdition. Ils allaient parfois jusqu'à imposer la conversion quand ils étaient les plus forts[1].
« Ils parcourent la terre et les mers », dit Jésus-Christ, « pour
faire un prosélyte[2]. » Aussi obtenaient-ils passablement de
conversions, surtout parmi les femmes. « A Damas », dit
Josèphe[3], « presque toutes les femmes avaient embrassé le
Judaïsme. »

L'obligation de se faire circoncire devait souvent empêcher
les hommes de se convertir. Et puis, ce prosélytisme, si
ardent qu'il fût, n'était jamais que l'œuvre individuelle de
quelques exaltés. Schammaï et son école y restèrent très
opposés[4], car ils exigeaient l'observation de toute la Loi et
ne montraient pas la tolérance nécessaire pour obtenir des
adhésions. Plus tard, les docteurs talmudistes virent de fort
mauvais œil les prosélytes. Ils les appelaient : « la gale d'Israël. » C'est eux qui avaient « empêché la venue du Messie[5]. »
Ajoutons que le prosélytisme était rarement désintéressé.
On soutirait de l'argent aux nouveaux convertis, sous prétexte d'impôts religieux ou pour tout autre motif. Cette propagande était faite surtout par les Juifs disséminés. Ils se
considéraient comme des missionnaires de l'idée juive, comme
plus tard les apôtres seront missionnaires de l'idée chrétienne.
On comprend, du reste, que bien des esprits inclinassent vers
le Judaïsme. Cette religion prêchait l'unité de Dieu et la pureté
de la vie ; elle proposait comme un idéal à poursuivre les plus

[1] C'est du moins ce qui semble ressortir de ce passage d'Horace :
« Ac veluti te Judæi cogemus in hanc concedere turbam. »
[2] Ev. de Mt. XXIII, 15.
[3] *D. B. J.*, II, 20, 2.
[4] *Schabbath*, 31 *a*.
[5] Talm. Babyl. *Niddah* fol. 13, 2.

hautes vertus sociales et morales. Les dames, les matrones, restées à l'abri de la corruption universelle, les jeunes filles, qui voulaient demeurer pures, se sentaient attirées par ce culte étrange qui ne prêchait ni la volupté ni la souillure. Il est certain qu'à un moment de l'histoire, les Juifs exercèrent une grande action religieuse dans le monde : « Nos lois », dit Philon, « attirent à elles tout le monde, les barbares, les « étrangers, les Grecs, ceux qui habitent les continents et « ceux qui habitent les îles, en orient, en occident, en « Europe[1]. » Il va sans dire qu'il y avait plusieurs degrés de prosélytes. Nous en connaissons deux : I° les prosélytes « de la Porte », appelés aussi « les craignant Dieu », n'étaient assujettis qu'aux préceptes dits de Noé et non à ceux de Moïse[2]. Ils avaient renoncé au culte des idoles sans être encore initiés à tout le Judaïsme. Les premiers païens convertis au christianisme furent aussi contraints d'observer ces préceptes[3]. II° Les prosélytes « de la Justice » étaient plus avancés. On les considérait comme faisant définitivement partie du peuple d'Israël. Mais tous les prosélytes, quel que fût leur degré d'affiliation, restaient toujours très inférieurs aux Juifs de naissance.

Il nous reste à parler des idiomes en usage en Palestine au premier siècle. Les Palestiniens, avons-nous dit, avaient forcément subi l'influence de l'hellénisme et plus ou moins adopté la langue grecque. On parlait aussi le latin dans la Terre Sainte. Cherchons à comprendre dans quelle mesure étaient répandues ces deux langues étrangères : le latin et le grec.

Lorsque Pilate fit crucifier Jésus, il fit placer au-dessus de

---

[1] *Vita Mosis* livre 2.
[2] Mischna. *Babametsia*, IX, 12. Talm. Babyl. *Sanh.* 56 *b*. Actes VIII, 27. X, 2, 22, 35. XIII, 16, 26. Jos. *Ant. Jud.* XIV, 7, 2. Ep. aux Galates, II, 3.
[3] Actes XV, 20, 29. « S'abstenir des souillures des idoles, des animaux étouffés, de l'impudicité et du sang ». (Voir Genèse, IX : 4-8.)

sa tête l'inscription suivante : « Jésus de Nazareth, roi des Juifs, »
et il ordonna de la répéter trois fois : en hébreu, en grec et
en latin [1]. Nous en concluons que ces trois langues étaient
comprises alors et parlées en Palestine, et que ceux qui parlaient l'une des trois ne comprenaient pas toujours les deux
autres. Le latin était la langue des Romains en garnison ou
en séjour, celle des publicains, des soldats, des receveurs
d'impôts. Elle était méprisée. Les Juifs ne la parlaient jamais
et l'intelligence du latin, même au temps de la guerre juive,
n'était rien moins que générale en Palestine [2]. Le centurion
et les quatre soldats chargés de l'exécution de Jésus furent
seuls sans doute à comprendre la partie latine de l'inscription
placée au-dessus de sa tête. Le latin était, avec le grec, dont
nous parlerons tout-à-l'heure, la langue officielle, et les décrets
romains destinés aux villes phéniciennes étaient toujours
rédigés en grec et en latin [3].

Quant à l'hébreu, le peuple ne le parlait plus ; la partie de
l'inscription de Pilate dont il est dit qu'elle était en hébreu
était certainement rédigée en araméen, car l'ancienne langue
hébraïque n'était plus connue que des Scribes et des Docteurs de la Loi. Elle s'appelait la langue sainte (*leschôn
akodesch*) ou la langue des savants (*leschôn chakanim*). On lisait
la Loi en hébreu dans les synagogues, puis on la traduisait
immédiatement de vive voix [4]. Dans les écoles, les Rabbins
enseignaient en hébreu [5] et, sous le portique, dans la première cour du Temple, ils discutaient encore dans cette langue. Il est probable que Jésus s'en servait dans ses conversa-
tions avec les Pharisiens, car ce n'est qu'au quatrième siècle
que l'araméen fut exclusivement employé dans les discussions religieuses. La *Mischna* a été écrite en hébreu ; les

---

[1] Ev. de Luc., XXIII, 38. Ev. de Jean, XIX, 20.
[2] Jos. *D. B. J.* V, 9, 2. VI, 2, 1. VI, 6, 2.
[3] Jos. *Ant. Jud.* XIV, 10, 2. XIV, 12, 5.
[4] Voir Livre II, chapitre VI, *La Synagogue*.
[5] *Sotah,* VII, 1.

deux *Guemaras* sont en araméen. Nous ne doutons pas que
Jésus ne connût parfaitement le vieil hébreu ; il étudiait certainement la Sainte Écriture dans l'original, mais sa langue
maternelle, celle qui lui était familière et dont il se servait
tous les jours depuis son enfance, était l'araméen. On l'appelle
aussi langue aramaïque ou syriaque. Elle existait au temps
de Jacob et, à cette époque reculée, était déjà distincte de
l'hébreu [1]. On la parlait dans tout le Nord de la Syrie et en
Mésopotamie. Son nom vient d'Aram, cinquième fils de Sem;
les anciens Syriens descendaient de lui et se servaient de son
nom pour désigner leur pays. L'araméen a donc été connu
de toute antiquité dans la partie de la Syrie qui est au
Nord de la Palestine. Lorsque les Hébreux furent emmenés
en captivité, ce dialecte araméen, venant du Nord, fit invasion dans le pays dévasté. Les exilés, à leur retour, le trouvèrent partout répandu et l'adoptèrent peu à peu. Ils par-
lèrent cette langue aramaïque ou syriaque en y introduisant,
bien entendu, plusieurs expressions hébraïques. Le livre d'Esdras et le livre de Daniel sont en grande partie écrits dans
cette langue [2]. La *Mischna* cite une sentence en langue aramaïque de l'époque des Macchabées [3] et le Nouveau Testament
prouve, sans réplique, que l'araméen était universellement
parlé au premier siècle. Voici les mots de cette langue que
nous trouvons dans les Evangiles et dont plusieurs ont été
prononcés par le Christ : Abba [4], Akel-dama [5], Gabbattha [6],
Golgotha [7], Mamonas [8], Messias ou plutôt Meschiah [9], Pascha [10],

[1] Genèse, XXXI, 47.
[2] Esdras IV, 8 à VI, 18 et VII, 12-28. Daniel, II, 4 à VII, 28.
[3] *Edujoth*, VIII, 4.
[4] Ev. de Marc, XIV, 36.
[5] Actes des Ap., I, 19.
[6] Ev. de Jean, XIX, 13.
[7] Mt. XXVII, 33.
[8] Ev. de Mt. VI, 24.
[9] Ev. de Jean, I, 42.
[10] Ev. de Mt., XXVI, 17.

Eli, Eli, lamma sabachtani[1], Raka[2], Satanas[3], Talitha[4];
il en est de même des noms propres Képhas, Martha, Tabitha.
La différence de l'hébreu et du syriaque était assez grande
pour que le peuple ne comprît plus la Loi si on ne la lui traduisait[5]. Jésus, ayant été élevé à Nazareth, devait parler l'araméen avec l'accent de Galilée. Un habitant de Jérusalem le
reconnaissait : « Ton langage te fait connaître[6] », disait-on à
Pierre qui était né sur les bords du lac de Tibériade. Les
Galiléens passaient pour ne pas parler avec soin : « Les
« hommes de Judée sont soigneux dans leur langue, les
hommes de Galilée ne sont pas soigneux dans leur langue[7]. »
On citait certains mots que ceux-ci prononçaient particulièrement mal, par exemple le mot *amar*, dont ils articu-
laient si imparfaitement la première lettre (*aleph*) qu'on ne
savait s'ils voulaient dire : âne, vin, laine ou agneau[8]. Ils
confondaient le *beth* et le *kaph*, et ne distinguaient pas les
gutturales, le *cheth*, le *hé*, le *haïn*.

Jésus savait-il le grec? Il n'est pas probable qu'il pût le
parler. On a cru pouvoir conclure de certains passages des
Evangiles qu'il le comprenait[9]. Ces citations ne nous paraissent pas entièrement probantes. La femme syro-phénicienne
ne s'est pas nécessairement exprimée en grec, et les Grecs
dont parle saint Jean sont « les Juifs dispersés chez les Grecs »,
comme dit le texte. Quant à ceux du chapitre XII°, ils étaient
venus « adorer à la fête » et parlaient sans doute l'araméen.
Il n'est pas probable non plus que l'entretien de Jésus avec
Pilate ait eu lieu en grec. Si le procurateur ne comprenait

[1] Ev. de Mt., XXVII, 46 et parall.
[2] Ev. de Mt., V, 22.
[3] Ev. de Mt., XVI, 23.
[4] Ev. de Marc, V, 41.
[5] *Megillah*, IV, 4, 6, 10.
[6] Ev. de Mt., XXVI, 73.
[7] Babyl. *Erubhin*, fol. 53.
[8] Babyl. *Berakoth*, fol. 32. 1. Trad. Schwab, p. 362.
[9] Ev. de Marc, VII, 24; Ev. de Jean, VII, 35, XII, 20.

pas l'araméen, il avait certainement un interprète. Les Romains ne pouvaient administrer la Judée sans drogmans[1]. Il ne faut pas oublier que la langue grecque était plus que dédaignée en Palestine au premier siècle; elle était exécrée[2]. On a souvent cité cette parole d'un des Talmuds : « Celui qui apprend « le grec à son fils est maudit à l'égal de celui qui élève des « porcs », et quand la Mischna nous apprend que Gamaliel savait le grec, la Guemara s'empresse de l'en excuser : « il avait, dit-elle, des relations obligées avec la famille des Hérodes. » Cette haine faisait partie du patriotisme. Saint Paul, pour être bien compris, dans un discours public à Jérusalem, parle araméen[3]. Josèphe, envoyé en parlementaire pendant le siège, parlait aussi araméen[4]. Il était obligé de traduire les moindres paroles de Titus, et tout ce que pouvaient faire les hommes les plus cultivés c'était de lire sans trop de difficultés les inscriptions grecques gravées sur les pièces de monnaie[5]; nous savons, en effet, que l'exergue des monnaies frappées par Antipas était en grec, sans traduction araméenne.

D'autre part, il est évident pour nous que les Juifs apprenaient, sans le vouloir, un certain nombre de mots grecs, et il est possible que cette langue fut plus répandue qu'on ne se le figure généralement. Paul aurait pu, dans le discours que nous venons de rappeler, s'exprimer en grec. Il semble même, d'après le texte, qu'on s'attendait à ce qu'il le fît, et que, dans ce cas, une notable portion de l'auditoire l'eût encore compris. On trouve des mots grecs dans la Mischna,

---

[1] Le peuple, qui accusait Jésus devant Pilate, ne savait ni le grec, ni le latin, et les mots *crucifie ! crucifie !* étaient certainement dits en araméen. Or, Pilate les comprenait. Par conséquent, s'il ne savait pas l'araméen, il avait un interprète.

[2] Mischna. *Sota*, IX, 14 ; Jos. *Ant. Jud.*, XX, 11, 2.

[3] Actes des Ap., XXI, 40 ; XXII, 2.

[4] *D. B. J.*, III, 5, 9, 2 ; VI, 2, 1 ; VI, 2, 4 ; 2, 5.

[5] Ev. de Mt., XXII, 20 ; Ev. de Marc, XII, 6 ; Ev. de Luc, XX, 24.

par exemple Asthénès[1], lestai[2], pinax[3], transcrits en lettres hébraïques. On avait subi cette langue et les violences d'Antiochus Epiphane avaient en partie réussi. De plus, on parlait grec dans certaines synagogues étrangères, celles des Cyrénéens, des Alexandrins, des Cilicéens, etc[4]. Hérode le Grand avait eu dans ses troupes des Thraces, des Germains, des Gaulois[5]. Ces hommes là devaient plus ou moins parler le grec et enfin, dans certaines villes habitées par des païens, Césarée, Scythopolis, etc., il fallait bien se décider à parler grec, sous peine de ne pas être compris. Un certain nombre de Juifs avaient donc fini par le savoir, mais, malgré eux, sans l'aimer, et même en affectant de le prononcer mal[6]. Entre eux et devant des Grecs, même ne sachant pas l'araméen, ils ne parlaient que leur propre langue[7]. Ils se donnaient ainsi des airs mystérieux, causaient de leurs affaires sans être compris et augmentaient par là le mépris qu'on leur montrait partout[8].

---

[1] *Berakhoth*, II, 6.

[2] *Berakhoth*, II, 6 et *Schabbath*, II, 5.

[3] *Schabbath*, XII, 4.

[4] Actes des Ap., VI, 9; IX, 29.

[5] Jos. *Ant. Jud.*, XVII, 8, 3.

[6] Jos. *Ant. Jud.* XX, 11, 2.

[7] Jos. *Ant. Jud.* XVIII, 6, 10.

[8] Nous ne parlons ici que des Juifs habitant la Palestine. Ceux qui étaient dispersés dans l'empire, ceux d'Alexandrie, par exemple, parlaient le grec ou plutôt l'hellénistique, idiome mêlé d'hébraïsmes. La traduction des Septante et le Nouveau Testament sont écrits dans cet idiome.

CHAPITRE VII

LA VIE PRIVÉE

Avant de parler de l'habitation, des vêtements, de la nourriture, en un mot des mille détails de l'existence journalière, nous décrirons la vie privée, nous parlerons de l'enfant et de son éducation, de la femme et de sa condition chez les Juifs. Nous raconterons aussi les grands événements de la vie de famille : le mariage, le divorce, les funérailles.

Plusieurs des détails dans lesquels nous allons entrer seront empruntés par nous aux coutumes des Israélites, telles que nous les décrit l'Ancien Testament, mais toujours confirmées par les mœurs actuelles des Arabes en Palestine. Nous sommes obligés de suivre cette voie lorsque les documents contemporains de la vie de Jésus-Christ sont muets sur la question qui se pose à nous. En agissant ainsi, en acceptant les indications de l'Ancien Testament et en constatant qu'elles sont encore exactes de nos jours, nous affirmons avec la même certitude que si les livres du premier siècle nous donnaient tous les détails que nous cherchons. En Orient, les us et coutumes de chaque jour ne varient pas, c'est là un fait certain sur lequel nous ne saurions trop revenir et insister. L'Orient est immobile. En Palestine, les mœurs ont survécu non seulement aux plus effroyables bouleversements dont jamais pays de la terre ait été le théâtre, mais encore au renouvellement total de la population. Les Arabes d'aujourd'hui ont les mêmes usages que les Juifs d'autrefois. Plusieurs de leurs coutumes sont indiquées dans la Genèse, et sont aussi vieillés que l'histoire des patriarches.

L'ENFANT

Sur la naissance nous n'avons que peu de détails à donner. On sait qu'elle était toujours considérée comme un événement heureux et que la stérilité de la femme passait pour un opprobre. Elle pouvait même être un motif suffisant de divorce. On se réjouissait moins de la naissance d'une fille que de celle d'un garçon. Il est vrai que l'éducation d'une fille demandait beaucoup de soins[1]. L'accouchement était fait par une sage-femme[2]. L'enfant était baigné et frotté de sel pour affermir la peau, puis on l'enveloppait de langes[3]. Le père, absent au moment de la naissance, arrivait alors et le prenait sur ses genoux. Si l'aïeul vivait encore, c'était quelquefois lui qui avait ce privilège[4]. Il était expressément interdit d'exposer les enfants. Philon a écrit sur ce sujet une page admirable[5], et, bien que la loi de Moïse fût muette sur ce point, il est certain que l'exposition des enfants telle que les Grecs et les Romains la pratiquaient faisait horreur aux Juifs. Les mères nourrissaient elles-mêmes leurs enfants et les Talmuds leur imposent cette charge comme un devoir[6]. Cependant les grands personnages leur donnaient des nourrices[7]. On ne les sevrait qu'à deux ou trois ans et à cette occasion on célébrait un festin[8]. Aujour-

---

[1] Eccli., XLII, 9, 10.
[2] Genèse, XXXV, 17. XXXVIII, 28.
[3] Ezéch., XVI, 4.
[4] Genèse, L, 23.
[5] Voir ce fragment de Philon traduit par E. Havet, *le Judaïsme*, page 437.
[6] *Ketouboth*, 64, *a*.
[7] 2 Rois, XI, 2.
[8] Genèse, XXI, 8.

d'hui encore on nourrit très tard les enfants en Orient ; c'est le meilleur moyen de les soustraire aux maladies résultant du climat qui est très redoutable pour eux en Palestine. Ils ont beaucoup de peine à passer l'époque de la dentition et sont sujets à prendre la variole et la dyssenterie.

Les garçons étaient circoncis huit jours après leur naissance[1]. La tradition expliquait le choix de ce jour en rappelant que d'après la loi, la mère cessait d'être impure le septième jour si elle avait eu un garçon et le quatorzième seulement si elle avait eu une fille. Celui qui circoncisait l'enfant prononçait les paroles suivantes : « Béni soit le « Seigneur notre Dieu qui nous a sanctifiés de ses préceptes « et nous a donné la circoncision. » Le père de l'enfant continuait en disant : « Qui nous a sanctifiés de ses préceptes et nous a donnés d'introduire notre enfant dans l'alliance d'Abraham notre père[2]. » Ce jour-là, on donnait à l'enfant son nom, « parce que, disait-on, Dieu a changé les noms d'Abraham et de Sarah lorsqu'il a institué la circoncision ». Ce nom était choisi d'ordinaire parmi ceux qui étaient déjà portés par un des parents[3]. La cérémonie terminée, on se réunissait pour un repas de famille[4].

Quand le temps dit « de l'impureté » (sept jours pour un garçon et quatorze pour une fille) était passé, la mère restait encore chez elle trente-trois jours pour un garçon et soixante-six pour une fille, puis elle se rendait au Temple et, si elle était riche, elle faisait offrir un agneau en sacrifice ; si elle était pauvre, la loi l'autorisait à n'offrir que deux jeunes pigeons ou une paire de tourterelles[5].

L'éducation de l'enfant chez les anciens Hébreux se faisait dans la famille. Nous ne trouvons nulle part trace d'écoles

[1] Luc, II, 21.
[2] *Schabbath*, fol. 137, 2.
[3] Ev. de Luc, I, 59.
[4] Jérus. *Berakhoth*, ch. 6.
[5] Ev. de Luc, II, 23, 24.

publiques avant le retour de l'exil. Après la Restauration, les
scribes fondèrent des écoles mais elles n'étaient point destinées aux enfants. Le premier Juif qui semble s'être préoccupé de l'instruction de la jeunesse vivait une centaine
d'années avant Jésus ; il était pharisien, président du Sanhédrin, propre frère de la reine Salomé et s'appelait Siméon
ben Schetach. Ce fut lui qui institua à Jérusalem la première école pour les enfants ; il lui donna le nom de Beth
hassepher (maison du livre)[1] ; mais qu'était-ce qu'une seule
école pour la Palestine entière ? Plus d'un siècle s'écoula
et ce ne fut qu'en l'an 64 après Jésus-Christ que des
écoles publiques furent partout fondées. Le grand-prêtre
Jésus ben Gamala rendit cette fondation obligatoire[2] ; chaque ville devait entretenir une école primaire. Si la cité était
très grande ou coupée en deux par un fleuve difficile à traverser, on devait bâtir deux écoles[3]. Si la commune était
pauvre, la synagogue pouvait servir d'école pendant la
semaine[4]. « Périsse le sanctuaire s'écrient les rabbins, mais
que les enfants aillent à l'école[5] », ou encore : « l'haleine des
enfants qui fréquentent les écoles est le plus ferme soutien
de la société[6]. »

Il y avait un maître par vingt-cinq élèves [7] ; si l'école
n'avait pas vingt-cinq élèves, elle n'était pas dirigée par un
maître spécial, mais par le Hazzan [8], le factotum de la synagogue, dont nous parlerons ailleurs [9].

Tous ces détails, donnés par les Talmuds sur les écoles
d'enfants en Palestine, et d'autres encore très nombreux et

---

[1] Jérus. *Ketouboth*, VIII, 11.
[2] Babyl. *Bavabathra*, 21 *a*.
[3] Babyl. *Bavabathra*, 21 *a*.
[4] Babyl. *Bavabathra*, 21 *b*.
[5] Babyl. *Schabbath*, 119 *b*.
[6] Babyl. *Schabbath*, 119 *b*.
[7] Babyl. *Bavabathra*, 21 *a*.
[8] Mischna, *Schabbath*, I, 3.
[9] Voir liv. II, chap. VI. *La Synagogue*.

très précis, ne se rapportent pas à l'époque de l'enfance de Jésus, puisque les écoles publiques ne furent établies pour la première fois qu'en l'an 64 [1].

Quels moyens d'instruction y avait-il à Nazareth entre l'an 4 avant l'ère chrétienne et l'an 10 après, c'est-à-dire lorsque Jésus enfant y grandissait? S'y trouvait-il déjà une école libre, une classe des enfants du bourg dirigée par le Hazzan? cela nous semble infiniment probable, quoique nous n'ayons aucun texte à citer à l'appui de notre opinion. Il y avait peut-être le jour du sabbat une catéchisation, ce que nous appelons aujourd'hui l'école du dimanche, car les Talmuds parlent du Hazzan qui enseigne la lecture aux enfants *le jour du sabbat* [2] et ils recommandent aux mères de mener les enfants à la synagogue [3]. En tout cas, l'éducation ne ressemblait nullement à la nôtre. Dès que l'enfant savait parler, sa mère lui apprenait un verset de la Loi. Elle choisissait ceux qui se rapportaient à la proclamation de l'Unité de Dieu et à l'élection d'Israël [4]. Quand il le savait, il en apprenait un autre; puis on lui mettait entre les mains le texte écrit des versets qu'il pouvait réciter. Cette écriture était l'écriture assyrienne encore usitée de nos jours. Il apprenait à connaître les lettres, et à force de les répéter en cadence avec ses petits camarades, il finissait par savoir lire [5]. Nous ne pensons pas que Jésus reçut d'abord d'autre instruction que celle-là. A l'âge de douze ans, la récitation du *Schema* [6], dont il savait sans doute depuis longtemps les paroles par cœur, fut pour lui obligatoire comme pour tous les jeunes Israélites, ses contemporains. Nous aimons alors à nous le représenter, de retour de

---

[1] Aussi croyons-nous que M. Sabatier a commis une erreur en disant qu'une école était toujours attachée à la synagogue. *Encycl. des sciences religieuses*, art. *Jésus-Christ*, tome VII, p. 364.

[2] *Schabbath*, I, 8.

[3] Babyl. *Berakhoth*, fol. 17 *a*.

[4] Babyl. *Taanith*, 9 *a*; *Souccah*, 42 *a*.

[5] Test. des douze patriarches, *Lévi*, § 6.

[6] Voir sur le *Schema*, livre II, chapitre X. *la Prière*.

son premier voyage à Jérusalem, commençant à « s'occuper
des choses de son Père », empruntant pendant la semaine le
manuscrit de la synagogue et y étudiant la Thorah et les prophètes, surtout Esaïe et Jérémie qui semblent, d'après son
enseignement, avoir été ses auteurs préférés [1].

Se procura-t-il d'autres livres? Lut-il Daniel, Hénoch, les
Psaumes de Salomon? Nous n'en savons rien. Le livre de
Daniel ne devait pas se trouver à Nazareth. Il est probable
cependant qu'il put se le procurer, car il était très étudié alors
et ses discours eschatologiques nous montrent qu'il le connaissait parfaitement. Quant au livre d'Hénoch, nous ne
savons qu'une chose, c'est qu'il était aussi très goûté des contemporains de Jésus et que cette parole qu'il a prononcée sur
Judas : « Mieux vaudrait pour cet homme n'être jamais né »,
s'y trouve presque textuellement; mais connut-il d'autres
pseudépigraphes? Nous n'en avons aucune preuve. En tout
cas, son premier livre fut la Loi. On disait autour de lui que
c'était Moïse qui avait ordonné aux enfants d'apprendre les
Lois les plus importantes, « qu'ils y étudieraient la meilleure
science et y trouveraient la source du bonheur [2]. » Josèphe
parle de l'ardeur avec laquelle la jeunesse étudiait la Loi.
Lui-même l'aurait connue tout entière à l'âge de quatorze
ans [3]. Philon fait aussi passer avant tout l'étude de la Loi [4] et
saint Paul rappelle à Timothée que depuis son enfance il
connaît les saintes Ecritures [5].

A douze ans, l'enfant devait observer la Thorah, et prenait
le nom de *Bâr Mitserah*. On le menait au Temple pour les

[1] Les familles juives avaient souvent des manuscrits de certaines parties de l'ancien Testament; les plus pauvres se procuraient toujours
quelques passages de la Loi et les Psaumes. Il est possible que Joseph et
Marie possédassent un certain nombre de textes écrits.

[2] Jos. *Ant. Jud.*, IV, 8, 12 ; *Contr. App.* II, 25.

[3] Jos. *Vita*, § 2; *Contr. App.*, I, 12.

[4] Philon, *Leg. ad. Caium*, § 31.

[5] II Timoth. III, 15.

fêtes et il commençait à jeûner régulièrement, en particulier le grand jour de la fête des expiations [1].

Le Pirké Aboth, dont certaines parties sont certainement antérieures au christianisme, fixe ainsi les divers degrés du développement de l'enfant[2] : « A cinq ans, il doit commencer les études sacrées; à dix ans, il doit se livrer à l'étude de la tradition ; à treize ans, il doit connaitre et accomplir les commandements de Jéhovah; à quinze ans, il doit perfectionner ses études ».

En somme tout cela était peu de chose ; savoir lire, savoir peut-être écrire et pouvoir répéter par cœur les passages essentiels de la Thorah, telle était l'instruction des jeunes Israélites, du moins de ceux qui étaient élevés à la campagne. Plus tard, si le jeune homme voulait devenir Rabbi, si les scribes de service à la synagogue lui avaient reconnu quelques aptitudes spéciales, ils l'engageaient à fréquenter leurs écoles et lui apprenaient à argumenter à la manière des Targoums et des Midraschims. Jésus n'a certainement jamais fréquenté ces écoles des *Sopherim* [3] : Du reste, l'absence d'éducation ne créait pas une infériorité. On se développait surtout par les relations sociales, par la fréquentation de ceux qui vous entouraient. La rareté des livres empêchait le travail isolé, l'étude individuelle. On apprenait de vive voix ce qu'on savait ; on s'instruisait par le contact des hommes. Et puis, on avait beaucoup de temps libre. Sous nos climats, l'ouvrier travaille douze à quinze heures par jour pour gagner sa vie et n'a pas le temps de s'instruire. En Orient, la pauvreté est inconnue ; le labeur forcé et la lutte pour la vie le sont encore plus. La nourriture et le vêtement suffisent. On n'a pas de besoins extraordinaires et la facilité de l'existence crée à tous

---

[1] *Joma*, fol. 82, 1.

[2] *Pirké Aboth*, V, 21.

[3] « Comment sait-il les Ecritures ne les ayant point apprises? » Ev. de Jean, VII, 15; c'est-à-dire comment sait-il discuter avec les scribes, lui qui n'a jamais mis le pied dans leurs écoles.

de grands loisirs. Le Juif du premier siècle, comme l'Arabe
d'aujourd'hui, consacrait chaque jour de longues heures à la
rêverie, et, quand il avait un peu travaillé de son métier et
rempli ses devoirs envers la Loi, il pouvait à son aise se reposer et méditer. Mais chacun avait son métier ; ordinairement celui de son père, car c'était le père qui devait apprendre à son fils à gagner sa vie. « Au père incombe la tâche,
disent les Talmuds, de circoncire son fils, de lui apprendre la
Loi, et de lui enseigner un état[1]. » Voilà pourquoi Jésus était
charpentier[2]. Rabbi Judah disait : « quiconque n'enseigne pas
un état à son fils c'est comme s'il lui enseignait le brigandage[3] ». On évitait les métiers salissants et difficiles[4], les pro-
fessions d'ânier, de chamelier, de bâtelier[5]. Hillel et Aquiba,
deux des plus illustres rabbins, étaient fendeurs de bois ;
Rabbi Johanan, cordonnier ; Rabbi Isaac Nanacha, forgeron ;
saint Paul fut fabricant de tentes ou plutôt tisserand[6].

LA FEMME[7]

La femme juive était très respectée ; sa condition était
bien supérieure à celle des autres femmes de l'antiquité, et
sur ce point, comme sur tant d'autres, le christianisme n'a

---

[1] *Tosaphot in Kidduschin*, ch. I.

[2] Ev. de Marc, VI, 3.

[3] Babyl. *Kidduschin*, 29 *a*, 30 *b*.

[4] Babyl. *Kidduschin*, 30 *a*.

[5] Babyl. *Kidduschin*, 82 *a*.

[6] Certains jeux des enfants juifs nous sont connus ; il en est un mentionné dans les Évangiles où ils répétaient ces paroles : « Nous chantons
et vous ne dansez pas, nous jouons de la flûte et vous ne vous lamentez
pas. » (Ev. de Mt. XI, 17 et parall.) Il est probable, d'après ces paroles,
qu'ils s'amusaient à représenter, soit les cérémonies d'un mariage, soit
celles d'un enterrement. Ils aimaient aussi à jouer avec des oiseaux
apprivoisés. (Job, XL, 29 ; Catulle, II, 1-4 ; Plaute, *Captiv.*, acte V,
4 et 5.)

[7] Il ne semble pas qu'il y eût d'écoles pour les filles. Elles restaient à
la maison et étaient instruites par leur mère.

fait, à bien des égards, que répandre dans le monde entier, rendre universel ce qui existait depuis des siècles au sein de la nation juive, et, cependant, quelle différence encore entre la femme juive et la femme chrétienne! Nous allons exposer les faits, et la comparaison de la juive et de la chrétienne se fera d'elle-même dans l'esprit du lecteur.

Il n'y a bien entendu aucun rapprochement à faire entre la femme arabe de nos jours et la juive d'autrefois. Celle-ci était aussi honorée et respectée que celle-là est abaissée et dégradée. La Juive occupait dans sa maison et près de son mari une place très supérieure même à celle qu'occupait à la même époque la matrone romaine. Il n'y avait surtout aucun rapport entre la femme orientale et la femme israélite. La femme, en Orient, a toujours été méprisée et avilie; elle l'est encore odieusement. Moïse, au contraire, lui a immédiatement donné sa vraie place dans son intérieur et au foyer domestique. Il a protégé sa faiblesse et sauvegardé ses droits. L'homme qui abuse de sa force pour outrager une femme est considéré comme un assassin dans la Loi, le séducteur d'une jeune fille lui doit une indemnité pécuniaire et le mariage si elle l'exige. Nous voyons Marie, sœur d'Aaron, danser et chanter avec les filles d'Israël à la porte du tabernacle[1]. L'histoire de Déborah nous montre l'influence que la femme pouvait exercer[2]. Si elle était mariée, elle jouissait d'une grande liberté[3]. Le chapitre du livre des Proverbes sur « la femme forte[4] » ne peut avoir été écrit que dans un pays où l'on se faisait une haute idée de la dignité de l'épouse, de ses droits et de ses devoirs. Un seul fait suf-

---

[1] Exode, XV, 20; XXXVIII, 8.

[2] Juges, IV; voir aussi Juges, XXI, 21, 23; I Samuel, XVIII, 6, 8; L'histoire d'Athalie (II Rois, XI, 13); de Holda (id. XXII, 14).

[3] Juges, XIII, 9; voir l'histoire d'Abigaïl (I Sam. XXV, 14, 18, 19, 20, 37); de Mical (II Samuel, VI, 20); de la Sunamite (II Rois, IV, 22, 24), voir surtout l'histoire de Ruth.

[4] Prov., XXXI, 10 et suiv.

fit à le prouver : le peu de goût que les Juifs avaient pour la
polygamie. Il est étrange que Moïse ne l'ait pas interdite,
mais il est d'autant plus remarquable qu'elle ait été si rare et
ait fini par disparaître entièrement. Le livre de la Genèse,
qui nous parle cependant de la polygamie des patriarches, la
réprouve énergiquement dans son double récit de la création[1]. Si David et Salomon ont entretenu des harems, ils
agissaient en opposition avec les mœurs de la nation[2], et
pour quiconque observait rigoureusement la Loi, il était
presque impossible d'avoir plusieurs femmes, car Moïse avait
proclamé égaux les droits des époux[3] et proscrit les eunuques[4]. Si la bigamie était quelquefois pratiquée par
l'hébreu, ce n'était que pour s'assurer une postérité. Avoir
beaucoup d'enfants, perpétuer la race Israélite, était une des
principales préoccupations du Juif fidèle. Le peuple songeait
toujours à son avenir sur la terre. Les Israélites croyaient
qu'ils deviendraient aussi nombreux que le sable qui couvre
la grève et leur premier soin devait être de hâter la venue de
cette époque bienheureuse. Les femmes de mauvaise vie
étaient très mal vues; jamais elles n'ont reçu chez les Juifs
ces hommages dont les célèbres courtisanes grecques étaient
entourées, et la corruption effroyable décrite par saint Paul
au premier chapitre de l'Epitre aux Romains n'a point pénétré en Palestine; les enfants d'Israël n'ont jamais éprouvé
pour les débauches païennes que le plus insurmontable
dégoût. Ainsi dans tout l'Ancien Testament la dignité de la
femme nous apparaît égale à celle de l'homme. Tous deux
sont créés à l'image de Dieu. Dans un passage de la Loi il est
dit: « Chacun respectera sa mère et son père[5] ». La mère est

---

[1] Genèse, I et II, en particulier II, 24. Voir aussi Deutéronome, XX, 7.
[2] Lévitique, XVIII, 18.
[3] Exode, XXI, 10.
[4] Deutéronome, XXIII, 1.
[5] Lévitique, XIX, 3.

nommée ici la première; il n'y a donc aucune différence
dans le respect dû par les enfants à leurs deux parents. Au
premier siècle, la monogamie était fermement établie sinon
par la Loi, du moins par les mœurs, et, dans la Mischna, nous
lisons de bien belles paroles sur le respect dû à la femme par
son mari[1]. « L'homme doit un grand respect à sa femme, car
ce n'est que par la femme que la prospérité vient à l'homme[2]. »
« Il faut aimer sa femme comme soi-même et la respecter plus
que soi-même[3] ». « Prenez garde de contrarier votre femme,
car ses larmes sont toujours prêtes à couler[4] ». Nous avons
dans ces beaux préceptes un écho lointain des développements de saint Paul sur les devoirs mutuels des époux. On
disait encore : « La mort d'une femme de bien est pour celui
qui l'a perdue un malheur égal à la ruine de Jérusalem. »

Ces préceptes cependant ne nous donnent pas toute la pensée des rabbins. Ils étaient très convaincus qu'au point de
vue religieux, la femme était inférieure à l'homme et ils
étaient loin de faire la part aussi belle à celle-là qu'à celui-ci.
Les garçons étaient circoncis ; à la naissance des filles il n'y
avait aucune cérémonie religieuse. A douze ans, les garçons
étaient menés au Temple. Aucun âge n'était indiqué pour les
filles ; on les y conduisait quand on le voulait. Dans l'intérieur du sanctuaire, les femmes avaient leur cour réservée
derrière la place où se tenaient les hommes. L'éducation
religieuse de la femme était très négligée. Certains rabbins
parlaient même de ne lui en donner aucune[5]. « Quant à faire
étudier la Loi à la femme, autant vaudrait lui enseigner l'im-
piété », disaient-ils[6], et comme il leur fallait un texte, ils

[1] La Mischna permet de tuer le persécuteur d'une femme pour qu'il
ne puisse pas la déshonorer. *Sanhédrin*, VIII, 7.
[2] *Baba-Metsiah*, 59, *a*.
[3] *Yebamoth*, 62 *a*.
[4] *Baba-Metsiah*, 59 *a*.
[5] Mischna, *Sota*, III, 4.
[6] *Kidouschin*, fol. 29 *b*. Sota, III, 4.

citaient la parole : « Vous enseignerez vos préceptes à vos fils; » les filles ne sont pas nommées. Il n'y a donc pas à leur enseigner les préceptes de la Loi.

Le Talmud de Babylone met sur le même rang parmi les fléaux du monde, « la veuve bavarde et curieuse et la vierge qui perd son temps en prières[1] ». Le Pirké Aboth recommande de ne pas entretenir « de discours inutiles avec les femmes[2] », et Hillel avait prononcé cette dure parole : « Les femmes conduisent aux préjugés[3]. »

Elles vivaient, du reste, assez séparées des hommes. Ceux-ci avaient la rue, la place publique, les discussions au Temple. Les femmes restaient dans les maisons. Si les fenêtres de leur appartement donnaient sur la rue[4], elles étaient fermées par un grillage ou une jalousie[5]. La femme mariée ne sortait que la tête entièrement voilée[6]. Il n'était pas convenable de parler à une femme en public.

On ne la saluait même pas. Le salut de l'ange à Marie[7] est tout à fait contraire aux usages juifs[8]. Rabbi Samuel disait : « Il ne faut pas demander de services aux femmes et il ne faut pas les saluer », et nous voyons dans l'Evangile[9] les disciples s'étonner de ce que Jésus parle « à une femme » avant de s'étonner de ce qu'il parle « à une Samaritaine », ce qui aurait dû leur sembler plus grave encore. « Il ne faut pas parler aux femmes sur la place, surtout pas à sa propre femme », lisons-nous encore dans les Talmuds[10] et le Pirké Aboth recommande

---

[1] Babyl. *Sota*, 22 *a*, cf. I Tim., V, 13.

[2] Pirké-Aboth, V.

[3] Pirké-Aboth, II, 7.

[4] Cf. I Tim. Juges, V, 28.

[5] Juges V, 28; Cant. II, 9; II Rois, XIII, 17.

[6] 1 Sam. I, 12; La tradition talmudique dit : «La femme qui transgresse la loi juive est celle qui paraît en public la tête sans voile, celle qui file sur les places publiques, celle qui parle au premier qu'elle rencontre ».

[7] Luc, I, 28.

[8] *Kidduschin*, fol. 70, 1.

[9] Ev. de Jean, IV, 27.

[10] *Joma*, fol. 240, 2.

de ne pas « multiplier les discours avec les femmes. »

Il est positif que la femme était dispensée de tout devoir religieux revenant à jour et à heure fixe; elle n'était pas tenue d'avoir des phylactères, de réciter le *schema*, d'assister à la lecture de la Loi, de porter des franges à son manteau, d'entendre le son du Schoffar à la fête de Rosch Haschana et d'habiter sous la tente à celle des Tabernacles[1]. Ces devoirs ne lui étaient pas interdits, mais elle en était dispensée, et, dans les synagogues, on voyait beaucoup plus d'hommes que de femmes.

On ne peut nier non plus que dans certains cas la femme fût presque assimilée à l'esclave. Ainsi, elle ne pouvait témoigner en justice[2], sauf le cas où elle attestait la mort de son mari. Et en effet, sa sujétion légale était absolue. Elle était la propriété de son père avant son mariage, de son époux après. Le père pouvait marier sa fille à son gré et même la « vendre » c'est le terme de la Loi[3] et les Talmuds le répètent[4]. Cette loi barbare était adoucie par quelques dispositions complémentaires.

1° Le maître qui achetait la jeune fille devait soit l'épouser, soit la donner à son fils ; 2° Elle était libre au bout de six ans ; 3° Son maître ne pouvait la revendre ; 4° Si ni lui ni son fils ne l'épousait, il devait faciliter son affranchissement[5]. Telles étaient les ordonnances de Moïse et on les suivait encore au premier siècle. Si le père avait marié sa fille lorsqu'elle était encore une enfant, elle pouvait, une fois majeure, faire casser son mariage. Il lui suffisait pour cela de déclarer devant témoins qu'elle refusait le mari qu'on lui avait donné[6].

Le mari pouvait imposer à la femme un travail manuel

[1] Mischna, *Berakhoth*, III, 3.
[2] *Schebouoth*, IV, 1.
[3] Exode XXI, 7.
[4] *Ketouboth*, 46 *b* ; *Kidouschin*, 3 *b*.
[5] Exode, XXI, 2, 7, 8.
[6] *Yebamoth*, 107, *b* et 108 *a*.

rénumérateur. Si elle était riche, elle devait au moins filer de la laine, et son mari ne devait pas la considérer comme remplissant ses devoirs si elle se bornait aux soins du ménage [1].

Ces dispositions, si odieuses qu'elles nous paraissent, ne sont rien encore, comparées à celles qui autorisaient le divorce. Il était devenu d'une facilité et d'une fréquence révoltantes.

La loi du divorce avait été promulguée par Moïse [2]. Elle avait donné lieu à des abus tels que, pendant les derniers siècles avant Jésus-Christ, quelques adoucissements à cette loi avaient été proposés. Siméon ben Schetach, dont nous avons dit qu'il fonda une école d'enfants à Jérusalem, avait cherché sous le règne de Salomé, sa sœur, à rendre le divorce plus difficile. Ce fut à son époque que l'on établit l'usage du contrat de mariage qui assurait les droits de la femme et une indemnité pécuniaire en cas de divorce [3]. Il fit école sur cette question, et, au premier siècle, nous distinguons deux courants, celui des partisans du divorce et celui des adversaires de la vieille loi mosaïque. Il ne s'agissait certes pas de l'abroger. Nous l'avons déjà dit : l'idée de changer un iota, un trait de lettre à une seule des lois mosaïques, ne pouvait venir à personne à cette époque. Il s'agissait seulement de l'adoucir et de l'améliorer. Hillel et Schammaï différèrent d'opinion sur cette question comme sur beaucoup d'autres. Moïse s'était servi de termes très vagues en permettant le divorce à celui qui trouvait dans sa femme « quelque chose de répréhensible. » Schammaï entendait par là l'adultère et rien d'autre, et il n'autorisait le divorce que dans ce cas spécial [4]. Quelques années plus tard, Jésus-Christ interprétera la loi mosaïque de la même ma-

---

[1] *Ketouboth*, 43, *b*.
[2] Deut., XXIV, 1-5.
[3] *Ketouboth*, 82 *b*; *Schabbath*, 14 *b*.
[4] Jérus. *Sotah*, fol. 16, 2 et *Gittin*, ch. 9.

nière. Hillel, sur le prétendu libéralisme duquel on s'est trompé, prenait cette expression « quelque chose de répréhensible » dans le sens le plus étendu. « Si quelqu'un hait sa femme qu'il la répudie », disait-il. Il faisait plus, il précisait les motifs de divorce et choisissait de préférence les plus futiles. « On peut la répudier si elle a mal préparé un plat »; « si elle commet une maladresse »; « si elle laisse brûler le rôti[1] ». Ses disciples, qui lui attribuent ces paroles, prévoient aussi certains cas qui pouvaient entraîner le divorce. « Si la femme sort la tête non voilée, si elle adresse la parole au premier venu, si elle divulgue les secrets de famille[2]. » Rabbi Aquiba, le grave et célèbre Aquiba, va jusqu'au bout de cette singulière espèce de largeur et il dira tout crûment : « Si quelqu'un voit une femme plus belle que la sienne qu'il répudie la sienne », et il ajoutait, osant citer un texte à l'appui, « car il est écrit : « Si elle n'a pas trouvé grâce à tes yeux [3] ». Josèphe fut sur ce point de l'école de Hillel[4]. Cependant il faut dire à l'honneur du judaïsme que les mœurs valaient mieux que de pareils préceptes ; disons aussi à l'honneur du pharisaïsme que l'école d'Hillel ne fut pas tout entière de l'avis de son chef. Plusieurs Pharisiens célèbres, R. Jochanan, R. Elieser, etc., se rangèrent du côté de Schammaï et dirent comme Jésus : « Que personne ne répudie sa femme, si ce n'est pour cause d'adultère[5] ». « L'autel lui-même pleure, disaient encore certains Pharisiens, sur celui qui répudie sa femme[6] ».

Gamaliel l'ancien, le maître de saint Paul, et le petit-fils d'Hillel, n'adopta pas non plus l'opinion de son aïeul.

---

[1] *Gittin*, IX, 10.

[2] *Ketouboth*, VII, 6.

[3] Gittin, IX, 10 ; cf. Ev. de Mt., XIX, 3.

[4] *Ant. Jud.*, IV, 8, 23. Chez les Arabes de nos jours la stérilité de la femme entraîne toujours le divorce.

[5] Maimon., *in Geruschim*, ch. 10.

[6] *Gittin*, 10 *b. Sanhédr*, 22 *a*.

Il fit prendre diverses mesures favorables à la femme et entoura le divorce de nouvelles difficultés. Il n'empêchait pas la femme répudiée de se remarier (Schammaï et Jésus le faisaient), mais il voulait que le premier mariage fut légalement dissous avant qu'un second mariage pût être contracté; Ce fut certainement à cette époque que dût être prise la décision si sage de la Mischna permettant à la femme aussi de demander le divorce si elle avait à se plaindre de son mari. La loi de Moïse n'avait donné qu'au mari le droit de divorcer[1].

Lorsqu'on répudiait sa femme, on lui donnait « la lettre de divorce. » Le modèle nous en a été conservé dans les Talmuds [2].

En voici la traduction :

Au jour *** de la semaine *** du mois de ***, an du monde ***, selon la supputation en usage dans la ville de ***, située auprès du fleuve ***, (ou de la source ***), moi (*suivent les noms, prénoms et surnoms du mari*) fils de *** et de quelque nom que je sois appelé, présent aujourd'hui (*suit la date répétée comme ci-dessus*) originaire de la ville de *** agissant en pleine liberté d'esprit et sans subir aucune pression, j'ai répudié, renvoyé et expulsé toi (*suivent les noms de la femme*) fille de *** et de quelque nom que tu sois appelée, de la ville de *** et qui as été jusqu'à présent ma femme. Je te renvoie maintenant toi (*suivent encore une fois les noms de la femme*) fille de ***. De la sorte tu es libre et tu peux de ton plein droit, te marier avec qui tu voudras et que personne ne t'en empêche. Tu es donc libre envers un homme quelconque ; ceci est ta lettre de divorce, l'acte de répudiation, le billet d'expulsion, selon la Loi de Moïse et d'Israël : (*suivaient les signatures des témoins*).

---

[1] *Yebamoth*, 65 *a* et *b*; *Ketouboth*, 77 *a*.
[2] *Gittin*, fol. VII, 2, IV, 1 et IX, 3.

La lettre de divorce que cite le passage des Talmuds dont nous venons de donner la traduction est ainsi signée :

RUBEN, fils de Jacob, témoin.
ELIÉZER, fils de Gilead. témoin.

Une fois l'acte rédigé par un scribe, signé par les témoins et remis à la femme ou à son fondé de pouvoir, le divorce était un fait accompli. Elle devait quitter la place et choisir un nouveau domicile. La femme pouvait, si elle le désirait, faire enregistrer sa lettre de divorce aux archives du Sanhédrin. Elle était libre de se remarier si toutefois le mari n'avait pas inséré dans la lettre une clause spéciale qui l'en empêchait. Les enfants en bas âge étaient laissés à la femme[1] mais le père devait subvenir à leurs besoins. A l'âge de six ans, le garçon était remis à son père. La fille restait avec sa mère et son père continuait à pourvoir à son entretien. Telle était la législation en usage au premier siècle. Jésus y a mis fin par ses admirables paroles sur le divorce et on n'exagérera jamais la grandeur du bienfait rendu ici par le christianisme à l'humanité. La facilité du divorce était dans l'antiquité tout entière une cause permanente de désordre. En Palestine, les adultères étaient si fréquents que le Sanhédrin avait été obligé de supprimer l'enquête « par les eaux amères[2] ». Jésus, il est vrai, autorise le divorce, mais seulement pour cause d'adultère et, même dans ce cas, il ne l'impose pas, il se borne à le permettre. Il n'est donc pas exact de dire que Jésus l'a absolument interdit et qui osera prétendre, étant données certaines situations, que les liens du mariage doivent toujours être indissolubles? mais, en même temps, quelle réserve admirable! « celui qui répudie sa femme l'expose à devenir adultère » Du reste, Jésus défend d'épouser une femme divorcée, et il ne permet en réalité que la séparation.

[1] *Ketouboth*, 65, *b*.
[2] Maimon. *in Sotah*, ch. 3.

L'ESCLAVAGE

La législation de Moïse est certainement de toutes les législations antiques sur l'esclavage la plus bienveillante, la plus libérale, la plus éclairée. Au temps de Jésus-Christ, l'esclavage existait en Palestine, il y était pratiqué depuis des siècles; nul ne songeait à l'abolir et Jésus, qui a été en contact avec des esclaves, qui a guéri par exemple, l'esclave malade d'un centenier[1], n'a jamais parlé de l'abolition possible de cette effroyable plaie sociale. Il ne faut pas en être surpris. La condamnation de l'esclavage est implicitement contenue dans plusieurs de ses paroles, mais, ici comme partout, Jésus ne voyait qu'une conséquence de la pratique de l'Evangile, et non un but à atteindre de prime abord par la révolte et la violence. Toutes les conquêtes du monde moderne sont en germe dans l'enseignement du Christ, mais elles ne devaient se faire que peu à peu; Jésus jetait la semence, ou, pour employer le mot de l'apôtre, il mettait le levain; la pâte lèverait certainement, mais plus tard.

L'esclave en Palestine, au premier siècle, pouvait être horriblement malheureux. Voici comment s'exprimait peu de temps avant l'ère chrétienne, l'auteur de l'Ecclésiastique[2]: « Le fourrage, le bâton et le fardeau sont pour l'âne; la nourriture, la correction et le travail sont pour l'esclave. Mets ton serviteur en œuvre et tu trouveras du repos; lâche-lui les mains et il demandera d'être affranchi. Le joug et le licol font courber (le cou du bœuf) il en est ainsi du fouet et de la torture à l'égard de l'esclave malicieux. Envoie-le au travail, afin qu'il ne soit point oisif; car l'oisiveté enseigne beaucoup de malice. Emploie-le aux ouvrages qui lui sont con-

[1] Ev. de Luc, VII, 2.
[2] Ch. XXXIII, 25 à la fin.

venables,et s'il n'obéit pas, donne-lui des fers plus pe-
sants. »

Après ces dures paroles, Jésus ben Sirach change de langage et écrit : « Toutefois, ne commets pas d'excès (à l'égard de
qui que ce soit) et ne fais rien sans jugement. Si tu as un
esclave, entretiens-le comme ton âme ; car, le possédant, il
est comme le sang qui te fait vivre. Si tu as un esclave, traite-
le comme ton frère, car tu en as à faire comme de toi-même ;
que si tu le maltraites à tort et qu'il s'enfuie, par quel chemin le chercheras-tu ? »

Ce mélange de cruauté et de douceur nous apparaît encore
dans les Talmuds : « Quand la femme esclave de R. Eliézer
mourut, on voulait le consoler, et il répondit: Dites simplement comme pour la mort des animaux domestiques:
Puisse Dieu te restituer cette perte. » Les quarante coups de
la bastonnade pouvaient être dépassés avec l'esclave. Cependant on ajoutait : « Il est permis d'être sévère avec l'esclave,
mais quoiqu'on en ait le droit, la règle de miséricorde et la
règle de sagesse sont que l'homme soit clément et respecte la
justice, qu'il n'alourdisse pas le joug de son esclave et ne le
maltraite pas[1] ». « Les sages d'autrefois donnaient à leurs
esclaves de tous leurs mets et de ce dont ils mangeaient eux-
mêmes et ils nourrissaient leurs bêtes de somme et leurs
esclaves avant eux-mêmes[2]. » Voici enfin une belle parole de
Gamaliel l'ancien, qui date, par conséquent, du milieu du
premier siècle. Il avait un esclave appelé Tobie et qui lui était
fort cher. Les Talmuds en parlent souvent[3]. Ce Tobie mourut,
et comme Gamaliel acceptait les condoléances de ses amis :
« Ne nous as-tu pas appris, lui disaient ses disciples, qu'on ne
reçoit pas de consolation pour la mort des esclaves ? » — « Mon
serviteur Tobie, répondit Gamaliel, ne ressemblait pas aux

[1] Maimon. *Avadim*, ch. 9.
[2] Maimon. *Avadim*, ch. 9.
[3] Voir en particulier *Bérakhoth*, fol. 16, 2, trad. Schwab, p. 287.

autres esclaves, car il était honnête et pieux. » Il y a loin assurément de telles paroles à l'effroyable cruauté de la législation romaine sur les esclaves, pratiquée à la même époque dans tout l'empire.

CHAPITRE VIII

LA VIE PRIVÉE (suite)

LE MARIAGE

Jésus a souvent parlé du mariage dans ses paraboles[1] ; il a assisté à des noces à Cana[2] ; il s'est comparé lui même à un époux[3] ; et les renseignements que les Talmuds nous ont conservés sur la manière dont les mariages se célébraient chez les Juifs confirment d'une manière intéressante l'exactitude des récits évangéliques.

La loi de Moïse n'avait laissé aucune direction pour les coutumes à observer, mais nous trouvons çà et là dans l'ancien Testament et dans les Talmuds des détails précis qui nous permettent de reconstituer toutes les cérémonies en usage au premier siècle. Nous savons exactement ce qui se passait avant et pendant le mariage.

On distinguait trois phases : 1° la promesse, 2° les fiançailles, 3° le mariage.

La promesse était un simple engagement qui n'avait rien de définitif. Il pouvait y en avoir un certain nombre de rompues avant les fiançailles proprement dites. Les jeunes gens

---

[1] Ev. de Matth., XXV, 1 et suiv., XXII, 2 et suiv., Luc, XII, 36.
[2] Ev. de Jean, II, 1 et suiv.
[3] Ev. de Matth., IX, 15 et parall.

et les jeunes filles se promettaient le mariage, puis ils se fréquentaient, apprenaient à mieux se connaître et décidaient s'ils voulaient en venir aux fiançailles véritables ou non. Nous avons un joli passage de la Mischna sur ces promesses passagères qui précédaient toujours l'engagement définitif : « R. Siméon, fils de Gamaliel, disait : il n'y avait point de fête en Israël comme celle du 15 d'Ab et de Kippour. Dans ces deux jours, les jeunes filles de Jérusalem, vêtues de blanc, en robes fraîchement lavées, mais qu'elles se prêtaient mutuellement afin de ne point faire honte à celles qui n'en avaient point en propre, sortaient pour aller danser dans les vignes. Et quels discours y tenaient-elles ? Jeune homme, vois donc et tâche de bien choisir ; ne t'attache point à la beauté, mais consulte plutôt la famille ; car la grâce est mensongère et la beauté vaine : C'est la femme qui craint Dieu qui sera louée [1] » Parfois le père disposait de sa fille mineure sans son consentement ; ce qui n'avait pas grande importance puisque l'engagement pouvait être rompu. Si la jeune fille était majeure son consentement était nécessaire[2].

Les fiançailles venaient ensuite, c'était un acte de la plus grande importance, elles devaient durer une année entière et avaient un caractère aussi définitif que le mariage lui-même. La jeune fille fiancée qui manquait à sa promesse était lapidée comme la femme adultère. Toute une cérémonie avait lieu qui cimentait les engagements pris et leur donnait quelque chose d'absolu.

Chez les anciens Hébreux on se fiançait en se donnant mutuellement sa parole ; on s'engageait de vive voix[3]. A partir de l'exil ou, en tout cas, à l'époque de la Mischna on

---

[1] Mischna *Taanith*, IV, 5. Proverbes, XXXI, 30 et suiv.

[2] *Kidouschin*, 41 *a*. Nous ne savons à quel âge l'homme et la femme étaient majeurs. Il est souvent question dans les Talmuds de majorité et de minorité, mais nous n'avons trouvé nulle part d'indication précise de l'âge où la minorité finissait.

[3] Ezéchiel, XVI, 8. Malachie, II, 14.

prit l'habitude des contrats écrits et signés[1], mais l'usage de considérer les deux jeunes gens comme liés par les fiançailles était très ancien [2]. Avant la cérémonie, on réglait les conditions auxquelles se ferait le mariage. C'étaient quelquefois les frères aînés qui négociaient avec le père de la jeune fille[3] , laquelle du reste devait consentir aussi à tout ce qu'on déciderait[4].

La grosse question n'était pas de savoir si les jeunes gens se connaissaient, car souvent il ne s'étaient jamais vus[5] et rien n'était rare comme les mariages d'inclination [6]. Il s'agissait purement et simplement de fixer ce que le jeune homme donnerait pour avoir sa femme, c'est-à-dire à quel prix il l'achèterait, car ces mariages, où ce n'était pas le père qui dotait sa fille mais le fiancé qui apportait de l'argent, se trouvaient être de véritables ventes. Les parents et amis réglaient entre eux la somme à laquelle on estimait la jeune fille, et les cadeaux qu'elle devait recevoir. Le total s'appelait *Mohar*. Aujourd'hui encore chez les Arabes, le mariage est une vente. Le Mohar n'était point fixe. Le père de la jeune fille en indiquait le montant et c'était au jeune homme à l'accepter ou à le refuser. S'il acceptait, il s'acquittait de sa dette soit en argent soit en nature. Parfois il se mettait au service de son futur beau-père et la durée de ce service était celle des fiançailles [7].

La cérémonie des fiançailles se faisait ainsi : Les deux fa-

---

[1] Cet écrit stipulant les promesses du mari à sa femme s'appelait *Ketoubah*.

[2] Deutéronome, XXII, 23.

[3] Genèse, XXXIV, 11.

[4] Genèse, XXIV, 57.

[5] Genèse, XXIV, 3, 4. XXXVIII, 6.

[6] Le mariage de Samson est une exception presque unique. Juges, XIV, 2. Il en est de même du mariage de Jacob avec Rachel. Genèse, XXIX, 18.

[7] Genèse, XXIX, 18, 27, XXXIV, 12, voir aussi I Samuel, XVIII, 25-27, Osée, III, 2 ; Josué, XV, 16, 17.

milles se réunissaient avec quelques témoins étrangers[1] et le fiancé remettait à la fiancée, ou à son père, si elle était mineure, soit un anneau d'or[2], soit un objet de prix, soit enfin un simple écrit par lequel il s'engageait à l'épouser ; puis il lui disait : « Voici, par cet anneau (ou cet objet) tu m'es consacrée, selon la loi de Moïse et d'Israël[3] ».

Ensuite on laissait passer au moins une année ; mais l'anneau était donné, et le divorce ou la mort pouvaient seuls séparer les futurs époux[4].

Les Talmuds donnent un singulier motif à cette longue durée des fiançailles : Il fallait laisser à la jeune fille « le temps de faire son trousseau[5] ».

Si la fiancée était veuve on réduisait le temps où elle devait attendre à un mois au minimum. Du reste le fiancé était dispensé du service militaire et depuis le jour de la promesse définitive jusqu'à un an après le mariage, les jeunes gens n'étaient point tenus d'assister à des enterrements et d'entrer dans les cimetières. « La joie seule doit remplir leur cœur. » Il va sans dire qu'un festin de réjouissances terminait la journée[6].

A l'époque de la Mischna l'usage pour le père de doter sa fille a commencé à s'établir. Les Talmuds en firent plus tard une obligation[7] et le minimum en fut fixé à cinquante zouz[8], (mais le don du mari restait toujours le plus élevé, il était au minimum de deux cents zouz[9]).

[1] *Kiddouschin*, 65 *a*.

[2] *Kiddouschin*, I, 1.

[3] *Kiddouschin*, 5 *b*. Cette cérémonie se fait encore chez les Israélites modernes mais seulement au mariage.

[4] *Kidouschin*, I, 1.

[5] Mischna, *Ketouboth*, 5, 2 et Jérus., *Ketouboth*, 57 *b*.

[6] Genèse, XXIV, 54, XXIX, 22.

[7] *Ketouboth*, 52, *a*.

[8] Mischna, *Ketouboth*, VI, 6. Le zouz valait à peu près quatre-vingt-dix centimes.

[9] S'il y avait eu séduction, le séducteur devait épouser la jeune fille et payer sa dot. Exode, XXII, 16.

Les fiançailles finies, on célébrait les noces. Le jeune homme devait avoir au moins dix-huit ans [1] et la jeune fille douze. Elles se faisaient le quatrième jour de la semaine; le cinquième si la fiancée était veuve [2].

Les noces de Cana ont donc été célébrées un mercredi ou un jeudi. La cérémonie avait toujours lieu le soir [3] au coucher du soleil. Le moment le plus solennel, celui qui marquait l'accomplissement du mariage était celui où la fiancée entrait dans la maison de son fiancé, sa nouvelle demeure. Aussi appelait-on le mariage : « réception » ou « introduction de l'épouse » (dans la maison de l'époux). Les parents de la jeune fille venaient la prendre chez son père pour la conduire chez son mari. Parfois le fiancé venait la chercher lui-même comme dans la parabole des dix vierges [4]. Ses parents lui donnaient leur bénédiction [5]. Elle sortait de chez son père parfumée, parée, avec une couronne sur la tête [6]. Elle était entourée de ses amies qui lui faisaient cortège et agitaient au-dessus de sa tête de longues branches de myrte. Chacune de ces jeunes filles avait une lampe, qu'elle avait apportée. Cette lampe était formée d'un bâton de bois, terminé par un petit vase ou une sorte de plateau dans lequel il y avait une mèche avec de l'huile et de la poix. L'Évangile parle de « dix vierges; » Il y en avait parfois bien davantage, mais rarement moins.

L'épouse pendant le trajet avait les cheveux flottants et le visage caché sous un voile. Devant elle ses parents distribuaient aux enfants des épis grillés. La joie éclatait de toutes parts sur son passage. Si l'époux était venu la chercher, il s'était paré lui aussi et portait une couronne. Tous deux marchaient ensemble sous un dais; dans le cortège on jouait

---

[1] *Pirké Aboth*, V, 21.
[2] *Ketouboth*, I, 1.
[3] Mischna, *Ketouboth*, II, 1 et Talm., *id.*, 17 *a* et *b*.
[4] Ev. de Matth. XXV, 1 et suiv., voir aussi Esaïe, LXI, 10. Cant. III, 11.
[5] Genèse, XXIV, 60.
[6] Ézéchiel, XVI, 9, 13, voir aussi Esaïe, LXI, 10, Jérémie, II, 32.

du tambour ou d'autres instruments ; plusieurs portaient des flambeaux et des torches. D'autres chantaient et dansaient[1].

La joie ou la tristesse se manifestent toujours en Orient par de bruyantes démonstrations. Cependant, on arrivait à la maison de l'époux ; des matrones coiffaient l'épouse et lui cachaient ses cheveux épars sous un voile épais ; désormais elle n'aura plus jamais la tête découverte en public. On la reconduisait ensuite sous le dais soit dans la maison soit en plein air suivant la saison. Elle s'y plaçait à côté de son mari et tous deux entendaient de nouvelles paroles de bénédiction prononcées soit par un des deux pères, soit par un assistant notable. Enfin venait le repas de noces[2]. On fournissait à chaque convive un « habit de noces » à son entrée dans la salle[3]. Le repas était dirigé par un personnage que l'Evangile de saint Jean appelle dans le récit des noces de Cana ἀρχιτρίκλινος; c'était celui qui disait les actions de grâces et prononçait les formules de bénédiction tout le temps que durait la fête. Entre autres, il bénissait le vin. Pendant le festin la gaîté et l'animation étaient de commande. De même qu'aux enterrements on avait des pleureurs et des pleureuses payées, de même à un mariage on montrait par politesse une joie quelquefois forcée. Il était de bon ton de vanter la fiancée; on lui attribuait sans scrupule des mérites qu'elle n'avait pas : « agréable, belle et gracieuse fiancée » disait-on de toutes parts[4]. Les hommes les plus graves dansaient devant le marié pour lui faire fête. « Lorsque Mar, fils de Rabhena, fit les noces de son fils, il y invita des rabbins, et comme ils étaient trop gais, il fit apporter un vase valant quatre cents zouz et le brisa pour qu'ils fussent attristés[5] ». Singulière manière d'arrêter la joie de ses convives et de les empêcher de commettre des excès !

---

[1] Jérémie, VII, 34, 1 Macch., IX, 37, 39. Matth. XXV, 1 et suiv.
[2] Juges, XIV, 10. Jean, II, 9, 10.
[3] Ev. de Matth., XXII, 12.
[4] *Ketouboth*, 17 *a* et *b*.
[5] Bab., *Berakoth*, fol. 31, 1.

Le lecteur aura remarqué qu'il n'y avait aucune cérémonie religieuse au mariage. La bénédiction des parents et des assistants étaient seule donnée aux nouveaux époux [1]. Les Talmuds réprouvent énergiquement les unions libres [2], mais Moïse n'avait institué aucun rite ni laissé aucun ordre sur la manière dont on devait célébrer les mariages.

Après le festin, le mari était conduit par ses amis (« les amis de l'époux » ou « les fils de l'époux ») dans la chambre nuptiale où sa femme l'avait précédé.

Les fêtes de la noce duraient sept jours pour les parents et les amis des nouveaux mariés [3]; sept jours de réjouissances [4] appelés les « sept jours du repas de noces »; mais le nombre complet de ce qu'on appelait les jours de noces était de trente [5].

LA MORT ET LES FUNÉRAILLES

Un des évangélistes nous raconte que Jésus rencontra un jour un convoi funèbre qui sortait d'un village. « On portait en terre un jeune homme, fils unique de sa mère qui était veuve [6]. »

Les Juifs, en effet, avaient horreur de la crémation. L'usage de brûler les corps, si répandu dans l'antiquité, leur était en abomination. Ils ensevelissaient et l'Église chrétienne a toujours suivi cette coutume. La croyance à la résurrection du corps s'opposait à sa destruction par le feu; elle s'y oppose encore aujourd'hui aux yeux de la grande majorité des chrétiens. Ils préfèrent confier la dépouille des leurs à la terre;

---

[1] Ruth, IV, 11. Tobie, VII, 15.
[2] *Kidouschin*, 12 *b*.
[3] Ev. de Matth., IX, 15.
[4] Genèse, XXIX, 27, Juges, XIV, 12.
[5] *Joma*, ch. I, 1. Le mariage se célébrait, paraît-il, avec plus de décorum en Galilée qu'en Judée (*Tosiftah*, ch. 1).
[6] Ev. de Luc, VII, 12.

là elle se consumera lentement, il en restera toujours quelque chose, et la pensée d'un anéantissement possible de celui qui a disparu, ne viendra pas les hanter et les troubler avec la même insistance que s'il ne restait plus rien de son être physique.

Les Arabes de nos jours ne brûlent pas non plus les corps; le Coran s'y oppose et leurs cérémonies funèbres, en Palestine du moins, ressemblent à s'y méprendre à celles des Juifs, telles que la Bible nous les décrit. Voici quels étaient les usages des Palestiniens au premier siècle. Aussitôt après le décès le corps était placé dans « la chambre haute[1] »; là les mains et les pieds étaient entourés de bandes et la tête couverte d'un suaire[2]. Le corps entier était ensuite enveloppé d'un linceul et était parfumé avec de la myrrhe et de l'aloès[3]. Ces parfums seront aussi plus tard déposés près du corps dans le tombeau. On agira surtout ainsi lorsque l'ensevelissement aura été précipité, et que cette espèce d'embaumement n'aura pas été possible avant les funérailles. Le corps ainsi préparé était placé dans un cercueil ouvert ou plutôt sur une bière appelée *Mittah* (lit).

Aujourd'hui les indigènes arabes de Palestine observent les mêmes coutumes au pied de la lettre. Après la mort ils ferment les yeux du défunt[4]; ils attachent les pieds et les mains avec des bandelettes et enveloppent le corps dans un linceul. Tous les assistants baisent le mort une dernière fois. Puis il est déposé dans une bière ouverte par en haut pour qu'on puisse voir encore son visage[5]. L'ensevelissement se fait huit heures au plus après le décès. Il en était certainement ainsi autrefois; dans les pays chauds on est obligé de hâter l'enterrement. Les Juifs n'avaient pas de por-

[1] Actes, IX, 37.
[2] Jean XI, 44.
[3] Jean, XIX, 40. Matth., XXVII, 59.
[4] Ce détail se trouve déjà Genèse, XLVI, 4.
[5] Luc, VII, 14, Genèse, XXIII, 19, Juges, XVI, 31, 1 Macch., II, 70.

teurs attitrés ; des amis se chargeaient de porter le corps[1]. Ils tenaient à donner au défunt ce dernier témoignage d'affection, et ils se relayaient quand ils étaient nombreux. « Un « enfant qui meurt avant le trentième jour de son âge est « porté dans les bras et il est enseveli par une femme et deux « hommes. Un enfant de trente jours est porté dans une « bière, non une bière que l'on place sur les épaules, mais « une bière que l'on porte dans les bras. Un enfant de trois « ans est porté dans un lit et il en est de même pour les « autres âges[2]. »

Les porteurs chargeaient donc la *Mittah* sur les épaules. Les parents et amis suivaient avec les démonstrations bruyantes de douleur et les lamentations dont les Juifs étaient toujours si prodigues[3]. Ils poussaient des cris affreux, se roulaient par terre, déchiraient leurs vêtements et se jetaient de la poussière sur la tête. On faisait plus, on ne se bornait pas à ces manifestations qui pouvaient être sincères chez les amis et les parents du mort, on louait des pleureuses de profession qui versaient des larmes en jetant des cris aigus[4]. En outre, on louait des musiciens qui jouaient de la flûte sur un ton lugubre[5]. Le plus pauvre Israélite était obligé par les convenances à avoir à la mort de sa femme au moins deux joueurs de flûte et une pleureuse[6]. S'il était riche, dit Maimonide, il faisait tout selon « ce qui était le plus digne. »

Les Arabes, nos contemporains, n'ont pas de joueurs de flûte aux funérailles. Sur ce point seul leurs cérémonies diffèrent de celles des Juifs et encore si le défunt est un grand dignitaire ils ont des musiciens. Les femmes arabes pous-

---

[1] Actes, V, 6, 10. Mischna, *Berakhoth*, 3, 1. Aujourd'hui ce sont les invités à tour de rôle.

[2] *Moed Katon*, fol. 24, 1.

[3] II Samuel, III, 32.

[4] Jérémie, IX, 17.

[5] Jérémie, XLVIII, 36 ; Ev. de Mt., IX, 23.

[6] *Ketouboth*, ch. 4, halac., 6, voir aussi *Bava Metsia*, ch. 6, hal., 1.

sent les mêmes cris désespérés que les Juives jetaient il y a
tant de siècles. Elles s'arrachent les cheveux[1] et chantent sur
un ton lamentable[2].

Il n'y avait pas plus de cérémonies religieuses aux enterrements qu'aux mariages. Quelquefois on prononçait un discours sur la vie du défunt[3] ou un prêtre improvisait une
complainte[4].

Les tombeaux étaient toujours hors des villes.

Il est remarquable que cette mesure hygiénique, qui passe
pour moderne, soit formellement exigée par la Mischna[5]. Le
sépulcre le plus rapproché du mur d'enceinte devait en être
encore éloigné d'au moins cinquante coudées ($22^m,50$).

Les cimetières communs étaient rares; il n'y en avait guère
que pour les pauvres et les étrangers[6]. Les familles riches
avaient leurs tombes dans leurs propriétés particulières. La
description d'un sépulcre de ce genre nous est minutieuse-
ment faite par les Talmuds[7]. Elle nous intéresse au plus haut
point : c'est un tombeau semblable à celui de Joseph d'Arimathée qui nous est ici décrit. Le sépulcre était une caverne
ou chambre taillée dans un rocher. On y entrait de plain-
pied comme dans une grotte. L'ouverture en était carrée et
fermée par une énorme pierre qui s'engageait dans une
feuillure. L'intérieur de l'une des tombes qui nous sont
décrites avait quatre coudées sur six ($1^m,80$ sur $2^m,70$) et on y
avait fait huit sépultures; trois de chaque côté et deux au
fond. Une autre avait quatre coudées de longueur ($1^m,80$)
et sept de hauteur ($3^m,15$). Le caveau proprement dit était

[1] Voir Genèse, XXXVII, 33, 34, 35, II Samuel, XIII, 19, XII, 15 et
suiv., I Samuel, XXX, 3, 4, 6. II Samuel, I, 11, 12.
[2] Voir II Samuel, III, 32. I Rois, XIII, 30. Jérémie, XXII, 18, XXXIV, 5.
[3] Comme David sur Abner, II Samuel, III, 33, 34.
[4] Amos, V, 16.
[5] Mischna *Bava bathra*, ch. 2, § 9.
[6] II Rois, XXIII, 6. Jérémie, XXVI, 23 ; XXVII, 7.
[7] *Bava bathra,* chap. 6.

précédé d'une sorte de vestibule où s'arrêtaient les porteurs, puis « ils se baissaient vers le sépulcre [1] », et là se trouvaient les excavations où l'on mettait les corps. Leurs places étaient marquées par des sortes de couchettes pratiquées dans la paroi.

L'emplacement du tombeau était indiqué soit par un monument, soit par un monceau de pierres. De nos jours on élève ces tas de pierres avec grand soin pour garantir les tombes des hyènes. Or elles étaient plus nombreuses encore autrefois qu'aujourd'hui [2]. Tous les ans, en Adar, le dernier mois de l'année on blanchissait l'extérieur du monument avec de la chaux [3] macérée et mélangée d'eau [4]; nous en savons la raison. « Pourquoi, dit un des Talmuds, blanchit-on les sépulcres au mois d'Adar? parce que de même que le lépreux crie: « le « souillé, le souillé », de même par cette couleur blanche on te dit : « n'approche pas [5]. » En effet, le contact d'un sépulcre était une souillure. Jésus compare les Scribes et les Pharisiens tantôt à ces tombeaux blanchis « qui paraissent beaux au dehors [6] », tantôt aux sépulcres abandonnés dont on ne distingue plus l'emplacement [7].

La famille dans le deuil se réunissait au retour des funérailles, et on prenait un repas en commun. Il était offert aux parents du mort par leurs amis. C'était « le pain de deuil [8]. » Le nombre des coupes bues à la ronde et à certains moments fixes était réglé comme dans le repas pascal. Il y en avait dix : deux avant qu'on se mit à table, cinq pendant le festin et

[1] Ev. de Jean, XX, 5... « s'étant baissé... »
[2] Jérémie, XII, 9.
[3] On restaurait surtout ceux des prophètes. Ev. de Matth., XXIII, 27.
[4] *Maasar Scheni*, ch. V, § 1, voir aussi *Shekalin*, I, 1 « le 15 du mois d'août, on répare les routes, les rues, les places, on restaure les réservoirs d'eau et on peint les sépulcres. »
[5] Jérus., *Maasar Scheni*, fol. 55, c.
[6] Ev. de Matth., XXIII. 27.
[7] Ev. de Luc, XI, 44.
[8] Osée, IX, 4. II Samuel, III, 35. Ezéchiel, XXIV, 17.

trois après[1]. A la mort de Rabbi Siméon, fils de Gamaliel, on en ajouta trois, mais on s'enivra et le Sanhédrin interdit de dépasser à l'avenir le nombre réglementaire[2]. Ce repas n'était pas le seul rite pratiqué le jour même de l'enterrement. On venait aussi consoler les affligés comme le firent les amis de Lazare entourant ses sœurs Marthe et Marie pendant les premiers jours de leur deuil[3]. « Quand on revient du sépulcre on entoure l'affligé et on le console[4]. » Dans les visites de condoléance on observait un cérémonial fixé d'avance. « Quand on revient du sépulcre on s'avance et on s'assied les uns pour consoler, les autres pour pleurer, les autres pour méditer sur la mortalité. Puis on se lève, on s'approche un peu et on s'assied, et ainsi de suite sept fois[5] ». On ne pouvait ouvrir la bouche pour consoler que si l'affligé avait parlé le premier[6].

Le deuil durait trente jours. Le premier jour on ne pouvait porter ses phylactères ; les trois premiers on ne devait se livrer à aucun travail et ne pas répondre à une salutation. Les sept premiers on ne pouvait ni mettre de sandales, ni se laver[7], ni s'oindre d'huile, ni lire la loi, la Mischna ou les Talmuds, ni se voiler la tête. Pendant les trente jours il était interdit de se raser, de mettre des vêtements neufs ou récemment blanchis, de recoudre une robe déchirée[8]. En général, on prenait « le sac et la cendre. » Le sac était une sorte de robe grossière, couverte de poils, étroite, sans manches et sans plis. Une corde servait de ceinture[9]. Pour la mort de

[1] Jérus., *Berakhoth*, fol. 6, 1.
[2] Babyl., *Berakhoth*, fol. 18, 1.
[3] Ev. de Jean, XI, 19.
[4] *Chetub.*, fol. 8, 2.
[5] *Bava bathra*, fol. 100, 2.
[6] Cf., Job, ch. II, 13 et III, 1.
[7] Gamaliel se dispensa de cette interdiction à cause de sa santé, *Berakhoth*, trad. Schwab, p. 45.
[8] Voir Lightfoot, *Horae hebraïcae et Talmudicae*, p. 1072.
[9] Esaïe, III, 24.

son père ou de sa mère on portait le sac pendant les trente premiers jours. Les veuves le gardaient toute leur vie [1]. Tous les parents étaient tenus de le porter au moins les sept premiers jours.

[3] Genèse, XXXVIII, 14, Judith. X, 2.

CHAPITRE IX

LES HABITATIONS

LA MAISON

On se représente ordinairement la maison antique comme occupant un grand espace ; on y place un atrium, une cour entourée de portiques avec une fontaine au milieu, un jardin, de vastes salles de réception. Elle serait assez exactement reproduite par la maison mauresque de nos jours. Il est certain que des habitations semblables se voyaient à Rome et dans toutes les grandes villes de l'empire ; à Jérusalem il y en avait certainement ; mais ces maisons étaient celles des riches, elles étaient ce que nous appellerions aujourd'hui des hôtels particuliers. Les auteurs anciens nous les ont décrites précisément à cause de leur luxe et de leur confort. Les privilégiés qui habitaient ces demeures étaient peu nombreux. La foule, l'immense majorité composée de gens de condition moyenne ou inférieure habitait, à Rome par exemple, de grandes maisons à étages dont celles de nos grandes villes peuvent donner une idée. Chaque famille y occupait un appartement séparé ; les artisans étaient sous les

toits[1]. Il n'est pas probable qu'à Jérusalem même il y eut de
ces grandes maisons si élevées. En Orient, les constructions
ont toujours été basses et, sauf les monuments, les villes
devaient avoir le même aspect qu'aujourd'hui. En tout cas,
dans les villages, et c'est des villages que nous allons parler
d'abord, les maisons étaient des plus simples, des plus pri-
mitives. Transportons-nous à Nazareth et représentons-nous
la maison habitée par Joseph et Marie lorsque Jésus était
enfant. Qu'on se figure un gros cube de forme régulière et
blanchi à la chaux. A l'intérieur une seule pièce; point de
fenêtre, le jour entre par la porte et la femme qui cherche
une drachme perdue, doit allumer sa lampe[2]. Aujourd'hui le
logement de toute une famille arabe se compose, en Palestine,
d'une grande chambre voûtée sans fenêtre. Il en était ainsi
au premier siècle. L'établi, la cuisine, la chambre à coucher,
tout devait être réuni dans cette unique pièce de la maison du
charpentier de Nazareth. La maçonnerie était fort grossière;
on peut en juger par les ruines nombreuses dont le pays est
aujourd'hui couvert. Il était rare que la pierre y fût employée;
les plus luxueuses maisons étaient en briques du pays. On
fabriquait ces briques en foulant la terre grasse ou l'argile avec
les pieds[3]; on y mêlait de la paille[4], puis on les cuisait au
four[5]. Ces maisons de briques étaient très communes dans les
villes[6], mais n'étaient habitées dans les campagnes que par
les personnes dans l'aisance[7]. Quant aux maisons de terre,
elles donnaient asile aux agriculteurs et aux gens des basses

---

[1] Voir la description de Rome dans le savant ouvrage de Friedlœnder:
Mœurs romaines d'Auguste aux Antonins.
[2] Ev. de Luc, XV, 8.
[3] Nahum, III, 14.
[4] Exode, V, 7.
[5] Nahum, III, 14, II Samuel XII, 31.
[6] Esaïe, IX, 9.
[7] Sous David et sous Salomon, on revêtait de marbre certains édifices,
I Rois, VII, 9, 10, 11, 1 Chron., XXIX, 2.

classes[1]. Leurs murs n'étaient qu'un grossier clayonnage revêtu d'argile pétrie et séchée au soleil. Sur cette terre poussait çà et là une chétive végétation, et à l'intérieur le salpêtre, appelé par les habitants la lèpre[2], faisait souvent invasion. Il est probable que la maison de Joseph était une de ces pauvres demeures bâties en terre et blanchies.

Les maisons des riches personnages étaient fort différentes. La Palestine abonde en pierres calcaires propres aux plus somptueuses constructions, et leurs demeures s'étendaient souvent sur un grand espace ; une cour intérieure le long de laquelle régnait un portique, semblable au cloître d'un couvent ou au *patio* espagnol, était au centre. Le milieu de la cour formait un impluvium[3] ; il y avait là un bassin où l'on pouvait se baigner[4]. Autour et en dehors du carré formé par le portique, se voyait une sorte d'avant-cour, ce qu'on appelle en style de caserne un chemin de ronde fermé par un mur d'enceinte. On pénétrait dans la maison par une porte en bois d'une seule pièce ou à deux battants et qui tournait sur deux gonds[5]. Les verrous, la serrure et les clefs étaient en bois[6]. Les portes des villes avaient seules des verrous en métal[7]. La fermeture était souvent plus simple encore, et au lieu d'une serrure, on se contentait d'une simple courroie[8].

La maison élevée sur les colonnes du portique pouvait avoir plusieurs étages. Le palais de Salomon en avait trois ; mais on ne devait guère dépasser ce nombre. En tout cas, elle renfer-

---

[1] Job, IV, 19.
[2] Lévitique, XIV, 33 et suiv.
[3] II Sam., XVII, 18.
[4] II Sam., XI, 2.
[5] Proverbes, XXVI, 14, I Rois, VII, 50.
[6] Cant., V, 5, Juges, III, 24, 25.
[7] Juges, XVI, 3. Amos, I, 5.
[8] Voilà pourquoi Jésus après avoir dit à Pierre : « Je te donnerai les *clefs* du Royaume des cieux », ajoute : « ce que tu *lieras* sur la terre sera *lié* dans les cieux et ce que tu *délieras* sur la terre sera *délié* dans les cieux ». Ev. de Matth., XVI, 19.

mait plusieurs pièces. Elles étaient parfois très vastes[1], certaines salles étaient exclusivement consacrées aux festins[2];
d'autres étaient des chambres de repos[3]. Le splendide palais
qu'Hérode-le-Grand se fit bâtir à Jérusalem[4], était plus
luxueux encore; mais de si somptueuses demeures étaient
l'exception. La plupart des maisons, même dans les villes,
avoient une chétive apparence. Les fenêtres, absentes, nous
l'avons dit, de la maison du pauvre, étaient, dans les maisons
les plus riches, petites et peu nombreuses. Celles qui donnaient sur la rue étaient garnies d'épais grillages[5] que l'on
ouvrait à volonté[6]. Les pièces, sauf celle de l'entrée, étaient
très petites. Les habitants ne s'y retiraient que pour la nuit, et,
sous ces climats brûlants, l'homme vivait le plus souvent hors
de chez lui, dans les rues, sur la place publique. Le visiteur
de Pompéï est frappé de l'exiguïté des chambres des maisons.
Aucune n'offrait de pièce où l'on put se retirer pour se recueillir. Il fallait pour cela monter à l'étage supérieur et jusque
sur le toit. Celui-ci presque plat, n'avait que juste l'inclinai-
son suffisante à l'écoulement de l'eau de pluie[7]. Il était
entouré d'une balustrade prescrite déjà par la Loi[8]. Il formait
donc une terrasse qui servait de refuge[9]. Le sol était en
briques[10] ou en chaux mêlée de sable et de petits cailloux battus avec de la cendre. Le toit de la maison du pauvre était
fait de terre, et sur cette couche de terre solide et durcie,
l'herbe poussait quelquefois[11]. L'escalier qui menait à la ter-

[1] Jérémie, XXII, 14.
[2] I Samuel, IX, 22.
[3] II Samuel, IV, 7.
[4] Voir notre chapitre sur Jérusalem, page 60.
[5] Juges, V, 28, Cant., II, 9.
[6] II Rois, XIII, 17.
[7] Proverbes, XIX, 13, XXVII, 15.
[8] Deutéronome, XXII, 8.
[9] Pierre s'y retire pour prier. Actes des apôtres, X, 9. Les terrasses
sont semblables aujourd'hui en Orient.
[10] Esaïe, LXV, 3.
[11] Psaume, CXXIX, 6.

rasse était extérieur, et lorsqu'on était sur le toit, on pouvait sortir de la maison sans rentrer d'abord dans l'intérieur [1].

Sur ces terrasses, on exposait à l'air certains objets de travail [2], on prenait le frais, on dormait parfois dans la belle saison [3], sans doute pour éviter les insectes; ce qui se fait encore aujourd'hui.

L'habitude de loger en été sous des tentes est toujours très répandue. Les voyageurs y sont même obligés dans la saison chaude à cause des moustiques, et cet usage était certainement le même autrefois. Pendant quatre mois de l'année, des tentes étaient dressées sur les terrasses des maisons. On traitait aussi sur ces terrasses les affaires secrètes; on s'y retirait dans les moments de tristesse [4]; et « être assis dans un coin du toit » signifiait mener une vie triste [5]. Dans les émeutes on montait sur le toit pour voir ce qui se passait [6], pour se sauver ou pour se défendre [7]; à la fête des tabernacles, on dressait encore des tentes sur les toits [8]. Jésus-Christ parle de « prêcher sur les toits » et nous verrons que le hazzan annonçait du haut d'un toit, chaque vendredi soir, que le sabbat commençait. Quand la maison n'avait qu'un seul étage, la terrasse, entourée d'une balustrade, se trouvait former une chaire du haut de laquelle il était facile de haranguer la foule réunie devant la maison. On se représente aussi ce qu'était la solitude sur cette terrasse quand, le soir, sous le ciel splendide de l'Orient, Jésus, fatigué des bruits du jour, s'y retirait pour prier. Là, plus de scribes, plus

[1] De là viennent les expressions de Jésus-Christ : « Que celui qui est sur le toit ne rentre pas..., etc. » Ev. de Matth., XXIV, 16, 17, de Marc, XIII, 15, etc., etc.

[2] Josué, II, 6.

[3] I Samuel, IX, 26.

[4] Esaïe, XV, 3.

[5] Proverbes, XXI, 9 et XXV, 24.

[6] Esaïe, XXII, 1.

[7] Juges, IX, 51.

[8] Néhémie, VIII, 16.

de pharisiens, plus de disputes ni de haine, mais la
présence du Dieu vivant et la communion avec lui aussi certaine, aussi sensible que sur la colline et sur les hauts lieux.

Souvent la terrasse était couverte; elle formait alors une
grande salle spacieuse, commode les jours de pluie, et que
l'on appelait la chambre haute[1] ou chambre d'en haut. Quand
Jésus n'enseignait pas en plein air, le seul endroit où
il put se tenir était la chambre haute, et c'est là qu'il
se trouvait certainement le jour où on lui amena un paraly-
tique, et que la foule qui se pressait autour de lui, empêchait
les porteurs du brancard de passer[2]. On comprend fort bien
ce qui arriva; le malade fut monté par l'escalier extérieur de la maison jusque sur le toit de la chambre
haute, d'une construction légère et facile à percer. Un des
Talmuds nous rapporte un fait presque semblable[3] :
« Quand Rabbi Honna mourut, la civière ne put passer par
« la porte qui était trop étroite, et on dut découvrir le toit et
« le sortir par là. »

On se réunissait souvent dans la chambre haute pour
enseigner : « Rabbi Jochanan et ses disciples montèrent
dans la chambre haute, et ils lurent et ils commentèrent[4]. »

Cet usage de couvrir au moins une partie de la terrasse et
de s'en faire une chambre était très général. Quand elle était
entièrement découverte, on ne pouvait s'y tenir que le soir à
cause du soleil, et c'est le désir de s'y réunir en tout temps
qui y faisait construire cette sorte de pavillon ajouté à la
maison, élevé sur le toit et où on se retirait pour se reposer,

[1] Nous avons deux termes dans le Nouveau Testament pour désigner
la chambre haute : ὑπερῷον (Actes des Ap., I, 13) littéralement ce qui est
en haut, et ἀνώγεον (Ev. de Luc., XXII, 12) littéralement ce qui est au
dessus de terre.

[2] Ev. de Luc, V, 18, 19 et Ev. de Marc, II, 4.

[3] Babyl., *Moed Katon*, fol. 25, 1.

[4] *Schabbath*, ch. I, halac., 7, *Juchasin*, fol. 23, 2, Cf., Ev. de Marc,
XIV, 15. Actes des apôtres, I, 13 et XX, 8.

pour prier ou pour être seul. On y logeait aussi les étrangers auxquels on donnait l'hospitalité[1]. La chambre haute donne encore aujourd'hui son caractère distinctif à la maison syrienne[2]. C'est la chambre à donner, la chambre d'ami; la vie privée étant murée, l'hôte se trouve ainsi logé en dehors de la partie de la maison habitée par le maître et par les siens. Le pauvre se contentait d'ordinaire de laisser sa terrasse découverte, mais le premier luxe que l'on se donnait était celui d'une chambre haute. La riche Sunamite en fit une pour Elisée[3]. C'était la pièce la plus commode de la maison, parce qu'elle était grande, comparée aux chambres de l'intérieur, et parce qu'elle était entièrement indépendante du reste de la construction, aussi le nombre des usages auxquels elle servait était-il varié à l'infini. On y déposait les corps avant l'ensevelissement[4]. C'est dans une chambre haute que Jésus se réunit avec ses apôtres pour leur faire ses adieux, manger la Pâque juive une dernière fois avec eux et instituer la sainte Cène. Quant aux repas ordinaires, il les prenait, sans doute, comme cela se fait encore aujourd'hui, dans la cour de la maison et en public. Après la mort de Jésus, les apôtres logeaient dans une chambre haute prêtée ou louée par des amis[5], la même peut-être que celle où Jésus-Christ avait institué la Cène, car ils étaient étrangers à Jérusalem.

Le mobilier de la maison était d'une extrême simplicité. Le confort moderne était absolument inconnu des orientaux. En général, celui-ci est d'autant plus grand que le climat est plus rigoureux; la nécessité de se garantir du froid et dela pluie oblige l'homme à construire des maisons solides; et comme il doit les habiter souvent, il cherche à s'y rendre la vie agréable. Les peuples du nord sont beaucoup plus con-

[1] I Rois, XVII, 19.
[2] Bovet, *Voyage en Terre Sainte*, p. 121.
[3] II Rois, IV, 8 et suiv.
[4] Actes des Ap., IX, 37.
[5] Actes des Apôtres, I, 13 14.

fortablement logés que ceux du midi. En Palestine, on vit en plein air et la maison de l'homme du peuple était, au premier siècle, aussi vide, aussi nue, que celle du plus misérable Arabe de nos jours. Elle se composait, avons-nous dit, d'une seule pièce où tout était réuni : la cuisine, les tapis, sur lesquels on s'étendait pour dormir, ou le lit, simple couchette portative[1], les instruments de travail du père, sans parler des bestiaux, qui, parfois, partageaient la chambre commune. Des nattes et des coussins sur lesquels on s'asseyait à la mode orientale, quelques vases d'argile pour les besoins du ménage et un coffre ou grande armoire complétaient le mobilier. Dans cette armoire on mettait, durant la saison chaude, les couvertures et les tapis qui étaient toujours en laine et qu'il fallait garantir des insectes. « Les vers et la teigne gâtaient tout » pendant l'été [2]. En hiver, c'était « la rouille[3] » qui se développait facilement dans ces maisons sans cave et rongeait les outils du père de famille. Enfin il fallait se garder des voleurs qui pouvaient facilement venir « la nuit », à l'heure « où on ne les attendait pas » et qui « perçaient » sans difficulté les minces murailles d'argile séchée [4]. La maison n'avait point de cheminée, et, quand il faisait froid, on se bornait à allumer au milieu de la chambre un grand brasier [5].

Outre ces objets, chaque maison avait une lampe, un boisseau, des outres pour le vin, un balai et un moulin. Il est à remarquer que ces ustensiles divers sont toujours nommés dans l'Evangile avec l'article : *le* chandelier, dit le Christ, *le* boisseau [6]. Il n'y en avait qu'un seul par demeure. Ce

---

[1] κράββατος dans le Nouveau Testament en hébreu *Mittah* ou *Erès*. « Prends ton lit, dit le Christ, et marche », Ev. de Marc, II, 9.

[2] Ev. de Matth., VI, 19, Ev. de Luc, XII, 33.

[3] Id.   id.   id.

[4] Ev. de Matth., VI, 20.

[5] Jérémie, XXXVI, 22.

[6] Ev. de Matth., V, 15.

chandelier ou plutôt cette lampe était très élevée et on la posait à terre. Quelquefois on se servait, comme aujourd'hui,
d'une pierre faisant saillie dans le mur et sur laquelle on la
plaçait. La lampe portait un ou plusieurs becs dans lesquels on
brûlait de l'huile. Celle du pauvre était d'argile. Le boisseau
était aussi un objet essentiel dans l'humble demeure du villa-
geois. Il servait de mesure comme son nom l'indique, mais
aussi de tiroir et de sac. Placé à terre et retourné, il remplaçait la table absente, et on posait la lampe « sur le boisseau et
non pas dessous[1]. » Les habitants, assis autour à l'orientale,
voyaient la lumière et « toute la chambre était éclairée[2]. »
Aujourd'hui encore, le boisseau sert de table et même de plat,
car on y apporte le lait caillé. Le balai servait à la femme qui
« balayait toute la maison[3], » c'est-à-dire l unique chambre
dont elle se composait, et les outres[4] de peau de chèvre
servaient à conserver le vin en lui communiquant ce goût
affreux, mais très apprécié des Orientaux, et qu'elles lui
donnent toujours partout où on les emploie encore aujour-
d'hui.

Chaque maison avait un moulin à bras[5]. La meule infé-
inférieure (Pelach) était immobile et très dure[6]. La supérieure
(Pelach-Récheb)[7] était mise en mouvement par une manivelle
assez semblable à celle des moulins à café de nos jours. Deux
vases en pierre servaient à conserver le grain. Ces usages
n'ont point varié; le moulin à bras et les deux vases
pour le grain font encore aujourd'hui partie essentielle du
mobilier chez l'Arabe de Palestine.

Tourner la meule était fort pénible. Parfois on avait une

---

[1] Ev. de Matth., V, 15, de Marc, IV, 21, de Luc, XI, 33.
[2] Id.   id.   id.
[3] Ev. de Luc, XV, 8.
[4] Ev. de Matth., IX, 17, de Marc, II, 22, de Luc, V, 38.
[5] Nombres, XI, 8, Deut., XXIV, 6.
[6] Job, XLI, 15.
[7] Juges, IX, 53, II Sam., XI, 21.

« meule d'âne[1] », mais, d'ordinaire, la meule était à la main. Le soin de la tourner était laissé aux femmes esclaves de la dernière condition[2] ou aux prisonniers[3]. Les femmes étaient toujours deux ensemble à la meule, et travaillaient tour à tour[4]. Souvent, dans la journée, le bruit du moulin se faisait entendre; il égayait la maison, et son interruption prolongée était l'image de la désolation et de la mort[5].

Il nous reste pour terminer ce que nous avons à dire du mobilier à nommer la *mesusa* que nous décrirons en détails en parlant de la prière[6]; c'était une petite boite allongée suspendue aux portes des maisons et des chambres, contenant un rouleau de parchemin sur lequel étaient écrits en vingt-deux lignes deux fragments de la Loi; (Deut. VI, 4-9, et XI, 13-21).

Nous n'avons point à parler ici des maisons luxueuses habitées à Jérusalem par les classes aisées. L'intérieur de l'habitation du grand prêtre, par exemple, ressemblait sans doute à la maison d'un patricien romain et de telles demeures ont été souvent décrites dans des ouvrages spéciaux. Là il y avait des meubles magnifiques, de splendides candélabres, des tapis d'Orient plus beaux encore que ceux de nos jours, des lits garnis de couvertures, de matelas, de coussins[7]. Ils étaient en bois de cèdre[8], et parfumés[9]. Les sofas sur lesquels on s'étendait pour les repas étaient déjà employés du temps des prophètes[10]. Au premier siècle, on s'en servait partout à

---

[1] Les Talmuds distinguent la meule d'âne et la meule à la main, voir aussi Ev. de Luc, XVII, 2.
[2] Exode, XI, 5, Esaïe, XLVII, 2.
[3] Juges, XVI, 21, Lam. de Jérém., V, 13.
[4] Ev. de Luc, XVII, 35.
[5] Jérémie, XXV, 10.
[6] Voir livre II, chapitre X *la Prière*.
[7] Prov. VII, 16 ; Ezéchiel XIII, 18, 20.
[8] Cant. des cant. III, 9, 10.
[9] Proverbes VII, 17.
[10] Ezéchiel XXIII, 41 ; Amos VI, 4.

Jérusalem ; nous allons les décrire en traitant des repas chez les Juifs du premier siècle.

LA NOURRITURE.

Ici, l'immobilité de l'Orient nous apparaît aussi étonnante que partout. La nourriture des Arabes qui peuplent la Palestine du XIXe siècle est la même que celle des anciens Hébreux et on croirait écrits de notre temps les détails épars çà et là dans l'Ancien Testament. Les pauvres mangeaient du pain d'orge [1], les riches du pain de froment. On pétrissait la pâte dans la huche [2] et on la faisait lever, sauf le cas où il fallait faire le pain sans levain [3]. Les pains étaient en forme de disques, ronds ou ovales, et pas très grands. On les appelait *Kiccar* (cercle) et on disait « un cercle de pain » (*Kiccar Léhem*). Ils étaient très minces et on ne les coupait jamais, on les rompait [4]. Les pains des Arabes sont exactement semblables aujourd'hui [5]. Le four appelé *Tannour* [6], le même dont on se sert maintenant en Palestine, était petit, le pain y cuisait posé sur de la braise, et si sa forme n'est pas indiquée dans la Bible, nous pouvons remarquer que celui des Arabes de nos jours est en tout semblable à celui des Grecs et des Egyptiens décrit par Hérodote [7]. Outre le pain, les Juifs avaient ce qu'ils appelaient des « gâteaux » (*uggôth*), sorte de galettes azymes faites de fleur de farine, pétrie avec de l'huile [8]. Elles servaient surtout pour les offrandes au Temple. Il est encore parlé de beignets faits de farine et de miel et frits dans la poêle

[1] II Rois IV, 42.
[2] Exode XII, 34.
[3] Exode XII, 39 ; Genèse XIX, 3.
[4] Esaïe LVIII, 7; Lam. de Jérémie IV, 4; Ev. de Matth. XIV, 19; XV, 36; XXVI, 26; de Luc XXIV, 10; Actes XX, 11.
[5] Bovet, *Voy. en Terre Sainte*, p. 41.
[6] Lévit. XXVI, 26.
[7] Hérodote, liv. II, ch. 92.
[8] Lévit. II, 4.

avec de l'huile[1]. Toutes ces pâtisseries se trouvent encore en Palestine. Nommons enfin les *Halloth*, gâteaux percés de plusieurs petits trous comme les pains azymes des Juifs d'aujourd'hui.

La cuisine s'appelait *Kiraim* ; ce mot au duel suppose deux réchauds pour deux marmites. La vaisselle en terre cuite, considérée comme impure, n'était pas employée ; on se servait de vaisselle de cuivre[2] et on connaissait l'étamage[3]. Les ustensiles ordinaires étaient le *çannaath* (cruche de terre), le *Gabia* (cratère, calice), le *Côs* (coupe, gobelet), le *Séphèl* (tasse), le *mizrah* (grande coupe).

Le repas principal, le dîner se prenait à midi[4]. Cette heure est toujours restée celle des pays chauds, le repos au milieu du jour étant rendu nécessaire par le climat. Nous savons que les esséniens prenaient vers onze heures un bain suivi d'un repas qui était précisément le dîner de midi ; il est appelé dans le Nouveau Testament δεῖπνον[5] ; ἄριστον[6] était le repas du matin, le déjeuner. Jésus-Christ fut un jour invité par un pharisien à prendre chez lui ce premier repas[7]. Les Juifs, nous l'avons dit en parlant de la maison, mangeaient d'habitude en plein air, dans la cour ouverte à tous venants ; nous comprenons ainsi qu'une femme put entrer sans difficulté et briser un vase de parfums aux pieds du Christ[8].

Avant de se mettre à table, on se lavait les mains[9]. Cette ablution avait, comme toujours en Orient, un caractère reli-

---

[1] Lévit. II, 7 ; Exode, XVI, 31 ; II Rois, XIII, 6.

[2] Lévit, VI, 21, XI, 33, XV, 12 ; Nombres XXXI, 22 ; Ezéch. XXIV, 11.

[3] Pline, *H. N.* 34, 17.

[4] Genèse XLIII, 16, 32 ; I Rois. XX, 16 ; Ruth, II, 14-17 ; Actes. X, 9, 10.

[5] Ev. de Matth., XXIII, 6 ; de Marc. VI, 21 ; de Luc, XIV, 12, 16, de Jean, XII, 2 ; XIII, 24 ; XXI, 20.

[6] Ev. de Matth., XXII, 4 ; de Luc, XI, 38, XIV, 12.

[7] Ev. de Luc, XI, 38.

[8] Ev. de Matth., XXVI, 6 et suiv.

[9] Ev. de Matth., XV, 2 ; de Marc, VII, 3 ; de Luc, XI, 38.

gieux. Quelques personnes se plongeaient entièrement dans l'eau, c'était le bain essénien ; nous en parlerons en traitant des purifications chez les Juifs du premier siècle. Le pharisien qui avait invité Jésus à manger chez lui s'étonne de ce qu'il ne se soit pas plongé dans l'eau avant le repas [1]. Ce pharisien était donc un de ces esséniens séculiers très nombreux alors en Palestine [2].

L'heure venue, on se mettait à table : on commençait par s'asseoir et, une fois assis, chacun rendait grâces séparément et à voix basse, puis on se couchait à demi suivant la mode orientale sur des coussins et des sofas, et lorsqu'on était ainsi étendu, un seul des convives rendait grâces à haute voix et pour tous les autres [3] qui disaient ensuite amen ou même répétaient quelques-unes des paroles prononcées. On était couché sur le côté gauche ; on mangeait et on buvait dans cette position ; les pieds touchaient la terre, et chacun avait un lit et parfois même une petite table séparée des autres [4]. La bénédiction prononcée au commencement et à la fin du repas était ordonnée par la Loi [5]. C'était une formule, toujours la même, tirée du Deutéronome et la Mischna nous affirme [6] qu'elle était usitée au premier siècle. Nous ne savons si Jésus se bornait à prononcer cette formule quand il rendait grâces et rompait le pain ou s'il improvisait une prière.

Les convives couchés autour de la table [7] formaient un cercle ; le maître de la maison se tenait au milieu. Les Juifs aimaient beaucoup les repas de famille et les invitations

[1] Ev. de Luc, XI, 38. Il n'est pas question, en effet, dans ce passage, de se laver simplement les mains, mais de se βαπτίζειν.

[2] Voir sur les Esséniens, livre II, chap. XIV.

[3] *Berakhoth*, IV, halac. 6 ; Ev. de Matth., XXVI, 20.

[4] Babyl. *Berakhoth* fol. 46, 2. Autrefois on était simplement assis : (Genèse XXXVII, 25). Mais déjà du temps des prophètes, le riche se couchait sur des divans ; Amos s'en plaint (VI, 4).

[5] Deut., VIII, 10.

[6] Traité *Berakhoth*, chap. VII.

[7] L'usage des petites tables séparées ne semble pas avoir été suivi par les gens de condition ordinaire.

étaient fréquentes [1]. Quand le repas avait un caractère religieux, ou simplement quant on voulait honorer particulièrement un des hôtes, on répandait sur sa tête une huile aromatique [2]. La viande était apportée coupée en morceaux, et les autres mets dans des plats séparés. Le chef de famille distribuait les portions [3], chacun mettait la sienne sur le pain rond qu'il avait devant lui et mangeait avec ses doigts. Un seul plat de sauce servait pour tous et chacun à son tour y trempait son pain [4]. Il n'est question dans la Bible ni de fourchette ni de cuiller. Le couteau est nommé une seule fois dans le livre des Proverbes [5].

Quels étaient les aliments ? Les viandes nommées dans la Bible sont le bœuf, le veau, le mouton, la chèvre, la volaille et le gibier [6]. Les seuls légumes mentionnés sont les fèves et les lentilles [7]. On faisait la cuisine avec de l'huile d'olive et du sel. Du temps du roi David on voyait figurer dans un repas : le froment, l'orge, le grain rôti, le pain, le vin, les fèves, les lentilles, l'huile d'olive, le bœuf, le mouton, le chevreau, le miel, le lait, le fromage, le raisin, la figue et les fruits secs [8]. Tous ces aliments, sauf le bœuf qui est devenu rare, se trouvent encore en Palestine, et il est certain qu'ils étaient usités au temps de Jésus-Christ. Le lait, le beurre et le miel, nourriture des enfants [9], étaient au nombre des aliments les plus communs [10].

---

[1] Jos. *Ant. Jud.* XIV, 10, 8, 12.

[2] Cette remarque est importante et nous aide à comprendre le passage Ev. de Matth. XXVI, 7 et suiv.

[3] I Sam. 1, 4.

[4] Ev. de Matth., XXVI, 23.

[5] XXIII, 2.

[6] Genèse XVIII, 7 ; Juges VI, 19 ; I Rois IV, 23.

[7] Genèse XXV, 34. Ezéch. IV, 9.

[8] I Sam. XXV, 18 ; II Sam. XVI, 1 ; XVII, 29 ; 1 Chron. XII, 40.

[9] Esaïe VII, 15.

[10] Il est parlé du miel sauvage : Ps. LXXXI, 17 ; Juges XIV, 8, 14 ; I Sam. XIV, 25, 26, 27, 28 — du miel d'abeilles domestiques : Cant. des cantiques V, 1 ; voir aussi II Chron. XXXI, 5 ; II Sam. XVII, 29 ; Prov. XXIV, 13 ; Ev. de Luc. XXIV, 42.

La Palestine « découle de lait et de miel », disaient les anciens
Hébreux. Ce miel sauvage, « découlant » des creux d'arbres
et des rochers et qui a presque entièrement disparu, était encore très commun au temps des croisades ; au premier siècle
Jean Baptiste en faisait sa nourriture habituelle. Parmi les
mets les plus communs sur les bords du lac de Tibériade
nous nommerons encore le poisson, le pain et les œufs. Les
pauvres s'en contentent aujourd'hui et un passage de l'enseignement de Jésus Christ semble indiquer que les riverains
du lac ne se nourrissaient pas autrement de son temps : « Quel
est le père d'entre vous qui, si son fils lui demande du *pain*,
lui donne une pierre, et s'il lui demande du *poisson* lui donnera-t-il un serpent ; s'il lui demande un *œuf* lui donnera-t-il
un scorpion[1] ? ».

Le lac, avons-nous dit, était très poissonneux. Les pêcheurs
vendaient le produit de leur pêche à Jérusalem et, près de la
porte dite « des poissons[2] », se tenait un grand marché exclusivement alimenté par le lac de Tibériade. Les Tyriens se livraient
volontiers à ce commerce. Il va sans dire qu'il est tombé aujourd'hui et ce n'est que sur les bords même du lac que le
poisson fait maintenant partie de la nourriture.

Parmi les mets usités alors, il ne faut pas oublier de nommer les sauterelles. Il est dit dans le Nouveau Testament
que Jean Baptiste s'en nourrissait[3]. Le fait n'a rien d'extraordinaire. Quatre espèces de sauterelles étaient comesti-
bles[4]. Un des Talmuds parle même de huit cents espèces de
sauterelles pures[5] ; ceux qui ont avancé ce fait auraient sans
doute été assez embarrassés pour nommer ces huit cents
espèces, mais leur dire prouve que cette alimentation n'était
nullement condamnée par les docteurs de la Loi. « Celui qui

---

[1] Ev. de Matth., VII, 9 ; de Luc. XI, 11.
[2] II Chron. XXXIII, 14.
[3] Ev. de Matth. III, 4 et parall.
[4] Lévit. XI, 22.
[5] Jérus. *Taanith*, fol. 69, 2.

chasse les sauterelles, les frêlons et les mouches le jour du
sabbat, est coupable », dit encore un des Talmuds [1], montrant par là que tous les jours de la semaine on s'occupait de
prendre et de détruire ces insectes. Les mœurs arabes con-
temporaines nous apprennent comment les Juifs préparaient
les sauterelles. Quelquefois ils les faisaient simplement rôtir
et les mangeaient à l'eau et au sel ; « sous cette forme, la
sauterelle, dit un voyageur [2], est un mets agréable au goût et
rappelant celui des petites écrevisses de mer. » Mais d'ordinaire la préparation était plus compliquée ; après avoir pris
et tué les sauterelles, on les faisait sécher au soleil, on ôtait
la tête et les pattes, on réduisait le corps en poudre soit avec
un moulin soit dans un mortier. On mêlait de la farine à cette
poudre et on en faisait une sorte de pain un peu amer, mais
dont on corrigeait l'amertume avec du lait de chamelle ou
du miel.

Les boissons en usage au temps de Jésus-Christ étaient très
nombreuses. On trouvait à Jérusalem la bière de Médie ou de
Babylone [3], mais l'eau mêlée de vin formait une boisson plus re-
cherchée [4]. Le Cantique des cantiques parle de vin « mêlé d'aromates [5] et du moût des grenades. » Le vin vieux était, comme
partout, plus apprécié que le nouveau, mais on ne laissait pas
vieillir le vin plus de trois ans [6]. L'eau fraîche était la boisson
du pauvre et quand Jésus-Christ parle du verre d'eau fraîche
donné en son nom, il prononce une parole bien naturelle
dans un pays chaud et sous un soleil de feu. Cependant le
peuple buvait volontiers le *Schechar*, vin factice, préparé
avec du froment et des fruits. C'est sans doute la « cervoise »

[1] Babyl. *Schabbath*, fol. 106, 2,
[2] Pierotti, *la Palestine actuelle et la Palestine ancienne*, p. 75.
[3] *Pesachim*, 3, 1.
[4] La Bible ne parle pas de vin mêlé d'eau, mais il en est souvent
question dans les Talmuds.
[5] VIII, 2, voir aussi Esaïe V, 22.
[6] « Quel est le meilleur vin ? le vin vieux, celui qui a trois ans. »
Schabbath, fol. 129, 1 ; *Berakhoth*, fol. 51, 1 ; voir Ev. de Luc, V, 39.

dont parlent nos traductions françaises du Nouveau Testament et dont il est dit que Jean-Baptiste n'en buvait pas [1]. Les Latins appelaient en effet *Cervisia* (*de Cérès*) une boisson faite de blé ou d'orge macéré, séché, rôti et moulu qu'on faisait tremper et cuire avec du houblon. C'était donc aussi une sorte de bière. Enfin dans les grandes chaleurs les travailleurs des champs buvaient du vinaigre mêlé d'eau et y trempaient leur pain [2].

Le vin était conservé dans des outres de peau de chèvre [3] ou dans des vases de terre [4], faits au tour.

Aujourd'hui, personne ne voyage sans qu'une outre pleine d'eau fasse partie de ses bagages. Elle est petite et on l'accroche à la selle de son cheval ou même à sa ceinture si l'on est à pied. Josèphe parle de vases poreux qui rafraichissaient l'eau ; ces vases étaient déjà usités du temps de Gédéon [5]. Les vases de verre n'étaient pas inconnus mais ils étaient rares et précieux. La Bible nomme le verre à côté de l'or [6]. Les vases représentés sur les monnaies asmonéennes ont des anses et point de couvercles et ceux dont font usage les Arabes aujourd'hui sont identiquement semblables.

On se servait pour boire de coupes ou de tasses parfois assez grandes [7], mais auparavant on filtrait les boissons, le lait, le vin aromatisé pour ne pas avaler les moucherons qui y étaient tombés [8].

Comment donc se composait le repas de midi dans une maison bourgeoise de Jérusalem au premier siècle ? On y trouvait du poisson du lac, des sauterelles rôties dans la farine ou dans le miel, des oignons, de la viande de boucherie;

[1] Ev. de Luc, I, 15, trad. d'Ostervald.
[2] Ruth II, 14.
[3] Genèse XXI, 14 ; Job XXXII, 19.
[4] Psaumes II, 9 ; Jérémie XVIII, 3.
[5] Juges VII, 16, 19, 20.
[6] Job XXVIII, 17.
[7] Genèse XLIV, 2, 12 ; I Rois VII, 50 ; Cant. des cant. VII, 3.
[8] Ev. de Matth. XXIII, 24.

comme boisson, de la bière de Médie ou du vin mêlé d'eau,
et au dessert les fruits à bon marché étaient le raisin et la
figue. Les gens du peuple devaient se nourrir plus sobrement.
Les pêcheurs du lac en particulier ne mangeaient sans doute
que rarement de la viande ; c'était le pain, les œufs durs et
le produit de leur pêche qui devait avec des sauterelles et de
l'eau faire le fond de leur alimentation ordinaire [1].

[1] M. Gustave Flaubert, dans son conte « *Hérodiade* », s'est plu à
décrire, avec un grand luxe d'érudition, le repas que donna Hérode
Antipas aux grands de sa cour, le jour anniversaire de sa naissance,
quand Salomé entra dans la salle du festin et charma les convives par
sa danse. Nous n'avons pas à parler de cette description ni à la reproduire ici ; nous n'avons voulu décrire que la nourriture ordinaire de la
population. Il va sans dire que les rois et les tétrarques pouvaient se
faire servir ce qu'on ne mangeait qu'à Rome et à la table de César,

CHAPITRE X

LES VÊTEMENTS

Les étoffes. — Les vêtements des hommes. — La tunique et la robe ou le manteau. — Les vêtements des femmes. — Le voile. — Les chaussures. — Les sandales. — Les bijoux. — Le fard. — Les parfums. — Les bains. — Le turban. — Les signes religieux. — Comment Jésus était-il vêtu?

La Bible, et, en particulier, le Nouveau Testament, emploie plusieurs mots différents pour désigner les vêtements d'hommes, mais nulle part elle ne fait du costume ordinaire des Juifs une description précise et complète. C'est par analogie que nous pouvons nous représenter le vêtement de l'Israélite du premier siècle. Pour ce détail comme pour tous les autres, les costumes n'ont point varié et la forme du vêtement arabe est aujourd'hui à peu de chose près la même que celle du vêtement juif d'il y a dix-huit cents ans.

Les étoffes employées étaient la laine et pour le riche le lin « le fin lin », dit l'Évangile [1] et quelquefois la soie [2]. Un peu avant l'exil de Babylone on commença à se servir du coton.

Il semble qu'au temps de l'Ecclésiaste le blanc était la couleur à la mode [3]. Mais les Juifs ont toujours aimé les couleurs éclatantes et on teignait volontiers les étoffes en pourpre, en violet, en cramoisi. On assortissait ces couleurs entre elles, souvent avec beaucoup de goût et les tuniques « bigarrées », déjà appréciées du temps des patriarches [4]

[1] Ev. de Luc XVI, 19.
[2] Ezéchiel XVI, 10.
[3] Ecclés. IX, 8.
[4] Genèse XXXVII, 3.

et des Rois [1] sont encore très estimées aujourd'hui. On rencontre souvent, en Palestine, des femmes portant des tuniques bariolées et des robes rayées de toutes couleurs, surtout voyantes et pourtant choisies avec tact.

Le Juif du premier siècle portait toujours la tunique et le manteau ou robe. C'était les deux pièces indispensables de son costume. La tunique (χιτών en grec, chalouk en hébreu) était en lin [2], elle était ajustée au corps, descendait jusqu'aux pieds et avait des manches. On la portait tantôt sur le corps nu, tantôt sur une chemise de laine très ample et très longue. Ce chalouk était parfois appelé *kolbin* (en grec κολόβιον) [3]. Celui du rabbi, du scribe, du docteur, était particulièrement grand et cependant ne devait être visible sous le manteau que de la largeur d'une main. Le manteau ou la robe (en grec ἱμάτιον, *talith* en hébreu) servait de pardessus. Les rois [4], les prophètes en portaient [5]. Il est probable qu'au temps de Jésus-Christ on avait déjà ces manteaux blancs à raies brunes, si communs aujourd'hui en Palestine. Ils sont composés de deux couvertures cousues de trois côtés, et forment ainsi une sorte de sac retourné avec un trou dans le fond pour la tête et deux trous de côté pour les bras. Les pauvres ne possédaient parfois qu'un demi-manteau, une demi-robe, c'est-à-dire une seule pièce d'étoffe carrée jetée sur l'épaule, mais c'était l'exception. D'ordinaire le Juif avait à lui, non seulement un vêtement complet mais deux au moins [6] pour pouvoir en changer souvent. Il fallait être bien misérable pour n'avoir qu'une seule tunique [7] et cependant Jésus-Christ recommande à ses

[1] II Samuel XIII, 18.
[2] Jérus. *Schabbath*, fol. 15, 4 et Babyl. *Schabbath*, fol. 120, 1.
[3] Epiphane, livre I, ch. 15.
[4] Jonas III, 6.
[5] I Rois XIX, 13, 19.
[6] « Deux vêtements de rechange » Genèse XLV, 22 ; voir aussi Job XXVII, 16 ; II Rois V, 5 ; Juges XIV, 13.
[7] De là le conseil de Jean-Baptiste : Ev. de Luc III, 10, 11.

disciples de n'en avoir qu'une seule [1]. D'après l'Évangile de
Luc [2] il aurait dit un jour : « Si quelqu'un veut te prendre
ton manteau, laisse-lui aussi la tunique. » Ce précepte se
comprend ; un voleur saisissait d'abord le vêtement de dessus ;
d'après Saint Matthieu [3] Jésus aurait dit au contraire : « Si
l'on veut te prendre ta tunique, laisse prendre aussi le manteau. » Sous cette forme le précepte du Christ se comprend
moins bien et il est naturel de supposer que dans la trans-
cription de ce second texte les copistes ont commis une
erreur, ils ont transposé les deux termes, tunique et manteau.
Par dessus la robe et pour la serrer les hommes portaient une
ceinture [4]. Celle de Jérémie était de lin [5] et celle de Jean-Baptiste de cuir [6]. « Que vos reins soient ceints [7] », disait Jésus-
Christ à ses disciples, c'est-à-dire soyez comme des voyageurs
qui ont une longue course à fournir, relevez les plis de vos
robes flottantes, retenez-les avec votre ceinture pour que rien
n'entrave votre marche et ne vous empêche d'avancer.

Tels étaient les vêtements d'hommes. Les prêtres seuls portaient de plus des pantalons qui allaient des reins aux genoux [8].

Les vêtements des femmes ressemblaient à ceux des hommes ;
elles portaient aussi la tunique et la robe, mais beaucoup
plus larges et plus amples [9]. La loi interdisait formellement
aux hommes de mettre des vêtements de femmes et aux
femmes des vêtements d'hommes [10].

L'ampleur de son manteau permettait à la femme de porter

[1] Ev. de Luc IX, 3 ; Ev. de Matth. X, 10.
[2] Ev. de Luc VI, 29.
[3] Ev. de Matth. V, 40.
[4] I Rois XVIII, 46 ; II Rois I, 8, IV, 29 ; Job. XXXVIII, 3.
[5] Jérémie XIII, 1.
[6] Ev. de Matth. III, 4 et parall.
[7] Ev. de Luc XII, 35.
[8] Exode XVIII, 42.
[9] Ruth III, 15 ; Esaïe III, 22, trad. de Segond « larges tuniques. »
[10] Deutéronome XXII, 5.

dans ses plis différents fardeaux et en particulier le grain. Ruth pouvait mettre dans le sien jusqu'à six mesures d'orge [1]. Cette coutume, qui existe encore, était certainement celle du premier siècle. On mettait dans son sein l'herbe et les fruits, la ceinture aidait à soutenir la charge et voilà pourquoi Jésus-Christ parle de la bonne mesure « pressée, secouée et débordante [2]. » La ceinture des femmes était de lin et de coton et faisait plusieurs fois le tour de leur taille [3]. Il faut ajouter que les femmes avaient en public la tête voilée, entièrement couverte. Mais ne croyons pas qu'on fît de cet usage une stricte obligation. La liberté dont jouissait, à cet égard, la femme hébraïque, contraste avec l'avilissement de la femme arabe dans tout l'orient moderne [4]. Lorsqu'une femme gardait son voile, il était interdit sous peine d'une forte amende de le lui ôter, mais elle était libre de l'enlever elle-même si elle le voulait. Gamaliel, dit un des Talmuds, « vit un jour une païenne fort jolie et prononça sur elle la formule de bénédiction [5] » et Jésus a dit : « Celui qui regardera une femme pour la convoiter a déjà commis l'adultère avec elle dans son cœur [6]. » Ces deux passages indiquent bien que la femme avait souvent le visage découvert. Nous savons de plus que les jeunes filles étaient moins souvent voilées que les femmes mariées [7].

Les chaussures étaient de deux sortes, les ὑποδήματα (souliers) et les σανδάλια (sandales); ces deux mots, souvent pris l'un pour l'autre dans le Nouveau Testament [8], désignent

---

[1] Ruth, III, 15.
[2] Ev. de Luc VI, 38.
[3] Esaïe III 20; Ezéchiel XVI, 10.
[4] Genèse XII, 14; XXIV, 65; XXXVIII, 14, 19; I Samuel I, 12.
[5] *Berakhoth* IX, 2.
[6] Ev. de Matth. V, 28.
[7] « A quel signe reconnait-on qu'une femme n'est pas mariée? si elle parait en public le voile baissé sur les yeux, mais la tête découverte. » Babyl. *Chetubb.*, fol. 17, 2.
[8] Cf. Ev. de Marc, VI, 9, et Ev. de Matth. X, 10.

cependant deux sortes de chaussures bien distinctes. Le soulier était de cuir mou; la sandale plus grossière et plus utile,
était de cuir dur. Sa semelle était de bois, de jonc ou d'écorce
de palmier et tenait au cuir par des clous[1]. On en avait toujours deux paires surtout en voyage et quand Jésus-Christ dit
à ses apôtres : « Ne prenez pas de sandales », il veut certainement dire : ne prenez pas de paire de rechange; n'ayez que
celles qui sont à vos pieds. Elles étaient attachées avec des
courroies[2] et la peau dont on se servait était, sans doute
comme aujourd'hui, celle de chameau ou de hyène. Les pieds
restant découverts, il était nécessaire de les laver souvent[3].
Le soulier, sur lequel nous n'avons point de détails, semble
n'avoir servi qu'aux classes aisées. Ceux des femmes étaient
du même cuir fin qui servait à faire les courroies
des sandales[4]. Elles y faisaient mettre souvent de petites
sonnettes ou des plaques de métal[5].

Parlant des vêtements de femmes nous ne pouvons passer
sous silence le très curieux passage d'Ésaïe sur la toilette des
dames de son temps[6]. Sans décrire des vêtements de luxe
proprement dits (*Machalatsoth*[7]) il nomme un grand nombre
de bijoux, les pendants d'oreilles[8] et les anneaux du nez[9]
(*nezem*), les bracelets, les colliers, les chaînes (*Rabîd*), les
croissants en demi-lune portés au cou, les filets pour soutenir
les cheveux[10] et les talismans d'or sur lesquels étaient gravées
des paroles de la Loi. Les femmes arabes de nos jours portent

---

[1] Babyl. *Schabbath*, fol. 60, 1; *Joma*, fol. 78, 2; Ev. de Matth. X, 9;
de Luc X, 4.

[2] Ev. de Marc, I, 7.

[3] Genèse XVIII, 4; XXIV, 32.

[4] Ezéchiel XVI, 10.

[5] Esaïe III, 20. Les femmes arabes le font encore aujourd'hui.

[6] Esaïe III, 16 et suiv.

[7] Zaccharie III, 4.

[8] Voir aussi Ezéchiel XVI, 12.

[9] Genèse XXIV, 47.

[10] Voir aussi Ezéchiel XVI, 11, et Cantique des cant. I, 10.

encore des chaînettes d'argent auxquelles sont suspendues diverses pièces de monnaie.

Les bracelets étaient de deux sortes : ceux du coude [1] et ceux du poignet [2]. Ils étaient formés d'anneaux ronds ou plats en or ou en argent; on en portait aussi en forme de chaines [3] et des bagues ornaient les doigts des mains [4]. Il ne faudrait pas croire que ce luxe ne fut répandu que dans les hautes classes. Il n'est pas rare de rencontrer, même aujourd'hui, en Palestine, de pauvres femmes en haillons et portant des anneaux de fer, de cuivre, de verre et, si elles peuvent, d'argent.

Les anneaux des pieds [5] sont devenus rares ; on en voit quelques-uns à Jéricho et sur les rives de la mer Morte portés par les femmes nomades. Les sachets, les bourses, les sacs ornés de broderies et attachés à la ceinture étaient aussi usités autrefois [6] que de nos jours, et, détail singulier, on ne se servait pas de mouchoir. Les Romains n'en avaient point et certainement les Juifs non plus. Si les Arabes en portent aujourd'hui ils commencent toujours par se servir de leurs doigts et ne prennent leur mouchoir que pour s'essuyer.

Les miroirs étaient de métal brillant et poli. Ils étaient fort petits; on les tenait à la main par un manche [7].

Le fard était très employé par les femmes [8]. Ce fard (en hébreu *Pouch*, en latin *Stibium*, en arabe *Chol*) servait à noircir les sourcils et les cils [9]. C'était une poudre faite avec une matière extraite du plomb. Il était renfermé dans une corne et on le prenait avec une aiguille d'argent, d'ivoire ou de

---

[1] II Samuel I, 10.
[2] Genèse XXIV, 30, 47; Ezéchiel XVI, 11.
[3] Esaïe III, 19.
[4] Esaïe III, 21.
[5] Nombres XXXI, 50; Esaïe III, 20.
[6] Esaïe III, 22.
[7] Exode XXXVIII, 8; Job XXXVII, 18; Esaïe III, 23.
[8] Une des filles de Job s'appelait Pot-de-Fard : Job XLII, 14.
[9] Jérémie IV, 30; II Rois IX, 30.

bois. On a trouvé du stibium en Egypte dans les sarcophages et dans les urnes, ainsi que des aiguilles d'argent, d'ivoire et de bois pour l'appliquer. Ce fard était certainement en usage au premier siècle; et nous savons par Josèphe[1] qu'Hérode le Grand se faisait teindre les cheveux et la barbe et farder le visage. Les femmes arabes se servent aujourd'hui de la feuille d'un arbuste qu'elles appellent *Al-Kenna* (Cyprus en latin), elles la font bouillir dans l'eau puis la pulvérisent après l'avoir fait sécher au soleil. Elles obtiennent ainsi une poudre d'un jaune foncé qu'elles font infuser dans l'eau chaude et avec laquelle elles se teignent les ongles, les paumes des mains et les cheveux. Il est remarquable que cet arbuste est précisément nommé dans le Cantique des cantiques[2].

L'usage des parfums était très répandu. Ils étaient préparés par des parfumeurs ou des parfumeuses[3] qui se servaient d'huiles et d'onguents[4]. Ceux qu'on brûlait au Temple étaient fabriqués par les prêtres eux-mêmes. Ils composaient une huile sainte, dont la base était l'huile d'olive combinée avec quatre sortes d'aromates : 1° la myrrhe franche (celle qui coule d'elle-même et sans incision) ; 2° la cinamome ou cannelle; 3° le roseau aromatique; 4° la casse aromatique. Cette huile sainte était interdite pour l'usage ordinaire[5].

Les parfumeurs employaient pour leurs préparations l'aloès, le nard, le safran, le baume[6]. Ces essences venaient de l'Inde, de l'Arabie et surtout de Séba, par les Phéniciens[7]. Le Nouveau Testament parle du nard[8] et Pline l'ancien a connu cette racine aromatique[9]; elle servait en particulier à parfumer le vin.

---

[1] *Ant. Jud.* XVI, 8.
[2] Cant. des cant. I, 14 ; IV, 13.
[3] I Sam. VIII, 13.
[4] Exode XXX, 25 ; II Chron. XVI, 14 ; Eccl. X, 1.
[5] Exode XXX, 37.
[6] Proverbes VII, 17.
[7] Esaïe LX, 6; Jérémie VI, 20; Ezéchiel XXVII, 22.
[8] Ev. de Marc XIV, 3 et parall.
[9] *Hist. nat..* livre XIII, ch. 3 et XII, ch. 21.

On parfumait sa maison, ses vêtements, son corps, ses cheveux [1] ; les femmes portaient habituellement sur elles des flacons d'essence. C'était la transpiration et les bains fré-, quents qui, en desséchant la peau, rendaient ces parfums nécessaires. Nous disons les bains fréquents, car nous n'avons aucun motif de croire que l'usage des bains ne fut pas aussi répandu en Palestine que dans le reste de l'empire. Sans doute la malpropreté du Juif, proverbiale aujourd'hui, l'était déjà au premier siècle [2], mais il ne faut pas trop se fier aux rapports des Romains, toujours enclins à juger les Juifs défavorablement. La Juiverie de Rome pouvait être composée de misérables en haillons, d'une malpropreté repoussante ; ce n'est pas un motif pour qu'il n'y eut pas de bains publics en Judée, et que l'habitude de se baigner ne fut pas répandue à Jérusalem. Si la Bible ne mentionne pas ces bains publics, les Talmuds en parlent [3]. Il était interdit de se laver les jours de jeûne [4], ce qui suppose bien qu'on se lavait tous les autres jours. Le vent d'Est soulève en Palestine des nuages de poussière et de sable [5], et les bains fréquents étaient nécessités par la santé sans parler des lois religieuses qui les ont toujours ordonnés aux peuples de l'Orient. Manou les avait imposés aux Indiens. En Egypte, ils étaient commandés [6] et les Musulmans se livrent, on le sait, à de fréquentes ablutions.

L'hygiène se rencontre ici avec la foi religieuse et plusieurs des ordonnances de Moïse ne sont autre chose que des préceptes hygiéniques ayant revêtu à la longue un caractère sacré. L'origine du baptême, nous aurons l'occasion de le remarquer

[1] Esaïe III, 20 ; Luc VII, 37 ; Jean XI, 2, XII, 3 ; Prov. XXVII, 9.

[2] « Hoc contra naturam est faciles odisse munditias et squallorem appetere », dit Sénèque en parlant des Juifs. (*Epist.* 5.)

[3] *Berakoth*, Trad. Schwab, p. 35.

[4] Bab. *Joma* 77, 2.

[5] Esaïe XXVII, 8 ; Job XXVII, 21 ; Jérémie XVIII, 17 ; Ezéch. XVII, 10, etc.

[6] Hérodote II, 37.

encore, ne doit pas être cherchée ailleurs. Une ablution fré-
quente, nécessitée par la chaleur du climat, devint peu à peu
un acte de culte, un sacrement. Les Esséniens ne prenaient-
ils pas des bains sacrés tous les jours? et l'Ancien Testament
ne parle-t-il pas souvent de bains pris dans des rivières ou
dans les bassins intérieurs des maisons[1]? On se servait même
de savon ou du moins d'un alcali végétal qui le remplaçait.
Le nitre et la potasse étaient connus des Hébreux[2].

Nous ne parlons ici, bien entendu, que des villes. La malpropreté du paysan arabe est aujourd'hui effroyable et celle du
paysan juif ne devait pas être moindre; surtout de celui qui
demeurait loin du lac, ou loin du Jourdain, en un mot partout où l'eau était rare.

Il nous reste à décrire les coiffures. Les Juifs soignaient
beaucoup leurs cheveux. Les jeunes gens les portaient longs
et frisés[3] ; les cheveux touffus et abondants étaient très estimés[4]. Les hommes graves et les prêtres les raccourcissaient
de temps en temps, mais fort peu. La tête chauve était méprisée; les enfants s'en moquaient[5]. Les hommes portaient
toute leur barbe et l'oignaient d'huile. Ils ne la taillaient
jamais[6]. Les femmes aimaient avoir les cheveux frisés[7] ou
bien les tressaient pour les retenir ensuite avec un peigne
et des épingles[8]. Cet usage ne semble pas avoir été général au
premier siècle. En tout cas, il était sévèrement jugé par les
premiers chrétiens qui défendaient aux femmes de se tresser
les cheveux[9].

En public, les femmes comme les hommes portaient tou-

---

[1] II Samuel XI, 2 ; Lévit XV, 13.
[2] Jérémie II, 22 ; Malachie III, 2.
[3] Cant. des cant. V, 11.
[4] II Sam. XIV, 26.
[5] II Rois II, 23.
[6] Lévit XIX, 27 ; XXI, 5 ; II Sam. X, 4, 5.
[7] Esaïe III, 16.
[8] Mischna *Schabbath*, § 1.
[9] I Pierre III, 3 ; 1 Timothée II, 9.

jours et partout le turban. Il est dangereux, en toute saison, de s'exposer la tête nue aux rayons du soleil de Palestine et le turban, coiffure épaisse faisant plusieurs fois le tour de la tête, est absolument nécessaire. On l'appelait en hébreu *Sudar*[1] (σουδάριον Sudarium, mouchoir.) Il était blanc, soit en lin, soit en coton. Les rois le portaient[2] comme les hommes du peuple et le béret haut et pointu que les prêtres s'attachaient sur la tête[3], était une coiffure toute spéciale, usitée dans le Temple seulement. La nécessité d'avoir toujours la tête couverte était telle, que peu à peu on considéra comme inconvenant de se la découvrir; on priait la tête couverte. Les prêtres, nous venons de le dire, avaient la tête couverte dans le Temple, et dans les synagogues les hommes ne se découvraient jamais. Cet usage subsiste encore aujourd'hui.

Nous n'avons point parlé du luxe des vêtements d'hommes, car ce luxe n'existait pour ainsi dire pas. Ils aimaient seulement avoir un bâton et un anneau qui portait un cachet[4]. Cet anneau se mettait à un doigt de la main droite et quelquefois on le suspendait à sa poitrine[5] avec un cordon ou une chaîne. Le sceau ou cachet servait de signature[6]. Les bâtons étaient de plusieurs sortes. Hérodote parle de ceux des Hébreux de Babylone et remarque qu'ils avaient tous un ornement tel qu'une rose, une pomme, une fleur de lis. C'était donc de véritables cannes semblables aux nôtres. Elles étaient indispensables au premier siècle contre les chiens, nombreux dans les campagnes et toujours à demi-sauvages.

---

[1] *Schabbath*, 77 *b*.
[2] Ezéchiel XXI, 31.
[3] Exode XXIX, 9.
[4] Genèse XLI, 42; Jérémie XXII, 24.
[5] Cant. des cant. VIII, 6.
[6] Nous trouvons dans le Nouveau Testament le mot στολή (Luc. XV, 22; XX, 46) qui désigne la *tunica talaris*, c'était la robe de cérémonie des hommes; elle descendait jusqu'à la cheville, les scribes la portaient habituellement.

Indiquons ici les signes religieux que portaient les Pharisiens dévots. Il y en avait de deux sortes, les Tefillin et les
Tsitsith. Les Tefillin (φυλακτήρια en grec [1], phylactères) étaient
de petites boîtes de métal ou des bandes de parchemin attachées par des courroies sur les mains et sur la tête. Elles
renfermaient les passages de la *mesusa* [2] et divers autres
encore [3] sur la Pâque et sur le rachat des premiers-nés. Les
Musulmans portent aussi des passages du Coran, gravés sur
des plaques de métal et les Juifs de Palestine ont encore des
phylactères attachés sur le front et sur les bras [4].

Les Tsitsith (κράσπεδα [5], houppes), étaient des franges bleues
ou blanches placées aux quatre coins de la robe ou manteau,
d'après un commandement de la Loi [6]. Les Pharisiens por
taient de larges phylactères et des franges très longues.

Essayons, en terminant ce chapitre, de nous représenter
comment Jésus-Christ était habituellement vêtu. Il n'avait ni
« le fin lin » ni « les habits précieux de ceux qui habitent
dans les maisons des rois » ; il n'avait pas non plus « une robe
traînante comme les Scribes et certains Pharisiens. » Sur la
tête il portait certainement le turban, la coiffure nationale,
celle de tous ses compatriotes sans exception. Les peintres
commettent une erreur quand ils représentent le Christ tête
nue ; nous l'avons dit, tout le monde avait la tête couverte [7]. Le
turban du Christ devait être blanc [8]. Il était retenu sous le
menton par un cordon et il descendait de côté jusque sur les
épaules et sur la tunique. Sous son turban il portait les
cheveux un peu longs et sa barbe était entière. Sa tunique

[1] Ev. de Matth. XXIII, 5.
[2] Voir sur la *Mesusa* livre II, chap. X, la *Prière*.
[3] Les passages Exode XIII, 1-10 et 11-16.
[4] Voir, pour plus de détails sur les phylactères, livre II, chapitre X,
la *Prière*.
[5] Ev. de Matth., XXIII, 5.
[6] Nombres XV, 37, et Deut. XXII, 12.
[7] *Kiddüschin*, 31 a.
[8] Tous les turbans étaient blancs. *Schabbath*, 77 b.

(χιτών), le vêtement de dessous, était d'une seule pièce, sans couture ; elle devait donc avoir une certaine valeur [1]. Elle lui avait sans doute été donnée par une des personnes qui « l'assistaient de leurs biens. » Par dessus il portait le talith (ἱμάτιον) un peu large et flottant quand il marchait [2]. Ce manteau n'était pas blanc, car il devint blanc à la transfiguration [3]. Il n'était pas rouge, cette couleur étant réservée pour le manteau militaire [4]. Il est possible qu'il fut bleu, le bleu étant alors très commun, ou plus simplement encore, blanc à raies brunes. En tout cas, Jésus avait, à ses quatre coins, des tsitsith, ces franges bleues ou blanches dont nous venons de parler [5]. Ses chaussures étaient des sandales retenues par des courroies, nous apprend Jean-Baptiste [6] et quand il était en voyage « allant de lieu en lieu », il portait sans doute une ceinture qui lui ceignait les reins et un bâton à la main. Ses apôtres, vêtus comme lui, l'accompagnaient ; un peu plus loin venaient quelques femmes : « Marie, dite de Magdala ; Jeanne, femme de Chuza, intendant d'Hérode ; Suzanne et plusieurs autres [7]. »

[1] Jean XIX, 23. *Bathra*, 57 *b*.

[2] *Schabbath*, 120 *a* ; *Bathra*, 57 *b*.

[3] Ev. de Matth. XVII, 2. Les peintres représentent d'ordinaire le Christ en vêtements blancs. Il est vrai que les Esséniens portaient des robes blanches, et nous savons que Jésus adopta quelques-unes de leurs coutumes, mais le passage que nous venons de citer est péremptoire : « Ses habits *devinrent* blancs. » Ils ne l'étaient donc pas.

[4] Esaïe LXIII, 1.

[5] Ev. de Matth. IX, 20 ; XIV, 36 ; XXIII, 5, etc.

[6] Le mot ὑποδήματα doit être certainement traduit ici par sandales: Ev. de Matth. III, 11 ; de Marc I, 7 ; de Luc III, 16 ; de Jean I, 27.

[7] Ev. de Luc VIII, 1-3.

CHAPITRE XI

LA VIE PUBLIQUE

Les poids — Les mesures pour les liquides, — pour les solides. — Mesures de longueur. — La coudée. — Les monnaies. — La division de l'année, — du mois, — de la journée. — Les dates des grandes fêtes. — Les impôts directs et indirects. — Les publicains. — Les péagers. — L'impôt pour le Temple. — Les impôts payés aux Hérodes.

La vie publique se passait tout entière en plein air dans les rues, sur les places, et, dans les petites villes, près des portes, là où se trouvait le puits et où se tenait le marché. On s'y réunissait de grand matin ou le soir, après le coucher du soleil. Dans la journée la chaleur était trop forte, du moins pendant la plus grande partie de l'année. Entrons dans une des grandes villes du pays, à Jérusalem par exemple. Le marché s'y tient le matin dans les rues larges qui sont les moins nombreuses. Nous l'avons remarqué en décrivant la ville sainte, les boutiques sont en plein air, ce sont des étalages. Les métiers aussi sont installés à ciel ouvert. L'atelier moderne n'existe pas ; tout le monde travaille dehors. Les maisons sont trop petites, trop inconfortables, trop chaudes pour qu'on s'y tienne dans la journée. Les anciens, même à Rome et surtout en Grèce et en Orient, vivaient hors de chez eux. Chacun porte sur soi le signe distinctif de sa profession. Les changeurs, ceux par exemple qui se tiennent dans le parvis du Temple et dont Jésus a renversé les petites tables, ont un denier suspendu à l'oreille[1], les teinturiers un

[1] Ils se tenaient aussi sur les places publiques et dressaient leur éta-

échantillon d'étoffe, les écrivains publics une plume, les tailleurs une aiguille [1].

Les Juifs ont toujours été commerçants ; ils avaient le génie des affaires au premier siècle comme aujourd'hui. Il suffit, pour s'en convaincre, de remarquer la place considérable que Jésus a donnée dans ses paraboles à la banque, aux talents, aux économes, aux questions d'intérêt, de capital, de revenu [2]. Le Christ se servait de telles comparaisons parce qu'il savait combien elles étaient familières à ses auditeurs, et les Pères nous ont conservé un mot de lui qui n'est pas dans les Évangiles, mais qui se rattache au même ordre de pensées : « Soyez de bons banquiers », disait-il un jour [3].

Le procédé employé par les Juifs dans leurs achats nous est révélé par un passage de la Genèse [4]. Abraham veut acheter d'un certain Ephron la caverne de Macpélah pour y ensevelir sa femme Sarah. Ephron lui dit : « Je te la donne. » Abraham refuse ce présent et veut payer la caverne son prix. Ephron refuse encore, mais en s'écriant : « Qu'est-ce que cela ? quatre cents sicles d'argent. » Abraham comprend ; Ephron ne refuse que par politesse ; il vient d'articuler un chiffre. Le patriarche lui compte les quatre cents sicles et il les accepte. Eh bien, aujourd'hui, en plein dix-neuvième siècle, les Arabes n'agissent pas autrement dans leurs achats. Ce refus poli, cette indication du prix donnée par le vendeur qui s'écrie : « Qu'est-ce que cela ? » cette prétention qu'il élève d'abord de livrer sa marchandise pour rien, tout cela existe de nos jours et se pratiquait bien certainement au premier siècle [5].

---

lage en plein vent. Cet usage existe encore. (Bovet, *Voyage en Terre Sainte*, p. 48).

[1] Jérus. *Schabbath*, 3 *b*.

[2] Ev. de Matth. XXV, 14 et suiv.; de Luc XVI, 1 et suiv., etc., etc.

[3] Reuss. *Hist. de la théol. chrét.* Tome I, p. 258, note 3.

[4] Genèse XXIII, 3 et suiv.

[5] Pierrotti, *La Palestine actuelle dans ses rapports avec la Palestine ancienne*, p. 330.

Les poids étaient en pierre et les marchands les portaient sur eux dans un sac suspendu à leur ceinture[1] comme cela se fait encore en Orient. Des agents de police, sorte de licteurs (virgiferi), délégués par le Sanhédrin, les vérifiaient de temps à autre.

Enumérons les poids et mesures qui sont mentionnés dans le Nouveau Testament et commençons par les liquides.

Il nous est parlé du Bath dans l'Evangile[2], (en grec βάτος, ου). Cette mesure, fort ancienne, valait exactement trente-huit litres quatre-vingt-huit centilitres. C'était le métrète attique que nomme saint Jean[3]. Les anciens Hébreux le divisaient en six Hin ; le Hin valait donc six litres quarante-huit centilitres ; il se divisait lui-même en douze Hog, et le Hog n'était autre chose que le ξέστης des Grecs dont parle Saint Marc[4]. (En latin, *sextarius* ; en français, setier). Il valait cinquante-quatre centilitres, un peu plus d'un demi-litre et se trouvait être la soixante-douzième partie du Bath[5].

Les Romains se servaient d'une mesure qui était la moitié du Hin des Héhreux et qu'ils appelaient le Conge. Elle valait trois litres vingt-quatre centilitres et ils divisaient le Conge en six Setiers[6].

Cependant, malgré les assertions de Josèphe et le mot ξέστης dans Saint Marc, il paraît évident, d'après de récentes recherches, que le Hin et par suite le Setier, n'étaient plus usités en Palestine au premier siècle[7]. Cette mesure (ίνιον en grec) était égyptienne.

---

[1] Levit. XIX, 36 ; Prov. XI, 1 ; XVI, 11, etc.
[2] Ev. de Luc XVI, 6.
[3] Ev. de Jean II, 6. Voir II Chron., IV, 5.
[4] Ev. de Marc VII, 4.
[5] Jos. *Ant. Jud.* VIII, 2, 9.
[6] Voir Dict. de Littré au mot *conge*.
[7] Graetz, *Geschichte der Juden*, III, pages 671 et suiv.; Herzfeld, *Recherches métrologiques*, 1865, p. 58. L'erreur de Marc se comprend aisément, il écrit pour les Latins et alors emploie le mot setier qui leur était familier.

Les Juifs du temps de Jésus-Christ avaient adopté une sorte de système décimal, car ils divisaient le Bath (appelé aussi *Epha*) en dix Omer[1], et pour les mesures supérieures ils avaient le Chomer qui valait dix Baths et le Lethech qui n'en valait que cinq.

Telles étaient leurs mesures pour les liquides. Quant aux solides, le Nouveau Testament ne mentionne que le κόρος[2]. On n'est pas d'accord sur la valeur véritable de cette mesure. D'après des données qui paraissent exactes, ce Corus se divisait en trente Modius valant chacun deux litres vingt-quatre centilitres environ. Le Corus aurait donc été de soixante-sept litres vingt centilitres. Mais Josèphe[3] donne au Corus la valeur de dix Médimnes attiques ; et le Médimne, mesure des solides chez les Grecs, valant cinquante et un litres soixante-dix-neuf centilitres, le Corus aurait été de cinq cent dix-sept litres quatre-vingt-dix centilitres. Il y a tout lieu de croire que c'est Josèphe qui commet ici une inexactitude dans le désir d'assimiler entièrement les usages juifs aux usages grecs.

Pour les longueurs on se servait de la coudée.

L'ancienne coudée hébraïque valait cinquante-quatre centimètres[4] mais, pendant la captivité, les Juifs s'habituèrent à celle de Babylone qui n'avait que quarante-cinq centimètres. Cette longueur de la coudée au premier siècle est généralement adoptée par tous les critiques et c'est sur cette base que nous avons calculé en mètres et centimètres toutes les mesures données par Josèphe[5]. Il va sans dire que ce chiffre est

---

[1] Lightfoot, *Horœ* sur Matth. XIII, 33.

[2] Ev. de Luc XVI, 7.

[3] Jos. *Ant. Jud.* XV, 9, 2.

[4] II Chron. III, 3.

[5] Winer *R. W. B.* Art. *Elle.* — Littré, *Dict. de la langue française* art. *Coudée.* M. Chauvet dit dans l'art. *Jérusalem*, de l'Encycl. des sciences religieuses, tome VII, p. 268 : « Pour la coudée de Josèphe on hésite entre le djamed de 0^m,262 ou la coudée royale 0^m,125. » Ces chiffres sont pour nous incompréhensibles. Il doit y avoir, dans ce passage de ce savant rticle, une faute d'impression ; que l'on calcule non-seulement à 125 $^m/_m$,

approximatif et que la longueur exacte à deux ou trois centimètres près est difficile à apprécier. Elle l'est d'autant plus
que chaque peuple avait sa coudée : L'Egyptienne valait aussi
450 mill, la royale 525, l'Olympique 402 etc. Chaque coudée
se divisait en deux empans, chaque empan en six palmes et
chaque palme en vingt-quatre doigts. — La brasse valait
quatre coudées. Les vingt brasses dont parle le livre des Actes
des apôtres représentent donc trente six mètres et les quinze
brasses trouvées un peu plus loin par les naufragés vingt-sept
mètres [1].

Le chemin sabbatique [2], qui était de deux mille coudées,
avait par conséquent neuf cents mètres ou près d'un kilo-
mètre. Pour les mesures plus étendues, on avait le stade
qui valait, croit-on, cent quatre-vingt-dix mètres environ.
Emmaüs, qui était à soixante stades de Jérusalem [3], en
était donc distant de onze kilomètres quatre cents mètres.

Sur les monnaies, nous avons des données talmudiques assez précises. Comme nous ne parlons que de l'époque même
de Jésus, nous n'avons rien à dire des monnaies si nombreuses et si curieuses frappées par les Juifs pendant la
guerre de 66 à 70. Au commencement du premier siècle, les
monnaies proprement hébraïques dataient du temps des
Macchabées. En outre, on se servait des monnaies grecques
et des monnaies romaines [4]. Mais l'argent juif pouvait seul

mais même à 262 m/m par coudée, n'importe quelle hauteur indiquée par
Josèphe, on aura des proportions mesquines, qui ne peuvent avoir été
celles du Temple ou de tel autre édifice. Si, au contraire, on prend pour
base 45 centimètres pour chaque coudée, on a des proportions très naturelles. Du reste, M. de Saulcy a mesuré, dans son voyage en Terre
Sainte, les fondations de plusieurs des tours indiquées par Josèphe et
ses chiffres s'accordent avec la base que nous choisissons, 45 cent. par
coudée. — Voir aussi Munk, *Palestine*, p. 397.

[1] Actes des Apôtres XXVII, 28.
[2] Actes des Ap. I, 12.
[3] Ev. de Luc XXIV, 13.
[4] Nous renvoyons ici le lecteur aux beaux travaux de M. de Saulcy

être employé dans le Temple ; de là, la nécessité absolue de changeurs ; ceux-ci, au lieu de se tenir hors des portes, s'installaient sans aucun droit dans la première cour.

Le denier valait quatre-vingt-huit centimes, c'était le prix de la journée de travail comme le prouve la parabole des ouvriers de la onzième heure[1]. La drachme[2], monnaie grecque, avait exactement la même valeur. Elle est appelée zouz dans les Talmuds (au pluriel zouzim). Ainsi les mots zouz, denier, drachme, désignent la même pièce de monnaie ; cinquante zouz valaient deux cent-trois gr. d'argent[3].

Le stater (appelé aussi traphik)[4], était de toutes les monnaies la plus répandue, il valait quatre drachmes, c'est-à-dire trois francs cinquante centimes environ, on l'appelait aussi sicle d'argent[5]. Deux drachmes formaient la didrachme ou demi-sicle (1 fr. 75) et représentaient l'impôt que tout Israélite payait chaque année au Temple[6]. Le sicle d'or avait beaucoup plus de valeur (39 fr. 75). Le denier d'argent[7] montré à Jésus-Christ[8] était une pièce romaine, car le zouz juif ne portait pas l'image de l'empereur.

Les monnaies divisionnaires du denier étaient très nombreuses. La plus petite était le lèpte[9], (Prutah en hébreu). Elle ne valait pas même la moitié d'un centime, mais exacte-

---

sur la numismatique juive. Voir aussi Schürer, *Neutestamentliche Zeitgeschichte*, p. 364 et suiv.; Munk, *la Palestine*, p. 400-403, etc.

[1] Ev. de Matth. XX, 2.

[2] Ev. de Matth. XVII, 24, etc., etc.

[3] Weil, *La femme juive*, p. 26.

[4] Il y avait un traphik qui ne valait que 40 centimes et qu'il ne faut pas confondre avec le stater.

[5] Jos. *Ant. Jud.* III, 8, 2.

[6] Ev. de Matth. XVII, 24. Jérôme dit aussi (*Comment. sur Ezéch.* IV, 10), que le stater vaut quatre drachmes.

[7] Ce terme : « un denier » désignait toujours un denier d'argent. Le denier d'or valait 25 deniers d'argent, 22 fr.

[8] Ev. de Marc XII, 16.

[9] Ev. de Luc XII, 59.

ment 0 ^{c} 4575. L'Evangile de Marc dit : [1] « Deux lèptes font un quadrant. » Celui-ci représentait donc 0 ^{c} 915, ou presque un centime de notre monnaie.

Voici comment nous dressons, d'après les indications très exactes des Talmuds[2], la liste de ces petites monnaies au premier siècle : le denier : 0,88 cent.; le meah : un sixième de denier ou 14 ^{c} 66 ; le pondion ou demi-meah : 7 ^{c} 33 ; l'as ou demi pondion : 3 ^{c} 66 ; le semisse ou demi-as : 1 ^{c} 83 ; le quadrant ou demi-semisse : 0 ^{c} 915 ; le prutah ou lèpte, demi-quadrant : 0 ^{c} 4575. Huit lèptes faisaient donc un as ; seize lèptes un pondion ; trente-deux lèptes, un meah ; et six meahs, un denier qui représentait 192 lèptes ou 96 quadrants.

Le talent[3] était une monnaie énorme qui pesait trente-neuf kilogrammes et valait 5280 francs, ou soixante mines[4]. La mine, cent drachmes, ou quatre-vingt-huit francs, et la drachme, six oboles, etc.

Un grand nombre de monnaies macchabéennes, celles-là même que les contemporains de Jésus avaient entre les mains, sont conservées à la Bibliothèque nationale, à Paris. De leur nombre se trouve un sicle d'argent semblable à l'un des trente sicles que Judas reçut pour prix de sa trahison[5]. D'un côté se voit un lis avec l'exergue : *la sainte Jérusalem*; de l'autre, un vase qui représente sans doute une coupe à parfum ou un encensoir. Au-dessus de ce vase, la lettre *alèph*, la première de l'alphabet hébreu et qui signifie ici an 1 (de la délivrance Macchabéenne) ; cette pièce a donc été frappée en 142 ou 141 avant l'ère chrétienne. Autour du vase on lit ces mots : *sicle d'Israël*. Trente de ces sicles valaient cent cinq francs, puisque le sicle était de trois francs

---

[1] Ev. de Marc XII, 42.
[2] Jérus. *Kidduschin*, fol. 58, 4 et Maimon. in tractatu *Schekalin*, ch. I.
[3] Ev. de Matth. XXV, 14 et suiv.
[4] Ev. de Luc XIX, 12 et suiv.
[5] Ev. de Matth. XXVI, 15 et parall.

cinquante centimes. M. Reuss fait observer [1] que ce chiffre est trop fort et que, d'après le poids du métal, trente sicles ne devaient pas représenter beaucoup plus de quatre-vingts francs de notre monnaie au titre actuel. Mais il faut tenir compte de la valeur relativement élevée de l'argent à cette époque et, d'après ce savant, le prix auquel Judas vendit Jésus équivalait à une somme de cinq à six cents francs.

L'année des Israélites avait deux commencements principaux. L'année ecclésiastique débutait au printemps ; l'année civile en automne [2].

Voici ce double tableau :

ANNÉE ECCLÉSIASTIQUE	ANNÉE CIVILE	NOMS DES MOIS	
1er mois	7e mois	Nisan	Mars. Avril.
2e mois	8e mois	Ijar	Avril. Mai.
3e mois	9e mois	Sivan	Mai. Juin.
4e mois	10e mois	Tammous	Juin. Juillet.
5e mois	11e mois	Ab	Juillet. Août.
6e mois	12e mois	Elul	Août. Septembre.
7e mois	1er mois	Tischri	Septembre. Octobre.
8e mois	2e mois	Marcheschvan	Octobre. Novembre.
9e mois	3e mois	Kisleu	Novembre. Décembre.

[1] La Bible, *Comm. sur les synoptiques*, p. 625.
[2] Wieseler, *Synopse chronologique*, p. 437-484. Schürer, *op. cit.*, p. 669. Chavannes, *Revue de théologie de Strasbourg*, année 1863, p. 218 et suiv.

ANNÉE ECCLÉSIASTIQUE	ANNÉE CIVILE	NOMS DES MOIS	
10ᵉ mois	4ᵉ mois . . .	Tebéth . . .	Décembre. Janvier.
11ᵉ mois.	5ᵉ mois . . .	Schebât. . .	Janvier. Février.
12ᵉ mois	6ᵉ mois . . .	Adar. . , .	Février. Mars.

Le mois de Nisan était donc le premier de l'année ecclésiastique et le mois de Tischri le premier de l'année civile.

On voit que les mois ne correspondaient pas exactement aux nôtres. Nisan, par exemple, commençait vers le milieu de mars pour se terminer vers le milieu d'avril ; Ijar, vers le milieu d'avril pour se terminer vers le milieu de mai, et ainsi des autres.

De plus, ces mois étaient lunaires, c'est-à-dire que les Juifs calculaient leur longueur sur la durée de la révolution de la lune autour de la terre, et, par conséquent, ils étaient plus courts que les nôtres, cette révolution se faisant en vingt-neuf jours douze heures quarante-quatre minutes trois secondes, ou vingt-neuf jours et demi à trois quarts d'heure près.

Le premier jour du mois était celui où l'on voyait pour la première fois la nouvelle lune dans les rayons du soleil couchant. Ceux qui l'avaient aperçue venaient immédiatement le déclarer au Sanhédrin qui proclamait le nouveau mois commencé. C'était ordinairement le soir du vingt-neuvième jour du mois qui finissait que ce fait se produisait. Si, par hasard, le soir de ce vingt-neuvième jour la lune n'avait pas été vue, alors le mois durait un jour de plus, soit trente jours, et, le lendemain soir, commençait de droit le nouveau mois, car au bout de trente jours, l'observation était inutile ; on était certain que la lune était nouvelle. Les mois se trouvaient donc ainsi tantôt de vingt-neuf jours, tantôt de trente, suivant que l'observation était faite ou non le soir du vingt-neuvième. Les mois de vingt-neuf jours étaient appelés mois *caves* ; ceux de trente jours étaient des mois *pleins*. Le mois nouveau, on le voit, commençait en tout cas le soir à la nuit tombante, et, de là, venait l'usage invariable des Juifs de compter les vingt-quatre heures d'une journée d'un coucher de soleil à l'autre et non pas, comme nous, de minuit à minuit[1]. Le premier jour du nouveau mois, on célébrait la néoménie, fête de la nouvelle lune[2].

L'année se composait donc de mois tantôt de vingt-neuf jours, tantôt de trente jours, en nombres inégaux. Quand elle était finie, on était, en tout cas, en retard, même en supposant une majorité de mois de trente jours, car il en faut de trente et un, et il n'y en avait pas un seul. Voici comment on complétait l'année : Les fêtes de la Pâque, de la Pentecôte, des Tabernacles, etc., outre les faits religieux qu'elles commémoraient, se rattachaient aussi à certains phénomènes agricoles. La Pâque devait concorder avec le début de la moisson ; la Pentecôte avec la fin ; les Tabernacles se célébraient à la clôture de toutes les récoltes. Moïse avait dit : « le mois de la Pâque, qui sera le premier de l'année[3], sera aussi le mois des épis (*Abib*)[4] » et dans les Talmuds nous lisons ceci :[5] « La moitié de Tischri, tout le mois de Marschechvan et la moitié de Kisleu se font les semailles ; la moitié de Kisleu, tout le mois de Tebeth et la moitié de Schebat c'est l'hiver ; la moitié de Schebat, tout le mois d'Adar et la moitié de Nisan c'est la fin de l'hiver ; la moitié de Nisan, tout le mois de Ijar et la moitié de Sivan on fait la moisson ; la moitié de Sivan, tout le mois de Tammouz et la moitié d'Ab c'est l'été ; la moitié d'Ab, tout le mois d'Elul et la moitié de Tischri c'est la canicule. » — Le Sanhédrin, quand l'année ecclésiastique était finie, se rendait compte approximativement des erreurs commises par

---

[1] Ev. de Jean XIX, 31 ; Ev. de Luc IV, 40.
[2] Epître aux Coloss. II, 16.
[3] Exode XII, 2.
[4] Exode XIII, 4.
[5] *Bava Mezia*, fol. 10 *b*.

l'état des récoltes et par la température. Les orges devaient
être les premiers épis mûrs, et il fallait que la lune de Nisan
coïncidât avec leur maturité. Si, à la fin du mois d'Adar,
la végétation était retardée, s'il faisait froid, et si la
maturité des orges demandait encore un mois environ, le
Sanhédrin ajournait d'un mois le commencement de Nisan,
et il créait un mois intercalaire qui suivait le mois d'Adar et
que l'on appelait *Veadar* (second Adar). L'année se trouvait
être alors de treize mois et comptait environ trois cent
quatre-vingt-quatre jours.

Le mois de Nisan ainsi fixé, la Pâque commençait le quinze
et durait jusqu'au vingt et un. La Pentecôte se célébrait juste
le cinquantième jour après le seize Nisan. Si Nisan et Ijar
étaient tous les deux mois *caves*, la Pentecôte tombait le sept
de Sivan ; si, au contraire, ils étaient tous les deux *pleins*, la
Pentecôte se célébrait dès le cinq ; et le six, si de ces mois
l'un était cave et l'autre plein. Le doute qui subsiste toujours
à cet égard oblige les chronologistes à ne jamais fixer les dates
qu'à un ou deux jours près. Nous en verrons des exemples quand
nous essayerons de donner la chronologie de la vie de Jésus [1].

Le grand jour des expiations ou le Jeûne se célébrait le 10
de Thischri ; le 15 de ce même mois commençait la fête des
Tabernacles qui durait sept jours. Ajoutons-y la Dédicace [2]
ou commémoration de la Restauration du Temple par Judas
Macchabée qui était fêtée le 25 Kisleu et les Purim ou souvenir
de la délivrance des Juifs au temps d'Esther qui était fixé au
14 ou au 15 d'Adar. Nous reparlerons plus loin de ces fêtes [3].

Quant à la journée, elle était divisée en heures comme
la nôtre et on se servait probablement de sabliers et de
clepsydres, quoique ni Josèphe ni les Talmuds ne nous en
parlent. Elle commençait, avons nous dit, le soir au coucher
du soleil, ou plus exactement à six heures. La nuit était

[1] Voir livre II, chapitre XV, *Les dates principales de la vie de Jésus*.
[2] Ev. de Jean X, 22.
[3] Voir livre II, chapitre XIII, *Les Fêtes*.

divisée en quatre parties ou veilles ; de six heures à neuf heures, c'était le soir (ὀψέ) ; de neuf heures à minuit, le milieu de la nuit (μεσονύκτιον) ; de minuit à trois heures, le chant du coq (ἀλεκτοροφωνία) ; de trois heures à six heures du matin, le matin (πρωί) [1]. Les heures se comptaient à partir de six heures, soit du matin, soit du soir ; sept heures du soir était la première heure de la nuit ; sept heures du matin la première heure du jour ; neuf heures du matin était la troisième heure du jour [2] ; midi, la sixième [3] ; trois heures de l'après-midi [4], la neuvième, etc.

Nous terminerons ce chapitre par quelques détails sur les impôts. Ils étaient de deux sortes : l'impôt dû à l'étranger et l'impôt pour le culte. Celui que l'étranger exigeait et dont l'établissement était récent, jouait un rôle important dans la vie du Juif. Il soulevait en lui un sentiment profond de révolte ; il entretenait sa haine, car il était la preuve palpable de sa servitude. « Devons-nous payer le tribut à César, oui ou non ? » Cette question, sans cesse posée, équivalait à celle-ci : devons-nous nous soulever ? Pourquoi donc l'étranger, après s'être emparé de notre pays, nous demande-t-il de l'argent ? Payer, c'est reconnaître son droit ; c'est être infidèle à la cause de Jéhovah. Nous sommes le peuple élu, nous devons être libres. — Nous avons dit quelle haine de l'étranger animait les Juifs, l'horreur que leur inspiraient les légionnaires qu'on rencontrait partout, l'effervescence des esprits. Le secret de ces passions s'explique par l'impopularité de l'impôt. Un bon patriote ne le donnait qu'en protestant. Judas le Gaulonite se souleva pour ne pas le payer, et l'un des reproches faits à Jésus-Christ était celui-ci : il va avec les publicains, avec les receveurs d'impôts [5], il consent donc

[1] Ev. de Marc XIII, 35.
[2] Actes, ch. II, 15.
[3] Ev. de Marc XV, 25 et 33.
[4] Actes III, 1.
[5] Ev. de Matth. IX, 11 ; Ev. de Marc II, 16.

à payer le tribut. « Votre maître ne paie-t-il pas le tribut? » demanda-t-on un jour à un des apôtres[1]. Cette question est des plus naturelles, on supposait Jésus opposé à l'impôt.

Il avait pour base le recensement de la population ; aussi ces dénombrements étaient-ils détestés, et quant aux « publicains », aux receveurs, ils formaient une classe de parias abhorrés. On appelait publicain un employé de bas étage chargé de recueillir l'argent de l'impôt. Il était au service des fermiers généraux, gros personnages qui vivaient de leurs déprédations, après que les publicains avaient eux-mêmes retenu sur leurs perceptions un droit exorbitant. Les Talmuds se font souvent l'écho du mépris inspiré par les publicains. On n'acceptait pas leur témoignage en justice. « Quand « les Rabbins virent que les publicains exigeaient trop, ils « les repoussèrent »[2], c'est-à-dire ils ne furent plus admis à porter témoignage. « Parmi ceux qui ne peuvent pas juger « et dont le témoignage ne peut être entendu, il faut compter « les exacteurs et les publicains[3]. » Le traité *Nedarim*[4] met sur le même rang les publicains, les sicaires et les voleurs.

Dans les Evangiles, les publicains sont souvent nommés à côté des pécheurs et des païens. « Qu'il soit pour toi comme un publicain et un païen »[5], dit un jour Jésus, et ailleurs nous lisons : « Les publicains et les pécheurs s'approchaient de lui[6]. » Il faut entendre ici par pécheurs (ἁμαρτωλοὶ) non pas ceux dont la vie était immorale, mais simplement ceux qui n'acceptaient pas les règles pharisiennes et n'accomplissaient pas exactement tous les rites. Ils étaient considérés comme païens ; ils vivaient à la païenne, ils étaient « pécheurs comme les païens[7]. » Il est probable que les publicains n'a-

---

[1] Ev. de Matth. XVII, 24.
[2] *Sanh.*, fol. 25, 2.
[3] *Id.* id. id.
[4] Ch. 3, hal. 4.
[5] Ev. de Matth. XVIII, 17.
[6] Ev. de Luc XV, 1.
[7] Ep. aux Galates II, 15.

vaient pas plus de droits que les païens et que le parvis des
Gentils leur était seul accessible. La parabole du Pharisien
et du publicain ne nous fournit aucune˙ indication à cet
égard, car si celui-ci se tient « loin », c'est plutôt par humilité que par nécessité.

Les impôts étaient de deux sortes comme les nôtres, directs
et indirects.

L'impôt direct était payé aux agents du fisc impérial et ne
passait pas par les mains des publicains. Il y en avait deux,
l'impôt foncier et l'impôt personnel. Ce dernier était probablement d'un denier par tête[1].

Les publicains touchaient les impôts indirects, c'est-à-dire
les redevances perçues sur les marchandises importées et en
partie aussi sur les marchandises exportées[2].

Il y avait, bien entendu, une hiérarchie entre les publicains.
Zachée était ἀρχιτελώνης[3] (chef des publicains). Nous pouvons
donc distinguer le fermier général, qui était chevalier romain
et auquel était affermée la totalité des impôts de la province
pour un certain nombre d'années (cinq d'ordinaire), au dessous de lui les *publicani majores*, chefs des péagers, au nombre desquels était Zachée. Ils touchaient les impôts pour le
peuple romain. Enfin, sous leurs ordres, venaient les *publicani minores*, les péagers proprement dits (*exactores, portitores,
visitatores,*) (τελῶναι dans le Nouveau-Testament[4]). Ils visitaient les marchandises et touchaient les péages sur les
routes et les ponts.

Nous lisons dans Maimonide : « Il faut tenir le publicain
pour un voleur, quand il est païen. » Ce dernier trait montre
que les publicains n'étaient pas tous païens et qu'il se trouvait des Juifs pour accepter ces fonctions. Nous savons du
reste, que Zacchée était Juif. Ces publicains nationaux n'é-

[1] Appien. *De Reb. Syr.*, 49.
[2] Tite-Live, 32, 7 ; Cicéron, *Verrines*, 2, 72.
[3] Ev. de Luc, XIX, 2.
[4] Voir aussi Jos. *D. B. J.* II, 14, 4.

taient pas toujours des exacteurs et la tradition rabbinique parle de l'un d'entre eux qui avait laissé un souvenir bienfaisant. « Le père de R. Zeira fut loué parce qu'il avait été « doux et honnête dans sa charge de publicain. Il exerça le « publicanat pendant treize ans et quand le fermier géné- « ral arrivait dans une ville, il avait coutume de dire : allez « dans vos chambres vous cacher, de peur qu'il ne vous voie « et que, remarquant votre grand nombre, il n'augmente « le cens annuel ».

L'impôt religieux payé pour le culte et pour le service du Temple était de deux drachmes [1] (1 fr. 75 c. environ). Il était dû par tout Israélite qui avait atteint l'âge de l'initiation religieuse (10 à 12 ans) ; c'était le Sanhédrin qui avait décidé que les dépenses du sacrifice quotidien supportées par le trésor du Temple seraient couvertes par un impôt [2].

Cette didrachme était perçue en Palestine le 15 du mois d'Adar et dans les pays situés au delà du Jourdain un peu avant les Tabernacles ; partout ailleurs, là où il y avait des Juifs, à n'importe quelle époque.

Le mois d'Adar correspond en partie à notre mois de Mars ; or, il est très difficile de dater de ce moment le fait rapporté par Saint Matthieu [3]. Il se placerait beaucoup plus aisément entre Avril et Octobre [4] ; mais il faut remarquer que la réclamation est faite à Jésus au retour de son voyage à Césarée de Philippe ; il était en retard pour l'acquittement du tribut.

Nous avons parlé de l'impôt direct payé aux agents du fisc impérial. Il n'était perçu par eux que là où le procurateur gouvernait. Dans les tétrarchies il était payé aux Hérodes. Nous savons que sous Archélaüs la Judée, l'Idumée et la Samarie rapportaient six cents talents environ par an (trois

[1] Ev. de Matth. XVII, 24 et suiv.

[2] Mischna, *Schekalim* I, 3; *Megillah Taanith* I, 1.

[3] Ev. de Matth. XVII, 24 et suiv.

[4] Ev. de Jean VI, 4 — VII, 2; Ev. de Luc IX, 51.

millions cent soixante-huit mille francs). La Galilée et la Pérée rapportaient sous Antipas deux cents talents (un million cinquante-six mille francs). Enfin la tétrarchie de Philippe ne rapportait que cent talents (cinq cent vingt-huit mille francs).

———

CHAPITRE XII

LA VIE A LA CAMPAGNE

L'ouvrier de village. — Le laboureur. — Les semailles et la moisson. — Le blé. — L'orge. — L'aire. — Les vergers. — La culture de la vigne. - Le pressoir et la tour. — Les signes des temps. — Les pluies de la première et de la dernière saison. — L'âne. — Le bœuf. — Le cheval. — Le chameau. — Le chien. — Le porc. — Le mouton. — Le loup. — L'hyène. — Le serpent. — Les insectes. — Les voyages. — Les grandes routes. — Le costume du voyageur. — Les salutations. — L'hospitalité.

Il serait intéressant de connaître exactement la condition de l'ouvrier de village, de sa femme, de ses enfants, puisque cette condition a été celle de Joseph, de Marie, de Jésus, enfant et jeune homme. Malheureusement les renseignements sont peu nombreux et peu précis. Nous savons que l'artisan de village n'était ni riche ni pauvre. Sans fortune, vivant au jour le jour, il était pauvre au sens moderne de ce mot (et même le nombre des *pauvres* était très considérable en Palestine), mais il ne souffrait d'aucune privation, il ne manquait de rien, il ne se plaignait pas. Dans ces pays chauds où la nature subvient à tout, les exigences de la vie sont nulles, et le besoin de confort n'existe pas. L'homme n'éprouve aucun désir de se créer par son travail le bien-être matériel. Ce bien-être il le possède, car ni le sol, ni le climat, n'ont de rigueurs pour lui. Son métier, au temps de Jésus, l'occupait fort peu. Chacun avait le sien, appris dans l'enfance, et aucune idée humiliante ne se rattachait à la pratique d'un travail manuel. Le fils suivait ordinairement la carrière de son père [1]. Nous avons remarqué que, d'après la parabole

[1] Ev. de Matth. XIII, 55 ; Ev. de Marc VI, 3.

des ouvriers de la onzième heure, la journée devait être d'un denier, et ces 88 ou 90 centimes représentaient au moins 5 francs de notre monnaie.

Nous connaissons assez bien l'agriculture, grâce aux traités Péah, Demaï, Kilaïm, Sheviith. Tout le pays était cultivé et bien cultivé [1]. Les instruments aratoires étaient des plus simples ; la bêche était connue [2], la charrue aussi, tirée par des bœufs ou des ânes [3] ; le soc était en fer [4], elle n'avait point de roues et devait être en tout semblable à celle des Arabes d'aujourd'hui. Le laboureur tenait en main un aiguillon appelé Dorban.

Une des cultures les plus répandues était celle de l'orge. Tantôt on le semait à la fin de Marcheschvan [5] (commencement de novembre), tantôt en Schebat et Adar (février ou commencement de mars) [6]. Le blé commençait à se semer dès le mois de Tischri (vers octobre), et à partir de ce moment pendant tout l'hiver. « Donne une bonne portion de semence à ton champ en Tischri et ne crains pas de semer même en Kisleu [7] » (vers décembre).

La moisson de l'orge se faisait le premier mois de l'année ; elle s'ouvrait légalement le second jour de la fête de Pâques. Quant au blé, il mûrissait un peu plus tard. Jésus, passant par des blés au mois d'avril, les apôtres trouvent des épis mûrs et les mangent [8].

L'aire (goren) était toujours à ciel ouvert au milieu des champs [9], car, dans la saison de la récolte, aucune pluie n'était à craindre. C'était le bœuf qui foulait le blé avec les

---

[1] Sauf, bien entendu, les parties montagneuses et rocheuses de la Judée, dont l'aridité s'opposait à toute culture.
[2] Deut. XXIII, 13.
[3] Deut. XXII, 10.
[4] I Sam. XIII, 20.
[5] Babyl. *Berakhoth*, fol. 18, 2.
[6] Soixante-dix jours avant la Pâque ; *Menachoth*, fol. 85, 1.
[7] Targ. sur *Eccl.* XI, 2.
[8] Ev. de Matth. XII, 1 ; Ev. de Luc VI, 1.
[9] Juges VI, 37.

pieds ; on ne devait pas le museler, avait dit Moïse.
pour qu'il pût prendre sa part de la récolte[1]. Toutes ces
anciennes coutumes étaient fidèlement observées, et, en général, toutes les ordonnances légales relatives à l'agriculture. C'est ainsi qu'on mettait un grand soin à dîmer sa
récolte, à laisser l'angle du champ aux pauvres et à ne
pas violer la loi de la septième année où la terre devait
rester en friche[2].

Une des cultures les plus importantes était celle de la
vigne[3]. Elle ne formait pas comme chez nous des vignobles
distincts. Les Juifs plantaient ensemble l'olivier, le figuier et
la vigne ; celle-ci grimpait à sa guise sur les tiges vivaces qui
étaient près d'elle. L'ensemble de ces cultures est appelé *verger* dans les versions ordinaires de la Bible[4]. On se représente
ce que devait être cette végétation luxuriante, au milieu de
laquelle brillaient ces grandes anémones rouges (*anemona
coronaria*) si communes dans le midi de la France et qui sont
« les lis des champs » de l'Évangile[5].

En Palestine, presque toutes les fleurs du printemps sont
rouges. Il faut remarquer aussi que la plupart des arbres,
l'olivier, le cyprès, le térébinthe, le grenadier, conservent
leurs feuilles en hiver. Le figuier les perd au contraire, et
c'est lui qui indique le mieux le retour de la belle saison.
« Ses feuilles poussent[6]. »

Pline affirme, qu'en Orient, on laissait la vigne ramper à
terre[7] ; mais il ne parle que de la Syrie. En Palestine, les
ceps étaient debout et fort élevés, on s'asseyait dessous.
C'étaient d'ordinaire les troncs des figuiers qui les soutenaient

---

[1] Voir I Cor. IX, 9.
[2] Lightfoot, *Horæ*, p. 167, 168.
[3] Voir sur la viticulture, les pressoirs, la qualité du vin, etc., le traité *Kilaïm*, ch. IV, V, VI, VII.
[4] Ecclésiaste, II, 5 ; Cant. des Cant. VI, 2, 11 ; Esaïe, I, 29.
[5] Ev. de Matth. VI, 28 ; Ev. de Luc XII, 27.
[6] Ev. de Marc XIII, 28.
[7] *H. N.*, livre XVII, ch. 35.

et c'est ainsi qu'on se mettait à la fois « sous sa vigne et sous son figuier[1]. »

Les vignes ou plutôt les vergers étaient entourés de haies[2] ou de murs[3] et garnies de cabanes et de tours dans lesquelles se tenaient des gardiens quand les fruits étaient mûrs[4]. La tour avait d'ordinaire 10 coudées (4 m. 50 c.) de hauteur et 4 (1 m. 80 c.) de largeur. « Elle est un endroit élevé, dit la Mischna, où se tient le vigneron pour surveiller sa vigne[5]. » Il fallait attendre quatre années après la plantation, pour faire une récolte de raisin[6].

La fête des Tabernacles, qui marquait la fin de toutes les récoltes, était célébrée précisément à l'époque de la vendange. Les vignes retentissaient alors de chants et de cris de joie[7]. Le pressoir était toujours dans le verger. Il était formé d'une cuve en pierre, où l'on jetait les grappes, qui étaient foulées aux pieds par les vendangeurs. Au fond de cette cuve une ouverture grillée laissait passer le vin, qui était recueilli dans un réservoir creusé dans la terre et maçonné ou quelquefois taillé dans le rocher. Quand le vin était fait, on le conservait dans des outres de peau de chèvre ou dans des vases de terre. Les crûs les plus estimés étaient ceux du Liban et du pays de Moab.

La terre était si fertile que si on la laissait en friche les épines et les chardons y paraissaient aussitôt. Nous mentionnerons, en particulier, une épine ligneuse, presque rampante, qui abonde près de Jérusalem encore aujourd'hui. On s'en sert pour allumer le feu et on en garnit le haut des murs pour empêcher les maraudeurs de passer. Il est facile d'en former des guirlandes, et il est probable que cette plante a servi à

[1] I Rois IV, 25 ; Michée IV, 4 ; Zacch. III, 10.
[2] Esaïe V, 2.
[3] Proverbes XXIV, 31.
[4] Esaie I, 8 ; V. 2.
[5] *Kilaïm* V, 3. Ev. de Matth. XXII, 33 ; Ev. de Marc, XII, 1 et suiv.
[6] *Maasar Sheni* V, 1.
[7] Juges, IX, 27 ; Esaïe, XVI, 10 ; Jérémie, XXV, 30 ; XLVIII, 33.

faire la couronne d'épines de Jésus[1]. Les épines en sont fines, les fleurs petites et ses branches s'arrondissent facilement.

Les Juifs se préoccupaient beaucoup du temps. Ils observaient, suivant leur propre expression, « les signes des temps[2]. » « Le dernier jour de la fête des Tabernacles, tous « observent la fumée, dit un des Talmuds. Si elle monte vers « le Nord, les pauvres se réjouissent et les riches se désolent, « parce qu'il y aura beaucoup de pluies l'année suivante, « et que les fruits se gâteront. Si la fumée se dirige vers le « Sud, les riches se réjouissent et les pauvres se désolent, « parce que les pluies seront rares et les fruits magni- « fiques. Si la fumée se dirige vers l'Ouest, tous sont heu- « reux. Si c'est vers l'Occident, tous sont tristes[3]. »

Cette question de la pluie était importante. On distinguait « la pluie de la première et celle de la dernière saison »[4]. Nous savons exactement ce que signifient ces expressions. « Quelle est la première pluie? Elle commence le 3 du mois « de Marcheschvan, celle du milieu est le 7 et la dernière « le 17. Ainsi parle R. Meir, mais R. Judah dit : le 7, le 17 « et le 21[5] ». Le 3 Marcheschvan devait tomber vers le 20 octobre. Il y avait donc tous les ans, en automne, une série de pluies appelées de la première saison et elles duraient jusqu'en novembre. Elles étaient indispensables aux semailles, et lorsqu'elles manquaient, ce qui arrivait quelquefois, la disette était inévitable. Les pluies de la dernière saison étaient attendues à la fin de mars ou au commencement d'avril ; elles ne faisaient presque jamais défaut. Ces pluies, qui se produisent encore de nos jours, étaient beaucoup plus considérables lorsque le pays était boisé.

[1] Ev. de Marc, XV, 17 et parall.
[2] Ev. de Matth., XVI, 3.
[3] Babyl. *Joma*, fol. 21, 2.
[4] Ep. de Jacques, V. 7.
[5] *Nedarim*, fol. 63, 1.

De tous les animaux domestiques, l'*âne* était celui dont on se servait le plus. Il en est constamment parlé dans l'Ancien Testament ; dans la Genèse, en particulier, le cheval n'est même pas nommé comme ayant fait partie des troupeaux des patriarches. Il est probable qu'à cette époque primitive, cet animal n'était pas encore domestique. On sait qu'il n'a été dompté que très tard, et ce sont des ânes qui faisaient le voyage de Canaan en Égypte sous la conduite des fils de Jacob [1].

Le *cheval* fut certainement rare avant Salomon. Les ânes formaient, au contraire, d'immenses troupeaux. Ils servaient de montures et de bêtes de somme. Au premier siècle, ils étaient très employés au moulin et souvent ils tournaient la meule [2]. Le bœuf et l'âne étaient les deux animaux considérés comme indispensables. « Ni son bœuf ni son âne », disait le Décalogue antique [3], et Jésus dira : « Qui de vous, si son bœuf ou son âne tombe dans une fosse, ne l'en retire aussitôt le jour du sabbat [4]. » « J'ai acheté cinq couples de bœufs, dit un personnage de parabole [5], je vais les éprouver. » Il s'git ici du labour, et le terme : « Chargez-vous de mon joug », est une image familière s'adressant à un peuple chez lequel l'emploi des bœufs était répandu. Le cheval, au contraire, n'est pas souvent mentionné dans la Bible. Il ne semble pas avoir été employé en agriculture. Les Juifs lui donnaient la même nourriture que les Arabes de nos jours, de la paille et de l'orge [6]. Il est évident, d'après l'admirable description du livre de Job [7], que le cheval des Hébreux était de la même race que le cheval arabe d'aujourd'hui. Il devait déjà être rare et coûteux et était considéré comme la monture du

[1] Genèse, XLII, 26.
[2] Ev. de Matth., XVIII, 6 ; Ev. de Luc, XVII, 2.
[3] Exode, XX, 17.
[4] Ev. de Luc, XIV, 5.
[5] Ev. de Luc, XIV, 19.
[6] I Rois IV, 28.
[7] Job, ch. XXXIX, 22 et suiv.

guerrier. Aussi servait-il surtout à la guerre. L'âne, au contraire, était un symbole de paix.

Il est singulier que le *chameau* ne soit nommé qu'une seule fois dans le Nouveau Testament, dans l'image célèbre de Jésus-Christ : « Il est plus aisé qu'un chameau passe à travers le trou d'une aiguille qu'il ne l'est qu'un riche entre dans le Royaume de Dieu[1] », car il était certainement très employé au premier siècle.

Le *mulet* devait aussi être en usage, quoiqu'il ne soit nommé que dans l'Ancien Testament, et seulement à partir de David[2].

Le *chien* n'est mentionné dans le Nouveau Testament qu'avec mépris. En Orient, cet animal n'a jamais été considéré comme le compagnon et l'ami de l'homme. Il faut dire qu'on n'y connaît qu'une seule espèce de chiens, et qu'elle est, non-seulement fort laide, mais sale, repoussante, ignoble. Jamais les chiens ne sont admis dans les maisons, ils sont toujours au dehors, errant dans les rues, pullulant à leur guise, vivant de ce qu'ils trouvent, considérés comme une plaie sociale, parce qu'ils sont beaucoup trop nombreux et partout chassés à coups de pied. Le mot cynique que nous a légué la langue grecque montre assez combien ce mépris était général dans l'antiquité : « Ne donnez pas les choses saintes aux chiens », dit Jésus[3]. « Il n'est pas juste, dit-il encore, de prendre le pain des enfants et de le jeter aux chiens[4]. » Et dans ce dernier passage où les enfants désignent les Juifs, le peuple élu, le mot chien désigne les païens. Cette expression : « chien de païen » était aussi usitée au premier siècle en Palestine que celle de « chien de chrétien » l'est aujourd'hui dans tout l'Orient musulman, et quand Jésus dit que même les chiens venaient lécher les ulcères

[1] Ev. de Marc, X, 25. Voir aussi Ev. de Matth., XXIII, 24. « Vous avalez le chameau », et encore Ev. de Matth., III, 4.
[2] II Samuel, XVIII, 9 ; I Rois, X, 25, XVIII, 5.
[3] Ev. de Matth., VII, 6.
[4] Ev. de Matth., XV, 26.

du pauvre Lazare [1], il veut montrer à quel degré d'abjection était tombé ce malheureux ; ce n'est pas, comme on l'a cru, pour alléger ses souffrances que les chiens venaient ainsi vers cet infortuné ; ce n'est pas la compassion du chien qui est mise ici en regard de la dureté de cœur du mauvais riche ; mais, au contraire, ce fait que Lazare n'avait pas même la force de chasser les chiens errants qui venaient lécher ses plaies et mettre le comble à sa misère.

Le *porc* était absolument interdit [2], et il l'est encore dans tous les pays où l'Islamisme domine. On a souvent cité le mot : « Maudit soit celui qui enseigne le grec à ses fils à l'égal de celui qui élève des porcs. » Les Rabbis disaient encore : « Maudit soit celui qui nourrit des chiens ou des porcs, car ils sont cause de plusieurs dommages. »

Les *moutons*, au contraire, étaient très communs. La nécessité d'avoir des agneaux pour les sacrifices en faisait entretenir des troupeaux considérables. Ils passaient tout l'été dans les champs. On les faisait sortir aux environs de la Pâque et ils ne rentraient qu'à la première pluie [3]. Le berger veillait sur eux, et, dans ce but, il avait une tour appelée « tour du gardien ». Au mois de Marschechvan, qui correspond à la moitié d'octobre et à la moitié de novembre, on rentrait les moutons dans la bergerie et ils y passaient l'hiver [4]. Ce détail montre l'erreur certaine de la date traditionnelle de la naissance de Jésus, le 25 décembre. A cette époque de l'année, les bergers ne couchaient point aux champs [5].

Le berger, autrefois comme aujourd'hui, était toujours armé. Ce qui explique le mot de l'Ancien Testament : « Ton bâton et ta houlette me rassurent [6] », et cette pa-

---

[1] Ev. de Luc, XVI, 21.
[2] Jerus. *Schekalim*, fol. 47, 3.
[3] *Schabbath*, fol. 45, 2, et *Bezah*, fol. 40, 1.
[4] *Nedarim*, fol. 63, 1.
[5] Ev. de Luc, II, 8.
[6] Ps. XXIII, 4.

role de Jésus : « Le bon berger donne sa vie pour ses brebis[1] ». — Il y a encore, et il y avait au premier siècle beaucoup d'animaux sauvages en Palestine.

La garde de la porte de la bergerie était confiée à un esclave
appelé « le portier[2] », et qui veillait sur le troupeau sous la
direction du berger. Il avait en particulier le devoir de se
trouver à l'entrée de la bergerie quand le troupeau y revenait, et de compter les têtes de bétail pour s'assurer qu'aucune ne s'était égarée. Pour dîmer le troupeau, on le faisait
passer par une petite porte où un seul animal pouvait se
présenter à la fois ; on les comptait, et le dixième qui sortait
était marqué d'une couleur rouge ; c'était la dîme[3].

On voit encore souvent en Palestine des troupeaux où les
brebis et les chèvres sont gardées par un seul berger, mais en
bandes séparées. De temps en temps, un bouc noir vient
se promener au milieu des blanches brebis, et le berger
est obligé de venir séparer « les brebis d'avec les boucs. »
Ce fait nous rappelle une des paraboles les plus connues de
Jésus[4]. Lorsqu'il la prononça, il était assis sur le mont des
Oliviers et peut-être y voyait-il à ce moment même un berger
qui séparait ainsi les deux moitiés de son troupeau.

Les *loups*[5] étaient nombreux, hardis, très redoutés. Les
Talmuds nous ont conservé deux faits significatifs à cet
égard : « Les anciens demandèrent un jeûne dans leur ville,
parce que les loups avaient dévoré deux petits enfants au-
delà du Jourdain[6] », et : « Plus de trois cents brebis des
fils de Judah ben Schammaï furent déchirées par les
loups »[7].

---

[1] Ev. de Jean, X, 11 et 15.
[2] Ev. de Jean, X, 3.
[3] *Becoroth*, fol. 58, 2.
[4] Ev. de Matth., XXV, 32.
[5] Ev. de Jean, X, 12 ; Ev. de Matth., VII, 15.
[6] *Taanith*, ch. 3, hal. 7
[7] Jérus., *Jom. tobh.*, fol. 60, 1.

Le *chacal*, appelé *renard* dans l'Ancien Testament[1], était aussi très commun.

L'*hyène* est nommée par Jérémie[2], et elle infeste toujours la Palestine. Les Arabes se servent, pour la prendre, d'un procédé probablement fort ancien ; ils creusent des fosses, les recouvrent de branchages pour les dissimuler, et l'hyène qui y tombe ne peut plus en sortir. Or, dans la Bible, la fosse est souvent l'image du danger et de l'embûche[3], et, dans le Nouveau Testament, Jésus-Christ dit : « Ne tomberont-ils pas tous deux dans la fosse[4] », allusion probable au moyen employé de son temps pour prendre les animaux sauvages. Nous avons dit, en parlant des sépultures, comment les Juifs garantissaient des hyènes leurs tombeaux.

Les *sauterelles* et les *abeilles* étaient au nombre des animaux les plus utiles. Nous en avons parlé en traitant de la nourriture. Cependant, la sauterelle était redoutée à cause de ses invasions dont Joël nous a fait une si émouvante description[5]. Celles-ci sont devenues rares. En 1783, le voyageur Volney[6] en a vu une, et la peinture qu'il en a donnée ressemble beaucoup à celle du prophète Juif.

Le *lion* et *l'ours* ont disparu depuis des siècles ; l'Ancien Testament seul en parle, et il est certain qu'on n'en trouvait plus au temps de Jésus-Christ.

Le *serpent* est appelé dans la Bible « rusé »[7] et « pru-

[1] Le *Schoual* de Juges, XV, 4, est bien le chacal. Voir aussi Psaumes LXIII, 11, où se trouve le même mot. L'animal appelé *Iïi* (Isaïe, XIII, 22, XXXIV, 14, Jérémie, L, 39) est aussi considéré comme étant le chacal. Il en est de même du *Tân*. (Job, XXX, 29; Michée, I, 8.) Tous ces mots sont traduits par *chacal* dans nos versions usuelles, sauf dans l'histoire de Samson, où les traducteurs mettent *renard*.

[2] XII, 9.

[3] Ezéchiel, XIX, 4, 8.

[4] Ev. de Matth., XV, 14.

[5] Joël, ch. I et II.

[6] *Etat physique de la Syrie*, ch. I, § 4.

[7] Genèse, III, 1.

dent[1]. » Ces deux épithètes sont très justes, appliquées aux espèces que l'on trouve en Palestine, pour la plupart inoffensives. Le serpent y est souvent l'hôte de la maison. Il détruit les rats, les souris et surtout les insectes qui pullulent. L'Arabe vénère cet animal quand il est sans défense, à cause des services qu'il lui rend. On rencontre fréquemment en Terre Sainte des charmeurs de serpents, et c'est une croyance encore très répandue chez les indigènes que le serpent se nourrit de terre et de poussière. Il est curieux de remarquer que cette erreur singulière s'est conservée intacte depuis les temps bibliques[2].

LES VOYAGES

Les Orientaux ne voyagent pas pour s'instruire ; ils voyagent pour leurs affaires et presque toujours dans un but intéressé. Les Juifs du premier siècle se déplaçaient souvent pour des motifs exclusivement religieux, par exemple lorsqu'ils se rendaient à Jérusalem pour y célébrer les fêtes. Ils formaient alors des caravanes et chantaient en chemin les Psaumes des pèlerinages (Psaumes CXX à CXXXV).

Il est parlé de routes dans l'Ancien Testament[3] ; on les appelle « Chemins du roi » ou « Routes royales ». Du temps de Josèphe, il y avait en Palestine des chaussées très anciennes, pavées de basalte ou de pierres noires et dont on attribuait la construction à Salomon. Le nombre de ces grandes routes était sans doute considérable. Nous en connaissons six. Quatre d'entre elles partaient de Jérusalem : l'une, vers le N.-E., allait en Pérée en passant par le mont des Oliviers, Béthanie, le désert, Jéricho et le Jourdain. Il suffit d'indi-

---

[1] Ev. de Matth., X, 16. Voir aussi les passages suivants. Nombres XXI, 9; II Rois XVIII, 4 ; Psaumes LVIII, 5.

[2] Genèse, III, 14, Esaïe, LXV, 25, Michée, VII, 17.

[3] Nombres, XX, 17 ; XXI, 22.

quer les localités qu'elle traversait pour comprendre que
Jésus l'a souvent suivie. Il en est de même de la seconde au
Nord de la ville et qui se dirigeait vers la Galilée en passant
par Sichem et Samarie ; elle continuait ensuite jusqu'à
Damas et en Syrie. Cette route, fort importante, venait
d'Egypte. Quiconque n'avait pas d'objection à traverser la
Samarie, la suivait en partant de Jérusalem. Jésus la prit
certainement le jour où il dut passer par cette province[1].
C'était une voie romaine, pavée, que les voyageurs suivent
encore aujourd'hui et dont les restes sont fort bien conservés. Il suffisait d'une journée de marche pour aller de Jérusalem à Sichem, aujourd'hui Néapolis.

La troisième route n'était que la première partie de celle
que nous venons d'indiquer. Au Sud de la ville sainte, elle
venait d'Egypte en passant par Gaza et par Hébron. Un
embranchement de cette voie importante partait d'Hébron
et allait directement vers le Midi par le désert jusqu'au golfe
Elanitique.

Enfin la quatrième route était à l'Ouest et allait à Joppé
et à la mer. Les deux autres grandes voies qui nous sont
connues étaient celle d'Acco (Saint-Jean-d'Acre) à Damas, elle
traversait la plaine d'Esdrelon, le Jourdain près du lac et
l'Antiliban, et celle qui longeait la côte d'Acco à Gaza et de
là en Egypte.

Le Jourdain se traversait en bac aux rares endroits où il
n'était pas encaissé entre deux falaises de rochers, par
exemple à Béthabara (maison de passage), là où Jean bapti-
sait[2]. On le passait aussi à pied quand il était guéable. Nous
avons dit qu'un seul pont le traversait, le pont des fils de
Jacob, construit par les Romains[3].

Les chapitres de l'Evangile, où il nous est raconté que
Jésus envoya ses disciples en mission, nous donnent de pré-

[1] Ev. de Jean, IV.
[2] Ev. de Jean, I, 28.
[3] Jos. *Ant. Jud.* V, 1, 3.

cieux détails sur les mœurs des Juifs en voyage, détails
confirmés par les Talmuds.

Le voyageur se servait d'une ceinture[1], et cela dans un
double but, « ceindre ses reins »[2], relever les longs plis de
sa robe flottante qui auraient entravé sa marche, et porter
son argent. On y mettait, en effet, de l'or, de l'argent et de
la menue monnaie. Les dévots ne partaient pas sans emporter le Livre de la Loi. « Quelques Lévites partirent un jour
de Zoar, la ville des palmes ; l'un d'eux tomba malade en
route et les autres le menèrent à l'hôtellerie. A leur retour,
ils s'informèrent de leur collègue. « Il est mort, leur répondit
« l'hôtesse, et je l'ai enseveli. » Puis elle leur apporta son
bâton, sa besace et le livre de la Loi qu'il avait dans la
main[3]. »

La besace ou sac de voyage[4] ressemblait sans doute au sac
que les bergers d'aujourd'hui portent à leur cou et où ils
mettent leur nourriture[5].

Les sandales que Jésus recommande à ses apôtres de ne
pas prendre[6] étaient des sandales de rechange, une seconde
paire dont on se munissait par précaution. On prenait aussi
souvent une tunique de rechange.

L'huile et le vin, les médicaments les plus employés,
faisaient toujours partie du bagage du voyageur et il est probable que Jésus et les apôtres en portaient habituellement
avec eux.

Jésus ordonne à ses disciples de ne saluer personne
en chemin. Cet ordre vient sans doute de la longueur interminable des salutations en Orient. Les apôtres y auraient

[1] Ev. de Matth., X, 9.

[2] Ev. de Luc, XII, 35.

[3] *Jevamoth*, ch. XVI. Le Talmud de Jérusalem ajoute : « et ses
sandales. »

[4] Ev. de Matth., X, 9.

[5] *Schabbath*, fol, 31, 1.

[6] Ev. de Matth., IX, 10 et parall.

passé trop de temps et le mot de Jésus revenait à dire : Ne perdez pas votre temps en voyage.

Souvent on se prosternait jusqu'en terre, parfois on vous embrassait les genoux ou les pieds. « Un homme s'approchant, dit un des Talmuds, baisa les pieds de Rabbi Jonathan[1] ». Nous lisons encore ceci : « Quand Rabbi Aquiba, absent depuis douze ans, revint près de sa femme, celle-ci se jeta sur sa face et lui baisa les genoux. Il entra dans la ville et, son beau-père, qui ne le reconnaissait pas, mais qui comprenait qu'il était un éminent Rabbi, se jeta sur sa face et lui baisa les genoux[2]. »

D'après le Nouveau Testament, on disait χαίρειν[3] (salut) ou εἰρήνη ὑμῖν, εἰρήνη σοί[4] (la paix soit avec vous, avec toi). Le premier de ces mots correspond au : Marhaba (largeur, que votre cœur soit au large) des Arabes modernes, et le second au Schalôm ou au Selâm Alèk des Talmuds (la paix sur toi)[5]. De plus, on aimait beaucoup à se parler en voyage. Rencontrait-on un Samaritain, un Païen, on lui lançait immédiatement quelques injures, quelques malédictions. L'étranger était-il un ami, un compatriote, on se faisait des compliments, « on se bénissait. » Une phrase très usitée était : « Bénie soit ta mère » ou « Maudite soit ta mère », suivant que l'on avait affaire à un ami ou à un ennemi. C'est ainsi qu'une femme s'écrie un jour devant Jésus : « Heureux le sein qui t'a porté et les mamelles qui t'ont allaité. »[6]

Le Nouveau Testament parle d'hôtellerie dans la parabole du Bon Samaritain et les Talmuds aussi dans l'histoire du Lévite malade que nous citions tout à l'heure. Ces établissements étaient très rares et il n'y en avait que dans les endroits écar-

---

[1] Jérus. *Kidduschin*, fol. 61, 3. Voir Ev. de Matth., XXVIII, 9.

[2] Babyl. *Chetoubim*, fol. 63, 1 ; Ev. de Marc, X, 17.

[3] Ep. de Jacques, I, 1 ; Actes des ap., XV, 24.

[4] Ev. de Luc, XXIV, 36 ; de Jean, XX, 26, etc.

[5] En arabe, on dit aussi Salam Alèk. Ces mots ne sont pas dans l'Ancien Testament.

[6] Ev. de Luc, XI, 27.

tés. D'ordinaire, le voyageur logeait chez l'habitant et l'hospitalité, la première des vertus antiques, était largement
pratiquée chez les Juifs. Nous nous représentons Jésus dans
ses voyages reçu partout où il entre. Sur le seuil de la porte,
il prononce le Schalôm ou Selâm, c'est-à-dire le souhait de
bonheur ; on l'entoure, on l'écoute, on lui donne de l'autorité
même sans le connaître, car l'hôte prenait parfois plus d'autorité que le maître de la maison lui-même. Cette habitation
du village, où l'étranger est descendu, attire aussitôt l'attention ; les enfants s'y rendent par curiosité ; l'usage de
répandre un parfum sur les pieds de l'hôte pour lui faire
honneur et de briser le vase est partout pratiqué[1] ; les
portes restent ouvertes, chacun peut entrer, assister au repas
qui se prend d'ordinaire en plein air et écouter l'enseignement de celui qui reçoit l'hospitalité et que, pendant son
séjour, on appellera le Maître.

[1] Il l'est encore : Renan, *Vie de Jésus*, p. 373.

CHAPITRE XIII

LES ARTS ET LA LITTÉRATURE

L'architecture. — Les beaux-arts. — La musique. — La littérature. — Son caractère principal. — Les Psaumes de Salomon. — Les Oracles Sybillins. — Le livre d'Hénoch. — L'Assomption de Moïse. — Le livre des Jubilés. — Les Targoums. — Le quatrième livre d'Esdras.

M. de Saulcy a écrit un gros volume in-8 intitulé : *l'Art judaïque*[1], dans lequel il cherche à montrer que les Juifs ont été injustement accusés d'avoir méprisé les arts et d'être restés à cet égard, dans une situation d'infériorité écrasante parmi les peuples de l'antiquité. Il parcourt les écrits bibliques, les ouvrages de Josèphe et d'autres encore ; il étudie les restes grandioses de monuments antiques épars çà et là en Palestine, surtout ceux de Jérusalem et des environs, et il lui est facile de prouver que les Juifs ont beaucoup construit et qu'ils ont bâti de fort beaux monuments. Il ne s'agit en effet, dans ce livre de M. de Saulcy, que de l'architecture, et il ne peut s'agir d'autre chose. Ce qu'on appelle proprement les beaux-arts, c'est-à-dire la peinture et la sculpture, a toujours été en abomination chez les Juifs. Il leur était défendu par la Loi « de se faire aucune image taillée, ni aucune représentation des choses qui sont en haut dans les cieux, ni ici-bas sur la terre, ni dans les eaux plus basses que la terre[2]. » Cela suffisait; il n'était, il ne pouvait être question pour eux ni de sculpture, ni de peinture. Ils faisaient des bas-reliefs représentant des fruits, par exemple la

---

[1] F. de Saulcy, *l'Art Judaïque*, 1 vol. in-8, 1864. Paris, Didier et Cie.
[2] Exode XX, 4.

vigne colossale sculptée sur le Temple; ils gravaient sur leurs monnaies des vases, des fleurs; mais des figures d'hommes ou d'animaux, ils n'en ont jamais fait, ils ne pouvaient pas en faire. Avaient-ils au moins le sentiment du beau dans les arts? Rien ne le suppose, et leur foi religieuse avec ses défenses formelles n'était pas propre à le leur donner. Le sentiment de la beauté artistique était répudié par eux, comme une atteinte à la piété et même aux bonnes mœurs.

Ils ont connu l'architecture et l'ont pratiquée, mais il n'y a pas eu à proprement parler d'architecture judaïque. Si Hérode le Grand a beaucoup bâti, il est certain qu'il imitait dans ses constructions les monuments grecs et romains. L'art grec en particulier a exercé une grande influence sur l'architecture du Temple, que ce prince fit élever sous son règne. Les Juifs aimaient beaucoup cet édifice, mais ils semblent en avoir plus admiré les énormes proportions que la beauté artistique et du reste, d'après ce que nous savons de cette construction, elle devait être gigantesque à la fois et laide, lourde et prétentieuse, d'un luxe de mauvais aloi. « Maître, disaient un jour les apôtres à Jésus; vois, quels murs! quelles constructions! [1] » Et, Jésus leur dit : « Est-ce là ce que vous regardez? » Ils étaient frappés par les proportions, par l'énormité, par la masse des pierres gigantesques qui avaient été réunies. En général, les Juifs ignorent la beauté du détail; ce qui est fin, délicat, joli, leur échappe. Ils ne comprennent que ce qui les domine et les dépasse, ce qui est grandiose ou même écrasant[2].

---

[1] Evangile de Marc, XIII, 1 et parall.

[2] Nous ne savons ce qu'était la musique au premier siècle. De nombreux instruments sont nommés dans les Psaumes, et il est certain que les Juifs ont toujours aimé les danses au son de la musique. Le fifre et le tambour, déjà mentionnés du temps de Moïse (Exode XV, 20) sont aujourd'hui très appréciés des Arabes et font partie de leur musique nationale. Il est probable qu'au premier siècle on jouait, outre ces instruments, la cymbale, la musette, les sistres et le violon (I Sam. XVIII, 6; II Sam. VI, 3.) Le retour de l'enfant prodigue est célébré

Il en était ainsi en poésie. L'Ancien Testament renferme de bien beaux passages poétiques; mais tous offrent le même caractère; la beauté est cherchée dans la grandeur, dans l'immensité. Le poète juif excelle à décrire la tempête et l'orage; mais il ne connaît pas la nature sous un autre aspect. Sa beauté calme et sereine lui échappe; il n'y a point de description simplement gracieuse dans les livres de l'ancienne alliance. Cette prédilection pour la peinture des grandes scènes de la nature, à l'exclusion de toute autre, s'était encore développée dans les siècles qui ont précédé l'apparition du christianisme. Les contemporains de Jésus-Christ ont décrit, non sans éloquence, l'avènement de l'ère messianique, mais toujours de la même manière en parlant des éléments déchaînés, de la chute des astres, de l'embrasement de la terre. La littérature était ici en étroit rapport avec l'état des esprits qui vivaient dans une fièvre continuelle. La fougue pathétique d'un Jean-Baptiste, l'éloquence âpre et violente des fragments de ses discours qui nous ont été conservés, peut nous donner une idée de toutes les prédications messianiques de cette époque. On accumulait les images: on exagérait à plaisir; on supposait des villes construites tout entières en pierres précieuses, des portes faites avec une seule perle. Certaines pages de l'Apocalypse de Jean nous donnent une juste idée de ces peintures forcées où l'on amassait toutes les richesses du monde d'une part, et de l'autre toutes les horreurs que l'on pouvait imaginer.

Mais la littérature ne se réduisait pas uniquement à prédire l'avenir, et nous pouvons mettre en parfait contraste avec cette éloquence des tribuns populaires le style des Talmuds qui est froid, didactique, sans couleur. Le Rabbi, docteur de la loi, s'exprimait en phrases brèves, nettes, précises. Les apho-

par une fête où la danse et la musique remplissent le principal rôle. Nous avons dit comment on jouait des instruments bruyants lorsqu'on célébrait un mariage, et raconté que les enterrements se faisaient au son lugubre et aigu de la flûte.

rismes et les antithèses se rencontraient fréquemment dans ses
discours. Il obéissait en cela au génie de la langue hébraïque
qui n'a point de période, et qui exclut le raisonnement et la
discussion; le Rabbi donnait son enseignement en petits proverbes, courts, sentencieux et souvent énigmatiques.

Enfin, dans cette rapide revue des diverses formes littéraires du premier siècle, il ne faut pas oublier la parabole.
L'enseignement en paraboles est la seule preuve d'imagination que nous aient laissée les scribes, et encore n'imagi-
naient-ils pas beaucoup. Ils tiraient leurs comparaisons des
usages ordinaires de la vie, sans se permettre aucun développement étranger à l'enseignement moral ou religieux qu'ils
prétendaient donner.

Il nous reste sept des ouvrages que les Juifs ont composés
au temps de Jésus-Christ : les Psaumes dits de Salomon; des
fragments des Oracles Sybillins; le Livre d'Hénoch; l'Assomption de Moïse; le Livre des Jubilés; les Targoums et le
quatrième livre d'Esdras. Nous allons essayer d'en donner
une idée succincte à nos lecteurs : Ils ont une importance
capitale pour l'histoire des idées religieuses à cette époque.
Nous avons fait cette étude dans notre premier ouvrage
et ne parlons ici de ces livres qu'au seul point de vue littéraire.

Les Psaumes de Salomon ont été écrits en l'an soixante-
trois avant Jésus-Christ. Cette année avait été néfaste. Pompée était entré dans le Temple, avait pénétré jusque dans le
Saint des Saints et l'avait profané de sa présence. La douleur
des Juifs avait été immense et l'un d'entre eux, dont le nom
est resté inconnu, a exprimé son indignation en composant
dix-huit Psaumes [1] imités de ceux de David, et qu'il place
lui-même dans la bouche de Salomon; il suppose que ce roi

---

[1] Publiés par Fabricius : *Codex pseudepigraphus N. T.* Hamburg,
1722. La meilleure édition critique est celle de Hilgenfeld dans son
Messias Judæorum...., etc. Lipsiæ, 1869. — Voir aussi Fritzsche :
Libri Veteris Testamenti pseudepigraphi selecti; Lipsiæ, 1871.

a prophétisé d'avance, dans ces cantiques désolés, la profanation dont Pompée vient de se rendre coupable. L'idée est belle et n'est pas exprimée sans grandeur ; mais ces poèmes sont trop courts pour que l'auteur puisse entrer dans de très grands développements sur l'ère messianique.

Il n'en est pas de même des Oracles Sybillins[1]. Ici le Juif se donne libre carrière et exhale sa douleur ou ses espérances en longues apostrophes d'une extraordinaire véhémence. . L'origine des Oracles Sybillins est des plus bizarres. L'auteur fait parler la Sybille païenne ; il lui fait prédire la grandeur future du peuple élu. Les Juifs, qui se faisaient du faux en littérature une assez singulière idée, usaient de ce procédé pour convertir les païens. Ils leur apportaient ces prétendus oracles et, les faisant passer pour authentiques, leur disaient : — Voilà ce qu'ont écrit vos auteurs ; vous voyez qu'ils nous rendent justice. Vous devez donc vous convertir à notre religion ; vos prophétesses elles-mêmes rendent hommage à sa vérité et à son origine divine. — Nous ne savons si ce pieux stratagème réussissait ; il est probable que oui, et plus d'un prosélyte a dû être gagné au judaïsme par cette supercherie. Les chrétiens ne se firent non plus aucun scrupule d'employer ce mode de propagande et ils répandaient, sous le nom de la Sybille, des poésies fabriquées par eux qui engageaient les païens à se convertir au christianisme. Athénagore, Justin, Clément d'Alexandrie et surtout Lactance ont cru très fermement à l'authenticité de ces prétendus oracles et ils s'en servaient pour montrer aux païens que le christianisme avait été prédit par les prophétesses païennes.

Les fragments d'Oracles Sybillins juifs qui nous ont été conservés, sont d'origines fort diverses. La fixation des dates est parfois assez compliquée, et les critiques qui se sont occupés de cette question sont souvent en complet désaccord.

[1] Les meilleures éditions des Oracles Sybillins sont celles de Alexandre (Paris, 1841) (2e édition, 1869), et Friedlieb (Leipzig, 1842.)

Sauf quelques passages certainement antérieurs au christianisme et quelques autres certainement postérieurs, l'ensemble
est d'une époque impossible à déterminer avec exactitude,
d'autant plus impossible que ces fragments ont subi de nombreux remaniements. Des huit livres sybillins que nous possédons, le troisième seul est incontestablement antérieur à
Jésus-Christ. La caractéristique générale des révélations qu'il
renferme est la même que toutes celles de cette époque. Le
voyant ne parle plus comme les anciens prophètes; ceux-ci
ne s'occupaient que du peuple juif et de ses voisins immédiats. Leur horizon politique ne dépassait pas l'Egypte et
l'Assyrie; mais, depuis le retour de l'exil, le Juif a appris à
connaître les grands royaumes qui se partagent le monde et à
compter avec eux. Les conquêtes des Perses, celles d'Alexandre ensuite et enfin celles des Romains le préoccupent vivement. Il sent que l'avenir de la Palestine est étroitement lié à
l'avenir de ces immenses empires. Il embrasse donc du regard
le monde entier. De plus, il n'écrit plus des prophéties proprement dites, mais des apocalypses, des Révélations; ce
n'est plus Dieu qui parle par sa bouche, c'est lui-même ou
plutôt son héros qui a une série de visions et auquel un ange
montre ce qui doit arriver, révèle ce qui se passe dans le ciel
et ce qui se passera sur la terre; tous les ouvrages sur le
Messie, écrits par des Juifs, sans exception, depuis l'apocalypse de Daniel jusqu'à celle de Jean, offrent ce caractère.

S'il est curieux à observer dans les imprécations de la
Sybille, il l'est plus encore dans le prétendu livre d'Hénoch[1].
Cité par Jude[2], ce livre était certainement lu par les Rabbis

---

[1] Découvert en 1773 par Bruce en Abyssinie dans deux manuscrits
éthiopiens, publié par Laurence en 1820 (traduction en anglais); par
Hoffmann en 1833 (traduction en allemand); par Gfrœrer en 1840
(traduction en latin); enfin par Dillmann en 1853 (traduction en allemand faite sur cinq manuscrits éthiopiens avec commentaire). Le livre
d'Hénoch est, sauf les interpolations, du second siècle avant Jésus-
Christ.

[2] Epître de Jude, versets 14 et 15.

du premier siècle, et commenté avec autant de soin que l'apocalypse de Daniel.

Nous ne l'analyserons pas, car il a déjà été en français l'objet d'études détaillées [1] et nous l'avons longuement utilisé nous-même dans notre histoire des idées religieuses en Palestine au premier siècle. Il se compose d'une succession de visions fantastiques, où l'auteur se laisse emporter par son imagination à toutes les extravagances. Hénoch voyage dans le ciel et sur la terre; il est en relation avec tous les esprits célestes, il traite des lois de la nature aussi bien que de la venue du royaume de Dieu. Si l'écrivain a choisi Hénoch pour héros de son épopée c'est tout simplement parce que ce patriarche avait été enlevé au ciel [2] et qu'il était fort naturel de lui supposer une connaissance remarquable de ce qui se passe dans le monde invisible [3]. Le style de cet ouvrage est chargé outre mesure; ses images sont exagérées; tout y est plus grand que nature. Il répond donc bien à l'idée générale que nous nous sommes faite d'un des genres littéraires de cette époque.

Le livre de l'assomption de Moïse est aussi cité par Jude [4],

---

[1] M. Vernes, *Histoire des idées messianiques,* chap. III.

[2] Genèse V, 24.

[3] Esdras, Daniel, Hénoch, Moïse et Elie, tels étaient les grands hommes d'autrefois dont on s'occupait le plus. Esdras parce qu'il avait restauré la nationalité juive et fondé la synagogue; Daniel parce qu'on le considérait comme l'auteur de l'apocalypse qui porte son nom et que ce livre prédisait les destinées de Rome et de Jérusalem; Hénoch, Moïse et Elie, parce qu'ils passaient pour ne pas être morts. Dieu « prit Hénoch » (Genèse V, 24). Quant à Moïse, Dieu l'ensevelit lui-même et son sépulcre était inconnu (Deutéronome XXXIV, 6). Elie enfin fut enlevé au ciel sur un chariot de feu (II Rois II, 11). On disait que ces trois hommes étaient vivants dans le ciel, vivants en chair et en os, et on écrivait une apocalypse d'Esdras, une apocalypse d'Hénoch, une assomption de Moïse. Composa-t-on aussi une apocalypse ou une ascension d'Elie qui a été perdue ? Nous ne le savons, mais on attendait tous les jours ce prophète qui devait préparer la venue du Messie et le précéder immédiatement.

[4] Jude, verset 9. La date de cet écrit est incertaine. On le place tantôt

Le législateur des Hébreux raconte l'histoire du peuple à Josué. Le passage le plus curieux est celui où il fait allusion à l'intervention armée de Varus, après la mort d'Hérode-le-Grand, crucifiant deux mille insurgés [1]. Ce fait se passait au moment même de la naissance de Jésus. Les peintures qui suivent sur les persécutions dont les Juifs sont l'objet et sur l'ère messianique sont faites dans le goût du temps, c'est-à-dire qu'elles sont ampoulées, exagérées, fantastiques.

Le « livre des Jubilés » ou « Petite Genèse » ou encore « Apocalypse de Moïse [2] » est aussi de la même époque ; il fut écrit pendant la vie de Jésus ou fort peu de temps avant sa naissance. Il n'est pas, à proprement parler, apocalyptique. Il se rapproche davantage par son contenu de la littérature talmudique, car l'auteur ne fait guère que paraphraser le livre de la Genèse. Cependant il ne parle pas lui-même, mais fait parler un ange qui s'adresse à Moïse et par ce détail il se rapproche des apocalypses. Il prend pour base de ses développements historiques, la période de 49 ans, composée de sept semaines d'années ; tous les sept ans vient l'année sabbatique dite du jubilé, de là le nom de l'ouvrage. L'auteur est très au courant de la hiérarchie céleste et nous voyons par ses développements sur ce sujet quelle place les spéculations sur les anges et autres êtres intermédiaires tenait dans les préoccupations des Juifs contemporains de Jésus. Il enseigne que les anges ont longtemps observé la Loi dans le ciel

au milieu du premier siècle, vers l'an 44, tantôt après la révolte de Bar-Kokeba. Il ne nous en reste qu'un informe fragment publié par Hilgenfeld : *Nov. Test. extrà canonem*, première livraison, et par Fritzsche, *op. cit.*

[1] Voir chap. III.

[2] Cité par les Pères du quatrième et du cinquième siècle et par les écrivains byzantins du septième au douzième siècle, retrouvé de nos jours en Abyssinie dans un manuscrit éthiopien, il fut publié par Dillmann (1850-1851) et traduit en allemand en 1859 sur le texte éthiopien. Fabricius en avait déjà édité quelques fragments. Ceriani a retrouvé dans la Bibliothèque Ambroisienne de Milan le tiers de ce livre en latin du septième siècle.

avant qu'elle eût été donnée aux Hébreux, car elle était écrite sur des tables célestes. Les patriarches auraient eu aussi des livres secrets renfermant des doctrines révélées [1].

Les Targoums [2] sont des paraphrases de l'Ancien Testament telles qu'on les faisait à la synagogue chaque jour de sabbat. Il est prouvé aujourd'hui que ceux que nous possédons n'ont été rédigés qu'au quatrième ou cinquième siècle après Jésus-Christ [3], mais il en existait de semblables au premier siècle; ceux que nous avons en sont la reproduction plus ou moins exacte. La Mischna parle de paraphrases chaldaïques [4] et les auteurs du Nouveau Testament citent parfois l'Ancien Testament dans les termes mêmes des Targoums [5]. Il est évident que ces traductions nous offrent le travail de plusieurs générations. Nous avons deux Targoums, celui d'un certain Onkelos sur le Pentateuque et celui d'un nommé Jonathan sur les Prophètes. Le premier n'est guère qu'un mot à mot péniblement fait; le second, au contraire, a les allures les plus libres. Tous deux se distinguent par le soin qu'ils mettent à éviter les anthropomorphismes de l'Ancien Testament et à faire parler l'ange de l'Éternel au lieu de Jéhovah lui-même [6].

[1] L'auteur est inconnu : est-ce un Essénien ? Oui, dit l'un, car il parle beaucoup d'anges et de livres secrets ; non, répond l'autre, car il ne parle pas de purifications et de baptêmes et il admet les sacrifices sanglants. Est-ce un Samaritain ? Non, car il parle du Mont Sion et ne nomme même pas le Mont Garizim. Est-ce un Alexandrin ? Non, car le livre a été certainement écrit en Palestine. La langue de l'original qui était, sans aucun doute, l'hébreu le prouve assez. Est-ce un Pharisien ? Non, car il est opposé à la résurrection des corps. (III, 24). Est-ce un Saducéen ? Non, car il croit aux anges. Ce livre a été écrit tout simplement par un homme qui ne se rattachait à aucune des sectes de son temps et était fort indépendant dans ses croyances.

[2] Ils ont été publiés par Buxtorf et se trouvent aussi dans la Polyglotte de Londres. Lagarde, en 1872, en a fait une édition critique.

[3] Voir sur ce sujet Geiger, *Judische Zeitschrift*, 1871, p. 86, et 1872, p. 199.

[4] *Jadajim*, IV, 5.

[5] En particulier Ephés. IV, 8. Sᵗ Paul cite ici un Targoum.

[6] Ou sa Gloire, sa « Schechina » ; ou encore sa Parole, sa « Memra ».

L'apocalypse d'Esdras[1] ou quatrième livre d'Esdras est aussi un écrit juif de la fin du premier siècle ou du commencement du second. Quelques critiques le croient plus tardif encore. Ce livre se trouve dans la Vulgate et il est par suite beaucoup plus connu que les ouvrages dont nous avons déjà parlé. Les Juifs donnaient le nom de second livre d'Esdras au livre de Néhémie. Leur troisième livre d'Esdras était une assez pauvre compilation de passages bibliques et l'ouvrage dont nous allons parler se trouvait naturellement porter le nom de quatrième livre d'Esdras[2].

Il s'agit encore ici de visions que ce scribe célèbre est censé avoir dans la ville de Babylone. Cette apocalypse est, au point de vue littéraire, très supérieure à toutes les autres. Le style en est élevé, sérieux et d'une sobriété remarquable pour l'époque. L'auteur a beaucoup d'imagination, mais elle n'a rien de fantastique. Il s'exprime parfois en paraboles, et plusieurs sont charmantes de finesse et de simplicité. Écrit après la ruine de la ville sainte, ce livre traite la question brûlante que tout Juif croyant se posait alors : Israël n'est-il donc plus le peuple élu ? L'auteur ne perd pas espoir et il annonce, avec une foi inébranlable, la venue prochaine du Messie. Il se trompait comme tous ses devanciers, et la révolte suprême des Juifs sous Trajan et Hadrien devait avoir pour résultat l'anéantissement définitif du dernier vestige de nationalité qu'ils possédaient encore ; mais l'auteur du quatrième livre d'Esdras n'aurait pas conseillé ce soulèvement. Il appartenait à cette tendance modérée dont les partisans allaient remplacer l'espérance messianique par l'observation de la Loi, et dire : — Le royaume de Dieu est venu si vous êtes fidèles, car il est dans vos cœurs; il est réalisé spirituellement par tout sectateur sincère du mosaïsme. — Les apocalypses ont fini leur

[1] Nous ne parlons pas de l'apocalypse de Baruch, parce qu'elle est très-postérieure à la ruine de Jérusalem.

[2] Le meilleur texte est celui du *Messias Judæorum*, de Hilgenfeld, et des *Pseudepigraphi*, de Fritzsche.

œuvre. Celle d'Esdras est la dernière qui mérite d'être mentionnée et la littérature purement talmudique sera désormais l'unique préoccupation des Rabbins.

Ces divers écrits que nous venons de passer en revue, datant tous de la même époque et offrant tous ce fond commun: la prédiction apocalyptique de l'avenir, nous montrent qu'il existait chez les Juifs du premier siècle, à côté des scribes ne pensant qu'à la Loi, des hommes plus indépendants, uniquement préoccupés de l'avenir et fabriquant des prophéties placées ensuite par eux sous le patronage et la protection des héros du passé. Il est probable que ces livres s'écrivaient dans l'ombre, en dehors du monde officiel. L'auteur se cachait pour lancer son ouvrage. Après sa publication, il gardait encore l'incognito et, la crédulité aidant, quelques années suffisaient pour que le livre passât pour authentique et fit fortune. Quant à son écrivain, tout faussaire qu'il était, sa conscience le laissait fort tranquille. Il avait le sentiment très net d'avoir rendu service à son peuple en lui rappelant ses destinées prochaines, et ne se reprochait absolument rien, car il était convaincu de n'avoir placé dans la bouche de son héros que des vérités essentielles à dire, et qu'il aurait volontiers dites s'il avait écrit des prophéties. Peut-être même voyait-il dans son incognito un désintéressement méritoire? Il ne songeait pas à lui, à sa gloire personnelle, il ne songeait qu'à son peuple, à ses glorieuses destinées, à Jéhovah dont il servait la cause. Pour lui, il s'effaçait entièrement. Il prêchait ce qu'Hénoch, Moïse, Salomon, Esdras auraient certainement dit, avaient dit peut-être, il ressuscitait un passé sublime, il reprenait les grandes traditions prophétiques, il était à sa manière un héros et un continuateur de l'œuvre commencée par les voyants des anciens âges.

CHAPITRE XIV

LA SCIENCE

L'arithmétique. — L'histoire naturelle. — L'astronomie. — La géographie. —
La médecine et les médecins. — Les maladies en général. — Les démoniaques. — La lèpre. — La femme malade d'une perte de sang. — La superstition. — Les Esprits. — Les songes.

Le Juif du temps de Jésus-Christ appelait « science »
l'étude de la Loi et les spéculations plus ou moins philosophiques dont elle était l'objet. Les chrétiens devaient s'adonner
dès le premier siècle à des considérations métaphysiques sur
les choses religieuses et ils leur donnèrent aussi le nom de
science, gnose (γνῶσις). Nous n'entendons pas étudier dans ce
chapitre la science ainsi comprise ; nous prenons ce mot dans
son acception moderne et nous nous demandons quelles
étaient les connaissances scientifiques d'un homme instruit,
en Palestine, à l'époque de Jésus-Christ. Connaissait-il l'arithmétique ? Savait-il un peu d'histoire naturelle ? Quelles
étaient ses idées en astronomie ? Que pensait-il de la géographie ? enfin quelles étaient ses connaissances médicales ?
L'examen de cette dernière question nous amènera à parler
de l'exercice de la médecine au temps de Jésus-Christ ainsi
que des maladies, des mauvais esprits et de la superstition à
cette époque.

De l'arithmétique nous n'avons rien à dire ; c'est à peine si
les quatre règles sont vaguement indiquées dans l'Ancien
Testament[1].

L'histoire naturelle semble avoir été assez développée ; au

---

[1] Lévitique XXV, 27 et 50.

moins la zoologie, car les descriptions des animaux et de leurs mœurs reviennent assez souvent dans les livres saints. Le livre des Proverbes parle de la fourmi[1] ; celui de Job décrit la biche, l'onagre, l'autruche, le cheval, l'aigle, l'hippopotame, le crocodile[2]. Le même livre nous parle du papyrus, des métaux et de leur formation, des travaux des mines[3]. Dans la Genèse, nous voyons un essai de classification des plantes en herbes qui poussent spontanément, en plantes portant de la semence, et en arbres portant du fruit[4]. Les cétacés sont distingués des autres animaux aquatiques[5] ; les animaux terrestres sont partagés en bêtes sauvages et bêtes domestiques. Plus loin, le Pentateuque est plus explicite : il nomme les ruminants, les animaux qui ont « le sabot divisé, » etc. Ce sont là des essais de classification tout à fait primitifs. A-t-on fait plus tard des travaux plus approfondis, des distinctions vraiment scientifiques ? Nous n'en savons rien.

Sur le système du monde, les Juifs avaient des notions plus étendues sans qu'elles eussent plus de précision. Ils se faisaient une assez grande idée de l'immensité de l'univers. « Il faudrait cinq cents ans, lisons-nous dans le traité Berakhoth, pour parcourir la distance de la terre au ciel qui est immédiatement étendu au-dessus de nous ; le même intervalle sépare un ciel d'un autre et le même, encore, sépare les deux extrémités du même ciel traversé dans son épaisseur. »

Nous avons dit que les Juifs réglaient la longueur du mois sur la durée de la révolution de la lune autour de la terre. Ils ne faisaient ici aucun calcul et se contentaient d'une simple observation. Quant aux étoiles, ils donnaient des noms à certaines constellations ; Orion, la grande Ourse, etc.,

---

[1] Proverbes VI, 6 à 8.
[2] Job XXXIX, 5-8, 9-12, 13-18, 25 et suivants, 29-30 ; XL, 10-24, 20 et suiv.
[3] Job, ch. XXVIII.
[4] Genèse I, 11.
[5] Genèse I, 21.

sont nommées dans le livre de Job. Il faut remarquer aussi que dans la Genèse, le mot que nous traduisons par étendue[1] (Rakia) signifie proprement surface solide, et les Juifs se représentaient le bleu du ciel comme étant solide. Quand il pleut, l'eau passe par des trous percés sur cette surface, ces ouvertures sont les fenêtres ou « les bondes des cieux[2] ».

Les enfants d'Israël s'élevèrent-ils plus tard au dessus de ces notions naïves et enfantines? Nous ne le savons pas. Il est évident, en tout cas, que la terre était pour eux comme pour tous les anciens, le centre de l'univers, et que tous les astres tournaient autour de ce centre immobile.

La géographie des contemporains de Jésus-Christ nous est très exactement donnée dans les Talmuds, et, en les étudiant, on peut arriver à résumer assez complètement les notions géographiques d'un Juif instruit du premier siècle.

Il considérait la terre comme un plan circulaire[3]. Dieu se tient assis au-dessus de ce plan dont le cercle a été tracé autrefois par lui sur l'abîme[4]. Les quatre points cardinaux s'appellent les extrémités des cieux, les quatre pans ou angles de la terre, ou les quatre vents[5]. Pour les désigner, le Juif ne se tourne pas vers le Nord comme nous le faisons, mais vers l'Est. Il regarde l'Orient, à sa droite est le Midi, à sa gauche le Nord et derrière lui l'Occident. Jérusalem est au centre du disque rond et plat qui forme la terre[6]. La surface de ce plan se partage en deux parties: la terre d'Israël et ce qui n'est pas la terre d'Israël. Ses habitants se distinguent de la même manière: il y a les Juifs et les Païens; ceux du dedans et ceux du dehors. Ces diverses expressions sont constantes dans le

---

[1] Genèse 1, 6. « Dieu fit l'étendue. »

[2] Voir Genèse VII, 11 et VIII, 2 ; la description du déluge.

[3] Esaïe XL, 22. Et non pas un « globe » comme on s'est souvent trop pressé de traduire. « Le cercle de la terre » (Houg), dit le prophète.

[4] Proverbes VIII, 26 et 27.

[5] Esaïe XI, 12 ; Jérémie XLIX, 36, 1 Chroniques IX, 24. Ezéchiel V, 5.

Nouveau Testament[1]. Les Païens étaient appelés « les Gentils » (gentiles) ou « les nations du monde », et le mot monde ($\varkappa \acute{o}\sigma \mu o \varsigma$) désignait tout ce qui n'était pas d'Israël, tout ce qui ne faisait pas partie du peuple élu et de la Terre Sainte. Le monde représentait ce qui était profane ; ce mot est fréquemment employé dans ce sens par les auteurs du Nouveau Testament et en particulier par Saint Jean[2]. La terre d'Israël étant au centre du disque, le « monde » l'entourait de tous les côtés. Aux extrémités, on trouvait la mer, l'immense mer sur laquelle personne ne s'était encore aventuré bien loin. Elle faisait tout le tour du plan circulaire, et comme elle baignait les pays païens, on appelait quelquefois ceux-ci « la région de la mer ». Rabbi Salomon disait : « Toute la région extérieure est appelée région de la mer, à l'exception de Babylone[3] » et Rabbi Nissim : « Il est rigoureux de nommer région de la mer tout ce qui est hors de la terre d'Israël. »

Quelle idée se faisait un Juif de la grandeur du disque terrestre ? Il est impossible de le dire. Il ne devait avoir qu'une assez vague notion de l'étendue de l'empire romain et supposer qu'au delà de ses frontières, après un désert inhabité, on ne devait pas tarder à rencontrer la mer après laquelle il n'y avait rien.

La Palestine elle-même est baignée, disait-on, par sept mers et quatre fleuves[4] : 1° La grande mer (la Méditerranée) ; 2° La mer de Tibériade ; 3° La mer Samochonite (petit lac traversé par le Jourdain) ; 4° La mer Salée ou mer de Sodome (mer Morte) ; 5° La mer Hultha ou mer d'Acco ; 6° La mer Schelyath ; 7° La mer Apaméa. Sur l'emplacement de la cinquième mer on n'est pas d'accord. Lightfoot et Bochart voyaient dans cette mer Hultha un petit lac (lac Sirbonis) au Sud de la Palestine et mentionné par Diodore de Sicile.

---

[1] Ev. de Matth., II, 20 ; 1 Cor., V, 13 ; I Tim. III, 7.
[2] Voir Ev. de Luc, XII, 30 ; de Jean, III, 16, 17 ; I Jean II, 2, etc.
[3] *Gittin*, ch. I.
[4] Jerus. *Kilaïm*, fol. 32, 1 ; et Babyl. *Bava Bathra*, fol. 74, 2.

Bochart pensait aussi à la mer Rouge. Il est d'autant plus difficile de résoudre la question, que le nombre sept est un nombre symbolique et que les Talmudistes, pour obtenir ce nombre, ont pu répéter deux fois le lac Samochonite, car il s'appelait aussi lac Houleh, ce qui ressemble à Hultha. La mer Schelyath est probablement le lac Phialé, et quant à la mer Apaméa, elle n'est autre que le lac Takeh près d'Apaméa et il n'est pas en Palestine; ce qui prouve combien est artificielle la classification des Talmuds. Ailleurs, ils ne trouvent que quatre mers en Terre-Sainte : la Méditerranée, le lac de Tibériade, le lac Samochonite et la mer Morte[1].

Les quatre fleuves sont le Jourdain, le Yarmouk, le Kirmion et le Pigah. Nous connaissons le Jourdain. Le Yarmouk est un de ses tributaires, une grande rivière dont l'embouchure est au-dessus du lac de Tibériade. Sur le Kirmion, on n'est pas d'accord. Il faut y voir soit le Kischon[2], soit une autre rivière qui est près de Damas et appelée aujourd'hui el-Barada[3]. Quant au Pigah, nous ne le connaissons pas.

On voit que la géographie juive ressemblait beaucoup à celle des autres peuples antiques. Elle n'avait d'autre base que le témoignage direct des sens et l'observation enfantine. Il est probable qu'aux détails succincts que nous avons recueillis çà et là il faudrait ajouter plus d'une théorie bizarre sur certains phénomènes de la nature, mais les Talmuds sont muets sur ces points secondaires. Les Juifs expliquaient-ils le bleu du ciel par le reflet d'une gigantesque montagne bleue

---

[1] Jerus. *Schekalim*, IV, 2 ; *Schabbath*, XIV, 3.

[2] Juges, V, 21.

[3] Nous ne saurions prendre au sérieux la géographie du livre d'Hénoch. L'auteur est sous l'influence de la mythologie grecque ; de plus il mêle l'imagination à la réalité et confond si complètement ses fantaisies individuelles avec les notions géographiques de ses contemporains qu'il est impossible de les séparer. Il est fasciné lui aussi par le nombre sept et parle de sept fleuves immenses qui arrosent la terre. Elle-même est formée de sept îles sorties du sein de la mer. Il croit que le soleil se plonge chaque soir dans un océan de feu où sont les morts.

et invisible, comme l'ont fait quelques peuples anciens? Peut-être. En tout cas ils expliquaient par l'action d'esprits invisibles tous les phénomènes qu'ils ne comprenaient pas. Nous aurons l'occasion de le constater en traitant de la crédulité au premier siècle, mais auparavant il faut parler des connaissances médicales et de la pratique de la médecine chez les Juifs de cette époque.

Nous résumerons en une seule phrase ce que nous avons à dire sur ce sujet : Tout le monde s'occupait de médecine et personne n'en savait le premier mot. La médecine scientifique existait en Grèce depuis cinq cents ans, mais elle n'en était pas sortie. L'ignorance des Juifs en médecine et leur impuissance à s'affranchir de cette ignorance venaient de ce qu'ils voyaient dans la maladie la punition de péchés commis soit par le patient lui-même, soit par ses parents[1] et qu'ils l'attribuaient presque toujours à l'influence d'un mauvais esprit[2]. La seule guérison possible était alors l'expulsion du démon (ou des démons, quelquefois on en avait plusieurs), et toute la science médicale se réduisait à chercher le meilleur mode d'expulsion. Ce n'était pas le plus instruit qui était le plus propre à cette œuvre de bienfaisance, mais le plus religieux. Plus on était pieux, plus on était apte à guérir les malades, c'est-à-dire à chasser les démons. Chacun exerçait alors la médecine pour lui-même et pour les siens comme il l'entendait. Les Rabbis avant tout, les scribes, les docteurs de la loi, s'occupaient de chasser les démons et quelques-uns y passaient pour fort habiles. La médication n'était qu'un exorcisme.

On employait pour exorciser des procédés de toutes espèces. Le plus commun était l'incantation. [3]

---

[1] Ev. de Jean, V, 14, IX, 1, IX, 34.

[2] Ev. de Matth., IX, 32, 33, XII, 22 ; Luc, XIII, 11, 16.

[3] *Schabbath*, XIV, 3. Nous avons la formule d'incantation contre la rage, Babyl. *Joma*, fol. 84, 1, et celle que l'on prononçait contre le démon de la cécité, quand on voulait guérir un aveugle; *Avodah Zarah*, fol. 12, 2.

Le Rabbi prononçait une formule magique. Parfois il versait un peu d'huile sur la tête du malade. « Que celui qui prononce l'incantation verse d'abord de l'huile sur la tête du malade, puis qu'il la prononce [1]. » Les Talmuds parlent de guérisons chrétiennes faites au nom de Jésus qu'ils appellent Jésus, fils de Pandirah. « Quelqu'un étant malade on s'approcha de lui et on prononça une formule de guérison au nom de Jésus fils de Pandirah et il fut guéri. » Le traité Schabbath nous rapporte que Rabbi Eliézer, fils de Damah fut mordu par un serpent. Jacques de Capharnaum [2] s'approcha et voulut le guérir au nom de Jésus, mais R. Ismaïl ne le lui permit pas [3]. Quelquefois on usait de procédés assez compliqués. Josèphe nous raconte que le roi Salomon avait composé un livre de formules pour chasser les démons, le *Sefer Refuot* (livre des recettes [4]) et il prétend qu'un des meilleurs moyens à employer est de se servir d'une racine sacrée, appelée *Baaras*. Elle est, dit-il, couleur de feu, et il est fort difficile de se la procurer, mais quand on la possède, il suffit de l'approcher du malade pour le guérir. Il a été témoin lui-même d'une cure de ce genre faite devant Vespasien. Un juif nommé Eléazar délivra plusieurs possédés en les touchant avec un anneau où était renfermée la précieuse racine recommandée par Salomon et en prononçant la formule de rigueur. Les démons sortirent par le nez des malades qui furent immédiatement guéris ; et, quand ils furent sortis, Eléazar leur ordonna de renverser un vase de terre qui se trouvait là, ce qu'ils exécutèrent aussitôt [5].

Quand le malade n'était pas un possédé, les procédés en usage pour le guérir étaient plus sérieux. La lèpre, par

· [1] *Sanh.*, ch. 10; hal., I.
[2] Il s'agit assurément ici de Jacques, frère du Seigneur et chef de l'Eglise de Jérusalem.
[3] Jérus. *Schabbath*, ch. XIV. Trad. Schwab., p. 156.
[4] Jos., *Ant. Jud.*, VIII, 2.
[5] *Ant. Jud.*, VIII, 2.

exemple, n'a jamais passé pour une possession. Le malheureux qui en était atteint devait se soumettre à certaines règles
très rigoureuses données déjà par Moïse. Il vivait parqué
comme un pestiféré, et s'il sortait des limites qui lui étaient
assignées il était condamné à la bastonnade (quarante coups
moins un).

Le Temple lui était interdit, mais non la synagogue. «Si un
lépreux entre dans la synagogue on lui assigne une place
élevée de dix palmes et large de quatre coudées. Il entre
le premier et sort le dernier [1]. » Il est reconnu aujourd'hui que
ces précautions étaient fort exagérées ; la maladie connue sous
le nom de lèpre n'est nullement contagieuse. Elle peut seulement être héréditaire. Se présentait-elle sous une forme contagieuse chez les Juifs de la Palestine? C'est possible, mais il y
avait certainement beaucoup d'ignorance et de préjugés dans
le dégoût et l'horreur qu'inspirait un lépreux.

La lèpre devient de plus en plus rare. On en signale
encore quelques cas en Egypte, dans certaines parties de la
Suisse et en Suède. Elle a pour cause l'indigence, la mauvaise
nourriture, la malpropreté. Non seulement elle est guéris-
sable, mais elle peut disparaître sans que le malade suive
aucun traitement. C'est une affection superficielle de la peau,
fort peu douloureuse et qui n'empêche pas la santé générale
d'être ordinairement bonne. Chez les Juifs on distinguait une
première guérison que l'on appelait « purification du lépreux ».
Les écailles, qui avaient paru sur la peau, et y avaient formé
des disques blancs ou grisâtres, se détachaient et tombaient.
Le malade était dit « purifié » ou « nettoyé ». Sa guérison
n'était pas encore certaine, mais le principe prétendu con-
tagieux avait disparu ; le danger était passé ; il rentrait dans
la vie commune. Son premier devoir était d'offrir trois sacrifices [2], le premier était dit d'expiation et le second de cul-

---

[1] *Negaïm*, ch. 13, hal. 12.
[2] Ev. de Matth., VIII, 4 ; Levit., XIV, 2 et suiv.

pabilité; le troisième était un holocauste. Le pauvre offrait des oiseaux, le riche des agneaux. Voici le détail de ces cérémonies au premier siècle : le lépreux se tenait debout près de l'animal, posait les deux mains sur lui, puis on l'immolait. Deux prêtres recueillaient le sang, l'un dans un vase, l'autre dans sa main ; celui qui avait reçu le sang dans sa main allait rejoindre le lépreux dans la chambre dite « des lépreux [1] ». Celui-ci tendait la tête hors de la chambre dans la cour et le prêtre lui touchait avec le sang le lobe de l'oreille, il tendait la main et le prê-tre lui touchait le pouce avec du sang ; de même pour le pied. L'autre prêtre venait ensuite et touchait avec de l'huile les mêmes parties du corps. La cérémonie terminée, le malade guéri avait rempli tous ses devoirs religieux. On le voit, la re-ligion était en relation étroite avec la médecine, même quand le malade n'était pas un possédé.

Cependant quelques docteurs essayaient d'employer de vé-ritables remèdes. Les Esséniens, par exemple, connaissaient des plantes médicinales et avaient constaté leurs propriétés. C'est eux qui possédaient le texte du fameux livre de for-mules du roi Salomon. Peut-être renfermait-il de vraies recettes que l'on pouvait prendre au sérieux. Nous avons nommé l'huile ; on avait reconnu ses propriétés adoucissan-tes, calmantes, si appréciées aujourd'hui. On la mêlait sou-vent avec le vin et ce remède est maintenant encore très efficace dans certains cas. On « oignait d'huile le malade [2] ». Il est probable toutefois que ces onctions avaient toujours quelque chose de magique.

On pouvait mêler l'huile et le vin les jours de sabbat et de fêtes ; du moins Rabbi Méir le permettait [3] : « Si on est malade

[1] Dans l'angle de la cour des femmes qui regardait le couchant. Voir notre description du Temple, livre II, chapitres XI et XII.

[2] Ev. de Marc, VI, 13 ; Epître de Jacques, V, 14 ; Ev. de Luc, X, 34.

[3] Jérus. Berakhoth, f. 3, 1. Pour lui-même il ne le permettait pas le jour du sabbat.

le jour de l'expiation et dans les jeûnes publics on peut oindre d'huile la partie malade.[1] »

Ce n'est pas tout : çà et là les Talmuds nous parlent de prescriptions pour d'autres maladies ; le gland du cèdre était employé en médecine[2]. Les opthalmies étaient fréquentes et le nombre des aveugles que l'on rencontre en Orient est considérable. Aussi la Bible parle-t-elle de collyres[3] : on aimait oindre les yeux de salive et de vin ; cette onction faisait du bien, mais il était interdit de la faire le jour du sabbat[4] : « Ne pas mettre de salive ce jour-là sur les paupières. »

Il nous reste, avant de quitter ce sujet, à rapprocher un très curieux passage du Talmud de Babylone[5] du récit que l'Evangile nous fait de la guérison d'une femme malade d'une perte de sang depuis douze ans[6]. « Elle avait beaucoup souffert entre les mains de plusieurs médecins », dit le texte. Nous savons qui étaient ces médecins : c'étaient les Rabbis, et nous savons aussi quels remèdes ils avaient conseillé à cette femme. — « R. Jochanan dit : « Prenez le poids d'un « denier de gomme d'Alexandrie, le poids d'un denier d'a-« lun, le poids d'un denier de safran de jardin, broyez le « tout ensemble et donnez-le à la femme dans du vin. Si ce « remède ne réussit pas, prenez trois fois trois logs[7] d'o-« gnon de Perse, cuisez-les dans du vin et faites boire ce « breuvage à la femme en lui disant : « Sois délivrée de ta « maladie. » Si cela ne réussit pas, conduisez la femme à la « jonction de deux chemins, placez dans sa main une coupe « de vin et que quelqu'un survenant tout à coup derrière

[1] Babyl. *Joma*, fol. 77, 2.
[2] Babyl. *Gittin*, fol. 69, 1.
[3] Apocal. III, 18. Voir sur les aveugles, Deut., XXVII, 18 ; Ev. de Luc, IV, 19 ; Ps. CXLVI, 8.
[4] Maimon. *Schabbath*, ch. 21.
[5] Babyl. *Schabbath*, fol. 110.
[6] Ev. de Marc, V, 26.
[7] Pour la valeur de cette mesure, voyez chapitre XI.

« elle l'effraye en lui disant : « Sois délivrée de ta mala-
« die. » Si on n'obtient encore rien, prenez une poignée de
« safran, et une poignée de foin grec, faites-les cuire dans
« du vin et donnez-les lui à boire en lui disant : « Sois déli-
« vrée de ta maladie. » Le Talmud continue ainsi, proposant encore une dizaine d'autres moyens à employer, entre
autres celui-ci : « Que l'on creuse sept fossés dans lesquels
« on brûlera des sarments qui n'auront pas encore quatre ans;
« que la femme, une coupe de vin dans la main, s'approche
« successivement de chaque fossé et s'asseye au bord, et cha-
« que fois on lui dira : « Sois délivrée de ta maladie. »

On le voit, le moyen-âge n'a rien à envier au Judaïsme du
premier siècle et les procédés des sorciers et des exorcistes se
ressemblent dans tous les temps. De tels faits nous montrent
à quel degré d'extrême crédulité était arrivé le peuple juif.

Nous savons, du reste, combien facilement on l'exploitait.
Simon le magicien devait être déjà célèbre pendant la vie de
Jésus [1]. On voyait partout des miracles et l'on voulait tous les
jours en voir. Les Pharisiens en réclament sans cesse du
Christ [2], et Saint Paul devait plus tard caractériser son peuple
d'un seul mot : « Les Juifs demandent des miracles [3]. » Il n'y
avait personne qui ne fut persuadé qu'il s'en faisait beaucoup;
et ces prodiges n'étaient pas seulement l'œuvre de Dieu, ils
pouvaient être aussi celle des démons. Une possession était, à
sa manière, un miracle. Les mauvais Esprits étaient dans l'air,
à commencer par le chef de tous, « le prince de la puissance
de l'air. [4] ». Aussi les cas de folie, d'hystérie, d'hallucination,
étaient-ils fréquents chez les Juifs du premier siècle. S'ils
avaient tort d'appeler possession presque toute espèce de
maladie, il était bien naturel qu'ils donnassent le nom de

---

[1] Actes VIII, 11, semble bien le prouver.
[2] Ev. de Matth., XVI, 1, XII, 39; de Marc, VIII. 11 et suiv.: de
Luc, XI, 16, 29, etc.
[3] I Epître aux Corinth., I, 22.
[4] Ep. aux Ephésiens, II, 2.

possédés ou démoniaques aux malades atteints de ces affec-
tions nerveuses si bizarres que l'on étudie aujourd'hui à la
Salpétrière. On sait très bien maintenant ce que sont ces prétendues possessions, et quiconque est témoin d'une des crises
de cette maladie, comprend aisément que chez les Juifs et au
moyen-âge on ait cru à l'influence des démons [1]. Ces maladies
étaient d'autant plus fréquentes au temps de Jésus-Christ
que l'effervescence politique et l'exaltation religieuse étaient
plus ardentes [2].

Nous avons dit que les Rabbis s'occupaient de guérisons ;
ils passaient tous pour en opérer et pour faire des miracles [3].
« Il fallait que le vieillard, élu membre du Sanhédrin, dit Maimonide [4], fût savant dans les arts des astrologues, des presti-
digitateurs, des devins et dans la connaissance des maléfices. »
Les Talmuds nous racontent plusieurs miracles faits par les
Rabbis [5]. Les plus renommés pour leur habileté étaient
Abba Chelchia, Chami, Rabbi Chanina ben Dossa, et d'autres
encore [6].

Voici un de ces récits, nous l'avons choisi de préférence
à tout autre parce qu'il ressemble à l'un des miracles racontés
dans l'Evangile [7] : « Lorsqu'il arriva au fils de R. Gamaliel
« de tomber malade, son père envoya deux scribes auprès de
« R. Chanina ben Dossa pour qu'il implorât la bénédiction

---

[1] Voir *Revue des Deux Mondes*, numéros de Janvier et Février 1880,
art. du Dr Richet.

[2] De tous les miracles, celui qui semblait devoir être le plus remarquable et que chacun désirait voir, c'était une résurrection de mort. Les
Pharisiens y auraient trouvé la confirmation précieuse d'une de leurs
doctrines favorites. Si on pouvait prouver qu'un mort était ressuscité,
quelle victoire pour eux, quelle démonstration écrasante de la supériorité
de leur tendance sur celle des Saducéens.

[3] Babyl. *Sanhédr.*, fol. 101, 1. Ajoutez les détails du livre des Actes
des apôtres : sur Simon, ch. VIII ; sur Elymas le magicien, ch. XIII ;
sur les fils de Scéva, ch. XIX.

[4] *Sanhédr.*, ch. II.

[5] Babyl. *Taanith*, fol. 24.

[6] *Juchas.*, fol. 20, 1, id. fol. 56, 2 ; Babyl. *Berakhoth*, fol. 33 et 34.

[7] Babyl. *Berakhoth*, fol, 34, b.

« divine. A leur arrivée, le Rabbi monta dans la chambre
« haute de la maison et se mit à prier. En descendant, il leur
« dit : « Allez, la fièvre l'a quitté. » « Es-tu prophète, lui deman-
« dèrent-ils, pour que tu le saches ? » Non, répondit-il ; mais
« voici la tradition reçue : « Si j'énonce facilement ma prière,
« je sais qu'elle est agréée ; mais au cas contraire, elle ne l'est
« pas. » Ils se sont alors mis à noter par écrit l'heure exacte ;
« et, à leur retour auprès de R. Gamaliel, ils lui en firent part.
« Par Dieu, dit-il, c'est bien exact ; pas un instant plus tôt ni
« plus tard la fièvre l'a quitté, et mon fils a demandé à boire[1]. »

On peut se demander jusqu'à quel point on distinguait un
fait naturel d'un fait surnaturel. Il est évident que tout
paraissait surnaturel, puisque rien n'était expliqué scienti-
fiquement. Les lois de la nature étant inconnues, le miracle
était partout. La pluie, l'orage, le vent, étaient des faits sur-
naturels produits par l'Esprit de la pluie, l'Esprit de l'orage,
l'Esprit du vent[2]. Une femme, courbée par l'âge ou la maladie, avait « un Esprit de faiblesse[3] ». On faisait des distinctions théologiques entre ces Esprits. On avait créé certains
ordres[4] ; ainsi les Esprits *mauvais* n'étaient pas les mêmes
que les Esprits *impurs*. Les maladies venaient des démons ;
cependant il y avait des malades purs et des malades impurs.
Une femme, courbée par l'âge, n'avait pas une maladie
impure. L'Esprit qui, entrant dans un homme, troublait son
intelligence, le mettait hors de sens, était simplement « mauvais[5] ». Celui, au contraire, qui habitait les sépulcres et les
endroits immondes, était « impur[6] ». L'Esprit de « Python »
était « impur[7]. »

---

[1] Comp. Ev. de Jean, IV, 47 et suiv.
[2] Le livre d'Hénoch nomme tous ces Esprits ; une guérison naturelle
pouvait donc passer pour miraculeuse.
[3] Ev. de Luc, XIII, 11.
[4] *Bemidbar rabba*, fol. 157, 2.
[5] *Erubhin*, fol. 42, 2.
[6] Glos. *in Sanhédr.*, fol. 65, 2.
[7] Actes des apôtres, ch. XVI, 16.

Il y avait aussi des Esprits qui n'étaient ni anges, ni démons, mais simplement « des âmes qui ont été créées et dont les corps n'ont pas été créés[1] », ou bien dont les corps sont morts et qui reparaissent sur la terre sous une forme visible, mais en étant impalpables. C'est ainsi que les apôtres crurent voir l'Esprit de Jésus après sa mort. « Ils croyaient voir un Esprit », dit le texte[2], c'est-à-dire ils ne croyaient pas qu'il fût ressuscité, et pensaient seulement voir son spectre, son âme immortelle, son « Esprit ». Quand les Pharisiens disaient : « Un ange ou un Esprit » a parlé à Saint Paul[3], ils désignaient, par le mot Esprit, soit une âme dont le corps n'aurait jamais existé, soit, au contraire, l'apparition d'un des prophètes ou d'un des saints qui étaient morts.

Ces apparitions se produisaient souvent pendant le sommeil, et les Juifs les considéraient comme aussi réelles que les autres. Aucun peuple antique n'attachait plus d'importance qu'eux aux songes. Ils jeûnaient pour se procurer des rêves agréables[4]. « Si tu vas te coucher joyeux, tu auras de bons rêves[5]. » Il y avait à Jérusalem vingt-quatre interprètes des songes. « Je leur ai demandé l'explication de mes songes », raconte un vieillard dans un des Talmuds[6], « et quoiqu'ils m'aient donné des explications différentes, toutes se sont réalisées. »

On croyait aux amulettes; on en suspendait à son cou. Seulement on ne devait s'en servir le jour du sabbat que « si le médecin l'avait approuvé[7] ».

Pour éviter une fâcheuse rencontre, on récitait un Psaume. Le troisième et le quatre-vingt-onzième étaient particulière-

---

[1] *Beresch. rabba*, fol. 34, 2.

[2] Ev. de Luc, XXIV, 37,

[3] Actes des apôtres, XXIII, 9.

[4] Babyl. *Schabbath*, fol. 11, 1. On appelait ce jeûne « jeûne pour un songe. » Voir livre II, chapitre IX.

[5] *Schabbath*, fol. 30, 2.

[6] Babyl. *Berakhoth*, fol. 55, 2.

[7] *Schabbath*, VI, 2.

ment efficaces, et on les appelait les « Psaumes de rencontre ».
« Quel est le Psaume de rencontre? C'est le Psaume III :
Seigneur, nos ennemis se sont multipliés, etc. ». Et aussi, le
Psaume XCI : « Celui qui habite dans le secret du Très-
Haut...., jusqu'au verset 9[1]. »

Enfin, certains nombres avaient une valeur secrète et un
caractère sacré : les plus estimés étaient trois, sept et dix ;
les deux premiers surtout. Ainsi, foi aux nombres sacrés,
amulettes, apparitions en songes, visions, spéculations insensées sur les Esprits, sur les revenants, magie, sorcellerie, nécro-
mancie, rien ne manquait à la superstition juive du premier
siècle. L'Israélite de cette époque bizarre et tourmentée vivait dans un monde imaginaire qu'il peuplait lui-même
suivant sa fantaisie, et il croyait sans peine aux folies les
plus ridicules ; il était prêt à admettre les récits les plus in-
croyables ; il était persuadé d'avance de leur réalité ; au besoin,
il les inventait de la meilleure foi du monde. Il est des moments, dans la vie des peuples et des individus, où le surnaturel le plus extravagant passe pour plus naturel et plus
authentique que les faits les plus ordinaires. Le Judaïsme du
premier siècle traversait un de ces moments-là.

[1] Jerus. *Schabbath*, fol. 8, 2.

FIN DU PREMIER LIVRE.

LIVRE SECOND

LA VIE RELIGIEUSE

CHAPITRE I

LES PHARISIENS ET LES SADUCÉENS SOUS LES MACCHABÉES ET SOUS HÉRODE-LE-GRAND.

Les Hassidim. — Origines du Pharisaïsme et du Saducéisme. — Luttes pour la prépondérance sous les rois Asmonéens. — Parallèle des deux tendances. — Leurs défauts et leurs qualités. — Les Saducéens sous Hérode-le-Grand. — L'influence des Pharisiens. — Ils se divisent. — Les deux partis pendant la vie de Jésus-Christ. — Leur attitude en présence du christianisme naissant. — Les sept espèces de Pharisiens.

Nous étudierons, dans ce second livre, la vie religieuse des Juifs de Palestine au premier siècle. Elle se présente avant tout à nous comme incarnée dans deux grands partis : celui des Pharisiens et celui des Saducéens.

Nous les avons déjà et souvent nommés dans le livre précédent, et le Nouveau Testament met sans cesse Jésus en leur présence. Josèphe nous décrit ces hommes comme ayant formé des « sectes » au sein du judaïsme de son temps. Il importe, pour comprendre leur attitude en face du Christ, de remonter jusqu'à leur origine et d'étudier leur passé. Au premier siècle, en effet, ils avaient déjà, les uns et les autres, une longue histoire derrière eux; nous la raconterons succinctement.

Lorsque Esdras et Néhémie avaient restauré la nationalité juive, ils avaient rencontré une approbation à peu près unanime. Toutes leurs réformes avaient été accueillies et pratiquées, et les premiers temps du rétablissement des Juifs avaient été marqués par un admirable réveil de la foi et de la vie religieuse. Tous les enfants d'Israël, presque sans exception, s'étaient soumis au joug de la Loi et l'avaient

porté avec la force que donne toujours une conviction sincère. Ceux qui, après la mort des grands réformateurs,
continuèrent leur œuvre et la fortifièrent étaient appelés
Hassidim (les Pieux, les Dévots). Ils étaient universellement
aimés et respectés, et devinrent très puissants.

Cependant la conquête de la Palestine par Alexandre le
Grand introduisit dans le judaïsme un élément nouveau.
Plusieurs Palestiniens apprirent à connaître l'hellénisme et à
l'apprécier. La civilisation grecque pénétra à Jérusalem et entra
en contact avec la religion et les pratiques judaïques. Ceux
qui favorisèrent ce contact, les Juifs « *hellénistes* », furent mal
vus des Hassidim, car ceux-ci considéraient toute relation avec les étrangers comme une infidélité à la loi, et
lorsque Antiochus Epiphane voulut imposer par la violence
les coutumes et les mœurs grecques, ils se révoltèrent. Ce
fut un prêtre, Matatthias, le père de Judas Macchabée, qui
provoqua cet admirable soulèvement auquel son fils a donné
son nom.

L'insurrection, d'abord simple guerre de partisans et qui
semblait devoir être étouffée, fut, au contraire, victorieuse, grâce à la fermeté de ses chefs, les Hassidim, grâce
surtout à l'adhésion du peuple presque tout entier, joyeux
de combattre pour sa patrie, pour son indépendance et pour
son Dieu. Cependant le petit nombre des Juifs hellénistes désapprouvait en secret l'insurrection. Leur foi patriotique et religieuse s'était affaiblie sous la domination
grecque et, sans renier aucune de leurs croyances, ils ne
voyaient pas pourquoi les étrangers étaient si abominables;
ils n'avaient aucune répugnance à apprendre leur langue, à
la parler et à connaître un peu leurs idées. Ces Juifs hellénistes, plus tolérants que les Hassidim, mais aussi plus indifférents, larges par scepticisme et par mollesse, furent appelés *Tsadoukim* (Saducéens), c'est-à-dire : Justes. Pourquoi? Il est assez difficile de le dire. Il paraît naturel
de supposer que leurs adversaires s'appelant les Pieux, ils

ont voulu se donner un nom équivalent au leur aux yeux du
peuple, et ont choisi, par opposition, celui de Justes[1]. Mais
comme ils ne se le donnent jamais eux-mêmes, et semblent,
par là, le rejeter, il est possible qu'il ait été choisi par les Hassidim eux-mêmes, et ne soit qu'un sobriquet ironique, les
Justes dans le sens de : les prétendus Justes[2]. Les Saducéens
voulaient, en effet, par opposition à l'ardeur des Hassidim,
qui leur semblait intempérante, représenter le parti de la
modération, du sang-froid, de l'équité, être de ceux qui se
placent à un point de vue *juste* et sensé[3]. Ce nom de
Tsadoukim s'appliquait d'autant mieux à eux qu'un certain
Tsadok avait été grand-prêtre du Temple de Salomon (soit
le premier[4], soit seulement le quatrième[5]), et que, sous
Ezéchias, on avait déjà parlé de Tsadoukim[6]. Les Saducéens
voulaient sans doute continuer les traditions de cette famille.

On parlait aussi d'un autre Tsadok, disciple d'Antigone
de Soccho, et qu'ils auraient appelé leur chef[7]. Ces diverses
étymologies, toutes également probables, et que l'on citait sans doute déjà autrefois, sans choisir entre elles plus
qu'aujourd'hui, donnèrent une certaine autorité à ce parti
naissant. Cependant on découvrit bientôt que les Saducéens

---

[1] Cependant cette étymologie se heurte à une grosse difficulté grammaticale ; voir Montet., *Essai sur l'origine des partis Pharisien et
Saducéen*, p. 56.

[2] C'est là ce qui nous paraît le plus plausible. Les deux partis se lan-
çaient mutuellement et par mépris ces noms de Pharisiens et de Saducéens. Dans les Talmuds, le nom de Saducéen est toujours plus ou moins
tourné en ridicule. Il en est souvent de même du mot Pharisien, par
exemple, lorsque les Talmudistes nous décrivent les sept espèces de
Pharisiens. Nous n'avons pas besoin d'ajouter que, dans les Evangiles,
les Pharisiens et les Saducéens sont aussi toujours blâmés.

[3] Epiphane *Hæres*, I, § 14.

[4] Jos., *Ant. Jud.*, X, 2.

[5] I Chron. VI, 10-12.

[6] II Chron. XXXI, 10 ; Ezéchiel, XLIV, 15.

[7] Quelle que soit l'origine du mot Saducéen, il faut l'écrire avec un
seul d. Ni Tsadekia ni Tsadok ne prennent de daguesch et c'est à tort
que Josèphe orthographie ce mot Σαδδουκαῖος.

n'étaient pas là quand Esdras rétablit la nationalité juive et qu'ils n'étaient arrivés de Babylone qu'après que le nouvel ordre de choses était solidement établi ; mais ils étaient riches et se donnaient pour les vrais conservateurs du passé. De plus, ils ne prétendaient nullement repousser la réforme d'Esdras : au contraire. Pour tout ce qui concernait le Temple et ses cérémonies, les sacrifices mosaïques et l'accomplissement de la Loi, ils étaient strictement religieux. Seulement, ils trouvaient les Hassidim trop ardents. L'institution des synagogues leur semblait inutile et même fâcheuse; elle n'était pas dans la Thorah. — Gardons la Loi, disaient-ils, gardons-la tout entière, mais n'y ajoutons rien sous prétexte de la développer. — Plus tard, ils auront aussi leurs traditions, mais, au début, ils n'en avaient point, et ils ne prêchaient que le retour exclusif au passé et la haine des nouveautés avec toute l'autorité que leur donnaient leur position sociale, leurs grands noms et leurs richesses.

Les Hassidim virent de fort mauvais œil ce parti grandissant. Ils se sentirent obligés à la lutte, et quand le triomphe des Macchabées fut complet, quand l'étranger fut définitivement chassé, ils songèrent à diminuer l'influence croissante des Saducéens. Un certain nombre d'entre eux cependant reculèrent devant cette tâche. Ne se sentant appelés ni à la controverse ni aux luttes politiques, voulant rester mystiques et contemplatifs, ils se séparèrent de leurs frères et formèrent une secte : les Esséniens. Nous en reparlerons dans un chapitre spécial. Les autres, décidés à combattre, engagèrent résolûment la bataille. Ils perdirent alors leur nom de Hasidims et, à dater du jour où les Esséniens les quittèrent, et où ils n'eurent plus à lutter contre l'étranger, mais seule contre les Juifs Tsadoukim, ils s'appelèrent les Perouschim[1] (Pharisiens). Ce mot signifie les Séparés. Il s'appliquait admirablement à eux, car ils étaient séparés de l'étranger, sépa

[1] *Sota* III, 4; *Jadajim* IV, 6-8. En araméen, *Perischin.*

rés des Saducéens, séparés des Esséniens, bref, de tout ce qui n'était pas eux-mêmes, c'est-à-dire le Judaïsme vivant, ami du progrès et conquérant de l'avenir. Si ce nom les Séparés avait ainsi plusieurs applications, la première de toutes était la haine de l'hellénisme. Nous avons déjà cité, dans notre premier livre, la fameuse parole : « Celui qui enseigne le grec à ses fils est maudit à l'égal de celui qui élève des porcs. » Cette haine de tout ce qui était grec alla si loin que la traduction des Septante fut considérée comme néfaste. La date en fut marquée « comme un jour aussi fâcheux que celui où les Hébreux adorèrent le veau d'or[1]. »

Plus tard, ce ne sera pas seulement la haine des Grecs que le Pharisien entretiendra autour de lui, ce sera aussi la haine des Romains, en un mot, de tout ce qui n'est pas juif[2].

Les Pharisiens ne prétendaient à rien moins qu'à être le peuple tout entier, et ils y réussirent dans une grande mesure. Nous verrons tout à l'heure leur tendance partout victorieuse, les Saducéens affaiblis, relégués dans le Temple dont ils ne sortent plus, et la Palestine entière façonnée aux idées et aux mœurs pharisiennes.

Ce sera précisément l'époque de la vie du Christ; et alors paraîtra, avec la prédication de Jésus, la réaction contre le pharisaïsme, réaction provoquée par les excès même du parti. Mais, avant d'en venir là, Pharisiens et Saducéens soutinrent une longue lutte politique avec des alternatives de succès et de revers; tantôt les uns, tantôt les autres, furent maîtres du pouvoir.

C'est sous le règne de Hyrcan que commença cette guerre acharnée de l'esprit nouveau contre l'esprit ancien; des libéraux contre les conservateurs. Mais, fait étrange, les libéraux

---

[1] Mischna, *Sopherim* I, 7.

[2] Ce qui ne les empêchera pas de « parcourir la terre et les mers pour faire des prosélytes », et pour cela ils se serviront, bien entendu, de la langue grecque et de la traduction des Septante ; les apôtres s'en serviront aussi et citeront souvent l'Ancien Testament d'après cette version.

étaient ici ceux qui ne voulaient pas s'allier à l'étranger ; les conservateurs étaient, au contraire, les hommes larges et tolérants. Il importe d'expliquer cette anomalie et de caractériser les deux tendances en les mettant en parallèle.

Le Saducéen était homme d'État, diplomate et savait calculer. Il agissait toujours par intérêt et ne manquait pas d'habileté. Le Pharisien était tout d'une pièce ; son patriotisme était farouche, sa franchise, au moins à cette époque-là, à l'abri de tout reproche. Ses idées absolues et son absence de tout esprit de calcul le rendaient entièrement désintéressé. Pour le Saducéen, la Loi et le Temple étaient de vénérables débris du passé qu'il fallait conserver pour le peuple. Lui-même pratiquait pour donner le bon exemple, mais se bornait toujours au strict nécessaire. La pureté lévitique lui paraissait un idéal difficile à atteindre, car il était homme du monde, habitué au luxe et au plaisir, conservateur par tempérament et aussi par position. Le Pharisien n'avait de complaisance pour personne ; il était libéral car il aimait les idées nouvelles, travaillait, regardait en avant avec une indomptable espérance, était ami du progrès pourvu que le Judaïsme triomphât, et considérait l'union avec l'étranger comme un recul et une abomination. Plus tard, quand les Pharisiens seront les maîtres, il se formera, dans leur sein, une droite et une gauche. La droite poussera à l'extrême les idées du parti. Elle deviendra intolérante, bigote, hypocrite, et elle aura tous les défauts qu'entraîne souvent la dévotion exaltée, savoir : l'esprit de jugement, l'orgueil, le mépris de ceux qui ne pensent pas comme vous. La gauche deviendra le parti politique des fous furieux qui succomberont en l'an 70 sous les ruines fumantes du Temple. Le Saducéen restera jusqu'à la fin, et sera toujours davantage l'épicurien pratique, l'homme qui a de la religion sans avoir de piété, qui fait à l'étranger toutes les concessions qu'il exige pourvu qu'il le laisse tranquille ; séduit par l'élégance des Grecs et par leurs bonnes

manières, il donnera jusqu'au bout le spectacle scandaleux de
ses complaisances pour eux, acceptant leurs gymnases, leurs
jeux, leurs théâtres, et même trouvant de bon ton de pratiquer leur corruption.

Il est évident que le parallèle que nous essayons de tracer
ici des deux grands partis religieux des Juifs à cette époque
est tout à l'avantage des Pharisiens. Cependant il ne faut pas
que nous négligions de reconnaître ce qu'il pouvait y avoir
de bon chez les Saducéens. Il est certain qu'ils ont souvent
fait preuve, du moins dans cette première période de leur
histoire, d'une grande intelligence pratique. Rompus aux intrigues, adroits et retors, ils ne partaient pas toujours et partout d'un *a priori* inflexible comme les Pharisiens. Ils avaient
de l'esprit de gouvernement et pouvaient fournir d'excellents
généraux et surtout des diplomates consommés. Ils savaient
faire les concessions nécessitées par les différences des temps
et des positions, et chaque fois que dans ces concessions ils
ne transigeaient pas avec la conscience, ils avaient raison
contre les Pharisiens. Nous en avons un exemple frappant
au début même de leur histoire. Lorsque Judas Macchabée
fut vainqueur il voulut conclure une alliance avec les
Romains. Le projet était habile et les Saducéens eurent l'intelligence de l'encourager. Le premier livre des Macchabées[1] nous expose les considérations les plus judicieuses à
l'appui de ce projet et leur rédaction est certainement due
à des Saducéens. Les Pharisiens jaloux se séparèrent alors de
Judas, l'accusant d'infidélité, et leur maxime : tout ou rien,
leur fit commettre, ici comme en plusieurs autres circonstances, une déplorable maladresse. Jamais, sous les Macchabées,
ils n'auraient dit : « Aide-toi, le ciel t'aidera. » Avec leur foi
passive et semi-fataliste, leur confiance aveugle en l'intervention de la Providence, leur conviction que le secours de

[1] I Macchabées, chap. VIII. Voir aussi le texte du traité dans Josèphe,
Ant. Jud., XII, 17.

l'Eternel est assuré, ils pouvaient commettre et ils ont commis de lourdes fautes. Sans cesse ils avaient à la bouche les passages les plus absolus de la Loi. Leur devise favorite était : « L'Eternel combattra pour vous et vous, gardez le silence[1]. Ou bien : « Mieux vaut chercher un refuge en l'Eternel que « de se confier en l'homme[2]. » Ou encore : « Voici, l'œil de l'Eternel est sur ceux qui le craignent, sur ceux qui espèrent en sa bonté[3]. » Paroles sublimes, mais qui, prises dans un sens exclusif, menaient au fatalisme. Sans doute les Pharisiens savaient se soulever. Certes, ils l'ont assez prouvé; mais leur foi aveugle, qui faisait leur force dans la bataille, leur nuisait parfois aux jours de la réflexion. Indomptables dans l'action, ils étaient souvent indécis devant un parti à prendre et inintelligents quand il fallait délibérer.

Nous avons appelé le Saducéen, conservateur. En réalité, il l'était beaucoup moins que le Pharisien. Il ne voulait pas sans doute qu'on changeât rien à la Loi et le Pharisien, lui, la développait et la complétait ; mais le Saducéen pactisait avec l'étranger, tandis que le Pharisien, raide, étroit, personnel, toujours hostile aux idées grecques, restait au fond, dans les vraies traditions nationales. Eteindre l'idolâtrie, empêcher la nation de subir l'influence des religions et des cultes étrangers, avait été la première préoccupation de Moïse et des prophètes. Esdras et Néhémie avaient poursuivi ce but toute leur vie, et les Pharisiens, reprenant ces idées antiques, étaient devenus rapidement très populaires. Ils instruisaient les foules, fondaient des écoles, tandis que les Saducéens, leurs adversaires, se recrutaient dans les hautes classes, méprisaient les petits et n'attachaient d'importance qu'à leur influence sur l'esprit du souverain et sur la caste sacerdotale.

L'histoire de la dynastie asmonéenne est avant tout l'his-

[1] Exode XIV, 14.
[2] Psaume CXVIII, 8.
[3] Psaume XXXIII, 18.

toire de la lutte des partis pharisien et saducéen. Elle a été souvent faite [1]. Nous n'avons pas l'intention de la raconter ici. Bornons-nous à un rapide résumé.

Les Pharisiens qui avaient dirigé l'insurrection maccha-béenne triomphèrent d'abord avec elle ; mais, après la mort de Judas Macchabée, les partisans des idées étrangères, les Saducéens, reprirent le pouvoir. Jean Hyrcan, d'abord indif-férent aux uns et aux autres, finit par favoriser ceux-ci dans la lutte politique, religieuse et sociale qu'ils avaient engagée contre les Pharisiens. Aristobule, son successeur, continua ces traditions et rétablit la royauté, ce qui froissa profondément les Pharisiens, dont les préférences étaient plus ou moins républicaines. Les idées saducéennes semblaient devoir l'em-porter définitivement, mais Aristobule en mourant laissa le pouvoir à sa femme Alexandra (appelée aussi Salomé). Elle était très attachée au parti des Pharisiens et, elle lui rendit toutes ses prérogatives et toute son influence. Le frère de la reine, Siméon-Ben-Schetach prit la direction de la secte. Les Saducéens furent chassés du Sanhédrin. Cependant Alexan-dra avait épousé son beau-frère Alexandre Jannée, qui était resté partisan secret des Saducéens. Un jour, dans une céré-monie publique, il eut l'imprudence de violer ouvertement les coutumes pharisiennes. Le peuple indigné souleva une formidable émeute, suivie d'une répression terrible, dans la-quelle huit cents Pharisiens furent crucifiés et leurs femmes et leurs enfants égorgés. Pendant six années Alexandre Jan-née travailla à briser le parti pharisien. Il ne put y parvenir et Alexandra restée veuve pour la seconde fois rétablit cette secte au pouvoir. Siméon-Ben-Schetach reprit son influence, et les Pharisiens se livrèrent à de sanglantes représailles contre les Saducéens. A la mort d'Alexandra, la guerre civile éclata. Aristobule, fils de la reine, se mit à la tête des Sadu-

[1] Voir en particulier : *les Pharisiens,* par Cohen, 2 vol. in-8 (le premier volume).

céens et fut vainqueur. La lutte n'en continua pas moins jusqu'à la fin de la dynastie asmonéenne.

Avec l'avénement d'Hérode le Grand, les luttes à main armée prirent fin et une phase nouvelle de l'histoire des Pharisiens et des Saducéens commença. En effet, sa main de fer avait pacifié la Palestine, et les deux partis ennemis ne pouvaient plus songer à la guerre civile. Le pouvoir politique n'appartenait plus ni à ceux-ci ni à ceux-là. Quelques Saducéens, plus avilis que les autres, essayèrent bien de se concilier les bonnes grâces du roi et, sous le nom d'Hérodiens[1], donnèrent le triste spectacle de Juifs assez abaissés pour flatter le lieutenant des Césars, celui que tout le peuple appelait « l'esclave Iduméen ». Ils furent seuls et il faut dire à l'honneur des Saducéens, qu'ayant perdu la bataille, ils se résignèrent bravement à leur défaite et se confinèrent dans le Temple où ils restèrent. Ils gardèrent leur influence sur la caste sacerdotale mais la direction de la vie religieuse de la nation fut définitivement laissée aux Pharisiens.

Ceux-ci seront toujours fiers et hautains devant la dynastie des Hérodes. Ils garderont leur foi indomptable en la liberté à venir et représenteront l'inébranlable attachement à celle qui est perdue. Ils refuseront au nombre de six mille le serment de fidélité à l'empereur[2]. Ils conserveront donc toutes leurs idées politiques et, renonçant à les faire triompher immédiatement comme ils l'ont toujours espéré sous les Macchabées, ils apprendront à attendre.

Parmi eux diverses nuances s'accuseront bientôt et ils se

---

[1] Les Hérodiens sont nommés trois fois dans les Evangiles (Ev. de Matth,, XXII, 16; Marc, III, 6, et XII, 13). Josèphe n'en parle pas. Il faut probablement les confondre avec les Boethusim, descendants de Boethus, grand-père de Mariamne Macchabée, troisième femme d'Hérode, et par suite membres de sa famille. Ils étaient Saducéens par leur origine, Boethus l'ayant été; mais il est probable que le gros du parti répudiait leur servilisme anti-patriotique. Les Hérodiens semblent s'être entendus avec certains Pharisiens, ennemis de Jésus, pour le perdre.

[2] *Ant. Jud.* XVII, 2, 4.

sépareront en groupes distincts. Jusque-là le Pharisien a été
le Juif croyant, convaincu qu'il possède la révélation divine,
que son peuple est le premier de tous les peuples et faisant
de la politique par foi religieuse. Maintenant quelques-uns
abandonneront la politique militante et, restant dans leurs
écoles, ne s'occuperont que de leurs controverses avec les
Saducéens. Plus tard, quand ceux-ci, toujours plus
indifférents, renonceront même à ces controverses, alors ces
Pharisiens, docteurs de la Loi, qui n'auront plus à lutter
contre eux se diviseront, discuteront les uns avec les autres,
et formeront deux tendances, une droite et une gauche, en
perpétuelles discordes. D'autres Pharisiens, au contraire,
laissent déjà la politique prendre la première place dans
leurs préoccupations. Ils ne s'intéressent plus guère à la
religion et quelques-uns d'entre eux poussent directement le peuple à la révolte. On leur donne le nom de zélotes. Judas le Galiléen [1] est l'un d'eux et ne se distingue du
reste du parti que par l'ardeur de son fanatisme [2]. Il se soulève avec un nommé Sadok, mais cette émeute est prématu-
rée et elle est étouffée. On voit paraître aussi quelques prédicateurs publics parmi les Pharisiens : Judas, fils de Sariphée,
et Matatthias, fils de Margaloth, furent deux tribuns très populaires. Ils poussèrent le peuple à arracher l'aigle romaine,
tout en or et d'une grande valeur, placée par Hérode-le-Grand
sur le portail du temple. Elle fut en effet jetée sur la place et
brisée à coups de hache [3], et quarante Pharisiens furent pour

---

[1] Actes des apôtres, ch. V, 37.

[2] Voici comment Josèphe s'exprime sur le compte des partisans de
Judas le Galiléen : « Ses partisans sont pour toutes les opinions d'accord
avec les Pharisiens, mais ils ont une passion inébranlable pour la liberté
et n'admettent que Dieu comme chef et maître. Peu leur importe les
supplices raffinés qu'ils endurent, les châtiments que supportent pour
eux leurs parents et leurs amis, pourvu qu'ils n'aient pas à donner le
nom de maître à un homme *(Ant. Jud.* XVIII, 1, 6). » Voir sur Judas le
Galiléen ou le Gaulonite, livre I, chapitre III.

[3] Joseph. *Ant. Jud.* XVII, 8.

ce fait condamnés à être brûlés vifs. Les gouvernements moitié libéraux moitié arbitraires ont pour effet d'endormir les nations. Mais le régime d'Hérode n'était pas de ceux-là, et le tyran entretenait sans cesse l'exaltation des Juifs. Il persécutait, et Josèphe donne à tort aux révoltés le nom de brigands; il veut flatter par cette insulte les païens pour lesquels il écrit. Ces prétendus brigands n'étaient que des patriotes exaltés. Il y en eut bien quelques-uns qui se firent voleurs de grand chemin et tinrent la campagne en excitant le peuple à la révolte mais ce fut le petit nombre. Josèphe confond trop ceux-là avec les Pharisiens et il est certain que les docteurs de Jérusalem les auraient hautement désavoués.

A la mort d'Hérode et à la naissance de Jésus, les Pharisiens et les Saducéens n'ont donc plus que des discussions religieuses. Nous exposerons plus loin ces disputes, dont le portique de Salomon devait être le constant théâtre [1].

Là, dans la première cour du Temple, les deux partis seront en continuelle présence et les frottements seront fréquents. Mais leurs controverses perdront chaque jour de leur intérêt. Elles sont trop purement théoriques. Celui des deux qui l'emporte triomphe dans le domaine des idées et demain il pourra y être battu. Sa victoire ne peut avoir aucune conséquence, puisque les Romains les surveillent du haut de la tour Antonia et prennent bien soin qu'ils ne passent jamais des paroles aux actes. Du côté des Saducéens, surtout, la discussion ne conserve rien de son ancienne ardeur. Les grands-prêtres sont tous Saducéens; ils sont certains que les Pharisiens ne peuvent plus leur ôter cette charge. Jamais ni les Hérodes ni les Romains ne confieront le sacerdoce à un Pharisien; du reste celui-ci n'en voudrait pas. Le Temple l'intéresse de moins en moins et il sent que l'avenir de la nation est ailleurs que dans ses cérémonies. Les Saducéens, possesseurs paisibles du pouvoir religieux officiel, n'ont donc qu'un désir : jouir de

_____

[1] Voir notre chapitre IV. *Les idées philosophiques des Pharisiens et des Saducéens.*

leur position, de leurs richesses, de leur reste de prestige et vivre en paix avec le maître. Sous le portique ils discuteront encore à cause du peuple qui est là et qui écoute; mais ils n'ont point de zèle pour la Loi, ils sont froids pour elle. Ils possèdent les biens de ce monde et ne voient pas pourquoi ils s'embarrasseraient du fardeau des préceptes pharisiens. Entre les uns et les autres, il ne s'agit plus de savoir qui gouvernera. Chaque parti a maintenant son terrain d'action nettement délimité : les Saducéens ont le Temple, les sacrifices, le sacerdoce, le pouvoir officiel; les Pharisiens ont la synagogue, l'étude de la Loi, les doctrines et la direction religieuse du peuple; mais chaque parti attaquera l'autre précisément en critiquant le champ d'action qu'il a choisi. Le Pharisien, dans ses prédications, déclarera la guerre au pontificat et le fera mépriser, il opposera le spiritualisme de la synagogue au matérialisme du Temple. Quand il assistera aux cérémonies du sanctuaire, il les trouvera, non pas regrettables en elles-mêmes, puisque la Loi les commande, mais mal faites et mal ordonnées. Il dira que l'encens de la fête des expiations n'est pas bien préparé, que le sacrifice de la vache rousse est mal exécuté, que les purifications sont insuffisantes. Les Saducéens répondront en se raillant des prescriptions minutieuses des Pharisiens et de leurs méticuleuses ordonnances. Le plus fort des deux sera le Pharisien. Son adversaire ne connaît pas comme lui les questions religieuses; il se contredit facilement, et quand le Pharisien sera parvenu à percer à jour son ignorance, il en tirera vanité et le confondra en public, et puis il saura fort bien, dans ses prédications en plein air, jeter le discrédit sur le Temple. — Est-ce qu'un sanctuaire est nécessaire? Est-ce que Dieu est localisé? N'est-il pas partout présent? — Jamais il ne s'opposera au sacerdoce en soi, puisqu'il est dans la Loi. Il arrivera même quelquefois qu'un Pharisien sera prêtre[1]; mais

---

[1] Jos. *Vita*, § I et 2.

le Pharisien croit chaque année davantage que le Temple peut disparaître sans dommage pour le vrai mosaïsme. A l'aide de la synagogue, il donne à sa religion une vie indépendante du sanctuaire et c'est ainsi qu'il prépare le salut du judaïsme. Le Juif persécuté, chassé de son pays, emportera avec lui les rouleaux de la Thorah et, avec ses compagnons d'exil, il fondera des synagogues. Peu à peu le Pharisien abandonnera entièrement la chimère d'une nationalité terrestre indestructible et, après la ruine du Temple, il arrivera, instruit par l'expérience, à une conception de sa religion purement spiritualiste. Il créera alors le judaïsme qui existe encore aujourd'hui, ce judaïsme sans patrie, qui n'est plus qu'une croyance religieuse et n'a pas besoin du Temple et de ses sacrifices pour subsister. La synagogue lui suffit. Les Pharisiens qui ont accompli cette grande œuvre ont été une des gloires les plus pures du peuple d'Israël. Patriotes inflexibles, vrais continuateurs des prophètes, ils mettaient l'honneur de Dieu au-dessus de toutes choses ; refusant de plier devant l'étranger, certains d'avance de succomber dans la lutte, ils soutenaient jusqu'au bout la gloire de leur religion, consentant à périr eux-mêmes pourvu que Jéhovah et la Loi ne périssent jamais. Les Saducéens feront le calcul inverse : — périsse la Loi plutôt que nous-mêmes ; — et c'est eux qui disparaîtront avec le Temple qui les fait vivre ; les Pharisiens ne périront pas. Ils subsistent encore ; car les Juifs croyants du dix-neuvième siècle descendent en ligne directe des Pharisiens du premier. ils ont leur foi, leur pratiques et leurs espérances.

Nous disons les Juifs croyants du dix-neuvième siècle ; mais, il faut bien le reconnaître, il y a aussi des Juifs incroyants, Israélites de naissance et qui n'ont plus de foi religieuse. Ceux-là sont de vrais Saducéens, et, dans ce sens, on peut dire que le saducéisme vit encore ou plutôt qu'il est ressuscité. Le Sémite moderne, qui ne croit plus qu'à la richesse et qui répète avec l'Ecclésiaste : « Tout est vanité » ; le banquier israélite qui ne pense qu'à gagner et à jouir, le

Juif millionnaire, qui est le roi de la Bourse et de la finance, est un parfait Saducéen. Il reprend la tradition antique ; aristocrate et bourgeois tout ensemble, sans foi, sans convictions, sans espérances, il a renié le vieux pharisaïsme de ses pères et il est l'incarnation moderne du saducéisme triomphant.

Les Saducéens, pendant la vie de Jésus, n'étaient donc point des dévots défendant, en face du pharisaïsme, une certaine manière différente de la leur de pratiquer le mosaïsme ; ils étaient simplement des conservateurs n'admettant aucun changement à l'ordre établi. Ils étaient indifférents ; or, les indifférents ne sont jamais embarrassés par les doctrines officielles et consacrées par le temps et l'usage. Ils en prennent leur parti, ils s'y soumettent pour la forme et sans aucune difficulté. Les Saducéens n'étaient ni irréligieux, comme on l'a cru souvent, ni cléricaux, comme l'ont pensé d'autres critiques ; car ces deux erreurs ont été tour à tour soutenues. Ils n'avaient pas assez de piété pour ressembler aux cléricaux modernes, et étaient trop affirmatifs en religion pour s'appeler irréligieux. Ils étaient à la fois orthodoxes et indifférents, de ces indifférents qui ne sont nullement gênés par les croyances anciennes et généralement reçues, et qui trouvent toujours moyen de s'en accommoder. Toute nouveauté leur était suspecte ; ils y découvraient aisément quelque hérésie, étant de ceux pour lesquels l'antiquité d'une croyance est une preuve de sa vérité.

Leur caractère était, avec le temps, devenu détestable. Ils se vengeaient de la perte de leur influence politique sous certains rois macchabéens en détestant quiconque n'était pas des leurs. Ils haïssaient les Pharisiens, cela va sans dire ; le christianisme naissant n'eut pas non plus de plus acharnés adversaires. Enfin, étant presque tous fort riches et de l'aristocratie, ils n'avaient qu'un profond mépris pour les pauvres et les petits.

Le peuple les redoutait beaucoup en jugement ; or, dans

le Sanhédrin, les deux partis étaient représentés [1] ; on pouvait donc en justice comparaître soit devant des Saducéens, soit devant des Pharisiens. Ceux-ci passaient pour très indulgents, toujours prêts à défendre l'accusé et à parler en sa faveur ; les Saducéens, au contraire, s'étaient fait une réputation méritée de hauteur, d'impertinence, de morgue insupportable[2], et on disait d'eux : Ils ne sont pas *dayané-guezeroth* (des juges suprêmes) mais *dayané-guezeloth* (des juges de brigandage).

L'histoire évangélique nous montre souvent les Pharisiens et les Saducéens en présence de Jésus et des apôtres. La physionomie générale des deux partis y est bien telle que nous l'avons décrite. Les Saducéens, tous prêtres ou aristocrates, forment presque une secte ; aucun d'eux ne se rapproche de Jésus ; tous le haïssent et c'est par eux que sa mort est décidée. Hanan, Kaiaphas étaient d'incorrigibles Saducéens et, dans notre chapitre sur le Sanctuaire, nous décrirons la vie de ces prêtres qui n'avaient plus de l'homme religieux que le nom. Les premières pages du livre des Actes nous montrent aussi l'incroyable acharnement de l'aristocratie saducéenne contre les apôtres. Tout autre a été l'attitude des Pharisiens ; si un certain nombre d'entre eux ont été hostiles au Christ, tous ne l'ont pas été. Jésus allait volontiers prendre ses repas dans des maisons habitées par des Pharisiens et c'est eux-mêmes qui l'y invitaient[3]. Le fait paraît s'être renouvelé plus d'une fois[4]. Quand Hérode Antipas veut arrêter Jésus, des Pharisiens s'empressent de le prévenir pour qu'il puisse s'échapper[5]. Un Pharisien éminent, membre du Sanhédrin, était, en secret, partisan du Christ[6] et, d'après les Actes, les Pharisiens acceptèrent facilement les idées nouvelles et se

[1] Actes des apôtres, ch. XXIII, 6.
[2] Jos. *D. B. J.* II, 12.
[3] Ev. de Luc, VII, 36.
[4] Ev. de Luc, XI, 37.
[5] Luc, XIII, 31.
[6] Ev. de Jean, III, 1, et VII, 50.

firent Judœo-chrétiens. Jésus a prononcé, il est vrai, de sévères paroles contre les Pharisiens[1]. Il a condamné ceux qui étaient étroits, fanatiques, intolérants, et surtout les hypocrites, les pharisiens « *teints* », mais les Talmuds eux-mêmes les ont condamnés[2] en nous disant : « Il y a sept espèces de Pha-« risiens : 1° le Pharisien *accablé*, qui s'avance le dos courbé « sous le fardeau de la loi qu'il feint de porter sur les épau-« les ; 2° le Pharisien *intéressé*, qui semble demander de l'ar-« gent avant d'accomplir un précepte ; 3° le Pharisien *au front* « *sanglant*, il marche les yeux fermés et se heurte la tête « contre les murailles pour ne pas voir les femmes ; 4° le « Pharisien *prétentieux*, qui porte une robe large et flottante « pour se faire remarquer ; 5° le Pharisien *qui fait son salut*, « toujours en quête d'une bonne œuvre à accomplir pour ef-« facer ses péchés et semblant dire à tout le monde : qu'y « a-t-il à faire ? je le fais ; 6° le Pharisien *dont le mobile est la* « *crainte*, comme Job ; et 7° le Pharisien *dont le mobile est* « *l'amour*. Ce dernier est le meilleur de tous ; il ressemble à « notre père Abraham dont la foi a vaincu les mauvais pen-« chants. » — Tous ces pharisiens, sauf le septième et peut-être le sixième, étaient des Pharisiens « *teints* ». Or, ces Phari-siens « teints » avaient toujours été blâmés par les Juifs pieux. Le roi Jannée en mourant, dit à sa femme « de se garder des hommes teints qui font semblant d'être Pharisiens[3]. » Nous lisons encore ailleurs : « Le disciple des sages qui n'est pas le même au dedans et au dehors n'est pas disciple des sages[4]». Quand Jésus s'écriait : « Vous êtes pleins d'iniquités », — il disait ce que les Talmudistes écriront plus tard[5].

Il serait donc injuste de conclure des immortelles invec-tives du Christ sept fois répétées : « Malheur à vous Scribes

---

[1] Ev. de Matth., XXIII, 1 et suiv. ; de Luc, XI, 39 et suiv., etc.
[2] Babyl. *Sotah* 22, b. ; Jérus. *Berakhoth* 13, b.
[3] Babyl. *Sotah*, fol. 22, 2.
[4] Babyl. *Joma*, fol. 72, 2.
[5] Id. *Id.* fol. 9, 2.

et Pharisiens hypocrites ! etc. » que les Pharisiens étaient tous des sectaires intéressés, faux et orgueilleux, des Tartufes jouant la comédie de la dévotion. Quelques-uns, sans doute, étaient tels ; mais il ressort clairement des Evangiles que les Pharisiens ont été divisés d'opinion sur le Christ : les uns leur étaient favorables ; les autres hostiles [1]. Cette double attitude nous est expliquée par les Talmuds. Il nous y est dit que vers la fin du règne d'Hérode-le-Grand les Pharisiens se divisèrent en deux partis ennemis, les uns se rattachant au célèbre Hillel (les Hillélistes), les autres à son adversaire Schammaï (les Schammaïstes). Qui étaient Hillel et Schammaï, et quelles tendances religieuses représentèrent-ils en face du christianisme naissant ? C'est ce qu'il nous faut maintenant examiner.

---

[1] Le passage Ev. de Jean, IX, 16, nous montre bien ces deux tendances. Parmi les Pharisiens, les uns disent : « Jésus viole le sabbat ». Les autres l'admirent et n'osent pas le blâmer.

CHAPITRE II

HILLEL ET SCHAMMAÏ

Origine de leurs controverses. — Leurs prédécesseurs. — Hillel a-t-il été un
précurseur de Jésus? — Les réformes de Hillel. — Les principes de Schammaï.
— Les Hillélistes et les Schammaïstes.

Sous le règne d'Hérode-le-Grand, deux docteurs pharisiens
célèbres, Schemaïa et Abtalion, enseignaient à Jérusalem.
Parmi leurs auditeurs se trouvait un jeune homme récemment
arrivé de Babylone, où il était né. Son nom était Hillel, il
était pauvre, mais « de la race de David, » dira plus tard la tradition. Un jour qu'il n'avait pas de quoi payer la rétribution
scolaire, il monta sur le toit de la maison d'école, trouva
moyen de gagner la fenêtre, et de là put entendre la leçon
sans pénétrer dans la salle, c'est-à-dire gratuitement; mais
on était en hiver. Il neigeait et, surpris par le froid, il s'en-
dormit d'un profond et dangereux sommeil, précurseur de
la mort. Le maître heureusement s'aperçut de sa présence;
on le descendit, des soins énergiques le rappelèrent à la vie
et dès ce jour sa réputation fut fondée; un homme, dévoré
d'un tel besoin de s'instruire, ne pouvait être appelé qu'à
de hautes destinées. Il le prouva, en effet, quelques années
plus tard. Le jour où il fallait immoler la Pâque, le 14 nisan,
vint à tomber, par hasard, sur un samedi, un jour de sabbat. Pouvait-on égorger l'agneau pascal? Ne serait-ce pas
violer le sabbat? Les Saducéens le pensaient et ne voulaient
pas qu'on procédât au sacrifice; les Pharisiens, au contraire,
jugeaient que la violation du sabbat était permise dans un
cas si exceptionnel. La question était grave, et il fut convenu

qu'Hillel serait chargé de la résoudre. Il la traita en public
pendant une journée entière et la trancha à l'avantage des
Pharisiens. Ses arguments ne convainquirent ses auditeurs
que lorsqu'il leur affirma leur donner l'opinion de ses maîtres Schemaïa et Abtalion. En cela il était fidèle à la ligne de
conduite des scribes : n'enseigner que ce qui a été transmis.
Dans ce siècle où il parut tant d'idées nouvelles, personne ne
voulait être novateur, et le plus hardi des docteurs ne devait
paraître enseigner que ce qu'il avait reçu. La tradition, l'enseignement des maîtres d'autrefois, leurs sentences et rien
d'autre, voilà ce que prêchaient les Rabbis. Souvent on trans-
formait la Loi, on lui faisait dire le contraire de ce qu'elle enseignait, on l'abolissait ; mais on ne s'en doutait pas soi-
même, et le plus révolutionnaire l'était sans le savoir ; il se
croyait au contraire un parfait conservateur n'ajoutant ni
ne retranchant rien, pas une lettre au texte, pas un son aux
traditions orales.

Schemaïa et Abtalion, en bons Pharisiens qu'ils étaient,
avaient été hostiles au sacerdoce et aux Saducéens. Le premier disait souvent : « Hais la pédanterie et ne te rends pas
familier avec la domination [1], » allusion transparente à la
morgue saducéenne.

Ces deux maîtres avaient eu des prédécesseurs, et ceux-ci,
dans les Talmuds, nous sont toujours nommés deux par deux.
Il semble qu'il ait existé, depuis les Macchabées jusqu'à Hérode-le-Grand, une double série non interrompue de docteurs
de la Loi, sortes de duumvirs, « couples » (zougoth), appartenant au parti pharisien et exerçant une suprématie morale
très importante sur le peuple. Ces duumvirs n'étaient pas
égaux. Le premier des deux était *nassi* (prince). Ce titre
correspondait-il à celui de président du Sanhédrin, et les
duumvirs étaient-ils l'un président, l'autre vice-président
de cette assemblée souveraine? Nous avons longuement dis-

---

[1] *Pirké Aboth* I, 10.

cuté cette question dans notre étude sur le Sanhédrin[1], et nous n'y reviendrons pas ici. Qu'ils fussent ou non chefs de cette assemblée, ils avaient sur le peuple entier, comme directeurs du parti pharisien, une influence immense. Le premier chapitre du Pirké Aboth nous nomme tous ces maîtres et nous cite leurs sentences les plus remarquables. Voici comment il débute : « Moïse a reçu la Loi sur le mont Sinaï « et l'a transmise à Josué ; Josué aux anciens, les anciens « aux prophètes, et les prophètes aux membres de la Grande « Assemblée. Ceux-ci ont donné trois principes : soyez circonspects dans vos jugements, formez beaucoup de disciples et mettez une haie autour de la Loi. Siméon le Juste « était un des derniers membres de la Grande Assemblée. Il « disait : Le monde repose sur trois bases, la Loi, le service de « Dieu, et la charité. Antigone de Soccho, qui a reçu la tradition de Siméon le Juste, disait : Ne soyez pas comme des « serviteurs qui travaillent pour leur maître, afin d'avoir une « récompense, mais soyez comme des serviteurs qui servent « leur maître gratuitement et que la crainte de Dieu soit sur « vous »...

Le chapitre continue en nommant ensuite :

José ben Joeser et Joseph ben Jochanan ; — Josué ben Perachia et Nittaï d'Arbelles ; — Siméon Ben Schetach et Juda ben Tabbaï ; — Schemaïa et Abtalion ; — Hillel et Schammaï. —

Le premier fait qui frappe ici est cet attachement à la tradition que nous signalions tout à l'heure. Tous ces maîtres dépendent les uns des autres. Le premier, Siméon le Juste était membre de la « Grande Assemblée » (*Kenecet Hagdala*); elle avait été créée probablement par Esdras, et avait joué le rôle d'une assemblée nationale organisatrice dans les premiers temps de la restauration ; ensuite elle avait disparu. Cette Grande Assemblée elle-même ne tenait ses enseigne-

---

[1] Voir livre I, chapitre IV.

ments que des prophètes, ceux-ci des soixante-dix anciens et les soixante-dix anciens de Josué, qui avait tout reçu de Moïse.

Hillel ne devait rien changer à ce respect du passé, et il eut été assurément fort étonné si on lui avait appris qu'il apportait au Judaïsme un esprit nouveau. Nous montrerons, du reste, que ces nouveautés se réduisaient à fort peu de chose.

Josèphe ne nomme pas dans son histoire des Juifs les duumvirs dont parle le Pirké Aboth sauf Schemaïa et Abtalion et encore n'est-ce pas certain car il les appelle Saméas et Pollion. L'identité n'est nullement démontrée. Elle l'est si peu que M. Derenbourg se demande, non sans apparence de raison, si Schemaïa et Schammaï ne seraient pas un seul et même personnage.

Quant à leurs prédécesseurs, nous ne savons presque rien de leur histoire. Siméon le Juste est peut-être le même que le grand prêtre Siméon qui vivait au commencement du troisième siècle avant Jésus-Christ [1].

José ben Joeser, un des premiers, fut aussi un des plus zélés promoteurs de l'insurrection des Macchabées ; il fut Nassi après le triomphe de Judas, et c'est à dater de ce moment que l'institution des duumvirs fut régulièrement établie. La mort de José fut tragique. Tombé dans un guet-apens pendant la guerre il fut crucifié par son propre neveu. Celui-ci vint le voir sur sa croix et José lui dit : « Si Dieu inflige de telles souffrances « aux hommes pieux, quel terrible châtiment ne doit-il pas « réserver aux impies [2]. »

Il est possible de fixer l'époque où vécurent quelques-uns des duumvirs. Siméon ben Schetach nous est déjà connu. Il était le frère de la reine Salomé dont le pouvoir fut à un certain moment considérable, et vécut vers 70 ou 90 avant Jésus-Christ. Comme il forme avec Judas ben Tabbaï la troisième

[1] Josèphe dit, en effet, qu'il fut surnommé le Juste, *Ant. Jud.* XII, 2, 4.
[2] Midrash *Bereschith Rabba*, sect. 65.

génération de ces « couples » on peut supposer que la première vécut environ 150 ans avant Jésus-Christ. Après Hillel et Schammaï il n'est plus question de *zougoth* (de couples). Le parti pharisien se sépare en effet en deux camps hostiles, et les successeurs de Hillel, son fils Siméon, son petit-fils Gamaliel l'ancien [1], son arrière petit-fils, Siméon sont nommés seuls. Ce dernier vécut, dit Josèphe, jusqu'à la guerre.

Revenons à Hillel. On a souvent parlé de lui comme d'un précurseur du Christianisme ; il aurait préparé les voies à une réforme. Nous-même avons employé cette expression [2], mais à tort ; nos vues se sont modifiées et nous voudrions expliquer dans quelle mesure Hillel fut un réformateur, et dans quelle mesure il n'en fut pas un. Il vivait, avons-nous dit, sous Hérode-le-Grand, cent ans avant la destruction du Temple, par conséquent une trentaine d'années avant la naissance de Jésus-Christ, et il mourut au commencement de l'ère chrétienne. Il arriva au pouvoir peu de temps après que les Pharisiens et les Saducéens avaient cessé leurs guerres civiles. Hérode étant le maître, il fallait ajourner toute espérance de triomphe politique. Les querelles des deux tendances n'étaient plus que religieuses. Hillel profita de son influence sur les Pharisiens pour émettre des idées qui ne reçurent pas, comme celles de ses prédécesseurs, l'approbation du parti tout entier ; Schammaï, qui était son collègue dans le duumvirat, pensait autrement que lui sur bien des points. Ils se séparèrent, devinrent ennemis acharnés et, à partir de ce jour et, pendant toute leur vie, quand l'un dit blanc l'autre dit noir, et *vice versa*. Il est certain que d'Hillel date un schisme dans le parti pharisien. Celui-ci se divisa. Voilà un premier fait nouveau ; jusque-là les Pharisiens avaient vécu profondément unis. Il n'est donc pas

---

[1] Actes des apôtres, V, 34.

[2] Dans notre livre : *les Idées religieuses en Palestine à l'époque de Jésus-Christ*, p. 203 et 299, 2ᵉ édit., 1878. Voir aussi notre art. Hillel dans l'*Encyclopédie des sciences religieuses*.

étonnant que les uns se soient montrés hostiles à Jésus, et que d'autres lui aient été favorables.

Jésus a pu être et a été, en effet, implacable adversaire de certaines coutumes pharisiennes ; mais, en cela, il n'attaquait pas nécessairement tous les Pharisiens, puisque tous ne pensaient plus la même chose. De là, la différence d'attitude observée par les Pharisiens en face du Christ et de ses disciples dans les Évangiles et dans les Actes des apôtres. On nous demandera lesquels des Hillélistes ou des Schammaïstes furent plus favorables à Jésus-Christ ? Jusqu'ici on a répondu : les Hillélistes. Ils avaient été préparés par leur maître à être tolérants, larges, et étaient disposés à recevoir l'Évangile. Saint Paul, l'un d'eux, ne s'est-il pas fait chrétien ? Les Schammaïstes devaient être, au contraire, des ennemis acharnés de Jésus et de ses apôtres. Cette réponse est beaucoup trop absolue ; et à la question que nous venons de poser, nous répondons : les Hillélistes et les Schammaïstes furent tantôt hostiles et tantôt favorables au christianisme naissant. D'une manière générale les premiers étaient mieux disposés que les seconds. Il est certain qu'ils étaient moins étroits. Dans les Talmuds les questions controversées sont presque toujours résolues par les disciples de Schammaï dans un sens plus conservateur que par les disciples d'Hillel. Mais quelles questions ? des minuties ridicules, des problèmes de la casuistique la plus puérile. Et encore Hillel n'était-il pas toujours le plus raisonnable et le plus libéral des deux. Un jour les deux rivaux se sont demandé si l'on pouvait manger un œuf pondu un jour de fête. Schammaï crut pouvoir le permettre, mais Hillel le défendit parce que, disait-il, la veille d'un jour de fête a pu être un sabbat et la formation de l'œuf ce jour là dans le corps de la poule a été un travail ; une autre fois il s'agit entre eux de savoir s'il fallait oui ou non mettre des *tsitsith* à une chemise de nuit carrée [1] et sur

---

[1] *Edujoth* IV, 10.

ce point encore le mérite de la largeur resta à Schammaï. La Mischna nous montre, dans plusieurs questions de cette gravité, Hillel restant étroit et Schammaï se montrant large[1]. Il est probable qu'Hillel résolvait ces problèmes autrement que Schammaï par pur esprit de contradiction. Se prenait-il lui-même au sérieux? Nous n'en doutons pas un instant, mais il nous est permis à nous de ne pas le prendre ainsi et de trouver les idées réformatrices de ce docteur fort peu conformes à celles de l'Evangile.

Hâtons-nous de le dire, Hillel fit autre chose. Il donna une grande importance à la tradition. Il l'enrichit de quelques principes nouveaux apportés sans doute par lui de Babylone; il formula surtout des règles jusque-là inconnues pour l'interprétation de la *Thorah* et songea à écrire les plus importantes parties de la Loi orale. Ici encore il innova.

Sa méthode exégétique nous est décrite dans la Mischna[2]. On l'appela *Schébat Midoth* (sept règles), parce qu'il était possible, au moyen de sept règles, de l'appliquer à tous les textes; les voici: 1° Possibilité de conclure d'un sujet à un autre par un argument *à fortiori*; 2° Analogie des sujets; 3° Examen d'un principe contenu dans un seul seul texte; 4° Comparaison de plusieurs textes contenant des principes semblables; 5° Rapport des cas généraux avec un cas particulier qu'ils démontrent; 6° Citations d'exemples; 7° Sens général résultant de l'ensemble d'un passage. Ces règles données par Hillel sont fort simples et on les applique encore aujourd'hui en herméneutique. Plus tard, R. Ismaël en créa sept nouvelles, et, réunissant la sixième et la deuxième d'Hillel, ramena leur nombre total à treize[3]. Malheureusement la pratique ne valait pas toujours la théorie. Les Rabbins posaient, à l'aide de ces règles, des conclusions

---

[1] *Edujoth* IV, 1-12; V, 1-4.
[2] Traité *Sanhédr.*, ch. VII.
[3] Voir sur ces treize règles l'excellent article de Pressel: *Encycl. de Herzog*, 1re édit. tome XV, p. 651 et suiv.

fantastiques et en déduisaient l'impossible le plus logiquement du monde. Nous aurons plus loin l'occasion de citer
des exemples de leur singulière façon de raisonner.

La préoccupation d'Hillel de faire une Mischna est plus
remarquable encore. Il classa les sentences des Pharisiens
sous six titres différents. Notre Mischna est aussi divisée en
six parties. Il est possible que ce soit les sections d'Hillel
qui nous aient été conservées. En tout cas, il y avait à Jérusalem, pendant la vie de Jésus, un travail écrit fait sous la
direction de ce Rabbi et qui devait servir de base aux ré-
dactions semblables faites plus tard.

Nous avons dit qu'il montra quelquefois plus de largeur
que Schammaï, nous sommes obligé d'ajouter que sa largeur
était souvent fort déplacée. C'est ainsi que sur la question du
divorce, Schammaï se montrait très rigoureux. Il expliquait
la Loi mosaïque comme Jésus le fera plus tard et n'autorisait le divorce que pour cause d'adultère. Hillel permettait,
nous l'avons raconté en traitant du mariage, de répudier sa
femme pour la cause la plus futile. « Si elle a mal préparé un
plat », « si elle a brûlé le rôti. » — A côté des ces misérables
préceptes, il en donne de vraiment élevés comme lorsqu'il
rectifie la loi relative à l'abandon des prêts aux débiteurs[1].

Les Hillélistes devaient l'emporter, et il semble qu'ils
furent de bonne heure les maîtres. Gamaliel l'ancien nous
apparaît, dans les Actes des apôtres, jouissant d'une grande
influence quoique simple membre du Sanhédrin. Il ne nous
est dit nulle part qu'il eût un antagoniste sérieux dans l'école
de Schammaï. Peut-être mit-il lui-même la paix entre les
deux partis et arrêta-t-il leurs discussions? Il fut tolérant
envers les chrétiens. Cependant, une maxime de lui nous le
montre partisan de la foi d'autorité: « Fais-toi une autorité
pour te débarrasser du doute et ne donne pas la dîme sans
la mesurer. »[2] Il n'aimait pas le livre de Job, et un jour il

[1] Deutéronome, XV, 1-11.
[2] *Pirké Aboth*, I, 16.

ordonna d'en ensevelir le Targoum sous un monceau de pierres [1]. Le motif de cette condamnation prononcée sur un des plus beaux livres de l'Ancien Testament ne nous est pas indiqué.

Les noms des premiers disciples d'Hillel et de Schammaï nous sont connus; c'étaient eux qui vivaient en même temps que Jésus-Christ, et nous citerons leurs noms ici, car le Christ a sans doute été en relation avec ceux qui les portaient. C'est avec eux qu'il s'est entretenu. Le premier est Rabbi Siméon, le fils d'Hillel et le père de Gamaliel; puis Rabbi Jochanan ben Zaccaï, qui devait être bien jeune alors, car il survécut à la ruine du Temple; Rabbi Tsadok, Rabbi Ismaël, etc.

Il est d'autant plus probable que Jésus les connut et eût à discuter avec eux que l'enseignement n'était plus exclusivement donné dans la maison d'école. Les Rabbis parlaient au premier siècle dans les rues et sur les places. Il nous est dit précisément que Rabbi Jochanan ben Zaccaï « enseignait sur la place, devant la montagne du Temple, tout le jour [2]. » « Ben Azzaï enseignait sur les places de Tibériade [3]. » « Rabbi Judah introduisit cette coutume que les maîtres n'enseignaient plus les disciples que sur les places [4]. » C'est aussi ce que fit Jésus.

Les discussions entre Hillélistes et Schammaïstes étaient souvent d'une violence dont rien n'approche. Elles avaient remplacé les antiques querelles des Pharisiens et des Saducéens. Nous en citerons quelques exemples, dans le chapitre suivant, en parlant des écoles et de l'esprit qui y régnait.

Nous avons encore à signaler la tendance morale des enseignements d'Hillel et de Schammaï. En doctrine ils n'ont rien dit de nouveau ni l'un ni l'autre. Ils ont été des casuistes attachés à la tradition et rien de plus. Mais ils ont prononcé de

---

[1] *Schabbath*, 115, a.
[2] *Pesachim*, fol. 26, 1.
[3] *Erubbhin*, fol. 29, 1.
[4] *Moed Katon*, fol. 16, 1.

fort belles sentences morales. Le seul précepte de Schammaï que nous connaissions est celui-ci : « Que l'étude de la Loi soit la règle de ta vie; parle peu, agis beaucoup, et accueille tout le monde avec bienveillance [1]. » Ce dernier mot, s'il est authentique, contredit les traditions talmudiques qui nous représentent en Schammaï un homme violent, emporté, absolu. « Schammaï, disait-on, ne se laisse convaincre par aucun argument. » Il semble bien qu'il fut plus populaire qu'Hillel, parce qu'il était plus ardent, plus patriote, plus ennemi de l'étranger. Hillel voyait les Hérodes et, à cet égard, se conduisait un peu à la Saducéenne.

L'épisode le plus connu, de la lutte des deux adversaires, nous montre chez Hillel une tendance remarquablement large pour son temps [2] : « Un jour un païen vint trouver Schammaï et lui dit : Je me convertirai au Judaïsme si tu peux m'enseigner toute la Loi pendant que je me tiens devant toi debout sur un pied. » Et Schammaï, pour toute réponse, le frappa du bâton qu'il tenait à la main. Le païen alla trouver Hillel et lui posa la même question, et Hillel lui répondit : « Ne fais pas à ton prochain ce que tu ne voudrais pas qu'il te fît; voilà toute la Loi; le reste n'est qu'une application et une conséquence. » Il est donc certain qu'Hillel donnait, lui aussi, un sommaire de la Loi et la réduisait au commandement purement moral de la justice envers tous. Schammaï ne le faisait pas; et si nous citions tout à l'heure des passages des Talmuds qui nous montrent l'école d'Hillel plus rigoureuse sur certains points que celle de Schammaï, il va sans dire que l'inverse est encore plus souvent vrai. Schammaï maintenait la tradition dans sa pureté primitive et les règles d'interprétation données par Hillel lui semblaient dangereuses; il craignait qu'elles ne portassent un coup décisif au vieux mosaïsme.

Là était le fond de l'opposition des deux docteurs et de

[1] *Pirké Aboth*, I, 15.
[2] Babyl., *Schabbath*, 31, a.

leurs deux écoles. Nous voyons Schammaï obliger son fils en bas âge à jeûner pour observer la fête de l'expiation [1], ou couvrir de feuillages la chambre où son petit-fils vient de naître, après en avoir fait enlever le plafond, afin que cet enfant observe dès sa naissance la fête des Tabernacles [2]. Il s'interdisait d'envoyer des lettres dès le troisième jour avant le sabbat dans la crainte qu'elles ne fussent pas arrivées à destination avant le samedi. Si ces lettres avaient voyagé ce jour-là, le sabbat aurait été violé. Son enseignement se résumait d'un mot : observation stricte de toute la Loi sans aucune concession. Hillel, au contraire, a prononcé des préceptes empreints d'un esprit tout à fait évangélique : « Ne juge ton prochain que lorsque tu te trouveras dans sa position. » « Imitez les disciples d'Aaron, recherchez la paix, aimez les hommes et attachez-vous à l'étude de la Loi. » « Qui suis-je pour songer « à moi seul ? » « La charité produit la paix entre tous les « hommes. » «Ne réponds pas de toi-même avant le jour de la « mort.» « Là où les hommes manquent, sois en un [3]». Notons encore ces paroles qui rappellent une des paraboles de Jésus : «Éloigne-toi du siège qu'on t'offre à deux ou trois places de distance, et attends qu'on te dise : monte, monte, mais ne monte pas, car on te fera redescendre, et il vaut mieux qu'on te dise : monte, monte, que : descends, descends [4] ».

Cependant ne l'oublions pas, Hillel disait aussi : « L'étude de la Loi tient lieu de tout le reste. » Il a toujours subordonné tout précepte moral à cet enseignement légal et juridique qui, à ses yeux, était seul important. « Un ignorant ne peut être pieux », a-t-il dit; triste parole qui peint bien le Judaïsme de son temps, et qui suffit à le faire condamner. Remarquons encore que ce mot « le prochain » avait un tout autre sens dans la bouche de Jésus que dans

[1] Tos. *Soma* IV.
[2] *Succah* I, 18.
[3] *Pirké Aboth*, passim.
[4] Midrasch *Vajikra*, § I.

celle d'Hillel. Pour celui-ci le prochain ne pouvait être que le Juif. Jamais il ne venait à la pensée d'un Israélite du premier siècle que le païen ou le Samaritain pût être à un degré quelconque son prochain. C'est Jésus qui, le premier, a osé appeler prochain le Samaritain détesté, et le spectacle que présentaient vingt années plus tard les Églises fondées par saint Paul où, à la table sainte, venaient ensemble le Juif et le païen, devait être absolument nouveau. Jésus a dit : « Vous êtes tous frères », il a fondé la fraternité universelle à laquelle Hillel n'a jamais songé.

Hillel ne fut donc pas « le frère aîné de Jésus », mais il fut assurément un très grand docteur ; sans doute « il filtra le moucheron » et « il paya la dîme de la menthe, de l'anet et du cumin », mais on ne pourrait affirmer sans injustice qu'il oublia « la tempérance, l'équité et la charité ». Gardons-nous seulement d'exagérer la valeur des préceptes qu'il nous a laissés. Ils ne sont en rien supérieurs à la première sentence venue d'Épictète ou de Marc Aurèle.

A quelle époque moururent les deux célèbres rivaux ? Pour Schammaï nous ne le savons pas. Pour Hillel le choix nous est laissé entre deux dates. D'après une première tradition talmudique [1], il mourut l'an 5 avant l'ère chrétienne, c'est-à-dire deux ans avant la mort d'Hérode et un an ou dix-huit mois avant la naissance de Jésus-Christ. D'après un autre passage [2] « il fut président du Sanhédrin » pendant quarante ans, et comme cette présidence avait commencé trente ans avant l'ère chrétienne, il serait mort en l'an 10 de cette ère, lorsque Jésus avait déjà quatorze ans environ.

[1] *Sotah.* 48 b.
[2] Babyl. *Schabbath*, fol. 15, a.

CHAPITRE III

LES DOCTEURS DE LA LOI. — LA MAISON D'ÉCOLE

Origine des Scribes. — Leurs fonctions diverses. — Leurs interprétations de la
Loi. — La *halacha*. — L'*agada*. — La maison d'école. — Les disputes. — Les
paraboles. — L'autorité des Rabbis. — Les devoirs des disciples. — Les fonctions des docteurs sont gratuites. — La tradition passe avant la Loi et le Scribe
avant le prophète.

Le Nouveau Testament parle souvent, outre les Pharisiens et
les Saducéens, de certains personnages qu'il appelle les « Scribes » ou les « Docteurs de la Loi. » Il ne s'agit plus ici d'une
tendance religieuse, d'un parti au sein de la nation, mais
simplement d'une fonction.

Les Scribes (*Sopherim* [1]) sont nommés plusieurs fois dans
l'Ancien Testament, même dans les livres antérieurs à l'exil [2].
Ils étaient chargés, à cette époque reculée, d'écrire sur les rouleaux sacrés le texte de la Loi et de veiller à sa conservation.
Mais les passages que nous venons d'indiquer leur supposent
aussi des fonctions plus importantes et des pouvoirs plus
étendus.

En effet, ayant pour mission d'écrire le texte, ils l'étudiaient, le commentaient, et on comprend que peu à peu ils
aient pris une grande influence et soient devenus « Docteurs
de la Loi » (*Tannaïm*). Esdras, qui était scribe lui-même [3] et

---

[1] Au singulier *Sopher*, du verbe *saphar* qui, au Pihel, signifie compter,
« ceux qui comptent les lettres de la Loi. » *Kiddushin* 30, 1; *Sanh.*
XI, 3; *Kelim* XIII, 7; *Jadajim* III, 2.
[2] II Sam. VIII, 17; XX, 25; II Rois XII, 10; XIX, 2; XXII, 3.
[3] Esdras VII, 6 et 11.

19

qui fut le restaurateur de la Thorah, contribua sans doute beaucoup à leur donner de l'importance [1].

Il est probable qu'au premier siècle le titre un peu général de Scribe était employé dans un certain nombre d'acceptions diverses. Les Talmuds lui donnent plusieurs sens. Quelquefois le Scribe est simplement le lettré, par opposition à l'illettré [2]. Ailleurs ce nom est donné à ceux qui enseignent la jeunesse ou qui rédigent certains actes, par exemple, la lettre de divorce [3].

Les Scribes remplissaient leurs fonctions les plus importantes dans le Sanhédrin, à la synagogue et à la maison d'école (Beth ha Midrasch) [4]. Ils assistaient aux séances soit du grand Sanhédrin de Jérusalem, soit des Sanhédrins provinciaux, sans être nécessairement membres de ces assemblées [5], mais pour être consultés comme experts dans les questions difficiles.

[1] Scribe, dans le grec du Nouveau Testament, se dit γραμματεύς, et Docteur de la Loi, νομικός ou νομοδιδάσκαλος. Au premier siècle ces termes étaient tous synonymes. (Matth. XXII, 35 ; Luc VII, 30 ; X, 25, etc.) Josèphe appelle les Scribes ἱερογραμματεῖς (D. B. J. VI, 5, 3) et πατρίων ἐξηγηταὶ νόμων (Ant. Jud. XVII, 6, 2.) Nous trouvons aussi dans le Nouveau Testament les termes κύριος (Matth. VIII, 25) ; διδάσκαλος (Matth. VIII, 19) ἐπιστάτης (Luc V, 5 ; VIII, 24, 45 ; IX, 33, 49 ; XVII, 33). Le docteur se faisait aussi appeler Père, πατήρ, Abba dans la Mischna, ou καθηγητής (Matth. XXIII, 9, 10) ; mais le nom qu'il préférait était celui de Rabbi. Nous en parlerons plus loin.

[2] Berakhoth, 45, 2.

[3] Sanh., fol. 17, 2. Il va sans dire que tous les Pharisiens actifs, militants étaient Scribes, — mais la réciproque ne serait pas exacte. Tous les Scribes n'étaient pas nécessairement Pharisiens. Il pouvait se rencontrer des Scribes saducéens, quoique certainement en petit nombre.

[4] Au pluriel Bathé-Midraschoth. — Quelquefois on comparait poétiquement les rangs d'auditeurs aux rangées des ceps dans une vigne et on appelait l'école, la vigne. (Edujoth II, 4.)

[5] Sanh., fol. 17, 2. « Siméon Temanites jugea devant le Sanhédrin assis à terre. » En effet, le Scribe, consulté par le Sanhédrin, ne s'asseyait pas sur les mêmes sièges que les membres de cette assemblée, mais sur des sièges moins élevés.

A la synagogue, ils lisaient le texte et le traduisaient en langue vulgaire (*Micra*); ils exposaient les traditions et en montraient l'application (*Mischna*); enfin ils donnaient de l'Écriture une explication mystique et allégorique (*Midras*) [1]. A la maison d'école ils remplissaient les mêmes fonctions, avec cette différence qu'ici ils se préoccupaient davantage d'instruire et là d'édifier.

L'exégèse édifiante de la synagogue, où l'imagination du Scribe pouvait se donner libre carrière, s'appelait *Agada*. Celle de la maison d'école, qui était purement juridique, s'appelait *halacha*. Nous avons déjà distingué dans notre introduction ces deux sortes d'enseignements.

Il est probable que, parmi les Scribes, les uns étaient plus propres à édifier et les autres à instruire, et qu'ils se divisaient d'eux-mêmes en juristes et en prédicateurs.

Ceux-ci étaient parfois plus fantaisistes encore que les juristes. Leurs explications, soit-disant édifiantes, étaient souvent burlesques à force d'étrangeté. Le sens simple de l'Écriture ne leur suffisait pas. Ils avaient imaginé trois autres sens : 1º *Rèmèts*, c'est-à-dire l'interprétation qui donnait, non-seulement à un mot, mais à une lettre le sens d'une phrase entière; 2º *Dérousch*, le sens pratique, édifiant. 3º *Sod*, le sens mystérieux, le secret théosophique sur la création, les anges, etc.

Hillel avait donné les sept règles de la Halacha; nous les avons énumérées. On voulut donner aussi les règles de l'Agada. Rabbi Eliezer s'en chargea et en trouva trente-deux. Il ne vaut pas la peine d'en parler. Si celles d'Hillel offrent encore quelque intérêt, celles de R. Eliezer sont absolument insensées. Citons une seule de ces absurdités : on pouvait, dans la Sainte Écriture, remplacer un mot quelconque par un autre, pourvu qu'il eut la même valeur numérique; par exemple, on

---

[1] Actes des Apôtres XV, 21; I Cor. XIV, 3, παράκλησις, οἰκοδομή, παραμυθία.

était choqué de lire dans la Loi [1] que Moïse avait épousé une
« Éthiopienne ». Alors on remplaçait le mot *Pouchith* (Éthiopienne) par les mots *Jephath Madéé* (Belle à voir). En effet,
l'une comme l'autre de ces expressions donne en chiffres le
nombre 738 [2].

Les premiers chrétiens ont pratiqué ces sortes de calculs.
L'auteur de l'épitre de Barnabas [3] conclut des 318 serviteurs
d'Abraham que ce patriarche songeait déjà à la croix de Jésus-
Christ. En effet, le nombre 18 s'écrit IH. C'est le nom de Jésus
(Ιησοῦς) et 300 s'écrit T, ce qui représente la croix [4].

L'auteur de l'Apocalypse donne une énigme de ce genre à
deviner à ses lecteurs, en leur proposant le chiffre 666. Nous
avons aussi des exemples d'exégèse haggadique dans le Nouveau-Testament [5].

Les Pères de l'Église raisonnèrent souvent de la même manière, et plus tard la Cabbale ne sera pas autre chose que le
développement des principes haggadiques posés dès le premier siècle par les Docteurs de la Loi.

C'était la maison d'école qui était le véritable centre d'enseignement des Scribes. Ils s'y trouvaient dans leur élément
favori, l'interprétation juridique de la Loi, et y donnaient de
vrais cours de casuistique [6]. On s'y réunissait d'ordinaire le
jour du sabbat après le service de la synagogue. Cette maison
d'école pouvait être un bâtiment spécial affecté à l'enseignement. Elle pouvait aussi se tenir en plein air. A Jérusalem le
parvis du Temple ou quelque salle intérieure de l'édifice en
tenait lieu journellement. Nous avons vu Hillel s'instruire
dans l'école de Schemaïa et d'Abtalion. Lui-même ouvrit cer-

---

[1] Nombres XII, 1.

[2] C'est au Targoun d'Onkelos que nous empruntons cette belle découverte. Voir Hausrath, *op. cit.* I, 98 et suiv. et Gfrœrer, *op. cit.* I, 244
et suiv.

[3] Ch. IX.

[4] Voir Scherer : *Revue de théologie de Strasbourg*, année 1856, p. 9.

[5] Galates III, 16; IV, 22 et suiv. Ev. de Matth. XXII, 31-32.

[6] Josèphe *D.B.J.* I, 33, 2.

tainement une école rivale de celle de Schammaï et la laissa
à ses successeurs. Son fils Siméon, son petit-fils Gamaliel y
enseignèrent. Saul de Tarse grandit précisément dans celle de
Gamaliel. C'est à l'école, en effet, que le jeune Scribe se formait à la discussion et recevait, après avoir fait ses preuves,
l'*horaah* ou droit d'enseigner.

Les auditeurs se tenaient debout ou s'asseyaient à terre [1].
Le maître était dans une chaire ou sur un siège élevé [2].

Les discussions de la maison d'école dégénéraient souvent
en disputes, et les Scribes qui étaient aux prises en venaient
d'autant plus facilement aux outrages qu'aucune loi ne punissait l'insulteur. Du reste, le Juif n'a jamais su discuter froidement. Jésus s'est élevé contre ce débordement d'injures
auquel tout le monde se laissait aller de son temps [3]. Les accusations de folie, d'ineptie, d'imbécillité étaient fréquentes;
le mot Raca, sans cesse prononcé [4]. Nous avons peine à nous
faire une idée de l'âpreté de ces querelles et des sentiments
de haine que les adversaires nourrissaient les uns contre les
autres. Cette haine était entretenue par la fièvre des esprits
et l'agitation constante du peuple arrivant peu à peu au
paroxysme de l'exaspération contre l'étranger. Les Hillélistes
et les Schammaïstes furent entre eux plus acharnés encore
que les Pharisiens et les Saducéens.

Ceux-ci devenaient fort étrangers les uns aux autres. L'opposition, entre eux de plus en plus tranchée, les séparait toujours davantage. Pour combattre il faut un terrain commun, et les Saducéens, enfermés dans le Temple,
voyaient de moins en moins les Pharisiens confinés, de leur
côté, dans les écoles. Ceux-ci alors se tournaient les uns

---

[1] Babyl. *Sanhédrin*, fol. 7, 2 ; Ev. de Matth. XIII, 2. Ce fut après la
mort de Gamaliel que s'introduisit l'usage de s'asseoir pour les disciples.
Sotah, ch. IX, hal. 15.

[2] Actes XXII, 3.

[3] Ev. de Matth. V, 22.

[4] Babyl. *Berakhoth*, fol. 32, 2.

contre les autres. Les simples nuances qui séparaient les partisans d'Hillel de ceux de Schammaï créaient entre eux des scissions beaucoup plus profondes que s'ils avaient en toutes choses pensé différemment. L'Hilléliste méprisait le Saducéen, devenu presque infidèle. Il ne lui semblait plus même mériter d'être discuté; mais le Schammaïste qui, à ses yeux, était encore fidèle, mais égaré, lui paraissait bien autrement dangereux. Il nous est parlé d'un jour où les Hillélistes et les Schammaïstes en vinrent aux mains : « ce jour fut sinistre, dit un des Talmuds [1], comme celui où fut fait le veau d'or. Les Schammaïstes tuèrent quelques-uns des Hillélistes ». Un adage disait : « Elie le Thisbite lui-même ne pourrait apaiser les discordes des disciples d'Hillel et de ceux de Schammaï. »

Il faut remarquer aussi l'absence complète chez les Juifs du premier siècle de ce que nous appelons l'esprit. C'est un des traits distinctifs de ce peuple. Les Talmuds ne nous citent pas une repartie heureuse, pas un trait plaisant, pas un mot spirituel prononcé par les Rabbis [2]. Il en est ainsi des nations et des familles chez lesquelles la préoccupation religieuse prime toutes les autres et prend un caractère exclusif. Le docteur de la Loi était toujours entier dans ses appréciations, implacable dans ses jugements, absolu dans ses critiques. Son intelligence était étroite, son caractère raide, son orgueil insupportable et cette impossibilité de saisir les nuances lui a laissé partout dans les documents qui nous ont été conservés quelque chose de lourd et de déplaisant.

Le docteur, du haut de la chaire, murmurait son enseignement à l'oreille d'un interprète, qui ensuite le répétait à haute voix à toute l'assemblée [3]. Cette singulière habitude nous ex-

---

[1] Jérus. *Schabbath*, fol. 3, 3.
[2] Le passage de Galates V, 12 ne saurait assurément modifier notre opinion.
[3] Babyl. *Sanhédrin*, fol. 7, 2 ; Babyl. *Joma*, fol. 82, 2.

plique la parole de Jésus : « Ce que je vous dis à l'oreille, prêchez-le sur les toits. [1] »

L'enseignement se faisait souvent en paraboles[2]. Il nous est dit de R. Meir : « Le tiers de son enseignement était la tradition, le tiers des allégories, le tiers des paraboles. » Nous citerons ici une de ces paraboles qui offre une ressemblance frappante avec une de celles de Jésus[3] : « A qui comparerons- « nous R. Bon Bar Chajia? Il est semblable à un Roi qui avait « engagé plusieurs ouvriers. Parmi eux, il y en avait un qui « s'acquitta de son travail d'une manière remarquable. Que « fit le Roi? Il le prit avec lui et se promena çà et là avec lui. « Le soir venu, les autres ouvriers vinrent pour recevoir leur « salaire, et le Roi donna à celui-ci la même somme qu'à ceux- « là. Un des ouvriers murmurant disait : Nous avons pénible- « ment travaillé tout le jour et celui-ci n'a travaillé que deux « heures et tu lui donnes le même salaire qu'à nous. Le Roi « lui répondit : Il a plus travaillé en deux heures que vous en « toute une journée. De même R. Bon a plus étudié la Loi en « vingt-huit ans qu'un autre en cent ans[4] » Voici encore une de ces similitudes : « On peut faire une comparaison avec un « Roi qui avait une vigne et qui avait trois ennemis. Que firent « ces ennemis? Le premier coupa les rameaux; le second « foula aux pieds les grappes; le troisième arracha les ceps. « Ce Roi est le Roi des rois, le Seigneur béni. La vigne du « Seigneur est la maison d'Israël, les trois ennemis sont « Pharaon, Nébuchadnezar et Haman[5]. »

Les docteurs de la Loi possédaient sur leurs disciples un empire absolu. Leur autorité, qui n'avait aucun caractère officiel comme celle des prêtres, était en réalité beaucoup plus grande. Avant Hillel ils ne portaient aucun titre spécial,

[1] Ev. de Matth. X, 27.
[2] Ev. de Matth., XIII, 3.
[3] Ev. de Matth. XX, 1 et suiv.
[4] Jérus. *Berakhoth*, fol. 5, 3.
[5] *Taahnim*, fol. 54, 3.

mais, depuis ce docteur, on ne les nommait jamais sans faire précéder leur nom du mot Rabbi dont nous avons fait Rabbin.

« Ils aiment à être appelés Rabbis, Rabbis[1] », disait Jésus. Un disciple, en effet, ne se serait jamais permis de saluer autrement son maître[2]; et, entre eux, ils se désignaient aussi par ce titre[3]. Rabbi signifie : mon maître. Le mot Rab est un adjectif qui a le sens de grand ; employé substantivement il veut dire : le prince, le seigneur, le maître. On trouve aussi la forme Rabban[4]. Rabboni[5], dans le Nouveau-Testament, n'est que la forme Rabban avec suffixe. Dans l'usage ordinaire, le suffixe de Rabbi perdit sa signification grammaticale ; le mot fut employé dans le même sens que Monsieur en français, qui est dérivé de mon et de seigneur.

Il est remarquable que nulle part dans les Talmuds nous ne trouvions l'expression : Bon maître, employée par le jeune riche et repoussée par Jésus[6].

Souvent le maître donnait un baiser à son disciple, le disciple en donnait rarement un à son maître[7].

Les Rabbis prétendaient passer dans le respect et l'affection de leurs disciples avant leur père et leur mère. « Le respect de ton maître, disaient-ils, touche au respect de Dieu[8]. » « Si le père et le maître de quelqu'un ont chacun « perdu quelque chose, la perte faite par le maître doit pas- « ser avant l'autre, et son disciple doit l'aider à retrouver ce « qu'il a perdu. Car son père ne lui est utile que pour cette

---

[1] Ev. de Matth. XXIII, 7.

[2] Babyl. *Berakhoth,* fol. 27, 1.

[3] Jérus. *Moed Katon,* fol. 81, 1.

[4] *Pirké Aboth* I, 16. *Sotah,* 9, 15 ; *Jebamoth* XVI, 7.

[5] Ev. de Marc X, 51. Ev. de Jean XX, 16.

[6] Ev. de Matth. XIX, 16; de Marc X, 17.

[7] Judas trahit Jésus par un baiser. Il n'est pas probable qu'il agit ainsi sous prétexte de remplir un devoir ; il voulait seulement désigner le Christ à ceux qui venaient l'arrêter. (Ev. de Matth. XXVI, 49 ; Ev. de Marc XIV, 45.)

[8] *Pirké Aboth* XIV, 12.

« vie, son maître lui enseigne la sagesse et lui est utile pour
« le monde à venir ; mais si son père est lui-même docteur,
« alors la perte qu'il a faite doit passer la première. Si le
« père et le maître de quelqu'un portent chacun des far-
« deaux, il faut secourir son maître avant son père. Si le père
« et le maître sont en prison, il faut d'abord racheter son
« maître et ensuite son père, mais si le père est lui-même
« docteur, alors il passe le premier [1]. »

Partout les Rabbis s'adjugeaient la première place. Ils la
prenaient d'eux-mêmes dans les repas auxquels ils étaient
conviés. A la synagogue ils s'asseyaient au premier rang et
dans les rues se faisaient saluer jusqu'en terre par leurs disciples [2].

Ce prestige se comprend lorsqu'on se souvient que ces
docteurs réunissaient dans leur enseignement toute la science
connue de leur temps. On peut dire qu'ils étaient à la fois
avocats, pasteurs, médecins, docteurs ès-sciences, docteurs
ès-lettres, docteurs en droit et surtout en théologie.

Ils exigeaient de leurs élèves : 1° une mémoire fidèle ;
2° qu'ils n'ajoutassent rien à ce qui leur était enseigné.
« R. Dostaï, fils de Janaï, disait au nom de R. Méir : Celui qui
oublie quelques parties de ce qu'il a appris, cause sa perte [3]. »
« Chacun a pour devoir d'enseigner avec les mots mêmes
dont s'est servi son maître [4], » et le plus grand éloge qu'on
put faire d'un disciple était celui-ci : « Il est comme une citerne enduite de ciment qui ne perd pas une goutte de ses
eaux [5]. » Cette préoccupation exclusive nous fait comprendre
comment les disciples de Jésus ont pu retenir de mémoire

---

[1] *Babamezia* II, 11. Il est curieux de rapprocher ces passages de cette
parole de Jésus : « Celui qui aime son père ou sa mère plus que moi
n'est pas digne de moi. » Ev. de Matth. X, 37.

[2] Ev. de Matth. XXIII, 6-7 ; Ev. de Marc XII, 38-39 ; Ev. de Luc, XI,
43 ; XX, 46.

[3] *Pirké Aboth* III, 8.

[4] *Edujoth* I, 3.

[5] *Pirké Aboth* II, 8.

ses enseignements et nous les rapporter avec une si étonnante fidélité.

Les fonctions de Docteur de la Loi étaient gratuites. Hillel
insistait particulièrement sur la nécessité de ne pas enseigner
la Loi dans un esprit mercenaire. « Celui qui se sert de la
couronne comme d'un outil passe bientôt [1].» Nous avons raconté que ce docteur, dans sa jeunesse, ne pouvait payer la
rétribution scolaire exigée par Schemmaïa et Abtalion. Il est
permis de douter de l'authenticité de cette tradition ; car les
preuves de l'absolue gratuité de l'enseignement rabbinique
abondent. « Si quelqu'un accepte un prix pour rendre la
justice, son jugement est sans valeur. » « Un témoignage
payé est sans valeur [2]. » Nous savons avec quel soin saint
Paul conservait sur ce point la tradition reçue et comme il
tenait à évangéliser gratuitement.

Peut-être l'usage de payer une rétribution scolaire exista-
t-il jusqu'à Hillel et fut-il aboli par lui, précisément parce
qu'il avait eu à en souffrir. L'hypothèse est plausible, mais
nous n'avons aucun texte à citer à l'appui.

La plupart des Rabbins avaient un état qui leur permettait
de gagner leur vie [3]; nous avons dit qu'Hillel était fendeur de
bois [4].

Il ne fallait jamais faire passer son métier avant la science.
Déjà le Siracide recommande de ne pas se donner exclusivement à un travail manuel et prise la bénédiction attachée à
l'étude de la Loi [5]. Rabbi Méir disait : « Donne-toi peu à ton
métier et occupe-toi beaucoup de la Loi [6] », et Hillel lui-même:
« Celui qui s'adonne trop au travail manuel ne deviendra pas
sage. [7] » Mais nous ne devons pas croire au désintéressement

---

[1] *Pirké Aboth*, I, 13.
[2] *Bechoroth*, 14, 6.
[3] Voir Actes des ap. XVIII, 3; I Thess. II, 9; II Thess. III, 8.
[4] Voir livre I, chapitre VII.
[5] Ecclés. XXXVIII, 24; XXXIX, 11.
[6] *Pirké Aboth* IV, 10.
[7] *Id. Id.* II, 5.

des Scribes. « Ils dévorent les maisons des veuves, disait Jésus-Christ, en affectant de faire de longues prières [1] » ; les Pharisiens sont « amis de l'argent [2] ». « Ils font tout pour être vus [3]. »

Nous avons parlé de l'autorité dont jouissaient les Scribes. Il est certain que leur orgueil, leur formalisme, leur affectation en imposaient beaucoup. A la longue ils avaient pris dans le respect universel la place du prêtre. Ce n'était plus le *Cohen* que l'on allait consulter, c'était le *Sopher*. Ils avaient remplacé les prophètes. Et il se produisit alors un fait étrange : les décisions des Scribes finirent par avoir non seulement la même valeur que les paroles de la Loi, mais une valeur supérieure. Les Talmuds abondent en passages où la tradition est préférée au texte de Moïse. « Les paroles des Scribes sont plus aimables que les paroles de la Loi, car parmi les paroles de la Loi les unes sont importantes et les autres légères ; celles des Scribes sont toutes importantes [4] ». « La négation du précepte des phylactères, qui est une violation de la Loi, n'est pas un péché ; mais celui qui y placerait cinq sections (au lieu de quatre) et ajouterait ainsi aux ordres des docteurs serait condamnable [5]. » « Les paroles des anciens sont plus importantes que celles des prophètes. »

La Thorah restait toujours à sa place, elle était divinisée ; personne ne songeait à diminuer son prestige ; mais la tradition la remplaçait et la dominait peu à peu. Il se passait chez les Juifs ce qui devait se passer dans l'Eglise chrétienne du moyen âge. Les commentaires inspirés que celle-ci donnera de la Sainte-Ecriture seront considérés comme plus importants que la Sainte-Ecriture elle-même. L'Eglise enseigne, dit le catholique, et non pas la Bible enseigne, et cependant

[1] Ev. de Marc XII, 40 ; de Luc XX, 47.
[2] Ev. de Luc XVI, 14.
[3] Ev. de Matth. XXIII, 5.
[4] Jérus. *Berakhoth*, fol. 3, 2.
[5] Id.   *Id.*   Id.

les enseignements de l'Eglise ne sont, d'après lui, que la conséquence et le développement logique de ceux de la Bible.
Elle renferme implicitement, dit-il, tout ce que l'Eglise a
prescrit plus tard. Un Juif du premier siècle ne pensait pas
autrement. Le Scribe parlait au nom de Dieu, il accomplissait la Loi. Jésus a réagi contre cette formidable erreur qui
a été commise dans toutes les religions, en disant : « Vous
anéantissez la Loi de Dieu par votre tradition. [1] »

[1] Ev. de Matth. XV, 3.

CHAPITRE IV

LES IDÉES PHILOSOPHIQUES DES PHARISIENS ET DES SADUCÉENS.

Citations de Josèphe. — La Providence. — La Résurrection des corps. — L'acte est plus important que l'idée. — Les vraies discussions des Pharisiens et des Saducéens. — Les confréries pharisiennes. — Résumé de l'histoire des deux partis.

Nous avons dit que sous Hérode-le-Grand les Pharisiens et les Saducéens étaient devenus des hommes d'étude, discutant sous les portiques du Temple, et se bornant à remuer des idées puisqu'il leur était devenu impossible de songer à l'action. Josèphe va plus loin et nous montre en eux de paisibles philosophes, ne pensant qu'à leurs théories spéculatives et se souciant fort peu de les mettre en pratique. Nous avons critiqué dans notre introduction ces assertions de l'historien juif. Elles sont inexactes, partiales, intéressées; cependant elles renferment une part de vérité, et il importe de le montrer dans ce chapitre.

Voici d'abord la traduction des passages les plus importants de Josèphe :

« A cette époque, dit-il, en parlant du temps qui s'écoula
« de la mort de Judas Macchabée à la mort d'Alexandra[1],
« il y avait trois sectes des Juifs qui, sur les choses hu-
« maines, différaient d'opinion. La première était appelée
« secte des Pharisiens, la deuxième des Saducéens, la troi-
« sième des Esséniens. Les Pharisiens disaient que certai-
« nes choses, mais non toutes, sont l'œuvre du Destin. Il
« y a aussi certaines choses qu'il est en notre pouvoir de

---

[1] *Ant. Jud.* XIII, 5, 9.

« faire ou de ne pas faire. Les Esséniens affirment que
« tout est au pouvoir du Destin et que rien n'arrive aux
« hommes sans le décret du Destin. Mais les Saducéens sup-
« priment tout Destin ; ils pensent qu'il n'y en a pas ; et que
« ce n'est pas à lui qu'il faut attribuer les événements humains
« mais ils soumettent tout à notre libre arbitre ; en sorte que
« nous sommes les auteurs du bien qui nous arrive et que
« nous nous attirons le mal par notre sottise, mais j'ai dit
« tout cela plus complètement et plus soigneusement dans le
« second livre de la guerre des Juifs. »

Voici ce que Josèphe a écrit dans ce livre auquel il nous
renvoie [1] : « Quant aux deux premiers partis, les Pharisiens,
« qui passent pour interpréter la Loi avec soin, et être les
« auteurs de la première secte, attribuent tout au Destin et à
« Dieu, et disent que la plupart du temps il dépend des
« hommes de bien ou de mal agir, mais que chacun aussi
« est conduit par la destinée. Ils disent que toute âme est
« immortelle, mais que les âmes seules des bons passent dans
« d'autres corps. Celles des méchants subissent un supplice
« éternel. Quant aux Saducéens, qui forment un autre parti,
« ils suppriment entièrement le Destin. Ils nient que Dieu ait
« agi lorsque quelqu'un soit fait le mal, soit s'en abstient, et
« ils disent que dans le choix de l'homme le bien comme le
« mal sont placés devant lui et que chacun fait l'un ou l'autre
« suivant son propre jugement. Ils nient la survivance de
« l'âme et les supplices ou les récompenses dans le Hadès.
« Les Pharisiens s'aiment les uns les autres et pratiquent la
« concorde pour l'avantage de tous. Les mœurs des Sadu-
« céens entre eux sont plus rudes et ils ont entre eux les
« mêmes rapports qu'avec les étrangers. Voilà ce que j'avais
« à dire de ceux qui philosophent parmi les Juifs [2]. »

[1] *D. B. J.* II, 8, 14.
[2] C'est tout ce qu'il dit des Pharisiens dans ce II° livre, auquel il renvoie toujours. Sur les Esséniens seuls il entre dans des détails circonstanciés.

Nous lisons ailleurs [1] : « Ils (les Pharisiens) ont une telle
« autorité sur le peuple que s'ils disent quelque chose soit
« contre le roi, soit contre le grand-prêtre, on les croit aus-
« sitôt. »

Et un peu plus loin [2] : « Les Pharisiens sont naturellement
« cléments dans les peines qu'il faut infliger... Je veux
« montrer que les Pharisiens ont transmis au peuple plusieurs
« institutions reçues des ancêtres, qui ne sont pas dans la
« Loi de Moïse; la secte des Saducéens les rejette et dit qu'il
« ne faut tenir pour établi que ce qui est écrit, et que ce qui
« a été transmis par les ancêtres ne doit pas être observé. Et
« il arrive que sur ces choses des questions et des discus-
« sions graves s'élèvent entre eux. Les Saducéens ne persua-
« dent que les riches ; le peuple ne leur est pas favorable.
« Les Pharisiens, au contraire, ont la foule pour eux. Mais
« de ces deux sectes et des Esséniens nous avons parlé avec
« soin dans le deuxième livre des affaires des Juifs. »

Nous lisons aussi dans un autre endroit [3] : « Les Juifs
« avaient depuis des temps très anciens trois sectes de philo-
« sophie nationale, l'une celle des Esséniens, l'autre des
« Saducéens, la troisième dont les membres prenaient le
« nom de Pharisiens, et, quoique nous parlions d'eux dans
« le second livre de la guerre juive, cependant nous ne
« sommes pas fâché d'en dire ici quelques mots....

« Les Pharisiens vivent pauvrement, n'accordant rien au
« plaisir. Ils se conforment aux enseignements que la raison
« a acceptés comme bons et leur a enseigné, et ils pensent
« qu'il faut défendre de toute attaque ce que la raison leur a
« ainsi prescrit. Ils rendent honneur à ceux qui sont avancés
« en âge, n'ayant pas la fatuité de les contredire dans ce
« qu'ils ordonnent. Quand ils disent que tout vient du Des-
« tin, ils ne privent pas la volonté humaine de l'effort qui

---

[1] *Ant. Jud.* XIII, 10, 5.
[2] *Id. Id.* Id. id. 6.
[3] *Ant. Jud.* XVIII, I, 2, 3, 4.

« dépend d'elle. Car il a plu à Dieu de confondre dans une
« juste proportion le décret du Destin et la volonté humaine,
« quand l'homme s'adonne soit au vice soit à la vertu. Ils
« croient que les âmes ont un principe immortel, et que, sur
« la terre, elles reçoivent soit des récompenses, soit des châti-
« ments suivant qu'elles ont pratiqué la vertu ou le vice.
« Celles-ci sont tenues enfermées dans une prison éternelle.
« Celles-là reviennent facilement dans cette vie. A cause de
« cela ils ont une si grande autorité sur le peuple que tout
« ce qui concerne la religion, prières ou sacrifices, dépend
« de leurs prescriptions. Les cités leur ont donné un magni-
« fique témoignage de vertu, parce qu'ils s'appliquent à tout
« ce qui est excellent, tant dans leur vie que dans leurs paro-
« les. Les Saducéens enseignent dans leurs doctrines que les
« âmes périssent avec les corps. Ils n'obligent à rien obser-
« ver d'autre que ce qui est prescrit par la Loi. Car ils re-
« gardent comme un mérite de discuter avec les maîtres de
« la sagesse qu'ils recherchent. Peu de personnes suivent
« leur avis, mais les premières en dignité. Ils n'ont, pour
« ainsi dire, aucune influence ; car si quelquefois ils exercent
« la magistrature, ils suivent, malgré eux et forcés par la
« nécessité, l'opinion des Pharisiens. Le peuple ne souffrirait
« pas qu'il en fut autrement. »

Enfin nous lisons encore le passage suivant[1] : « Il y avait
« une secte des Juifs dont les membres se donnaient pour
« connaître exactement la Loi et ils étaient violents en son
« nom ; ils faisaient semblant d'être chéris de Dieu. Les fem-
« mes leur étaient dévouées, on les appelle les Pharisiens ;
« ce sont eux qui ont surtout osé résister aux rois, ils sont
« prudents et prompts à lutter en face et à résister. »

La contradiction du langage de Josèphe dans ce dernier
passage avec celui qu'il tient dans tous les autres est mani-
feste. Le lecteur remarque immédiatement l'étonnante res-

----

[1] *Ant. Jud.* XVII, 2, 4.

semblance qu'il offre, au contraire, avec certaines paroles
des Evangiles sur les Pharisiens. « Les femmes leurs sont dévouées », dit l'historien juif. « Ils dévorent les maisons des
veuves,» dit Jésus. « Ils font semblant d'être chéris de Dieu
continue Josèphe » ; « Vous paraissez justes aux hommes, ajoute
« le Christ, et au dedans vous êtes pleins d'hypocrisie et
« d'injustice. » Le parallèle est facile à établir et il est certain pour nous que le passage des Antiquités Judaïques que
nous venons de transcrire ne nous donne pas l'opinion personnelle de Josèphe sur les Pharisiens. Il a probablement
copié ce paragraphe dans Nicolas Damascène et sans réfléchir
que lui-même avait donné ailleurs une toute autre idée du
grand parti auquel il prétendait appartenir [1]. L'opinion de
Nicolas de Damas n'en a que plus de poids à nos yeux et
sa parfaite conformité avec les paroles des Evangiles lui
donne une grande valeur historique.

Quant aux affirmations de Josèphe lui-même, elles sont
faciles à résumer en quelques mots : les Pharisiens sont des
rationalistes demi-fatalistes ; ils croient à l'immortalité de
l'âme; après la mort, les méchants sont enfermés sous la
terre et les âmes des justes reviennent dans ce monde habiter
d'autres corps ; (c'est la métempsychose). Les Pharisiens sont
pauvres, ont des mœurs douces et jouissent d'une grande influence sur le peuple. Quant aux Saducéens ils sont partisans
du libre arbitre au sens le plus absolu. Ils rejettent toutes les
traditions orales et s'en tiennent à ce qui est écrit. Ils nient
toute survivance après la mort. Ils sont peu nombreux, mais
se recrutent dans les hautes classes. Ils sont hautains avec le
peuple, sur lequel ils n'ont aucune influence. Les Pharisiens
sont maîtres de l'esprit public.

Dans ces affirmations de l'historien juif, il y a à prendre et
à laisser. Le choix, grâce aux Talmuds, n'est pas très difficile
à faire et on démêle aisément le vrai du faux.

---

[1] Voir Schürer : *Neutestamentliche Zeitgeschichte*, p. 424; Derenbourg : *Histoire de la Palestine*, p. 123, note. Grætz, *op. cit.* III, 483.

Avant tout Josèphe ne tient aucun compte de l'histoire
des Pharisiens et des Saducéens sous les Macchabées,
c'est-à-dire de leur longue et féconde période d'activité politique. Quand les Juifs étaient encore libres et se gouvernaient
eux-mêmes, les deux partis se disputaient le pouvoir, l'occupaient alternativement, avaient tour à tour l'influence. Nous
avons consacré un chapitre à cette partie de leur histoire.
A dater de l'an 63 avant Jésus-Christ (prise de Jérusalem par
Pompée), à dater surtout de l'avènement d'Hérode, les uns
et les autres prirent à peu près la physionomie que leur
donne Josèphe. Ils ajournèrent leurs rêves politiques. Les
Saducéens, considérablement affaiblis et diminués par les
dernières guerres civiles, ne furent plus qu'une minorité se
recrutant dans l'aristocratie du Temple ; les Pharisiens, renonçant au sacerdoce, se firent pauvres et devinrent populaires, entraînant le peuple tout entier dans leur tendance.

Quelques-uns parvenaient à être membres du Sanhédrin,
les plus célèbres, et là, se trouvant à côté des Saducéens,
leurs anciens adversaires, ils discutaient encore avec eux.
Pendant la vie de Jésus, sous les portiques du Temple, il y
avait à la fois des discussions entre Pharisiens et Saducéens
et des discussions de Pharisiens entre eux (Hillélistes contre
Schammaïstes.)

Nous avons déjà parlé de ces derniers. Sur quelles questions portaient les disputes des Pharisiens et des Saducéens.
D'après Josèphe ce serait la fatalité et le libre arbitre d'une
part, les Pharisiens étant déterministes, les Saducéens ne l'é-
tant pas, et la vie future de l'autre, les Pharisiens l'affirmant,
les Saducéens la niant.

Si nous remplaçons le mot fatalité par le mot Providence
et le terme immortalité de l'âme par cet autre : résurrection
du corps, nous serons bien près de la vérité.

Parlons d'abord de la Providence. — Dieu dirige-t-il son
peuple ? Quelle part de liberté lui a-t-il laissée? Ne sommes-
nous pas certains qu'Il nous délivrera toujours, ou bien notre

sort à venir dépend-il en partie de nous ? — Ces questions durent se poser naturellement après la ruine définitive des Asmonéens. — Eh quoi ! Dieu nous avait délivré des Séleucides, rendu notre indépendance passée, et voici il nous châtie de nouveau ; les Romains sont venus et nous ont asservis. Et cependant le peuple entier est fidèle ; que faut-il faire et et que faut-il croire ? —

Tous les anciens problèmes se posaient plus difficiles et plus impérieux que jamais. La question de la direction de Dieu dans la marche des événements de ce monde demandait à être résolue. Elle se confondait avec celle de la venue du Messie, que Josèphe passe sous silence, et qui cependant préoccupait beaucoup le parti Pharisien. Sa foi en la Providence faisait partie de son programme politique. Les Saducéens perdaient courage dans l'adversité ; ils disaient : — Nous sommes perdus, ce n'est plus qu'une question de temps, — et ils s'arrangeaient pour en prendre leur parti. Les Pharisiens disaient : Dieu nous sauvera certainement.

Il est possible, du reste, que les deux sectes aient eu entre elles des discussions purement théoriques sur ce grave sujet. Les sentences des Pharisiens, que les Talmuds nous ont conservées, semblent l'indiquer : « La Providence veille sur nous, disaient-ils, mais le libre-arbitre a été donné à l'homme[1] ». R. Aquiba dira un jour : « Tout est permis, la liberté est « accordée ; le monde est jugé avec bonté et tout dépend du « plus grand nombre des actions que l'homme a faites[2] ». C'est bien là le juste milieu dont parle Josèphe. Les Saducéens ont-ils jamais tenu contre le déterminisme le langage que leur prête l'historien juif ? ce n'est pas impossible, mais ils ne niaient certainement pas l'action de Dieu dans le monde, puisqu'ils acceptaient toute la Loi. Les idées respectives des Pharisiens et des Saducéens sur le problème de la

[1] *Pirké Aboth* III, 15. Voir aussi *Berakhoth* IX, 5.
[2] *Id. Id.* Id., 12.

prescience divine et de la liberté humaine faisaient, avant tout, partie de leurs programmes politiques. Les Saducéens n'avaient point d'écoles, il est vrai, mais à partir d'Hérode-le-Grand ils s'étaient divisés en deux groupes : les courtisans, les hauts fonctionnaires du Temple d'une part, et les hommes d'étude de l'autre. C'est parmi ces derniers qu'il faut chercher les contradicteurs des Pharisiens.

Quant à la résurrection, voici quelle était l'attitude des deux partis : Les Pharisiens avaient formulé sous les Macchabées la doctrine de la résurrection des corps. Leur but était de rassurer la foi des croyants, dont plusieurs tombaient les armes à la main sur les champs de bataille pour la sainte cause de Jéhovah sans avoir reçu leur récompense. Ils enseignèrent alors que leurs corps ressusciteraient. Il ne s'agissait nullement pour eux d'une survivance de l'âme, partie immatérielle de l'être humain ni même d'un corps *spirituel* comme l'enseignera plus tard saint Paul, mais d'un retour à la vie de la chair même qui avait vécu. Voici un curieux passage qui nous le montre[1] : « Hadrien interrogea R. Josua, fils d'Hananiah : D'où l'homme revit-il dans l'éternité ? — et il répondit : La résurrection commence par l'épine du dos ; — et il dit : Démontre-le moi. — Alors il prit un petit os de l'épine du dos et le mit dans l'eau et il ne fut pas dissous ; dans le feu et il ne fut pas brûlé ; il le soumit à la meule et il ne fut pas broyé ; il le plaça dans une forge et le soumit au marteau ; l'enclume se fendit et le marteau se brisa. » Tels étaient les arguments dont les Pharisiens se servaient en discutant avec les Saducéens.

Cette croyance faisait partie de la foi au règne messianique visible que l'on attendait. Le premier acte du Messie serait de rendre la vie aux corps des justes, et cette doctrine devait passer en partie dans la foi des chrétiens. Quelques-uns affirmeront, comme les Pharisiens, la résurrection de la chair au

---

[1] Midrasch *Koelet*, fol. 114, 3.

sens le plus matériel; d'autres, comme saint Paul, parleront
de « corps spirituels ».

Ces affirmations tranchées faisaient sourire les Saducéens.
Ils avaient la haine préconçue de toute idée nouvelle. On les
a appelés matérialistes, parce qu'ils n'admettaient ni l'existence des anges, ni celle des esprits, ni la possibilité de la
résurrection de la chair [1]. Mais rien ne prouve qu'ils aient nié
ce que nous appelons aujourd'hui « le monde invisible ». Ils
étaient seulement ennemis des nouveautés. Ils croyaient fermement au Mosaïsme et restaient attachés à la lettre des Écri-
tures. — Or, la résurrection, disaient-ils, ne peut être prouvée
par un texte de la Loi. Ceux que les Pharisiens citent ne prouvent rien. — Et puis, ces doctrines nouvelles troublaient le
peuple, elles étaient l'occasion de discussions interminables
qui les gênaient et leur semblaient oiseuses. Pratiques avant
tout, ils ne voulaient pas de rêveries mystiques qui ne reposaient pas sur un texte écrit. Ils s'autorisaient du silence de
Moïse pour ne pas s'expliquer. C'est le système commode des
gens du monde qui ne veulent pas étudier les questions à fond.
Il en était de même des espérances messianiques; elles pro-
voquaient des troubles; ils n'en voulaient donc à aucun prix,
et alors ils étaient dans les controverses d'une impardonnable
légèreté [2]. Quand l'indifférence pour la foi reçue acquiert cette
puissance, elle est le signe le plus certain de la décadence de
la religion. Les Saducéens étaient la preuve vivante que le
règne des dogmes antiques touchait à sa fin.

On a dit encore que les Saducéens n'admettaient que la
Loi et rejetaient les Prophètes. C'est les confondre avec les
Samaritains et les Karaïtes, confusion déjà faite par Tertullien, Origène et Jérôme [3] et qui vient sans doute de ce qu'ils
n'avaient point d'espérances messianiques. On disait alors :

[1] Ev. de Matth. XXII, 23; Ev. de Marc XII, 18; Ev. de Luc XX, 27;
Actes des apôtres XXIII, 8 et ch. IV, 1, 2.
[2] Voyez l'histoire des sept frères. Ev. de Matth. XXII, 23-29 et parall.
[3] Voir Winer. *Realwœrterbuch* II, 352 et suiv.

ils rejettent les livres des prophètes; c'était une erreur. Leur Bible était celle de tous les Juifs de leur temps.

On s'est encore trompé quand on a dit que les Saducéens repoussaient les traditions et n'acceptaient que « la Loi et les Prophètes. » Les Saducéens en avaient au contraire un certain nombre. Les Talmuds parlent clairement de traditions que les Saducéens approuvaient[1]. L'héritage de « la grande Assemblée » leur appartenait comme aux Pharisiens. Josèphe ne dit pas : il n'acceptent que la Loi de Moïse; il dit : ils n'acceptent que « ce qui est écrit ». Il ajoute il est vrai, que, d'après eux, ce qui a été transmis par les ancêtres ne doit pas être observé. Cependant nous savons positivement qu'ils avaient un « *livre des décisions*[2] ». Les Talmuds les en blâment : « On ne doit pas écrire les décisions dans un livre », et ailleurs : « On n'est pas libre de mettre par écrit les choses qui doivent être transmises oralement. » Nous en concluons que les Saducéens désapprouvaient les Pharisiens de ne pas mettre par écrit la tradition orale. Nous savons, en effet, que pendant longtemps ceux-ci n'écrivirent rien ; Hillel, le premier, se décida à rédiger les traditions. Quant à eux (les Saducéens), ils durent avoir de bonne heure, longtemps avant le premier siècle, un recueil écrit : « le livre des décisions ».

Nous avons écrit le mot philosophiques en tête de ce chapitre, n'est-il pas impropre? Josèphe, en parlant de philosophie, n'est-il pas dupe de ses préventions ou ne veut-il pas tromper ses lecteurs grecs et romains? Cela nous semble plus que probable. Tout montre qu'il est influencé par ses idées grecques et les prête gratuitement à ses compatriotes. L'essentiel pour le juif c'était le rite, l'acte à accomplir, l'œuvre à faire, le commandement de la Loi. Tout ce qui était idée, théologie, spéculation était laissé à la libre appréciation de chacun. On *pensait* ce qu'on voulait, pourvu qu'on *fît* ce qui

---

[1] *Sanh.* 33, *b; Horajoth*, 4, *a.*
[2] *Megillat Taanith.*

était ordonné. On pouvait être très hérétique au fond du cœur, demi-matérialiste comme le Saducéen, on n'en était pas moins un bon Juif, un Israélite fidèle, si on accomplissait la Loi, si on récitait le Schema, si on observait le sabbat.

Le Samaritain était haï, non parce que ses idées n'étaient pas orthodoxes, mais parce qu'il ne pratiquait pas comme les Rabbis, et en particulier parce qu'il n'adorait pas à Jérusalem. Jésus a pu prêcher ce qu'il a voulu ; on ne lui a jamais reproché ses paroles. On lui a reproché de violer le sabbat, de ne pas accomplir la Loi. Sur le royaume de Dieu, sur le Messie à venir, sur l'apocalyptique qui était le fond de la théologie, chacun pensait ce qui lui semblait bon. Il n'y avait point de croyances orthodoxes obligatoires ; mais seulement des pratiques. Dans les premiers temps du christianisme il en était de même dans l'Eglise. La distinction entre orthodoxes et hétérodoxes est venue plus tard. Quand la dogmatique s'est formée, on a alors formulé la croyance et quiconque n'y souscrivait pas était hors l'Eglise. Les Juifs ont toujours ignoré ces formules et ces confessions de foi. Manger de la viande de porc était beaucoup plus grave, au premier siècle, que de nier l'existence des anges et la résurrection des corps et, fait remarquable, les Juifs ont conservé ce trait caractéristique. On sait à quel point les idées libérales modernes ont pénétré le judaïsme contemporain. Plusieurs des Israélites de nos jours sont purement et simplement des libres penseurs ; mais tous, sans exception, tiennent encore au rite. La circoncision est par eux rigoureusement pratiquée et les ordonnances essentielles de la Loi sont toujours observées.

Il est donc évident que si les Pharisiens et les Saducéens discutaient entre eux la question du déterminisme, ils le faisaient sans y mettre beaucoup de passion. Autrement graves à leurs yeux étaient les controverses portant sur les rites à accomplir ; les cérémonies à observer dans certains cas pouvaient être l'objet de graves dissensions.

Citons en quelques exemples : les Saducéens exigeaient
une longue série de purifications du grand prêtre chargé de
préparer les cendres de la vache rousse ; les Pharisiens étaient
plus larges sur ce détail, mais, par contre, ils montraient une
rigidité de principes extraordinaire pour la lustration des
vases sacrés. Ils avaient un jour soumis à la purification le
candélabre du Temple, et les Saducéens disaient en se mo-
quant d'eux : « ils vont bientôt soumettre le globe du soleil à
l'eau lustrale[1]. »

Les Pharisiens disaient encore : « Si on verse un liquide
d'un vase pur dans un vase impur le jet, tant qu'il ne touche
pas le vase impur, reste pur ; » les Saducéens disaient :
« Le liquide est impur dès qu'il est sorti du vase pur. »

Les Pharisiens pensaient que le trésor du Temple devait
subvenir aux frais du sacrifice quotidien, les Saducéens récla-
maient pour cette dépense des offrandes individuelles.

L'offrande de farine qui est faite avec le sacrifice sanglant
doit être brûlée sur l'autel, disaient les Pharisiens.—Non, elle ap-
partient aux prêtres, répondaient les Saducéens. Ces deux dernières réponses se comprenaient de leur part, puisqu'eux-mêmes
étaient prêtres et profitaient de l'argent donné au Temple et
de la viande des sacrifices.

Quand le grand prêtre était Pharisien, ce qui était arrivé
sous les Macchabées, il entrait dans le Saint des saints au
grand jour des expiations sans avoir encore brûlé l'encens
et l'allumait derrière le rideau. Les grands prêtres Saducéens
l'allumaient avant d'entrer.

Les Pharisiens admettaient les compensations pécuniaires
que le Pentateuque permet, sauf dans le cas d'homicide[2].
Les Saducéens appliquaient le talion au pied de la lettre.

Telles étaient les vraies discussions des deux partis. Telles
étaient leurs prétendues idées philosophiques et c'était en

[1] Mischna *Hagiga* III, 8 et *Jadaïm* IV, 6 et 7.
[2] Nombres XXXV, 31.

traitant ces minuties qu'ils se prenaient le plus au sérieux.

Cependant une de leurs divisions provoqua de la part des Pharisiens une fondation qui devait avoir une grande influence sur le christianisme naissant.

Nous voulons parler des festins sacrés, ou agapes fraternelles, dont les Pharisiens furent les vrais créateurs. Les prêtres Saducéens avaient au Temple des repas religieux où ils mangeaient la chair des victimes immolées sur l'autel. Ils les commençaient par des ablutions et bénissaient le pain, le vin, la farine, la viande. Une bénédiction terminait aussi ces repas où la table était une sorte d'autel.

Les Pharisiens, pour faire pièce à leurs adversaires, imitèrent ces festins. Ils instituèrent des confréries, ils pratiquèrent des ablutions avant de se mettre à table, et ils eurent des aliments purifiés par la bénédiction prononcée sur eux. Ces repas étaient célébrés avec n'importe quelle viande. Tout le monde y était prêtre, car tout le monde y était admis. C'est dans ces confréries qu'on mangeait l'agneau pascal le soir du premier jour de la Pâque, et ce fut là certainement l'origine des agapes chrétiennes.

Il arrivait parfois qu'un millier de Pharisiens faisaient partie de la même confrérie; comment les réunir à la même table? Pour résoudre ce problème on rattachait les maisons les unes aux autres par des poutres, l'ensemble ne formait qu'une seule demeure imaginaire et toutes les tables une seule table gigantesque. Cette fiction fut appelée *Eroub*. Nous la mentionnons ici parce que deux traités de la Mischna fixent les règles de l'Eroub et sont appelés *Eroubim*.

Nous terminerons ce chapitre en résumant dans ses traits généraux les phases diverses de l'histoire des Pharisiens et des Saducéens. Sous l'influence d'Esdras et de Néhémie se forme le parti des Hassidims et ensuite, après Alexandre-le-Grand, le parti favorable aux idées grecques. Antiochus IV provoque, par ses persécutions, le soulèvement des Hassi-

dims. Ils sont vainqueurs et fondent la dynastie Maccha-
béenne. Dans les premiers temps les partisans des idées
grecques sont réduits au silence, mais les Asmonéens se
laissent corrompre ; les amis de l'étranger, appelés Saducéens, reparaissent et, sous Jean Hyrcan, prennent une
grande influence. Les Hassidims se séparent alors en deux
groupes : les Esséniens, mystiques et contemplatifs, les Pharisiens politiques et militants. La lutte de prépondérance
entre les Pharisiens et les Saducéens se prolonge avec des
alternatives de succès et de revers jusqu'à la chute du dernier des Asmonéens et l'avénement d'Hérode-le-Grand. Sous
son règne, les Pharisiens prennent définitivement la direction
de la vie religieuse du peuple.

C'est alors que les Saducéens se divisent, les uns sous le
nom d'Hérodiens deviennent courtisans des Hérodes, mais la
majorité garde son indépendance. Cependant elle est de plus
en plus formaliste et étrangère à la vie de la nation. Les Pharisiens, de leur côté, voient se former dans leur sein une droite
et une gauche : les Hillélistes et les Schammaïstes. Leurs
luttes deviennent extrêmement vives. Les Schammaïstes,
d'abord très populaires, perdent leur influence religieuse.
Ceux d'entre eux qui ne s'occupent que de politique se séparent du parti pharisien et forment le groupe des exaltés qui
pousse le peuple à l'insurrection. Gamaliel et son école s'intéressent au contraire de moins en moins à la politique.
Lorsque la guerre éclate, les deux partis sont devenus étrangers l'un à l'autre. Les descendants d'Hillel sortent de la ville
par un stratagème au milieu du siége et sauvent la nationalité
juive, les traditions, la foi monothéiste en emportant à Jabné
ce qui subsiste encore aujourd'hui du Judaïsme. Quant aux
successeurs de Judas le Gaulonite, ils suivent une politique
de fous furieux, et devenus ces forcenés qui s'appellent Simon
ben Gioras et Jean de Gischala, ils n'ont plus rien de commun avec le vrai Pharisaïsme.

CHAPITRE V

LA PRÉDICATION PHARISIENNE. — LE MONDE A VENIR.

L'attente de l'ère messianique. — Le monde à venir. — Paraboles. — Les deux Messies. — La date de l'avénement du Messie. — La fin de l'espérance messianique. — Le Royaume de Dieu réalisé par la pratique de la Loi.

Nous complèterons les détails que nous avons donnés sur les Pharisiens par la citation de quelques passages tirés de leur prédication sur le monde à venir, et pris çà et là dans les Talmuds. Nous n'avons pas à exposer ici leurs idées religieuses sur la vie future, nous l'avons fait longuement dans notre premier ouvrage[1]. Notre seul but est de reproduire la physionomie de l'enseignement rabbinique au premier siècle sur ce sujet, en transcrivant quelques-uns de ses aphorismes et quelques unes de ses paraboles.

L'attente de la « consolation d'Israël[2] » était la préoccupation dominante de tous les esprits. Le Messie sera, en effet, un « consolateur »[3] « et ses jours seront « des jours de consolation. » Quant au nom qu'il portera, on ne le sait, il s'appellera Schiloh ou Jinnon, ou Chaninah[4], ou Menahem, et naîtra à Bethléem[5].

Le rêve messianique était bien un rêve; il était bizarre, ca-

[1] Voir *les Idées religieuses en Palestine à l'époque de J.-C.*, chapitres VII et VIII : *le Messie* et *l'Éternité*.
[2] Ev. de Luc II, 25; *Chagigah*, fol. 12, 2; *Maccoth*, fol. 5, 2; *Chetubb.*, fol. 67, 1; *Shevuoth*, fol. 34, 1.
[3] Menahem, le Consolateur: Jérus. *Berakhoth*, fol. 5, 1. Voir aussi Ev. de Jean XIV, 16.
[4] Babyl. *Sanh.*, fol. 98, 2.
[5] Jérus. *Berakhoth*, fol. 5, 1.

pricieux, fantastique et en même temps précis et minutieux comme un songe. Jérusalem sera toute d'or, de cyprès et de cèdre; les maisons seront construites de pierres précieuses. Le Temple sera le centre du monde. Les rois de la terre se prosterneront devant les Juifs. On célébrera un sabbat perpétuel; on mangera et on boira. Le fond de ces rêveries était le besoin impérieux de compensation aux souffrances d'à présent, qui s'éveillait avec toutes ses folles exigences dans l'âme du Juif persécuté. Le monde est l'injustice même. Eh bien, le Juif croit à la justice, il croit au relèvement final. Il ne peut pas ne pas croire au bonheur à venir. Dieu, se dit-il, n'a pu m'imposer le fardeau du devoir sans compensation. Ici, nous retrouvons l'idée du mérite conférant à l'homme des droits devant Dieu, idée puissante alors et profondément enracinée dans les cœurs.

Tout l'enseignement théologique se résumait en deux mots: *ha-olam aça*, (ce monde-ci) et *ha-olam aba*, (le monde à venir.)

Raisonner sur ces deux mondes, dépeindre le premier comme le foyer de toutes les douleurs, et le second comme le foyer de toutes les félicités, c'était là toute la science religieuse. Sur ce fond commun, chacun brodait suivant sa fantaisie. Quelques-uns disaient: « D'abord, le Messie ressuscitera ceux qui dorment dans la poussière[1]. Ensuite, le monde sera désolé et dévasté pendant mille ans, enfin viendra l'éternité. »

Le peuple s'effrayait beaucoup de la venue de l'ère messianique. Il craignait d'être témoin de la guerre de Gog et de Magog, que les Scribes lui prédisaient comme devant la précéder[2].

Tout le monde, du reste, s'attendait à d'affreuses calamités. R. Eliézer ben Abena dit: « Quand vous verrez les nations « s'élevant les unes contre les autres, alors, attendez-vous à

[1] *Midr. Tillin*, fol. 42, 1.
[2] Voir Ev. de Marc XIII, 7.

« suivre le Messie, et vous reconnaîtrez que cela est vrai à
« ceci : que la même chose s'est passée aux jours d'Abraham,
« car alors les nations s'émurent entre elles, et il vint un
« Rédempteur pour Abraham. Dans la semaine d'année où
« viendra le fils de David, il y aura la première année des
« pluies sur une ville et la sécheresse sur une autre ; la
« deuxième année, les flèches de la famine seront lancées ;
« à la troisième, il y aura une grande famine, et les hommes,
« les femmes et les enfants mourront, ainsi que les saints et
« les gens de bien ; et il y aura un oubli de la Loi sur ceux
« qui l'étudient. La quatrième année, il y aura abondance
« pour les uns et stérilité pour les autres. La cinquième, une
« grande abondance : on mangera, on boira, on se réjouira,
« et la Loi sera remise en honneur pour ceux qui l'en-
« seignent. La sixième année, on entendra des voix [1]. La
« septième année, des guerres éclateront, et à la fin de cette
« septième année paraîtra le fils de David. »

Voici encore de très curieuses paraboles sur le monde à
venir, et dont la rédaction rappelle beaucoup celle de Lazare
et du mauvais riche, dans l'Evangile [2] : « Il y avait deux im-
« pies qui étaient associés dans ce monde ; et l'un fit péni-
« tence avant sa mort ; l'autre, non. Et celui-là se trouva
« dans l'assemblée des justes ; celui-ci dans celle des réprou-
« vés. Et celui-ci vit celui-là et dit : Malheur à moi ! il y a eu
« acception de personnes dans cette affaire. Cet homme et
« moi nous avons volé ensemble, nous avons commis des
« meurtres ensemble, et celui-là se tient dans l'assemblée des
« justes, et moi dans l'assemblée des réprouvés. Et on lui ré-
« pondit : Oh ! le plus insensé de tous les hommes qui soient
« au monde ! tu as été abominable et tu as été abandonné
« pendant trois jours après ta mort, et on ne t'a pas fait des-
« cendre dans le sépulcre. Sous toi, le ver s'est couché et le

---

[1] C'est-à-dire que la renommée annoncera la venue prochaine du Messie.

[2] Ev. de Luc XVI, 19 et suiv.

« ver t'a dévoré. Ton compagnon, lui, a été intelligent et il a
« fait pénitence. Et il était en ton pouvoir de faire pénitence
« et tu ne l'as pas fait. Et il dit: Permets-moi de retourner
« et de faire pénitence; mais on lui dit: Oh! le plus insensé
« des hommes! est-ce que tu ne sais pas que le monde où tu
« es est semblable au sabbat et le monde dont tu sors à la
« veille au soir du sabbat? Si tu ne prépares pas quelque
« chose la veille au soir du sabbat, que mangeras-tu au sab-
« bat? Ne sais-tu pas que le monde d'où tu sors est semblable
« à la terre et le monde où tu es à la mer. Si l'homme ne se
« prépare pas sur la terre de quoi manger, quand il sera sur
« mer, que mangera-t-il? Et alors il grinça des dents et
« mangea sa chair[1]. »

« Un homme bon et un méchant étaient morts. Et il n'y
« avait pas eu de funérailles pour le bon, il y en avait eu
« pour le méchant. Et peu après quelqu'un vit en songe
« l'homme bon se promener dans des jardins et près de fon-
« taines agréables. Mais quant au méchant, sa langue était
« altérée et sèche, et il s'efforçait d'atteindre la rive du fleuve,
« mais il ne l'atteignait pas[2]. »

On sait que chez les Grecs le ἅδης et chez les Latins les *in-
feri* comprenaient aussi bien la demeure des bienheureux
que celle des damnés, mais, entre les deux, coulait l'Achéron.
Les Juifs avaient accepté sur ce point toute la mythologie
païenne. « De combien, disaient-ils, la Géhenne et le Paradis
« sont-ils éloignés? D'une palme, répondait-on, et Rabbi
« Jochanan dit: un mur est entre les deux. Mais les autres
« Rabbins : non, ils sont de niveau, on peut voir de l'un ce
« qui se passe dans l'autre et il y a entre eux un grand
« abîme[3]. »

« Dans le Paradis il y a sept classes de justes qui voient la
« face du Seigneur; ils sont assis dans la maison de Dieu et

---

[1] *Midras Ruth*, fol. 44, 2 ; *Midras Koelet*, fol. 86, 4.
[2] Jérus. *Chagigah*, fol. 77, 4 ; voir Ev. de Luc XVI, 26.
[3] *Midras Coeleth*, fol. 103, 2; voir Ev. de Luc XVI, 26.

« montent à la montagne de Dieu. Chaque classe a son habi-
« tation spéciale dans le Paradis [1]. De même il y a sept habi-
« tations dans la géhenne. »

L'attente du Messie était un article de foi que les Pharisiens avaient inscrit dans leur liturgie. Dans le Schemoné
Esré nous lisons en effet : « O Seigneur, fais germer le reje-
« ton de David, ton serviteur, et rétablis, en nos jours, sa
« royauté. » Mais l'incohérence et le vague des idées sur le
Messie étaient tels que certaines personnes attendaient deux
Messies, le premier serait de la tribu de Joseph, il mourrait
sur le champ de bataille sans avoir vus s'achever l'œuvre
divine, ce serait un Messie souffrant; le second, le fils de
David, serait le Libérateur définitif et réaliserait les promesses. Il serait le Messie triomphant.

Quand sera le jour de son avénement ? Après avoir
longtemps calculé le jour et avoir toujours été trompés,
les Pharisiens avaient fini par renoncer à toute indication et nous lisons dans la Mischna : « Que la peste soit
« de ceux qui se livrent aux calculs messianiques ! Qu'ar-
« rive-t-il en effet? Il arrive que le Messie ne s'empresse pas
« de justifier ces supputations de fantaisie. On se met alors
« à désespérer de sa venue. Or il n'est pas permis de renon-
« cer à cet espoir, car il est écrit: Quoiqu'il tarde, espère en
« lui (Habacuc, II, 3). Qu'on ne dise donc pas : à quoi bon
« espérer si Dieu se refuse à l'accomplissement de nos rêves
« de délivrance? Dieu ne s'y refuse nullement. Il attend, lui
« aussi, le moment propice de nous prendre par grâce
« (Esaie, I, 18). Mais si Dieu attend et si nous, nous attendons,
« qu'est-ce donc qui empêche le salut? C'est l'inexorable jus-
« tice, c'est-à-dire nos péchés. Si Israël fait pénitence, il sera
« délivré, sinon, non [2]. » Ce curieux passage nous révèle la
transformation profonde qui s'accomplit dans l'espérance
messianique des Pharisiens au milieu du premier siècle, lors-

[1] Voir Ev. de Luc XXIII, 43.
[2] Mischna Sanhédrin 97, 98, 99 ; Cf. II Pierre III, 3 et suiv.

qu'ils se séparèrent de l'extrême gauche, des fanatiques qui allaient faire l'insurrection. L'école d'Hillel devait renoncer à la chimère d'un Royaume de Dieu terrestre; en cela les Pharisiens modérés subirent à la longue l'influence des Saducéens qui, eux, n'y avaient jamais cru. Les Pharisiens en arrivent ainsi, même avant la destruction du Temple, à se demander si la réalisation du Royaume de Dieu ne devrait pas être cherchée avant tout dans l'observation de la Loi. La pratique de la Loi l'emportera même sur l'espérance messianique, elle doit l'étouffer; et plus tard les docteurs talmudistes renonceront complètement aux rêves insensés de leurs prédécesseurs. Ils ne parleront plus que de la Thorah. Les Pharisiens qui sortirent de Jérusalem assiégée et qui s'en allèrent se réfugier à Jabné avaient bien perdu la foi messianique de leurs pères, car s'ils l'avaient tant soit peu conservée, ils se seraient dit : — Restons, c'est maintenant, puisque la calamité est à son comble, que le Libérateur, le « *Deus ex machina* » va paraître. — Mais non; ils ne peuvent plus le dire, ils ne le croient plus; et voici une parabole qui nous donne le dernier mot des croyances pharisiennes sur ce sujet :
« R. Yeschoua ben Levi demanda un jour au prophète Elie[1] :
« — Quand le Messie doit-il venir? — Demande-le-lui à lui-
« même, répond le Nabi. — Mais où puis-je le trouver? —
« Tu le trouveras à la porte de la ville, au milieu des pauvres
« et des malades. — Yeschoua se rend au lieu indiqué et y
« trouve celui qui doit être un jour le Messie. — Quand
« viendra mon Seigneur, lui dit-il? — Aujourd'hui même,
« répond ce dernier. — Plus tard Yeschoua, rencontrant de
« nouveau Elie, se plaignit amèrement : « le Messie m'a trompé,
« me disant : je viendrai aujourd'hui, car il n'est pas venu. —
« Non, réplique le prophète, il n'a pas menti, il a voulu dire :
« je viendrai aujourd'hui si vous obéissez à la loi de Dieu[2] ».

---

[1] Le prophète Elie, dans les croyances populaires, revenait de temps à autre dans le monde s'entretenir avec les sages.

[2] Mischna *Sanhédrin*, 98.

On le voit, la vraie espérance messianique s'est éteinte. Elle ne subsiste plus, même au cœur de quelques fidèles. Nous entrons dans l'époque de la composition des Talmuds qui vont achever de détruire ce qui peut rester encore de foi, de confiance et de vie dans l'âme des descendants d'Israël. Le mosaïsme n'est plus qu'un cadavre et les Pharisiens vont l'embaumer pour le conserver. Ils vont fixer par l'écriture la casuistique, avec toutes ses minuties et ses puérilités. Le Judaïsme apocalyptique, digne et noble héritier du prophétisme antique, est bien mort; il a achevé son œuvre; il ne renaîtra pas.

CHAPITRE VI

LA SYNAGOGUE

Origine de la Synagogue. — Le but des Synagogues. — Leur nombre. —
Comment elles se fondaient. — Les chefs de la Synagogue. — Le Hazzan. —
Description de l'édifice. — La célébration du culte. — L'ordre du service. —
Jésus dans la Synagogue de Nazareth. — Les lectures du Lundi et du Jeudi. —
La Synagogue moderne. — Les premières assemblées chrétiennes.

Chaque ville, chaque village possédait une ou plusieurs
maisons de réunions publiques consacrées à la lecture de la
Loi et à la prière. Leur nom hébreu était : *Beth-hakeneseth* [1]
(maison de réunion) ; en araméen : *Beth Kenichetah*. On les
appelait aussi *Beth-ha-tephilah* (maison de prières). La tradu-
tion grecque συναγωγή se trouve partout dans le Nouveau Testament. Josèphe n'emploie ce mot que trois fois [2].

Dans un édit d'Auguste, dont il nous donne le texte [3],
se trouve le terme σαββατεῖον. Philon disait συναγώγιον [4], προσευκ-
τήριον [5] et προσευχή [6], mais ce dernier mot désigne moins la
synagogue proprement dite que les réunions à ciel ouvert tenues par les Juifs disséminés hors des villes et à proximité
d'un cours d'eau. Ils y accomplissaient les ablutions et purifications ordonnées par la Loi [7].

---

[1] Talm. *Berakhoth*, VII, 3 à la fin. Au pluriel *Bathi-Kesenioth*. On
trouve aussi *Beth Vahâd* (*Sotah*, IX, 15) et *Moadé-El*, sainte convoca-
tion.

[2] *Ant. Jud.* XIX, 6, 3. *D. B. J.* II, 14, 4-5 et VII, 3, 3.

[3] *Ant. Jud.* XVI, 6, 2.

[4] *Leg. ad Caium*, § 40.

[5] *Vita Mosis.*

[6] *In Flaccum*, § 6; voy. aussi Jos. *Vita*, § 54.

[7] Epiphane, *Hæres.* 80, 1 nous décrit la προσευχή des Samaritains

La tradition attribuait à Esdras l'institution de ces « assemblées » et cette origine est certainement authentique. Ce grand homme comprit la nécessité absolue de réunions périodiques où le peuple entendît lire et expliquer la Loi. Il s'agissait de faire son éducation religieuse et nationale, de lui enseigner ses croyances et ses devoirs envers Dieu. Mais certains Docteurs ne manquèrent pas de trouver cette date trop récente et affirmèrent que la première synagogue avait été bâtie pendant l'exil ; les captifs qui avaient accompagné le roi Joïachim auraient construit une maison de prières sur la terre étrangère avec des pierres apportées de Palestine [1]. Josèphe va plus loin et fait remonter à Moïse l'origine des synagogues ; les Targoums parlent même des synagogues des patriarches [2]. On sait que les Juifs avaient une tendance à tout attribuer à Moïse et aux patriarches. Mais Esdras fut le seul fondateur des maisons de prières et le Psaume LXXIV, verset 8, nomme les synagogues, parce qu'il a été composé au temps des Macchabées.

Esdras, en les établissant, fit œuvre de génie. Nulle institution n'a plus contribué à donner à la religion de Moïse la vitalité qu'elle possède encore aujourd'hui. Elle lui permettait de vivre indépendamment du Temple et de ses cérémonies. Avec son manuscrit de la Loi, tout Juif, où qu'il se trouve, peut fonder une synagogue. Il emporte jusqu'au bout du monde sa religion avec lui. Le judaïsme n'a plus besoin de Jérusalem et des sacrifices pour subsister. Il est partout où quelques fidèles s'assemblent et lisent la Thorah.

Il ne faut pas confondre la synagogue avec une église. Elle est un établissement laïque où le prêtre n'a pas une

---

qu'il avait vue à Sichem. Celle de Philippes nous est décrite Actes des apôtres XVI, 13 ; voy. aussi Jos. *Ant. Jud.* XIV, 10, 23.

[1] *Meghilla*, fol. 28 *a*.

[2] Targ. Onkelos, *sur Gen. XXV, 27* ; *sur Deut. XXXII, 10* ; Targ. Jonath., *sur Esaïe, I, 3, etc.*

place prépondérante. Le premier à la synagogue c'est le doc
teur, c'est quiconque est capable d'enseigner.

Les Pharisiens, ces vrais continuateurs d'Esdras, favorisèrent beaucoup l'établissement des « maisons de prière » par
opposition au sacerdoce et aux Saducéens. Ceux-ci ne pouvaient vivre sans le Temple. Ils disparaîtront avec lui dans
la catastrophe de l'an soixante-dix ; mais le pharisaïsme ne
périra pas, parce qu'il établira, partout où il ira, ses assemblées, ses lectures, ses prières publiques, ses synagogues.

Le nombre de ces établissements était considérable au premier siècle. La seule ville de Jérusalem en avait de 460 à 480[1].
Elles se touchaient, pour ainsi dire ; chaque rue en renfermait
plusieurs[2]. Il semble, en vérité, que chaque famille ait eu la
sienne. C'est ainsi qu'aujourd'hui on rencontre en Orient un
nombre de mosquées tout à fait hors de proportion avec le
chiffre de la population et qui sont précisément des mosquées
de famille. Parfois c'était une corporation qui fondait une
synagogue. Nous savons que les chaudronniers de Jérusalem
en avaient établi une.

On s'y réunissait, non seulement le samedi, jour du sabbat,
mais encore le lundi et le jeudi. En outre, elle était ouverte
trois fois par jour pour les prières[3]. Celle du matin s'appelait
Scha-herith, celle de l'après-midi[4] *Minah* et celle du soir *Ar-
bith*[5].

La prière du matin était très suivie ; dès les premières
heures du jour, avant la chaleur, à la ville comme au village,
on pouvait voir les femmes, les Pharisiens dévots, les docteurs de la Loi se rendant à la synagogue et portant leurs
Tefillims attachés sur le bras. Ils allaient y réciter leurs

[1] Voir notre chapitre sur Jérusalem, liv. I, chap. II.
[2] Le livre des Actes des apôtres en nomme quelques-unes : celle des
Hellénistes, des affranchis, des Juifs de Cyrène, d'Alexandrie, de Cilicie,
d'Asie (ch. VI, verset 9.)
[3] Talm. Jérus. *Berakhoth*, VIII, 3.
[4] Actes des apôtres III, 1.
[5] *Megillah,* 2, a.

prières du matin, laissant les prêtres saducéens offrir seuls au Temple le sacrifice quotidien de l'agneau.

Le Temple n'instruisait pas, on n'y apprenait rien ; aucune prédication n'y était prononcée et on savait d'avance par cœur les formules de bénédiction que les prêtres y réciteraient ; ne valait-il pas mieux aller apprendre à la synagogue ? la vraie édification ne se trouvait-elle pas plus facilement dans l'étude de la Loi, où l'on découvrait toujours des nouveautés, que dans la contemplation stérile d'un sacrifice ? Et en effet, le premier but de la synagogue était d'instruire [1].

Les docteurs fixèrent à dix le nombre de personnes nécessaires pour fonder une synagogue [2]. Elles formaient ce qu'on appelait *minian* (le nombre), une sorte de corps moral représentant Israël. Un seul homme pouvait faire l'édifice ou choisir une maison quelconque en l'appelant synagogue.

« Si quelqu'un bâtit une maison, disent les Talmuds, et « ensuite la consacre en synagogue, elle est de la nature de la « synagogue » [3]. « Bâtir une maison, y lit-on encore, dans la « quelle on se réunit pour les oraisons, à l'heure de la prière, « c'est la synagogue [4] ».

La communauté israélite (*Kehilah*) prenait une grande importance aussitôt que le minian s'y était formé. Tous les actes du culte pouvaient être célébrés : la circoncision, les mariages, les services funèbres. Un des dix fondateurs de la synagogue s'en chargeait ; ce qui était d'autant plus facile que ces cérémonies étaient beaucoup plus civiles que religieuses [5]. Les Pharisiens, prévoyant la ruine possible de la

---

[1] διδάσκειν, dit le Nouveau Testament. Ev. de Matth. IV, 23 ; Ev. de Marc I, 21 ; VI, 2 ; voyez aussi Josèphe *Contr. Appion* II, 17.

[2] *Megillah*, ch. I ; halac, 3.

[3] Lightfoot, *in Luc VII*, 5.

[4] *Sanhédrin* I, 6 ; voir aussi Jos. *D. B. J.* VI, 9, 3.

[5] Nous avons remarqué (livre I, chapitre VIII), que les mariages se célébraient, au premier siècle, sans cérémonie religieuse. Les Juifs n'insti-

nation et du Temple, avaient préparé l'existence future du
Judaïsme dispersé sur toute la terre. Saint Paul devait partout rencontrer ces communautés. Elles servirent puissam-
ment à la diffusion du christianisme. C'est à elles que l'a-
pôtre s'adressait d'abord, et c'est sur le modèle de la *Kehilah*
qu'il fondait partout ses Eglises, ses ἐκκλησίας. L'organisation en
était la même ; le service s'y célébrait de la même façon. Les
presbytres des premières communautés chrétiennes étaient
en tout semblables aux hommes pieux fondateurs de la synagogue. Tous étaient prêtres, tous étaient égaux et élus par le
peuple. Il n'y avait point encore de pouvoir central, et saint
Paul, imbu des idées pharisiennes depuis son enfance, devait
jeter sur le monde ce puissant réseau de sociétés religieuses
qui peu à peu détruiront l'Empire.

Parmi les dix membres fondateurs de la synagogue, trois
remplissaient les fonctions prépondérantes et étaient appelés
« les chefs », ἀρχισυνάγωγοι [1]. Ils jugeaient les différends
qui surgissaient entre les membres, administraient les
finances, décidaient de l'admission des prosélytes [2], etc.
Ils avaient toute la responsabilité de l'œuvre et, en particulier, des services religieux. L'un des trois présidait les deux
autres et était « le chef » par excellence « *Rosch hakeneseth* [3]. »
Jaïrus était le chef de l'importante synagogue de Capharnahum ; mais ce président, ne l'oublions pas, n'avait aucun
pouvoir spécial, il n'était que « *primus inter pares* », et le
collège des anciens de la primitive Eglise s'est calqué sur ce
modèle.

Les trois chefs avaient sous leurs ordres immédiats un personnage fort important appelé le Hazzan (ὑπηρέτης dans le Nouveau

tuèrent que beaucoup plus tard la bénédiction nuptiale à la synagogue,
telle qu'elle se pratique aujourd'hui.

[1] Actes des apôtres XIII, 15; Ev. de Marc V, 22.

[2] *Sanh.* I, 2,

[3] *Joma* 7, 1; *Sota* 7, 7-8; Ev. de Marc V, 35, 36, 38; Ev. de Luc VIII.
49; XIII, 14; Actes des apôtres XVIII, 8, 17; ἄρχων τῆς συναγωγῆς
ou simplement ἄρχων Ev. de Matth. IX, 18.

Testament [1]). C'était une sorte de domestique à la fois et de sacristain, auquel était confiée toute la partie matérielle du service. Lorsqu'on fonda des écoles d'enfants en Palestine le Hazzan fut chargé de diriger celles qui avaient moins de vingt-cinq élèves [2]. Il remplissait encore les fonctions d'exécuteur quand le sanhédrin local condamnait quelqu'un à la bastonnade.

La disposition de la synagogue était fort simple. Le bâtiment consistait en une salle rectangulaire plus ou moins grande. Celles des grandes villes avaient à l'intérieur des rangées de colonnes, ordinairement au nombre de quatre. Au dehors un portique de l'ordre grec [3] indiquait qu'on n'avait pas affaire à une maison ordinaire. A l'intérieur, sur un parquet surélevé où se tenaient les Scribes était le meuble principal, l'armoire sainte (*Tébah* [4]) dont la façade était tournée du côté de Jérusalem et dans laquelle on tenait renfermés les manuscrits. Ceux de la loi (*Thorah*) et ceux des autres livres saints (*Sepharim* [5]). C'étaient, sans nul doute, les manuscrits des Prophètes, celui des Psaumes, celui de Daniel, les cinq rouleaux (*Megilloth*), (c'est-à-dire le Cantique des cantiques, Ruth, les Lamentations, l'Ecclésiaste et Esther), et d'autres encore. Ils étaient conservés dans une toile de lin [6] et dans un étui [7]. Devant l'armoire un rideau imitait le voile du Temple. La salle était garnie de bancs et, à l'extrémité, sur l'estrade, on apercevait une espèce de chaire [8].

---

[1] Ev. de Luc IV, 20.

[2] Mischna *Schabbath*, 1, 3. De même, dans plusieurs Eglises catholiques ou protestantes, le maître d'école remplit le dimanche les fonctions de chantre. (Voir livre I, chapitre VII, *l'instruction des enfants.*)

[3] Les ruines bien conservées de plusieurs synagogues de Galilée ont des portiques grecs. Celles de Tell-Hum (Capharnahum) ne remontent malheureusement pas au premier siècle.

[4] *Megillah*, 3, 1; *Taanith*, II, 1.

[5] *Megillah* III, 1.

[6] Id.   Id.

[7] *Schabbath* XVI, 1.

[8] Talmud Babyl. *Sukka*, 51, *b.*

Snr le sol on répandait de la menthe pour parfumer et purifier l'air [1]. Les premières places étaient payées et fort en-
viées [2]. Les Docteurs de la Loi, les Pharisiens, les personnages importants de la communauté avaient soin de les occuper
de bonne heure. Ils étaient d'autant plus en vue qu'ils avaient
le visage tourné vers le peuple et le surveillaient; la foule des
simples fidèles venait ensuite et les prosélytes restaient debout à la porte. La synagogue étant destinée à tenir lieu du
Temple, on avait une tendance à y distinguer des parties plus
sacrées que d'autres. La place des pauvres et des païens était
près de l'entrée et figurait le parvis des gentils. Au fond de
l'édifice, au contraire, le parquet plus élevé représentait la
cour des prêtres et le sanctuaire. Il est probable aussi que les
hommes étaient séparés des femmes comme dans le Temple.
Le christianisme, dès son origine, eut soin d'éviter ces distinctions et de proclamer l'égalité des croyants dans l'intérieur
des Eglises [3].

Le service du Sabbat était fait par sept personnes dési-
gnées par le président et appelées à haute voix par le Hazzan.
Ce nombre sept n'était pas de rigueur pour les offices de
semaine.

---

[1] Lightfoot, *Horæ Hebraïcæ*, etc., p. 432. Indiquons encore, pour com-
pléter le mobilier de la synagogue, la lampe suspendue à la voûte, qui
brûlait jour et nuit (*Therimoth* XI, 10), usage éternel de toutes les religions. L'homme primitif, en découvrant le feu, lui avait donné un caractère sacré. Il était difficile de le rallumer ; l'entretenir fut donc un devoir
qui reçut immédiatement une signification religieuse. Le premier autel
de l'humanité fut le foyer où le père de famille gardait le feu nécessaire
à la vie. Plus tard les vestales de Rome entretiendront le feu sacré. Le
Temple de Jérusalem et les synagogues gardent la lampe qui ne doit point
s'éteindre et chaque Eglise catholique a aussi son luminaire éternel.
Enfin, il faut signaler dans la synagogue du premier siècle les trompettes
(*Shopharoth*). Le Hazzan s'en sert pour annoncer, du haut des toits, le
Sabbat, le nouvel an, la néoménie, les jours de jeûne (*Taanith* III, 8).
Peut-être servent-elles aussi à faire connaître l'aumône exceptionnelle
de quelque dévot formaliste. (Ev. de Matth. VI. 2; *Taanith*, fol. 8, *b*.
[2] Ev. de Matth. XXIII. 6.
[3] Epître de Jacques, II, 2 et suiv.

S'il se trouvait, par hasard, un prêtre dans l'assemblée, il était appelé le premier à prendre la parole. Les lévites venaient ensuite, puis les simples laïques. Ces sept personnages, presque toujours les mêmes dans les petites localités, sont sans cesse appelés dans les Talmuds : « les sept hommes de bien de la cité ».

L'ordre du service était certainement fixe et invariable au temps de Jésus-Christ. Le moment principal de l'office était celui de la lecture de la Loi, car on était réuni avant tout pour l'entendre et pour l'étudier [1]. La prière précédait cette étude et la lecture d'un passage choisi des Prophètes, suivie de la bénédiction, terminait les exercices religieux.

Il faut distinguer plusieurs parties dans la prière du début. Elle commençait par la récitation du *Schema* [2]. Puis venait le *Schemoné Esré* (les dix-huit actions de grâces) [3]. Le peuple, pendant cette récitation solennelle, se tenait debout [4], le visage tourné vers Jérusalem et le Lieu très Saint [5]. Celui qui priait prenait le nom de *Chelcach tsibour*. Il se plaçait devant l'armoire aux manuscrits [6].

Tout membre de l'assemblée pouvait être appelé par le président à remplir cette importante fonction. Les mineurs seuls étaient exceptés [7] et Jésus-Christ peut avoir quelquefois prononcé ces premières actions de grâces soit à Nazareth, soit à Capharnahum. Le peuple répondait d'une voix forte Amen à la fin de chaque prière [8], donnant ainsi son adhésion aux paroles prononcées.

---

[1] Actes des apôtres XV, 21; Jos. *Contr. App.* II, 17.

[2] On appelait ainsi, nous l'expliquerons au chapitre X en parlant de la prière, trois passages de la Loi : Deut. VI, 4-9; XI, 13-21 et Nombres XV, 37-41.

[3] Voir plus loin chapitre X.

[4] Ev. de Matth. VI, 5; de Marc XI, 25; de Luc XVIII, 11; *Berakhoth* V, 1.

[5] *Berakhoth* IV, 5-6.

[6] *Id.* V, 3-4.

[7] *Megillah* IV, 6.

[8] *Taanith* II, 5; I Cor. XIV, 16; Néhémie V, 13; VIII, 6; voir aussi Deutéronome XXVII, 15 et Nombres V, 22.

La lecture de la Loi venait ensuite; le Hazzan prenait le rouleau du manuscrit dans l'armoire sainte, le tirait de son étui, et le remettait au premier lecteur. Les sept membres désignés se levaient [1] et lisaient tour à tour, trois versets au moins chacun. Le premier prononçait, avant de commencer, une courte formule de bénédiction qu'il répétait aussi à la fin [2]. La Thorah était divisée en 153 *Sedarim* (sections) appelées aussi *Pareschcôth*. En trois ans on l'avait lue en entier. Plus tard, on fit les sections trois fois plus longues, et la Loi tout entière fut lue dans l'espace d'une année. Cet usage était celui de Babylone, où l'on avait les 54 *Paraschs*, divisions actuelles de nos Bibles hébraïques, mais il n'existait pas encore en Palestine au premier siècle, et le fragment lu chaque sabbat était d'environ une cinquantaine de versets. Le Hazzan se tenait tout le temps près du lecteur et veillait à ce qu'il ne commît pas d'erreur et ne lût rien d'inconvenant pour une lecture publique. Chaque verset, lu dans la langue sainte, était immédiatement traduit en araméen ; le mineur même pouvait traduire. On ajoutait toujours à la lecture et à la traduction un commentaire oral (*Midrasch*) [3], sorte d'homélie qui prit une grande importance dans les Eglises chrétiennes et devint peu à peu le sermon. Ainsi donc le Targoum a donné naissance à la prédication et celle-ci se trouve être essentiellement une création des Pharisiens. De l'explication paraphrasée du texte on passa peu à peu aux développements et à l'exhortation édifiante. Au temps de Jésus-Christ l'usage de ces développements était général.

On ne les faisait pas seulement à la synagogue, mais aussi en plein air. Les Rabbis avaient l'habitude de haranguer le

[1] ἀνέστη ἀναγνῶναι (Luc IV, 16); *Megillah* 3.

[2] *Megillah* IV, 2.

[3] Ce Midrasch se faisait toujours. (Matth. IV, 21 et suiv.; Marc I, 21.) On le prononçait assis. (Luc IV, 20.) Il était plus ou moins long; on s'étendait sur certains passages; on passait, au contraire, très rapidement sur ceux qui ne convenaient pas à une lecture publique.

peuple. « Il y a foule partout où l'on prêche », dit la Mischna[1]. Quand un de ces prédicateurs se trouvait dans l'assemblée, on lui offrait la parole. Il s'appelait *Dareschan*. Il y en avait qui, comme Jésus-Christ, étaient prédicateurs itinérants.

La lecture de la Loi terminée, la personne qui avait dit la première prière lisait un fragment tiré des Prophètes[2]. Cette péricope portait le nom de *haphtare* (leçon finale), parce qu'elle achevait l'office. Son lecteur, appelé *maphtir*, était désigné par le chef de la synagogue; il lisait trois versets de suite, puis on les traduisait. Jésus-Christ lut un jour une de ces leçons finales dans la synagogue de Nazareth[3]. Il est possible cependant qu'il ait choisi lui-même le passage. Remarquons qu'il ne lut que deux versets; il en avait le droit, parce qu'il se proposait de les commenter.

La bénédiction finale était prononcée ensuite et l'assemblée se retirait. Voici donc quel était l'ordre habituel du service de la synagogue : le Schema; le Schemoné Esré; lecture du texte de la Loi (section du jour); traduction orale en araméen; commentaire appelé Midrasch; lecture des Prophètes; traduction orale en araméen; Bénédiction.

Il est possible que le chant des Psaumes fît aussi partie du service, car ce recueil était devenu le livre de cantiques de la synagogue. Enfin trois diacres étaient chargés du soin des pauvres. Deux d'entre eux faisaient la collecte. Le troisième les aidait dans les distributions. On acceptait les dons en nature aussi bien que l'argent[4].

Les synagogues, avons-nous dit, étaient ouvertes trois fois par jour pour la prière. Le lundi et le jeudi, jours de marché et d'audience judiciaire (deuxième et cinquième jour de la se-

---

[1] *Berakhoth*, VI.

[2] Les passages : Luc IV, 17 ; Actes des apôtres XIII, 15, sont formels pour prouver que cet usage était établi au premier siècle. Cette lecture des prophètes ne se faisait qu'au Sabbat et non aux services de semaine et des jours de fête (*Mégillah* IV, 1-5).

[3] Ev. de Luc IV, 16 et suiv.

[4] Jérus. *Peah*, fol. 21, 1.

maine), on se réunissait plus spécialement encore à la synagogue. La foule de la campagne affluait à la ville ou au village et on en profitait pour lui faire entendre la Loi. Cette lecture .était simplement ajoutée à la prière du matin. Trois membres du conseil se la partageaient[1]. Les Talmuds font remonter jusqu'à Esdras l'établissement de ces deux services supplémentaires [2].

Les synagogues étaient très fréquentées. Tous les Juifs sans exception s'y rendaient régulièrements et en être expulsé était le dernier des affronts[3]. Tous vos biens étaient confisqués. Il y avait vingt-quatre causes d'excommunication et l'une d'elles, rédigée sans doute longtemps après l'établissement du christianisme, était ainsi conçue : « Celui qui confesse que Jésus est le Christ ».

Les trois chefs jugeaient de toutes les affaires litigieuses[4] et l'une des peines qu'ils prononçaient le plus souvent était la bastonnade. Elle n'avait pas le caractère infamant qu'elle a toujours eu en Occident. Cette flagellation était exécutée soit dans l'intérieur de la synagogue, soit en plein air par le Hazzan. Saint Paul nous raconte l'avoir reçue cinq fois[5].

La synagogue moderne peut-elle être comparée à la synagogue ancienne ? Oui, mais elle ne saurait lui être assimilée. La tendance à imiter le Temple, qui existait déjà autrefois, s'est développée depuis la ruine du sanctuaire, et les pompes actuelles des services religieux dans les synagogues ne peuvent nous donner aucune idée de la simplicité antique du culte tel qu'on le célébrait au temps de Jésus-Christ. Les ressemblances sont tout extérieures. La plus frappante, celle qui

[1] *Megillah* III, 6 ; IV, 1.

[2] Jérus. *Megillah*, fol. 75, 1 ; Babyl. *Bava Kama*, fol. 82, 1.

[3] Talm. Jérusal. *Moed Katon*, 3. 1. Esdras X, 8 ; Ev, de Jean IX, 34 ; XII, 42, 43 ; Cf. XIX, 38.

[4] *Sanh.* cap. 1 ; halac, 2. « La flagellation était prononcée par le triumvirat. »

[5] II Corinth. XI, 24 ; voir pour plus de détails : Livre I, chap. V., *la Justice*.

choque tout chrétien à son entrée dans une synagogue est l'absence complète de recueillement. On se croirait sur une place publique.

Le culte des premiers chrétiens, nous l'avons dit, a été copié sur le service de la synagogue; et il est probable que d'abord il n'y eut pas beaucoup plus de recueillement chez eux que chez les Juifs[1]. La différence fondamentale des deux services fut chez les chrétiens la célébration de la Cène; et encore l'établissement de ce rite fut-il certainement facilité par l'usage pharisien des agapes dont nous avons parlé. Mais le repas eucharistique, célébré solennellement au culte, renfermait en germe tous les développements à venir. Dès le second siècle une hiérarchie s'organise, le clergé est mis à part et séparé des fidèles, le chœur est, dans la maison de prières, distingué de la nef; le repas eucharistique deviendra bientôt un sacrifice. Encore quelques pas en avant et la messe est créée.

Les protestants, en supprimant ces développements du culte chrétien, ont voulu le ramener à ce qu'ils appellent « sa pureté primitive ». Mais à quelle époque du premier siècle faut-il s'arrêter ? La transition de la synagogue à l'Église a été insensible. Quand saint Paul parcourt l'empire, les assemblées de la communauté de Corinthe ressemblent fort à celles de la plus indisciplinée des synagogues. L'élément juif y a apporté avec ses usages traditionnels ses habitudes de désordre et ses disputes. Il est certain, au contraire, qu'après la mort des apôtres, quand un lien se forma entre les diverses églises, le calme s'établit, la Sainte Cène fut entourée d'un profond respect, le prêtre commença à avoir une grande influence sur le simple fidèle.

Eh bien, il nous semble que c'est à cette époque que l'on devrait chercher le type du vrai culte chrétien. Les assemblées du second et du troisième siècle, telles que nous les

---

[1] Saint Paul, Iʳᵉ Epître aux Corinthiens, ch. X et XI.

décrivent les Pères d'alors [1], répondent bien à ce que doit être le service de l'Eglise. Ce n'est pas le culte catholique de l'avenir; la Cène est célébrée telle que Jésus l'a instituée; elle n'est pas encore le sacrifice renouvelé du Christ; mais ce n'est pas non plus la sécheresse du calvinisme et du puritanisme protestant. La liturgie est simple mais complète, le peuple prend part au service; la lecture des saintes Ecritures est à la place qui leur convient, le sermon est déjà important sans être trop étendu et sans jouer le rôle prépondérant. Bref, sauf quelques modifications de détail, il nous semble que c'est en imitant le service du second et du troisième siècle que les protestants de nos jours réaliseront le mieux les réformes urgentes de leurs rites religieux.

[1] Voir E. de Pressensé: *Histoire des trois premiers siècles de l'Eglise chrétienne*, tome VI, livre II.

CHAPITRE VII

LE SABBAT

Son institution. — Quand commençait-il ? — La lumière du Sabbat. — Les trente-neuf travaux interdits. — Les défenses formelles. — Les conseils. — Les dérogations introduites par les Pharisiens. — Comment se terminait le Sabbat.

On donnait ce nom, qui signifie en hébreu repos, au septième jour de la semaine ; il correspond à notre samedi. La loi ordonnait de se reposer au Sabbat : « Tu ne feras aucune œuvre ce jour-là » ; avait dit Moïse et ce texte était un inépuisable sujet de discussions et l'occasion d'une règlementation minutieuse. On peut bien, disait-on, faire un certain nombre d'œuvres, se lever, marcher, manger. Et alors cette question se posait : — Qu'est-il permis ? qu'est-il défendu ? à quelle limite faut-il s'arrêter ? où commence la violation du commandement ? — Ce problème était d'autant plus grave que les Juifs faisaient remonter l'institution du Sabbat plus haut que Moïse : « La circoncision et le Sabbat existaient avant la Loi », observait Rabbi Judah [1].

Les Israélites furent délivrés d'Egypte, disait-on encore, parce qu'ils avaient observé la circoncision et le Sabbat. Celui-ci datait de la création du monde.

« Le premier des chants de l'humanité fut un cantique de « Sabbat, et il fut chanté par Adam au commencement du « septième jour après que son péché lui eut été pardonné [2]. » Ce Psaume avait été conservé, c'était le quatre-vingt-douzième

---

[1] Midrasch *Tillin*, fol. 13, 3.
[2] Targ. *sur Cant.* I.

du recueil [1]. « Adam a été créé, disait-on, la veille au soir du Sabbat, le vendredi, et il entra dans le Sabbat ayant déjà péché [2]. » Le Targoum du Psaume XCII portait ces mots : « Que créa Dieu le premier jour? le ciel et la terre; — et le « deuxième ?... etc. Et le septième? le Sabbat. Dieu n'a pas « créé ce jour-là pour des œuvres serviles comme les autres « jours de la semaine. Voilà pourquoi il n'est pas dit : Ainsi « fut le soir, ainsi fut le matin, le septième jour. »

Il importait de savoir à quel moment exact commençait le Sabbat le vendredi soir. Il commence avec la nuit, disait-on. Mais quand fait-il nuit ? Une étoile paraît-elle ? on est encore au vendredi ; deux étoiles sont-elles visibles ? on est entre les deux jours; trois étoiles ? la nuit est venue et le Sabbat commencé [3].

Pendant ce moment d'incertitude entre le vendredi et le samedi, le Hazzan montait sur le toit en terrasse d'une des maisons du village et il sonnait six fois de cette trompe dont nous avons déjà parlé et qui était gardée dans l'armoire de la synagogue [4]. Au premier coup les travaux des champs cessaient ; au second ceux de la ville ; au troisième on allumait la lumière du Sabbat [5]. Nous ne savons dans quel but le Hazzan sonnait les trois derniers coups de trompe. Quand Jésus-Christ dit dans son enseignement : « Ce que je vous annonce à l'oreille, prêchez-le sur les toits [6] », il fait allusion à la fois à l'habitude des Scribes de murmurer à l'oreille de leurs disciples leurs préceptes les plus importants et à l'usage

[1] Le Targoum du titre du Psaume XCII est ainsi conçu : Psaume qu'Adam composa sur le Sabbat.

[2] Babyl. *Sanh.*, fol. 38, 1.

[3] *Berakhoth*, fol. 2, 2. « Le temps qui s'écoule du coucher du soleil au moment où apparaissent trois étoiles, s'appelle : Intra soles. Ce temps appartient-il au jour qui finit ou à la nuit qui commence? » Maimonide (*in Schabbath*, ch. 5), qui pose cette grave question, n'ose pas la résoudre.

[4] Ou dans la maison du Hazzan; voir *Schabbath*, fol. 35, *b*.

[5] Lighfoot *Horæ*, etc., p. 333, 334.

[6] Ev. de Matth. X, 27.

des Hazzans chargés des annonces à son de trompe faites sur les toits des maisons. Celles-ci étaient très basses et les toits étaient toujours en terrasse ; il était donc facile de parler de cette terrasse comme du haut d'une chaire à la foule assemblée [1].

Nous venons de dire : on allumait la lumière du Sabbat. C'était, en effet, la première des obligations à remplir. « Les hommes et les femmes sont tenus d'allumer une lumière le soir du Sabbat dans leur maison [2]. » Le vendredi soir s'appelait « la lumière », et dans le Nouveau Testament nous lisons cette parole : « Le Sabbat commençait à luire [3]. » Le vendredi on avait préparé les aliments dont on aurait besoin et ce jour s'appelait : préparation (παρασκευή). La lumière allumée, on se mettait à table et on prenait un repas où figuraient du vin et des aromates. Une formule spéciale de bénédiction était prononcée sur chacune de ces trois choses : la lumière, le vin et les aromates. Le lendemain samedi personne ne mangeait avant les prières du matin à la synagogue. Ce détail nous explique la faim des disciples de Jésus un jour de Sabbat [4]. C'était du reste à la synagogue que l'on se rendait tout d'abord. Nous savons que les premiers chrétiens célébraient aussi leur culte au lever du soleil [5].

Essayons de donner une idée de l'incroyable minutie avec laquelle le Sabbat avait été réglementé par les Docteurs de la Loi. Tout un traité de la Mischna est consacré à cette réglementation (le traité *Schabbath*). En effet, nous le disions tout à l'heure, il fallait savoir exactement ce qui était permis et ce qui était défendu. Les ordonnances du Pentateuque avaient été

---

[1] Babyl. *Schabbath*, fol. 35, 2.

[2] Maimon. *in Schabb.*, ch. 5.

[3] Ev. de Luc XXIII, 54 « σάββατον ἐπέφωσκε ». Nous sommes au soir du jour de la crucifixion.

[4] Ev. de Matth. XII, 2 et parall.

[5] « *Orto sole* », dit Pline dans sa lettre à Trajan; Pline le jeune, *Epist.* livre X, *Corresp. avec Trajan*, lettre 97.

soigneusement étudiées et commentées [1]. La science des Docteurs de la Loi était précisément de bien connaître les défenses et les permissions. On décida que trente-neuf espèces
de travaux seraient interdits. En voici la nomenclature telle
que nous la trouvons dans le traité Schabbath [2] : 1º semer;
2º labourer; 3º moissonner; 4º lier les gerbes; 5º battre en
grange; 6º vanner; 7º nettoyer le grain; 8º moudre; 9º tami-
ser; 10º pétrir; 11º cuire; 12º tondre la laine; 13º la blan-
chir; 14º la carder; 15º la teindre; 16º filer; 17º ourdir la
toile; 18º faire deux points; 19º tisser deux fils; 20º détacher
deux fils; 21º faire un nœud; 22º défaire un nœud; 23º cou-
dre deux points; 24º faire une déchirure qui exigerait au
moins deux points de couture pour être raccommodée;
25º s'emparer d'un gibier, d'un cerf par exemple; 26º le tuer;
27º le dépouiller; 28º le saler; 29º préparer la peau; 30º ra-
cler les poils; 31º le couper en morceaux; 32º écrire deux
lettres de l'alphabet; 33º effacer pour écrire deux lettres de
l'alphabet; 34º bâtir; 35º démolir; 36º éteindre le feu;
37º l'allumer; 38º forger; 39º porter un objet d'un endroit
à un autre.

Ce n'était pas tout, chacune de ces défenses exigeait un
certain nombre d'explications. Citons-en quelques exemples : la défense de faire et de défaire un nœud paraissait
bien vague; de quels nœuds s'agit-il? Les Rabbins répondaient gravement : « On serait coupable de faire ou de défaire
un nœud de chamelier et un nœud de batelier [3]. » Rabbi Meïr
disait : « Si on peut défaire le nœud d'une seule main on est
« innocent. Et puis on peut faire certaines espèces de nœuds;
« une femme peut nouer les cordons de sa robe, les rubans
« de son bonnet, sa ceinture; on peut nouer ses chaussures

---

[1] Exode XX, 8-11; XXIII, 12; XXXI, 12-17; XXXIV, 21; XXXV,
1-3; Deutéronome V, 12-15.

[2] *Schabbath* VII, 2.

[3] *Schabbath* XV, 1 à 2.

« et ses sandales ; on peut fermer des outres de vin et d'huile
« et un pot qui renferme de la viande [1]. »

Il était encore défendu d'écrire deux lettres de l'alphabet,
mais si on les écrit dans des langues différentes ou avec des
encres de différentes couleurs, ou encore l'une de la main
droite et l'autre de la main gauche, est-on coupable? A-t-on
violé la Loi? Oui, répondent les Rabbins, qui ont prévu tous
ces cas. « Celui qui écrit ces deux caractères sur deux pans
de mur formant un angle et de manière qu'on puisse les lire
ensemble est coupable; mais si vous écrivez ces deux lettres
avec la poussière du chemin, avec du jus de fruit, avec du
sable, en un mot avec une substance facile à enlever, alors
vous êtes innocent: Si les deux lettres sont superposées, ou
si, voulant écrire un *Cheth* vous écrivez deux *Zaïn*. ou
encore si vous écrivez sur deux feuilles d'un livre de sorte
qu'on ne peut lire les deux lettres ensemble, vous êtes innocent. »

Certains cas restaient douteux ; Rabbi Gamaliel tient pour
coupable celui qui, s'oubliant, a écrit les deux caractères
sous une forme permise, mais, à deux reprises différentes, une
fois le matin, l'autre le soir. Les autres docteurs, en général,
le tenaient pour innocent [2].

La défense d'allumer du feu était déjà dans le Pentateuque [3]
mais elle fut complétée, et on défendit aussi de l'éteindre
(36e défense). « Cependant si un païen s'offre pour éteindre
un incendie le jour du Sabbat, on ne doit rien lui dire, ni :
éteins-le, ni : ne l'éteins pas. On n'est pas tenu de le forcer au
repos [4]. » Cette défense d'éteindre le feu s'étendait aux lampes
et aux flambeaux, mais ici encore on précisait. « Si quelqu'un
éteint une lumière par crainte des païens, des voleurs, des
mauvais esprits ou à cause d'une maladie pour pouvoir dor-

[1] *Schabbath* XV, 1 à 2.
[2] *Schabbath*, XII, 3-6.
[3] Exode XXXV, 3.
[4] *Schabbath* XVI, 6.

mir, il est innocent, mais s'il le fait pour économiser l'huile ou la mèche, ou ne pas abîmer sa lampe, il est coupable ». « On peut placer sous la lampe une assiette qui recueille les étincelles, mais il ne faut pas mettre d'eau dans cette assiette, ce serait éteindre les étincelles et violer la Loi [1]. »

La dernière des trente-neuf défenses prêtait beaucoup aux développements : défense de transporter un objet d'un endroit à un autre. De quelle grosseur doit être l'objet? Les Rabbins répondaient que la Loi était violée « si on transportait autant de nourriture qu'il en faut pour faire la grosseur d'une figue sèche, autant de lait qu'il en faut pour faire une gorgée, autant d'huile qu'il en faut pour oindre le petit doigt, autant d'eau qu'il en faut pour humecter les yeux, autant de parchemin qu'il en faut pour écrire la plus petite partie des *Tefillins*, c'est-à-dire *Schema Israël,* autant d'encre qu'il en faut pour écrire deux lettres de l'alphabet..., etc., etc. « Il était interdit de transporter deux vêtements ne faisant pas partie du même habillement.

D'après Rabbi Méïr, un estropié pouvait sortir avec sa jambe de bois. Rabbi José, au contraire, ne le lui permettait pas [2]. Dans un incendie il était permis de sauver les manuscrits de la Loi et des Prophètes, l'étui qui les renfermait, les *Tefillins* et leur étui; si l'incendie survenait le vendredi soir, on pouvait sauver une quantité de nourriture suffisante pour les trois repas du lendemain; s'il survenait le samedi avant midi, on ne pouvait plus emporter de nourriture que pour deux repas et pour un seul s'il se déclarait dans l'après-midi [3].

A côté de ces prescriptions formelles se trouvaient les conseils, les recommandations en prévision d'une violation possible de la Loi. Ainsi on recommandait au tailleur de ne pas sortir avec son aiguille le vendredi quand la nuit approchait;

---

[1] *Schabbath* III, 6 à la fin.
[2] *Schabbath* VI, 8.
[3]   *Id.*   XVI, 1-3.

il pouvait s'oublier et être surpris par le commencement du sabbat. Il valait mieux ne pas lire à la lampe ou faire telle autre chose exigeant beaucoup de lumière, on pouvait encore s'oublier, être tenté de remettre de l'huile dans sa lampe, on aurait violé le commandement qui défend d'allumer du feu [1].

Outre les trente-neuf travaux interdits, il y avait un certain nombre de défenses faites à la fois pour le Sabbat et pour les jours de fête où cependant le repos était moins rigoureux.

On ne pouvait monter sur un arbre ou sur un animal, nager, danser, tenir un conseil, mettre à part la dîme, s'éloigner de plus de deux mille coudées (environ neuf cents mètres) de l'endroit où l'on se trouvait lorsque le Sabbat a commencé. Un espace de deux mille coudées s'appelait : Le chemin de sabbat [2] ou limites du sabbat (*Techoum aschabbath*).

Parmi les Pharisiens, les Schammaïstes étaient d'intraitables observateurs du Sabbat. Ils ne permettaient pas la plus légère infraction aux règles établies et les exagéraient encore. Ils interdisaient formellement l'instruction des enfants, le soin des malades, la consolation des affligés et l'aumône [3]. C'est eux sans doute qui disaient que les sources intermittentes observaient le sabbat [4]. Les Pharisiens, ennemis de Jésus, étaient certainement ici des Schammaïstes. C'est eux qui surprennent sans cesse le Christ en faute, qui lui interdisent de guérir le jour du Sabbat et qui défendent à ses disciples d'arracher des épis [5], ce qui, en temps ordinaire, était parfaitement permis [6]. Mais les Schammaïstes avaient des adversaires dans leur propre parti. Les Hillélistes, qui formaient

---

[1] *Schabbath* I, 3.
[2] Actes des apôtres I, 12; Exode XVI, 29.
[3] *Schabbath*, 12, *a*.
[4] Jos. *D. B. J.* VII, 5, 1; Pline, *Hist. nat.* XXXI, 18.
[5] Ev. de Matth. XII, 2; Ev. de Marc II, 24; Ev. de Luc VI, 2.
[6] Deut. XXIII, 25.

la gauche du pharisaïsme, semblent avoir compris la puéri-
lité de certaines prescriptions. Quelques uns d'eux se montraient fort habiles à les tourner et à les violer sans en avoir
l'air. Ainsi, pour pouvoir parcourir quatre mille coudées au
lieu de deux mille, ils transportaient des aliments le vendredi
dans la journée à deux mille coudées de leur demeure.
Ils se créaient ainsi un domicile fictif d'où ils pouvaient
partir pour parcourir deux mille coudées n'importe dans
quelle direction, et par suite aller à quatre mille coudées de
leur domicile réel.

La défense de porter un objet d'un local dans un autre ou
d'une maison dans une autre était aussi fort habilement et
fort jésuitiquement éludée par les Pharisiens. Faisant com-
muniquer les cours des maisons entre elles, ils déclaraient
qu'elles ne formaient dans leur ensemble qu'une seule et
même cour et par suite il n'y avait qu'une seule maison, ou
bien ils reliaient les maisons entre elles par des poutres et disaient : ce n'est qu'un seul bâtiment. Les Saducéens, toujours
conservateurs, se déclaraient profondément scandalisés de
cette manière de faire.

Il était du reste convenu que le danger de mort était un
cas de force majeure et autorisait la violation du Sabbat[1].
Cette décision fut prise au temps des Macchabées. Pendant
l'insurrection un certain nombre de fidèles, surpris par l'ennemi le jour du sabbat, s'étaient laissé massacrer jusqu'au
dernier plutôt que de tirer l'épée pour se défendre[2]. Ce respect du jour du repos avait paru décidément exagéré,
d'autant plus qu'il s'agissait de soutenir la cause de Dieu, et il
avait été décidé qu'à l'avenir on pourrait tirer l'épée pour se
défendre, si on était attaqué un jour de Sabbat. Mais en temps
de paix on ne pouvait porter les armes et les Romains furent
obligés de dispenser les Juifs du service militaire; le repos du

---

[1] *Joma* VIII, 6.
[2] I Macch II, 34-38; Jos. *Ant. Jud*, XII, 6, 2.

samedi et la discipline romaine se trouvaient être deux nécessités inconciliables [1].

Le soin des malades semble avoir été strictement interdit
au premier siècle [2]. On n'amène les malades à Jésus un jour
de Sabbat qu'après le coucher du soleil. Cependant les sentiments d'humanité des Pharisiens Hillélistes semblent avoir
été souvent plus forts que l'étroitesse inintelligente de leurs
adversaires les Schammaïstes. Puisque le danger de mort
autorisait la violation du Sabbat, il était permis d'assister une
femme en couches [3]. Si un édifice s'écroule sur quelqu'un et
qu'on ne sache pas si, oui ou non, il est enseveli sous les
décombres, si, oui ou non, il vit encore, si, oui ou non, il
est Israélite, alors il faut lui porter secours le jour du Sabbat.
Le trouvez-vous vivant encore? emportez-le et soignez-le. Est-
il mort? laissez le corps jusqu'à ce que le Sabbat soit fini [4].
Il est probable que ces questions de secours aux blessés, de
guérison des malades et en général d'actes d'humanité accomplis le jour du Sabbat étaient fort discutées au temps de
Jésus-Christ. La Mischna autorise celui qui a mal à la gorge
à se gargariser le jour du Sabbat [5]; mais elle ne permet pas de
remettre ce jour-là une jambe cassée, ni d'arroser d'eau froide
un membre démis. On était plus humain pour les animaux,
car il n'était pas défendu de soigner ses bestiaux et de les mener
boire le jour du Sabbat [6]. Il était permis de conduire son chameau avec une corde et son cheval avec son licou [7]. « Et non
seulement, disent encore les Talmuds, il n'est pas interdit de mener sa bête à l'abreuvoir le jour du Sabbat, mais on peut puiser
de l'eau pour elle; cependant il faut prendre garde de ne pas

[1] *Ant. Jud.* XIV, 10, 14 et 16, 18.
[2] Ev. de Matth. XII, 9-10; de Marc III, 1-5; de Luc VI, 6-10; XIII,
10-17; XIV, 1-6; Jean V, 1-16; IX, 14-16.
[3] *Schabbath* XVIII, 3.
[4] *Joma* VIII, 7.
[5] *Joma* VIII, 6.
[6] Ev. de Luc XIII, 15.
[7] *Schabbath*, ch. V, hal. 1.

porter l'eau. On doit la mettre devant l'animal, et il s'approche et boit de lui-même ». On comprend la sainte indignation de Jésus : « Vous menez votre âne à l'abreuvoir et vous ne voulez pas que je guérisse un malade [1]. »

La circoncision était autorisée [2] parce qu'elle était, comme le Sabbat, antérieure à Moise, et le commandement était trop important pour que rien put empêcher de l'accomplir le huitième jour après la naissance. Cependant si on pouvait circoncire la veille du Sabbat cela valait mieux. En général tout ce qu'on pouvait faire la veille était défendu le jour du Sabbat [3].

Pour la même raison le service du Temple n'était pas interrompu le samedi. Rien ne devait empêcher les prêtres d'offrir le sacrifice quotidien de l'agneau et dans l'enceinte sacrée ils pouvaient se livrer à plusieurs travaux interdits au peuple [4].

La tradition nous a conservé un mot des Pharisiens libéraux sur le Sabbat qui rappelle beaucoup la parole du Christ : « Le Sabbat a été fait pour l'homme et non pas l'homme pour le Sabbat [5]. » Ils disaient : « le Sabbat t'est donné à toi, mais toi tu n'es pas donné au Sabbat [6]. » Seulement ce mot n'est-il pas postérieur à celui du Christ et n'a-t-il pas été inspiré par lui ?

Après le service de la synagogue, on prenait un repas ; puis les Docteurs, les Scribes, les Rabbis se réunissaient à la maison d'école (*Beth ha Midrasch*), dont nous avons parlé en détail en traitant des Docteurs de la Loi.

---

[1] Ev. de Luc XIII, 15 et suiv.

[2] Ev. de Jean VII, 23.

[3] *Schabbath* XIX, 1-5.

[4] « Dans le Temple on fait le jour du Sabbat ce qu'on fait tous les jours et il n'y a pas de repos sabbatique dans le Temple (Maimon. *in Pesach*, ch. I.)

[5] Ev. de Marc II, 27.

[6] Mechilta sur Ki-tissa, chap. I.

Le Sabbat se terminait par un souper[1] où figuraient, comme le vendredi soir, une lumière, du vin, des aromates ; la formule de bénédiction était prononcée successivement sur ces trois choses. Le Sabbat finissait avec le coucher du soleil. « Finit-il au milieu du repas ? on cesse de manger ; on se lave les mains et, au-dessus de la coupe de vin on rend grâces à Dieu pour la nourriture ; puis on prononce la formule de séparation du Sabbat et du jour ordinaire. Si l'on boit quand finit le Sabbat, on cesse de boire, on prononce la formule de séparation, puis on recommence à boire. »

[1] Maimonide *Schabbath*, ch. 27; Lightfoot, *op. cit.*, p. 312.

CHAPITRE VIII

LA BIBLE. — LA PIÉTÉ

LA BIBLE

Lorsque les contemporains de Jésus-Christ parlaient de
leurs livres saints, ils disaient : « la Loi » ou : « la Loi et les
Prophètes » [1]. Ce mot : «la Loi» désignait les cinq livres attri-
bués à Moïse : La Genèse, l'Exode, le Lévitique, les Nombres,
le Deutéronome. Le terme : « les Prophètes » s'appliquait aux
ouvrages qui portent ce nom dans les Bibles hébraïques actuelles ; c'étaient d'abord les *Prophetæ priores* : Josué, Juges, I Samuel, II Samuel, I Rois, II Rois, et ensuite les *Prophetæ poste-
riores* : Esaïe, Jérémie, Ezéchiel, Osée, Joël, Amos, Abdias,
Jonas, Michée, Nahum, Habacuc, Sophonie, Aggée, Zacharie, Malachie. — En dehors de ces deux recueils, restaient
les livres qui forment la troisième partie de nos Bibles hébraïques, c'est-à-dire : les Psaumes, les Proverbes, Job, le
Cantique des Cantiques, Ruth, les Lamentations de Jérémie,
l'Ecclésiaste, Esther, Daniel, Esdras, Néhémie et les deux
livres des Chroniques.

De ces derniers écrits quelques uns sont souvent cités dans
le Nouveau Testament, les Psaumes, par exemple ; d'autres ne

---

[1] Ev. de Matth., XXII, 40, etc., etc.

.le sont jamais ; ce sont les Livres d'Esdras, de Néhémie, d'Esther, l'Ecclésiaste et le Cantique des Cantiques ; ils semblent avoir été sinon inconnus, du moins peu estimés des premiers chrétiens. Nous découvrons donc ici, de prime abord, une gradation dans l'autorité des livres saints. Au sommet, la Loi ; elle est de la première à la dernière lettre l'œuvre de Dieu lui-même. Aucun terme n'est assez fort pour exprimer l'idée que se faisaient les Rabbis du premier siècle de l'inspiration divine de la Loi. Nous ne pouvons que citer ici leurs paroles : « Celui qui affirme que la Loi n'est pas venue du « ciel, celui-là n'aura point de part au monde à venir [1]. » « Ce- « lui qui dit que Moïse a écrit un seul verset le tirant de son « propre fonds, celui-là est un menteur et un contempteur de « la Parole de Dieu [2]. » On ne discutait que pour savoir si Dieu avait donné à Moïse toute la Loi à la fois, ou bien volume après volume ; mais les derniers versets du Deutéronome eux-mêmes, où la mort du Législateur nous est racontée, lui avaient été d'avance dictés par Dieu [3].

On comprend que la vie tout entière dépendît de la connaissance de la Loi : La Synagogue et l'Ecole n'existaient que pour faciliter son étude.

Les Rabbins disaient : « Celui qui ne connaît pas la Loi est maudit [4]. » Schammaï disait : « Que l'étude de la Loi soit la « règle de ta vie [5] » ; et Hillel : « Un ignorant ne peut être vrai- « ment pieux [6] » ; ou encore : « L'étude de la Loi mène à la « vie ; les écoles à la sagesse [7] » ; « Un bâtard qui connaît la « Loi vaut mieux qu'un grand prêtre qui l'ignore ». « Voici les choses qui portent des fruits dans cette vie et dont le bien

---

[1] *Sanhédrin*, X, 1.
[2]   Id.   99, *a*.
[3] *Bababathra*, 15, *a* ; Jos. *Ant. Jud*. IV, 8, 48 ; Philon, *Vita Mosis*, liv. III, § 39.
[4] Voir aussi Ev. de Jean VII, 49.
[5] *Pirké Aboth*, I, 15.
[6]   Id.   II, 7.
[7]   Id.   III, 2, 3, 6, 7 ; IV, 14, etc.

dure dans la vie à venir : Honorer son père et sa mère, pratiquer la charité, rechercher la paix avec les hommes, et l'étude de la Loi plus que tout cela[1]. »

Il ne suffisait pas de la connaître, il fallait, bien entendu, la pratiquer. Le Juif y mettait tout son orgueil ; Josèphe lui-même y insiste beaucoup : « Nous ne nous bornons pas à pratiquer la Loi sans la connaître, comme les Spartiates, dit-il, et nous ne nous bornons pas à la théorie et aux paroles sans la pratique, comme les Athéniens et tous les autres Grecs[2]. »

Les écoles pour les enfants, les synagogues pour les adultes, les écoles savantes des Scribes, telles étaient les institutions diverses destinées à assurer l'étude et la pratique de la Loi.

Après la Loi venaient, nous l'avons dit, les Prophètes. Presque toujours nommés à côté d'elle, ils avaient une autorité presque égale à la sienne. Les Saints Ecrits, formant la troisième partie du recueil sacré, venaient ensuite. Tous ces livres étaient divins, mais il ne faut pas oublier que la tradition orale était divine aussi aux yeux des Pharisiens. Leurs documents sacrés écrits et leurs traditions orales formaient une sorte de hiérarchie, au sommet de laquelle était placée la Loi. Les Prophètes et les autres écrits, aussi bien que les préceptes des sages transmis de bouche en bouche, étaient à la Loi ce qu'est une tradition comparée à la Révélation originale. Tout ce que le Judaïsme avait conservé de son passé, tout ce qui se présentait au nom d'un des grands hommes d'autrefois était divin, mais le mode d'inspiration n'était point défini et surtout le code sacré n'était point exclusif d'autres recueils, d'autres livres qui pouvaient, eux aussi, venir de Dieu. Aussi l'idée moderne d'un canon fermé, arrêté, définitif n'existait certainement pas au premier siècle. Le livre d'Hénoch, qui n'a jamais fait partie d'aucun recueil sacré, jouissait sans

---

[1] *Peah*, I, 1.

[2] Jos. *Contr. Appion.* II, 16, 17 ; voir en particulier les premiers ots du paragraphe 17.

aucun doute d'une très grande autorité au temps de Jésus-Christ. Le livre de Daniel aussi, mais ce n'était pas parce qu'il faisait partie du recueil biblique. C'était parce qu'il venait d'un des plus grands prophètes de l'exil et renfermait les révélations les plus surprenantes. Tout ouvrage, qui n'avait pas été inséré dans les deux premiers volumes, la Loi ou les Prophètes, était jugé en soi, apprécié d'après son contenu ou d'après le nom de son auteur ; et c'est ainsi que se formait le troisième recueil. On y fit entrer Daniel, l'Ecclésiaste, le Cantique des Cantiques. On en bannit le livre d'Hénoch, l'Ecclésiastique, les Macchabées etc. Ces deux derniers ouvrages furent au contraire acceptés par les Juifs d'Alexandrie, mais, acceptés ou non en Palestine, ils y passaient certainement pour Ecriture sainte, car tout document à la fois antique et religieux était Ecriture sainte. La Mischna, en citant n'importe quel livre sacré dit toujours : *Comme il est écrit* ou : *Il dit, Il est dit ; voici ce qu'Il dit.* Des formes semblables sont fréquentes dans le Nouveau Testament; elles reviennent en particulier sous la plume de l'auteur de l'épître aux Hébreux ; et partout se retrouve la conviction indiscutable et indiscutée que Dieu est l'*auctor primarius* de toute Ecriture sainte quelle qu'elle soit [1].

La question du Canon si intéressante, si curieuse plus tard, ne se posait donc même pas au temps de Jésus-Christ. De là les divergences que nous offrent nos sources lorsqu'elles traitent des livres saints. Josèphe parle de vingt-deux livres sacrés, « cinq de Moïse, treize des prophètes et quatre d'hymnes et de préceptes utiles à la vie [2]. »

M. Reuss [3] et M. Treuenfels [4] ont cherché à accorder ce chiffre avec le nombre vingt-quatre, qui forma plus tard le total des livres de la synagogue.

---

[1] C'est ainsi que nous lisons : II Tim. III, 16. « Toute Ecriture, inspirée de Dieu, est utile......, etc. » sans article au mot Ecriture.
[2] *Contre Appion.* 1, 2.
[3] Reuss. *Revue de th. de Strasbourg*, année 1859, p. 284.
[4] *Literatur-Blatt des Orients*, X et XI.

M. Derenbourg[1] propose, lui aussi, une combinaison qui concilie ces chiffres ; il suppose que Josèphe réunissait Ruth aux Juges et les Lamentations de Jérémie à Jérémie. Dans les treize livres des prophètes il aurait compris Esdras et Néhémie en un seul volume ; Daniel, Esther et les Chroniques seraient venus ensuite à cause de leur valeur historique. Les quatres livres d'hymnes auraient été les Psaumes, Job, les Proverbes, l'Ecclésiaste et le Cantique des Cantiques, ces deux derniers réunis en un seul volume. Tout cela est plus ingénieux que fondé. Il est probable, en effet, que bien des ouvrages distincts aujourd'hui étaient confondus en un seul. Mais nous n'avons aucun moyen de nous en assurer, et il sera toujours facile, à l'aide de ces rapprochements, de faire accorder des chiffres contradictoires. La vérité est qu'il n'y avait point de canon fixe et chacun dressait la liste d'écrits sacrés qui lui semblait la meilleure[2]. Nous en trouvons dans un des Talmuds une bien particulière ; on n'y compte que huit livres des prophètes : Josué, Juges, Samuel, les Rois, Jérémie, Ezéchiel, Esaïe et ensuite les douze petits prophètes en un seul livre[3].

Ce fut après soixante-dix, au moment même de la grande catastrophe, que les écoles pharisiennes se préoccupèrent sérieusement de la fixation définitive du troisième recueil. Les Prophètes étaient depuis longtemps à l'abri de toute contestation. Ezéchiel seul donnait prise à quelques doutes. On y avait découvert des versets en contradiction avec Moïse, mais Eleazar ben Hanania montra que la contradiction n'était qu'apparente[4] et Ezéchiel fut admis.

Quant aux Hagiographes, plusieurs d'entre eux s'imposaient. Les Psaumes devaient être nommés les premiers. Ils étaient chantés à la synagogue, écrits par David, Asaph et

---

[1] *Histoire de la Palestine*, p. 478.
[2] Josèphe dit positivement que les vingt-deux livres sacrés n'étaient pas tous également honorés : « πίστεως οὐχ ὁμοίας ἠξίωται. »
[3] *Gloss. sur Bathra*, fol. 13, 2; Lightfoot, *op. cit.*, p. 858.
[4] *Hagiga*, 13, *a*; voir Grætz, *op. cit.* III, 499.

d'autres poëtes antiques. Si quelques uns étaient plus récents, ils passaient protégés par le voisinage des plus anciens[1].

Daniel ne pouvait être non plus l'objet d'aucune contestation. Le nom de l'auteur, la forme apocalyptique qu'il avait
adoptée, tout était en sa faveur[2].

Tous les autres livres demandaient à être sérieusement
examinés. Les Proverbes, l'Ecclésiaste et le Cantique des
Cantiques eurent beaucoup de peine à se faire admettre.
Nous avons remarqué qu'ils ne sont pas cités dans le Nouveau Testament. Esdras, Néhémie et Esther ne le sont pas
non plus[3]. On doutait de l'existence du personnage de Job ;
et le livre qui porte ce nom n'était plus, aux yeux de plusieurs rabbins, qu'une fiction poétique. Quant aux livres des
Chroniques, ils passaient pour assez modernes. Peu à peu
cependant, tous ces ouvrages conquirent droit de cité et
furent définitivement reçus. Les livres des Macchabées et
l'Ecclésiastique de Jesus-Ben-Sira, n'eurent pas la même fortune. Leur rejet est difficile à expliquer. Il est probable que
la première condition exigée pour l'admission était la conformité avec la Loi et qu'on trouvait ces ouvrages en contradiction avec elle. On comprend les hésitations auxquelles ont
donné lieu l'Ecclésiaste et le Cantique des cantiques. Ils n'é-
taient recommandés ni par leur valeur religieuse, ni même
par leur valeur morale[4]. Le Cantique ne fut reçu que lorsqu'on se décida à l'expliquer allégoriquement, et alors Rabbi
Aquiba put s'écrier : « Tous les hagiographes sont saints,
mais le Cantique des cantiques est archisaint[5]. »

---

[1] Ev. de Luc XXIV, 44 : « La Loi, les Prophètes et les Psaumes », dit
Jésus-Christ.

[2] Le grand prêtre se faisait lire quelquefois le livre de Daniel, la
veille de la fête des Expiations; *Joma*, 1, 6.

[3] Le livre d'Esther avait en sa faveur qu'on le lisait toujours à la fête
des Purim.

[4] *Bababathra*, 14 b.

[5] *Jadaïm* III, 15.

Il n'est pas probable que cet écrit fut déjà allégori-
sé pendant la vie de Jésus-Christ. La Bible dont il se servit
et qui était sans doute celle de la synagogue de Nazareth
(plus tard il se servit de celle de Capharnahum) comprenait
évidemment la Loi, les Prophètes et un certain nombre d'Hagiographes; Daniel, par exemple, et surtout les
Psaumes, qu'il cite souvent. On sait que le livre d'Esaïe et
les Psaumes sont constamment nommés dans le Nouveau
Testament. La bibliothèque religieuse d'un Juif du premier
siècle devait donc se composer ainsi : 1º La Loi ; 2º les Prophètes
dont quelques-uns, Esaïe et Jérémie, par exemple, étaient
étudiés de préférence; 3º les Psaumes. Daniel devait venir
ensuite. Au quatrième rang, il faut placer les pseudépigraphes célèbres : le livre d'Hénoch, les Psaumes de Salomon,
et peut être les plus récents écrits de ce genre, comme l'Assomption de Moïse.

Avant de finir disons un mot des versions en langue vulgaire. La Loi et les Prophètes, lus chaque jour de Sabbat,
seraient restés lettre morte pour la plupart des auditeurs, si
chaque verset n'avait été traduit immédiatement en araméen.
Nous avons parlé de ces interprétations orales au chapitre de
la Synagogue.

Existait-il des traductions écrites? La solution de cette
question reste fort douteuse ; et le besoin de versions
écrites ne dut se faire sentir qu'après la dispersion du peuple.
On sait que les citations de l'Ancien Testament dans le Nouveau sont fort capricieuses. Parfois, elles sont très exactes et
même littérales ; ailleurs, et sous la plume du même auteur,
elles sont tellement libres, qu'on reconnaît à peine l'original
dans la traduction. Il y a là une anomalie difficile à expliquer. On pourrait supposer que les Juifs contemporains de
Jésus-Christ avaient entre les mains une traduction complète
de la Loi et des Prophètes en langue aramaïque et offrant de
nombreuses ressemblances avec la traduction des Septante
en usage à Alexandrie, et qui est seule parvenue jusqu'à nous.

Cette hypothèse ex liquerait les citations de l'Ancien Testament dans le Nouveau [1]. Les auteurs du Nouveau Testament auraient cité d'après cette version araméenne qui aurait été tantôt littérale, tantôt très libre.

Cette hypothèse n'a qu'un mérite, celui de résoudre une grosse difficulté [2], mais nous n'avons aucun fait certain à citer à l'appui ; car le passage de Job, que nous indiquons en note, ne saurait à lui seul nous suffire.

LA PIÉTÉ

La vie religieuse et morale avait peine à se développer dans l'atmosphère étouffée du monde des Scribes et des Pharisiens. Les rapports de l'homme avec Dieu étaient devenus ceux d'un débiteur avec son créancier.

Qu'est-ce que je dois ? Qu'ai-je à faire pour satisfaire à la Loi ? Telle était l'unique question partout et chaque jour posée. On comprend alors le reproche d'hypocrisie fait par Jésus aux Pharisiens et l'espèce de synonymie qui s'est établie entre les mots Jésuitisme et Pharisaïsme. Le Pharisien n'avait que fort peu de chose à faire pour préférer l'acte à l'intention et donner une valeur à la pratique d'un rite indépendamment des dispositions de son cœur lorsqu'il l'accomplissait. Il trouvait moyen d'éluder même le commandement : « Honore ton père et ta mère [3] », et il le faisait en vrai précurseur des Jésuites. Le procédé qu'il employait pour faire le jour du Sabbat quatre mille coudées au lieu de deux mille ou pour porter sans scrupule des paquets d'une maison dans l'autre est tout à fait digne d'Escobar [4].

[1] Voir sur ce sujet : *Recherches sur une Bible en langue vulgaire en usage au temps de Jésus, et sur les rapports de cette Bible avec la version des LXX*, par Ed. Bœhl, professeur à Vienne; Vienne, 1873. *indique de Stapfer*

[2] Il est question, en effet, dans une addition au livre de Job, que nous trouvons dans la traduction des LXX, d'une « Bible Syriaque ». Trad. des LXX : Job XLII, 18.

[3] Ev. de Matth. XV, 5.

[4] Voir chapitre VII, le *Sabbat*.

Nous avons parlé aussi, dans notre chapitre sur la femme, de l'incroyable extension donnée par les Hillélistes à la loi du divorce. « Vous filtrez le moucheron et vous avalez le cha· meau », leur disait Jésus [1], et il est étrange, en vérité, de rencontrer dans la bouche d'Hillel et d'Antigone de Soccho les belles paroles, les préceptes tout-à-fait évangéliques que nous avons cités d'eux lorsque nous avons traité spéciale· ment de ces grands Docteurs [2]. Ce sont des intuitions sublimes de la vérité, des traits de lumière jaillissant au sein de pro- fondes ténèbres. Ce contraste qu'offre le Judaïsme du premier siècle entre une piété vraie et une morale absolument faussée dans son principe a été admirablement exprimé par saint Paul : « Ils ont du zèle pour Dieu, mais ils n'ont pas de con· naissance [3]. »

D'une manière générale, les Pharisiens ne laissaient rien à l'initiative du fidèle. Sa vie entière était réglementée avec la minutie la plus puérile. On lui disait tout ce qu'il avait à faire pour marcher, pour s'arrêter, pour travailler, pour se reposer, pour manger, pour dormir, pour voyager. Du matin au soir, de l'enfance à la vieillesse, le formalisme était là, le poursuivant, le contraignant, l'asservissant. Sa vie morale ne pouvant se développer, son individualité elle-même était étouffée et réduite à l'impuissance.

Nous parlons ici des dévots subissant l'influence du Phari- saïsme. Ils nous importent avant tout parce que c'est contre eux que le Christ s'est élevé ; c'est le spectacle de leurs prati- ques et l'étude de leur fausse dévotion qui ont provoqué la grande réaction spiritualiste de l'enseignement de Jésus. A côté d'eux, il faut remarquer la foule des indifférents, de ceux qui trouvaient la religion ennuyeuse, et qui vivaient sans croyances. On ne doit pas se figurer, en effet, que le peuple

[1] Ev. de Matth. XXIII, 24 ; voir aussi les reproches si mérités : Ev. de Luc XI, 39, 44, etc., etc.

[2] Voir chapitres I, II, III, IV ; *Aboth* I, 3 ; II, 4, 10, 12 ; V, 20.

[3] Epître aux Romains X, 2.

entier fût religieux. La Palestine avait ses matérialistes pratiques comme tous les autres pays du monde et le premier siècle ne s'est pas distingué en cela des autres siècles. Ceux-là, s'ils
étaient riches, se déclaraient Saducéens et abritaient leur indifférence derrière ce titre qui leur servait d'enseigne. S'ils
étaient pauvres, ils ne se laissaient pas absorber comme les
ouvriers de nos jours par le travail quotidien, car le pauvre
se contentait alors de peu et la vie n'avait pas les mêmes exigences que dans notre Occident moderne. Les Talmuds nous
représentent les indifférents, à quelque classe qu'ils appar-
tinssent, passant leur temps à regarder les bateaux sur le lac
s'ils demeuraient sur ses bords ou à flâner dans les rues et
sur les marchés s'ils habitaient Jérusalem.

Tous ceux qui ne pratiquaient pas étaient fort méprisés
par les pratiquants. On les appelait des pécheurs, des gens
de mauvaise vie, non que leur conduite fût immorale, mais
parce qu'ils ne se soumettaient pas aux exigences de la Loi
traditionnelle et n'acceptaient pas de porter le joug pharisien. Ils ne comprenaient rien à la distinction faite par les
dévots entre ce qui est Juif et ce qui est païen, ce qui est
permis et ce qui ne l'est pas. Ils « n'entendaient pas la Loi » et
on les déclarait « exécrables [1]. » Ceux-là se rencontraient
surtout en Galilée. L'élément païen qui y était puissant favo-
risait dans la province du Nord l'indépendance des idées et
par suite l'indifférence. Les Pharisiens qui pouvaient se trouver à Capharnahum ou à Bethsaïda venaient toujours de Jérusalem.

C'était aussi en Galilée que se trouvait le plus grand
nombre de Juifs vraiment pieux et qui savaient garder un
sentiment religieux profond en dehors des formes obligatoires et des rites consacrés. Ces Galiléens montaient en pèle-
rinage au Temple et s'y rendaient avec une piété vraie,
naïve, qui faisait sourire les formalistes et les prêtres. Ils

---

[1] Ev. de Jean, ch. VII, verset 49.

devaient ressembler déjà à ces pèlerins d'aujourd'hui qui viennent au Saint-Sépulcre chercher des émotions sacrées devant les gardiens indifférents de ce sanctuaire. Les Phariesiens et les Saducéens qui y passaient leur vie devaient les considérer avec la même froideur hautaine que les moines de nos jours regardent le voyageur et l'étranger. Tobie ne nous offre-t-il pas dans sa piété un type dont il devait exister alors plus d'un exemplaire ?

L'auteur des deux premiers chapitres de l'Evangile de saint Luc, insérés par lui tels quels dans son récit, et Luc lui-même n'étaient-il pas de ces hommes pieux et simples dont nous parlons ? Le troisième Evangéliste, qui est aussi l'auteur du livre des Actes, est en effet celui des écrivains synoptiques dont la personnalité se laisse le mieux comprendre. Les auteurs des deux premiers Evangiles s'effacent entièrement ; ils se bornent à reproduire les traditions qu'ils ont recueillies sur Jésus. Leurs écrits sont aussi impersonnels que possible. Il n'en est pas de même du troisième. Il se laisse voir ou du moins deviner.

Nous nous représentons en lui un de ces Israélites simples, pieux, confiants, une de ces âmes profondément religieuses croyant en l'intervention constante de Dieu dans la vie, aimant à raconter les apparitions d'anges[1], un de ces fidèles indulgents et bons pour lesquels tout prêtre est un bon prêtre et tout docteur de la Loi un saint homme de Dieu[2], qui parlent des croyants et de leurs assemblées avec mansuétude et admiration[3], qui trouvent que tout va bien dans l'Eglise[4]. Les communautés sont prospères ; les difficultés qui surgissent çà et là s'applanissent immédiatement ; aucun dissentiment sérieux ne s'élève qui ne soit aussitôt écarté ; les fidèles sont partout pleins de joie, de paix et du Saint-Esprit.

---

[1] Ev. de Luc, ch. 1, 11 ; V, 26 ; Actes des apôtres VIII, 26 ; XII, 7, etc.
[2] Actes XVIII, 24 et suiv. Actes XI, 24, etc., etc.
[3] Actes II, 42 et suiv. etc.
[4] Actes XII, 24, etc.

L'historien Josèphe a aussi cette tendance. Il y a parfois une grande naïveté dans ses récits, il ne va pas au fond des questions, il veut faire admirer son peuple et, à l'en croire, les disputes des Pharisiens et des Saducéens auraient été de simples discussions d'école. Il a une tendance au lyrisme et à l'épopée créée par sa grande bonne foi et son étonnante crédulité; de là son universelle et inépuisable indulgence. Hillel et son parti ont subi par moment l'influence de cette atmosphère. Hillel conseillait souvent la paix, la bonté, la charité. Vivre en paix avec tout le monde et être plein de mansuétude était une de ses préoccupations.

Mais, nous l'avons déjà remarqué, il en avait une autre qui dominait la première : connaître et observer la Loi. Aussi cette école de la piété pure, indépendante des formes, ne s'est-elle point développée au sein du judaïsme. Ce qui y dominait, même chez Hillel, c'était le fanatisme. Les disciples de Schammaï étaient là pour l'entretenir ardent, haineux, implacable.

Ce fanatisme religieux se confondait absolument avec le fanatisme politique. La présence de l'étranger, le centurion romain que l'on rencontrait partout, le soldat grossier qui pouvait tout se permettre, entretenaient et exaltaient la haine dans tous les cœurs. Cette haine ira en grandissant, elle éclatera çà et là en émeutes vite réprimées jusqu'à l'explosion de rage et de désespoir de l'an soixante-six qui durera quatre années et mettra fin à l'existence nationale de ce malheureux peuple.

Deux mots résument les sentiments habituels qui remplissaient l'âme d'un Palestinien au premier siècle : pratiquer la Loi et haïr l'étranger. Nous avons déjà insisté en parlant des passions politiques des Juifs sur l'état d'exaltation constante dans lequel ils vivaient. Il faut y revenir ici en parlant de la piété, car ils considéraient leur acharnement même comme un grand devoir de leur religion.

C'était un duel à mort qui avait commencé entre Rome et Jérusalem soixante-trois ans avant Jésus-Christ. Pendant la vie du Christ l'effervescence du peuple entier allait chaque jour grandissant ; cette haine toujours allumée, cette fièvre ardente qui excitait les partis contrastent étrangement avec la douceur parfaite et la paix profonde qui animent tout l'enseignement de Jésus.

Il faut se reporter aux époques les plus troublées de notre histoire nationale pour se faire quelque idée du milieu dans lequel le Christ se trouvait constamment à Jérusalem. Les crimes d'Hérode avaient monté toutes les têtes ; les Romains inspiraient une véritable horreur. La mort d'un Jean-Baptiste, c'est-à-dire d'un des plus grands hommes de son temps, grand par son éloquence, grand par sa popularité, grand surtout par sa foi religieuse et par l'austérité de son patriotisme et de sa vie, avait dépendu du caprice d'un tétrarque pris de vin, donnant la danse de sa belle-fille en spectacle à ses courtisans. On comprend, en présence de tels faits, que les passions populaires fussent effroyables et que les Juifs détestassent leurs tétrarques comme ils détestaient les Romains.

La haine de tout ce qui n'était pas Juif était sans cesse ravivée par l'espérance messianique. Cette espérance était la raison d'être de toutes les passions religieuses des exaltés. Bientôt la délivrance ! Telle était la croyance universelle. « Il va venir ! » Ἐρχόμενος, celui qui doit venir ; c'était le nom du Messie. La foi en l'apparition prochaine du Libérateur était dans les cœurs de tous, et sans elle on ne peut comprendre ni les mœurs religieuses de cette étrange époque, ni l'enseignement du Christ et des docteurs de la Loi.

Le second trait saillant de la piété juive est l'étude de la Thorah. Le joug de « la lettre qui tue », comme dira saint Paul, pesait lourdement sur les consciences. La soumission servile à la tradition et à sa puissance souveraine, les ordonnances légales remplaçant les obligations morales, l'accomplissement machinal du rite tenant lieu de vertu et de foi, et le pharisaïme venant ajouter à tout cela sa dévotion hypocrite et sa morale de casuiste, rien n'y manquait. La Loi, avons-nous dit, passait avant tout le reste[1]. Il valait mieux tout souffrir que d'y renoncer[2]. Cet enthousiasme était fort intéressé et lorsque Antigone de Soccho avait dit : « Ne soyez pas comme des serviteurs qui servent leur maître en vue d'une récompense, soyez comme ceux qui servent gratuitement[3] », il avait prononcé une parole incomprise, un mot resté isolé et passé inaperçu. Le peuple des dévots était un peuple de serviteurs intéressés. Quiconque observait la lettre de la Loi était assuré de sa récompense[4]. C'est là, du reste, l'idée fondamentale de ce que nous appellerons la religion de l'homme, par opposition à la religion de la grâce, qui est la religion de Jésus.

La philosophie spiritualiste proteste, sans doute, contre cette idée fausse de la récompense. Il faut, d'après elle, pratiquer la morale pour elle-même, et ne pas songer au salaire. Le christianisme évangélique a répandu dans le monde la même croyance ; mais l'homme retourne toujours à l'idée du mérite des œuvres ; le catholicisme est là pour le prouver aussi bien que les sectes hérétiques des ariens, des sociniens, des unitaires, car toutes aboutissent nécessairement au Pélagianisme ou au semi-Pélagianisme. L'autre courant, celui des Jansénius, des Luther et des Calvin, des saint Augustin et des saint Paul est seul le vrai courant évangélique. Lui seul se rattache à l'enseignement de Jésus. Celui-ci dira : « Ta confiance t'a sauvé, va en paix, » et ce simple mot résumera tous les développements de la dogmatique à venir sur la justification par la foi. « Un ignorant ne saurait être pieux,» disait le Scribe, et Jésus répondra: « Heureux les pauvres en esprit, le Royaume des cieux est à eux. » Il pro-

---

[1] Josèphe *Contr. Appion* II, 38 et I, 8.
[2] Id   *Id.*   I, 22.
[3] *Pirké Aboth* I, 3.
[4] « Ta récompense sera proportionnée à ton travail. » *Pirké Aboth* V, 23; voir aussi V, 8-9.

noncera là l'éternelle condamnation de tous les gnosticismes
dont la parole du Scribe est le prélude et le point de départ.

Enfin ce qui manquait à cette piété du premier siècle,
même chez les plus sincères et les plus convaincus, c'était le
sentiment du péché. La vraie piété commence par l'aveu de
la misère spirituelle. « Aie pitié de moi, » disait le malade
qui implorait le Christ ; et ce cri jeté non plus par le malade
mais par le pécheur, deviendra le mot fondamental de la
piété chrétienne. Or, les Juifs ne savaient ce que c'était que
le péché. Pécher c'était retenir une partie de la dîme, c'était
écrire plus de deux lettres le jour du Sabbat, c'était ne pas
réciter exactement les prières prescrites, car toutes ces minuties devaient être observées aussi scrupuleusement que les
préceptes les plus sacrés de la morale éternelle.

Au nombre des pratiques religieuses du peuple nous distinguons : les purifications, les jeûnes, les aumônes et la
prière. Chacune de ces pratiques va faire dans les chapitres
suivants l'objet d'une étude spéciale.

CHAPITRE IX

LES PURIFICATIONS. — LES JEÛNES. — LES AUMÔNES

LES PURIFICATIONS

Les peuples orientaux, qui vivent sous un climat brûlant, ont compris, de temps immémorial, la nécessité de fréquentes ablutions. La santé, la vie même en dépendent ; et, de bonne heure, ces purifications prirent un caractère religieux. Elles furent inscrites par les législateurs dans leurs codes, et, dans les constitutions théocratiques, considérées comme des ordres divins. Aussi toutes les religions de l'Orient font-elles aux ablutions une part importante dans leurs pratiques obligatoires. Dans le mahométisme, par exemple, elles jouent un rôle de premier ordre, et le mosaïsme, sur ce point, n'a pas échappé à la loi commune [1].

Il semble, au premier abord, qu'il soit difficile d'être plus exact et plus minutieux que Moïse dans ses ordonnances sur cette question des purifications. Il entre dans tous les détails, il n'oublie aucun des cas qui peuvent se présenter. Eh bien, tout cela ne semble rien lorsqu'on connaît les traditions que nous a transmises la Mischna. Elle ne renferme pas moins de

---

[1] Voir en particulier Lévitique, chap. XI-XV ; Nombres ch. XIX.

douze volumineux traités sur ce sujet, à commencer par le traité *Kelim* qui distingue les diverses espèces d'impureté et commente les passages du Pentateuque que nous venons de rappeler. Chaque cas particulier donne lui même naissance à une foule de cas plus spéciaux encore et ceux-ci à leur tour sont l'origine de nouveaux détails. Ici comme partout c'est le même principe judaïque qui est appliqué : la Loi est commentée et ce commentaire est expliqué à son tour, en attendant que l'explication donnée ait elle-même besoin d'être développée et précisée, et ainsi de suite à l'infini. L'origine de toutes ces prescriptions est le désir de faire ce que la Loi ordonne. Peu importe le bien ou le mal considérés en eux-mêmes ; la question est toujours : Qu'est il permis ? Qu'est-il défendu ?

On pouvait contracter l'impureté de plusieurs manières ; celles-là avaient été indiquées dans la Thorah.

Tel animal était interdit, tel autre ne l'était pas ; une femme devait, après ses couches, se considérer comme impure pendant un certain temps. Les lois sur la lèpre étaient également très rigoureuses. Le contact d'un cadavre entraînait aussi une souillure dont il fallait se garder avec soin, et, si on la contractait, il fallait s'en purifier. Ces lois se comprennent admirablement dans une législation donnée à un peuple encore enfant et vivant sous un climat exceptionnellement chaud. L'usage de telle viande était malsain, la contagion de la lèpre paraissait redoutable et, après un décès, il fallait naturellement éviter tout ce qui pouvait provoquer une épidémie. Mais, au premier siècle, le caractère purement hygiénique de ces ordonnances n'était plus compris.

Ce n'était plus telle viande qui était interdite, mais toute chair qui n'avait pas été sanctifiée par l'acquittement de la dîme ; c'étaient les aliments vendus par un « Gentil » qui étaient souillés. Le vin, l'huile, le froment, le pain de pro-

---

[1] En particulier I, 1-4.

venance païenne étaient interdits; on ne pouvait être
certain, en effet, de la pureté de ces aliments. Les Esséniens, poussant à l'extrême ces principes, avaient dû se
retirer du monde; à ce prix seuls ils étaient sûrs d'éviter
toute souillure. Quant aux Pharisiens ordinaires, ils étaient
astreints à une vigilance extrême et chaque fois qu'ils
avaient touché un vêtement, un meuble, un objet quelconque dont la pureté n'était pas évidente, ils ne s'en tiraient
qu'à l'aide d'ablutions et de purifications répétées. Les Saducéens étaient fort sceptiques sur cette question. Ils représentaient, ici comme ailleurs, le bon sens, la largeur et l'esprit.
Ils raillaient les Pharisiens de leurs sottes minuties. Nous
avons cité ailleurs cette plaisanterie : Ils finiront, disaient-
ils, par vouloir « purifier le globe du soleil. » Le fait est que
rarement la passion du détail inutile, de la minutie oiseuse
n'a été poussée aussi loin. Les casuistes attachaient une importance capitale à la matière dont un objet était fait, à sa
forme, à son état de conservation. Si un vase de terre était
creux, l'intérieur seul contractait la souillure, il suffisait alors
d'en casser un petit morceau pour lui rendre sa pureté primitive; mais il fallait savoir de quelle grandeur serait la cassure[1].
La Mischna nous donne les listes de ces vases creux ; elle les
classe, elle les nomme sans en oublier un seul et elle décrit
chacun d'eux sans omettre un détail[2]. Quant aux objets plats de
bois, de cuir, d'os, de verre, ils ne peuvent contracter de souillure. Cependant, sous les Macchabées, José ben Joeser et José
ben Jochanan de Jérusalem avaient déclaré impurs les vases
en verre avec autant de gravité que lorsqu'ils déclaraient
souillés les pays habités par des païens. Rabbi Eliézer, un
peu plus large que ses confrères, disait qu'il fallait surtout
tenir compte de la destination de l'objet. Et puis, pour les
vases qui étaient creux, il fallait faire grande attention à la
manière dont on les saisissait. Si les mains sont pures, mais

[1] *Kelim* II, 2.
[2] *Id.* 2, 3, 7, etc.

que l'extérieur d'une coupe soit impur, on peut contracter une souillure en la prenant [1].

N'insistons pas davantage sur de si singulières aberrations.

Les purifications étaient de deux sortes, on prenait un bain ou bien on se contentait de se laver les mains « jusqu'au poignet » [2]. L'immersion totale du corps n'était nécesssaire que dans les cas graves : le contact d'un reptile, d'un cadavre ou d'un lépreux [3]. Au retour de la place publique ou du marché, on se bornait à se laver les mains, mais on purifiait avec soin la vaisselle dont on se servait à table et les lits sur lesquels on s'étendait pour prendre son repas.

Le contact d'un païen nécessitait aussi probablement un bain complet, et nous croyons deviner ici l'origine du baptême. On s'est demandé souvent si les Juifs avaient l'habitude de baptiser les prosélytes païens, cela nous semble évident. Peut-on citer un texte à l'appui ? nous l'ignorons, mais puisqu'un Juif qui avait été en contact avec un païen devait prendre un bain pour se purifier, à bien plus forte raison un païen qui se convertissait au Judaïsme devait-il se purifier par une immersion totale du corps entier.

Ce n'est pas tout. Si l'eau purifie disait-on, quelle eau purifie le mieux ? et ne faut-il pas une eau spéciale pour les bains entiers, une autre pour l'ablution des mains, une autre pour le lavage des objets ? La Mischna distingue alors six espèces d'eaux formant une hiérarchie : 1º l'eau des étangs ou des citernes qui est stagnante ; cette première espèce d'eau ne peut servir que pour les mains. 2º l'eau de montagne qui coule encore ; elle ne peut aussi être utilisée que pour les mains. 3º L'eau puisée en quantité supérieure à quarante

---

[1] *Kelim*, XXV, 7-8.

[2] Ev. de Marc VII, 3, 4 ; *Jadajim*, ch. 2, hal. 3.

[3] La purification de la souillure produite par le contact d'un cadavre était très longue ; on en avait souvent pour toute une semaine ; il fallait, en particulier, être aspergé, le troisième et le septième jour, d'une eau de purification mélangée avec les cendres d'une vache brûlée. *Rosch. Hashcannah*, fol. 16-2.

mesures ; elle est suffisante pour un bain entier de purification
et pour le lavage de tel ou tel objet ; 4° l'eau de source peu
abondante ; elle sert aussi pour les bains, même si elle est
stagnante : 5° l'eau courante minérale ou thermale, et enfin
6° l'eau de source pure.

Cette dernière espèce d'eau, la meilleure de toutes, doit seule
être employée dans les cas où la souillure est très grave, pour
les plaies purulentes, pour les bains des lépreux.

Ce n'est pas tout encore. Chacune de ces six sortes d'eaux
fournissait la matière de discussions nouvelles : par exemple
celle qui porte le n° 3 (quarante mesures d'eau), ne faut-il pas
se demander d'où elle vient ? si ces quarante mesures ont
été rassemblées par des tuyaux, des conduits et qu'elles ne
viennent pas toutes d'une rivière, d'une source, est-il permis
de s'en servir ? Et la neige ou la glace fondue, peut-on les utiliser ? Pour le lavage des mains, d'autres questions s'élevaient.
On déterminait dans quels vases ce lavage pouvait se faire,
quelle eau il fallait employer, et jusqu'où il fallait plonger les
mains [1]. Jamais une personne pieuse ne commençait son repas
sans avoir rempli cette formalité. Jésus est blâmé de se mettre
à table sans s'être lavé les mains [2]. La Mischna nous raconte [3]
que lorsque Rabbi Aquiba était en prison, on ne lui donnait qu'une quantité d'eau assez limitée. Un jour son geôlier,
trouvant qu'il en avait encore trop, lui dit : « Tu as trop d'eau ; »
et il en répandit la moitié. Or, ce jour-là Rabbi Josua entra
dans la prison après le geôlier et R. Aquiba lui dit : « Donne-
moi l'eau pour que je me lave les mains ; » et R. Josua lui dit :
« Il en reste à peine assez pour que tu boives, comment veux-tu
te laver les mains ? » et R. Aquiba répondit : « J'aimerais mieux
mourir de soif que de transgresser les prescriptions sur le
lavage des mains. » Nous savons par maints détails des évan-

[1] *Jadajim* I, 1-5 ; II, 3.
[2] Ev. de Luc XI, 38.
[3] *Erubhin*, 21, 2.

giles [1] que, au temps de Jésus-Christ, chacun pensait comme Rabbi Aquiba.

LE JEÛNE ET L'AUMÔNE

La loi de Moïse s'est montrée très réservée sur la question du jeûne. Elle ne l'ordonne qu'une seule fois par an au grand jour des expiations [2].

L'Ancien Testament parle ailleurs de jeûnes facultatifs et individuels [3]. Ils pouvaient être un moyen de pénitence [4]. Après l'exil, des jeûnes réguliers furent organisés au cinquième mois (Ab), soit en mémoire de la ruine de Jérusalem et du Temple, soit pour rappeler d'autres faits du passé [5].

Ils étaient extrêmement rigoureux ; on s'abstenait entièrement de nourriture et cette abstinence durait souvent d'un soir à l'autre, c'est-à-dire vingt-quatre heures consécutives.

Cependant, d'après certains Rabbins, la nuit ne comptait pas. R. Chasda dit : « Le jeûne que le soleil n'éclaire pas (c'est à dire la nuit) n'est pas un jeûne. » On pouvait alors manger et boire pendant la nuit qui précédait. « Il est permis de manger et de boire jusqu'à ce que l'Orient soit éclairé [6]. » Il faut dire aussi que l'ardeur du climat rendait plus facile qu'elles ne le seraient sous le nôtre ces abstinences prolongées.

Au premier siècle, leur pratique était tout à fait entrée dans les mœurs religieuses de la nation. On peut distinguer les jeûnes nationaux décrétés par le Sanhédrin soit à des époques fixes, soit dans des circonstances extraordinaires

[1] Ev. de Matth. XV, 2 ; XXIII, 25, 26 ; Ev. de Marc VII, 2-5.
[2] Lévit. XVI, 29 ; XXIII, 27 ; Actes XXVII, 9.
[3] Josué VII, 6 ; Juges XX, 26 ; I Sam. VII, 6 ; XXXI, 13 ; II Sam. XII, 16 ; Joël II, 12 ; Jérémie XXXVI, 9 ; I Rois XXI, 12 ; II. Chron. XX, 3.
[4] Jonas III, 5.
[5] Zaccharie VII, 5 ; VIII, 19.
[6] *Taanith*, fol. 64, 3.

et les jeûnes individuels, laissés à l'initiative privée et que chacun s'imposait dans telle ou telle occasion. Les uns ou les autres ne tombaient jamais le jour du Sabbat.

Le jeûne d'automne, prescrit par Moïse lui-même, était le plus important des jeûnes nationaux et d'autant plus rigoureux que la pluie tardait davantage à venir. Cette pluie appelée « de la dernière saison [1] » était indispensable à la culture des terres. Si l'on arrivait au 17 Marcheschvan sans qu'il eut encore plu, le Sanhédrin ordonnait trois jours de jeûne. Si, à la nouvelle lune de Kisleu, la pluie n'était pas encore tombée, trois nouveaux jours étaient décrétés. Si tout le mois de Kisleu se passait et qu'il ne tombât point d'eau, le Sanhédrin imposait encore trois jours de jeûne et, après ceux-là, une semaine entière pour obtenir cette pluie si ardemment désirée.

Il faut aussi distinguer les jeûnes des synagogues, ils étaient provoqués comme ceux des particuliers par telle ou telle épreuve. « Il y a des afflictions dans les congrégations [2], voilà pourquoi on jeûne ; les attaques des ennemis, le glaive, la peste, les animaux nuisibles. » Quant aux jeûnes privés il est dit : « Si un homme a quelqu'un des siens malade, ou errant dans un désert, ou enchaîné dans une prison, il est tenu de jeûner pour lui. »

Ces abstinences soit de la synagogue entière, soit d'une seule famille, ou même d'une seule personne, se pratiquaient surtout le lundi et le jeudi, le deuxième et le cinquième jour de la semaine, et les Pharisiens pieux allaient jusqu'à jeûner régulièrement toute l'année ces deux jours là sans autre motif que leur dévotion [3]. Il est bien entendu que ce jeûne du deuxième et du cinquième jour était facultatif. Il passait cependant pour avoir été institué par Esdras. « Il a établi, disait-on, la lecture publique de la Loi, le deuxième et le cinquième jour

---

[1] Voir Livre I, chapitre XII.
[2] *Taanith*, ch. II.
[3] « Je jeûne deux fois la semaine. » Ev. de Luc XVIII, 12.

de la semaine, parce que Moïse monta sur la montagne pour recevoir les tables de la Loi le cinquième jour et en redescendit le deuxième et, de plus, on jeûne ces deux jours là [1] ».

Parfois on jeûnait pour les motifs les plus bizarres : se procurer des rêves agréables, trouver l'explication d'un songe, détourner un présage. Il y avait aussi des jeûnes de divers degrés. Le moins rigoureux de tous était celui où l'on pouvait encore s'oindre la tête et se laver le visage. Ensuite venait celui où l'on s'interdisait ces deux actes [2], et enfin lorsqu'on pratiquait le jeûne dans toute sa rigueur on devait s'abstenir même de saluer ses amis quand on les rencontrait [3]. Si Jésus recommande celui du premier degré [4], c'est afin qu'il reste secret et qu'on ne soit pas tenté de s'en faire un mérite. Du reste, ses disciples ne jeûnaient point, tandis que ceux de Jean-Baptiste jeûnaient [5]. Lorsque le Christ parle des Pharisiens qui ont le visage défait quand ils jeûnent [6], il fait probablement allusion à l'habitude pharisienne de se mettre de la cendre sur la tête et sur le visage. « Dans les jours de jeûne, disent les Talmuds, chacun prend de la cendre et se la met sur la tête [7]. » On disait de Rabbi Joshua, fils d'Ananias : « Tous les jours de sa vie sa face a été noire à cause de ses jeûnes. »

Si le jeûne était méritoire, l'aumône l'était davantage encore. Il est certain que les enfants d'Israël la pratiquaient. Le souci des pauvres était une de leurs préoccupations et l'usage de recueillir des offrandes pour eux a existé chez les Juifs avant de s'introduire dans l'Eglise chrétienne; cependant un abîme sépare les deux pratiques. Celle des chrétiens n'était pas

---

[1] Babyl. *Bava Kama*, fol. 82, 1.

[2] *Joma*, ch. VIII, halac 1 ; Jérus. *Maasar Scheni*, fol. 53, 2 et *Schabbath*, fol. 12, 1.

[3] *Taanith*, I, 4-7.

[4] Ev. de Matth. VI, 16-18.

[5] Ev. de Matth. IX, 14.

[6] Ev. de Matth. VI, 16,

[7] *Taanith*, ch. II, et *Juchasin*, fol. 59.

méritoire et surtout elle s'étendait indistinctement à tous les hommes. Saint Paul a collecté parmi les Grecs de l'argent destiné aux Judæo-chrétiens pauvres de Jérusalem, fait unique dans l'histoire, acte entièrement nouveau, consécration de l'universalisme apporté au monde par l'Evangile. Le Juif n'était charitable qu'envers le Juif, lui seul était « son prochain », et il est singulièrement instructif de mettre en regard de la parabole du bon Samaritain certaines paroles implacables de Maimonide, celles-ci par exemple : « Les Israélites héré-tiques, c'est-à dire ceux qui adorent des idoles et ceux qui nient la Loi et les Prophètes, doivent être tués, si possible publiquement, sinon en secret[1]. » Ces mots désignent certai-nement les Samaritains et nous savons par l'histoire de la guerre de 66 70 que les zélotes n'ont pas hésité à pratiquer ce précepte. « Quant aux païens, dit le même auteur, qui ne sont pas en guerre avec nous, il n'est pas ordonné de les tuer, mais il est défendu de les arracher à la mort. Si un Juif en voit tomber un à la mer, il ne doit pas l'en retirer. Il est bien écrit : Tu ne te lèveras pas dans le sang de ton pro-chain ; mais celui-ci n'est pas ton prochain[2]. » Tacite était donc bien fondé à dire des Juifs : « Ils sont célèbres par leur haine du genre humain. » Le sentiment de la charité était absent de ces cœurs desséchés et le mot de Jésus : « Tu aime-ras ton ennemi[3], » était absolument nouveau quand il fut prononcé. L'hymne de saint Paul à la charité[4] ne pouvait être comprise d'un Juif ; ce que celui-ci appelait « l'exercice de la miséricorde » ne comprenait que deux devoirs : « assis-ter l'Israélite pauvre ou prisonnier de son argent ou l'assister de sa personne en le consolant dans ses afflictions[5]. »

L'aumône principale était la dîme ; on ne la donnait pas

[1] Lightfoot, *Horæ Hebraïcæ et talmudicæ*, p. 286.
[2] Nous avons déjà eu l'occasion de citer une partie de ces paroles : Livre I, chapitre VI. Voir page 127.
[3] Ev. de Matth. V, 43.
[4] I Cor. ch. XIII.
[5] *Péaah*, fol. 1, 1.

toujours dans un sentiment de charité, mais souvent dans un
sentiment de crainte, car « celui qui mange des aliments non
dîmés a mérité la mort [1] » et c'est bien dans cet esprit que le
Pharisien de la parabole dimait tout ce qu'il possédait [2].
Quant à Zacchée, s'il donnait « la moitié de sa fortune aux
pauvres [3], » il s'agissait évidemment du bien mal acquis. Ces
dîmes prélevées sur tous les aliments étaient si généralement
usitées que Jésus-Christ lui-même les a approuvées, celles de
la menthe, de l'anet et du cumin comme les autres [4] : En effet,
« tout ce qui fait partie de la nourriture, tout ce qui est une
propriété privée, tout ce qui naît de la terre est dîmé [5]. »

L'aumône, méritoire aux yeux de Dieu, l'était davantage
encore si elle restait ignorée des hommes, et les Juifs approuvaient beaucoup les aumônes secrètes : « Celui qui fait l'au-
« mône en cachette est plus grand que Moïse notre maître [6] ».
Aussi Jésus-Christ n'a-il été sans doute que l'écho de plusieurs de ses contemporains quand il s'est écrié : « Ne sonne
pas la trompette devant toi quand tu fais l'aumône [7]. » Il ne
faut probablement voir dans cette expression qu'une image.
Nous avons bien parlé de la trompe conservée dans l'armoire
de la Synagogue et, comme on collectait de banc en banc
pendant le service, on pourrait supposer que les Pharisiens
faisaient annoncer au son de cette trompe le chiffre de leurs
dons ; mais les Talmuds ne font nulle part allusion à cet
usage, qui nous semble fort douteux [8].

Les aumônes proprement dites étaient de trois sortes :
1° Celles que l'on mettait dans les troncs publics ; trois diacres
les recueillaient et les distribuaient aux indigents ; 2° la col-

[1] *Sanhéd.*, fol. 83, 1.
[2] Ev. de Luc XVIII, 12.
[3]   Id.   XIX, 8.
[4] Ev. de Matth. XXIII, 13.
[5] *Maasaroth*, ch. I, hal. 1.
[6] Babyl. *Bavabathra*. fol. 9, 2.
[7] Ev. de Matth. VI, 2.
[8] Voir chapitre VI, *la Synagogue.*

lecte faite à la synagogue plus spécialement affectée aux pauvres de la ville ou du village. Saint Paul conseille aux chrétiens d'imiter cette pratique et de mettre à part chaque premier jour de la semaine les sommes qu'ils réservent aux pauvres [1]. L'argent ainsi recueilli dans les synagogues était distribué le soir même ; 3° l'aumône du champ, c'est-à-dire le coin du champ qui n'était pas mesuré, les gerbes laissées par les moissonneurs intentionnellement ou non, et les restes de la vendange [2].

[1] Ire Epître aux Corinth. XVI. 2.
[2] Lévit. XIX, 9, 10 ; Deut. XXIV, 19.

CHAPITRE X

LA PRIÈRE

La prière est l'expression la plus élevée, la plus pure, la
plus complète du sentiment religieux. Elle est la manifesta-
tion naturelle de la piété; la place qu'elle occupe dans la
vie et surtout la manière dont elle est comprise et pratiquée
donnent toujours une juste idée de la foi religieuse d'une personne ou d'une nation. Comment un peuple, comment un
individu prient-ils? La réponse à cette question donnera la
mesure de leur piété et le degré d'intensité de leur vie spirituelle. Eh bien, chez les Juifs, sauf de rares et touchantes
exceptions, il en était de la prière, comme de l'aumône,
comme du jeûne, comme de tout le reste; elle n'était qu'un acte
mécanique et une récitation méritoire. Presque jamais spon-
tanée, arrivant à certaines heures fixes, et mise d'avance en
formules invariables et obligatoires, elle n'avait plus de commun que le nom avec la véritable prière.

Nous avons déjà parlé des prières de la synagogue et nous
décrirons plus loin celles du Temple. Dans ce chapitre-ci
nous ne traiterons que des requêtes individuelles.

Tous les matins et tous les soirs le Juif récitait une oraison
appelée le *Schema*, parce qu'elle commençait par ce mot qui
veut dire : Écoute. Les femmes, les enfants et les esclaves en
étaient seuls dispensés. A vrai dire, ce Schema était plutôt une

répétition de versets qu'une prière[1]. Il se composait des trois
fragments suivants : « Ecoute, Israël, l'Eternel notre Dieu, est
le seul Eternel. (Béni soit à jamais le nom de son règne glo-
rieux[2].) Tu aimeras l'Eternel ton Dieu, de tout ton cœur, de
toute ton âme et de toute ta pensée. Et ces commandements
que je te donne aujourd'hui seront dans ton cœur. Tu les in-
culqueras à tes enfants, et tu en parleras quand tu seras dans
ta maison, quand tu iras en voyage, quand tu te coucheras et
quand tu te lèveras, tu les lieras comme un signe sur tes
mains, et ils seront comme des fronteaux entre tes yeux. Tu
les écriras sur les poteaux de ta maison et sur tes portes[3]. »

« Si vous obéissez à mes commandements que je vous pres-
cris aujourd'hui, si vous aimez l'Eternel votre Dieu, et si
vous le servez de tout votre cœur et de toute votre âme, je
donnerai à votre pays la pluie en son temps, la pluie de la
première et de l'arrière saison, et tu recueilleras ton blé, ton
moût et ton huile; je mettrai aussi dans tes champs de l'herbe
pour ton bétail, et tu mangeras et tu te rassasieras. Gardez-
vous de laisser séduire votre cœur, de vous détourner, de
servir d'autres dieux et de vous prosterner devant eux. La
colère de l'Eternel s'enflammerait alors contre vous; il fer-
merait les cieux, et il n'y aurait point de pluie; la terre ne
donnerait plus ses produits, et vous péririez promptement
dans le bon pays que l'Eternel vous donne. Mettez dans votre
cœur et dans votre âme ces paroles que je vous dis. Vous les
lierez comme un signe sur vos mains, et elles seront comme
des fronteaux entre vos yeux. Vous les enseignerez à vos enfants et vous leur en parlerez quand tu seras dans ta maison,
quand tu iras en voyage, quand tu te coucheras et quand tu
te lèveras. Tu les écriras sur les poteaux de ta maison et sur
tes portes. Et alors vos jours et les jours de vos enfants, dans

[1] Josèphe parle du Schema : *Ant. Jud.* IV, 8, 13. Δὶς δ'ἑκάστης
ἡμέρας....., etc.
[2] Cette parenthèse était ajoutée au texte par les fidèles.
[3] Deutéronome VI, 4-9.

le pays que l'Eternel a juré à vos pères de leur donner, seront aussi nombreux que les jours des cieux le seront au-dessus de la terre [1]. »

« L'Eternel dit à Moïse : Parle aux enfants d'Israël, et dis leur qu'ils fassent de génération en génération des franges (*tsitsith*) aux coins de leurs vêtements, et qu'ils attachent un fil de laine bleue à la frange de chaque coin. Quand vous aurez cette frange vous la regarderez, et vous vous souviendrez de tous les commandements de l'Eternel pour les mettre en pratique, et vous ne suivrez pas les désirs de vos cœurs et de vos yeux pour vous laisser entraîner à l'infidélité. Vous vous souviendrez ainsi de mes commandements, vous les mettrez en pratique, et vous serez saints pour votre Dieu. Je suis l'Eternel, votre Dieu, qui vous ai fait sortir du pays d'Egypte, pour être votre Dieu. Je suis l'Eternel, votre Dieu [2]. »

Telles étaient les paroles que tous les matins et tous les soirs, sur toute l'étendue du territoire de la Palestine, les Juifs bredouillaient à la hâte, comme on dit un chapelet. L'heure à laquelle on les récitait nous est indiquée au premier cha-pitre du traité des Berakhoth. Le soir on pouvait dire le Schema depuis le moment où les prêtres rentraient au Temple pour manger de l'oblation jusqu'à la fin de la première veille. Rabbi Gamaliel permettait de le dire toute la nuit. Pour celui du matin on avait depuis le point du jour jusqu'à la troisième heure, c'est-à-dire neuf heures [3], mais il valait mieux le dire de bonne heure, dès qu'on pouvait distinguer le bleu d'avec le blanc. Rabbi Eliézer préférait attendre qu'on pût distinguer le bleu du vert [4] car c'est plus difficile et on est plus sûr que le jour est bien commencé.

[1] Deutéronome XI, 13-21.
[2] Nombres XV, 37-41.
[3] *Berakhoth* I, 1 et 5.
[4] *Berakhoth* I, 2.

Ce Schema se prononçait partout, à la synagogue [1], sur les places, dans les rues, dans les maisons, en un mot, là où l'on se trouvait [2] lorsque le moment de le réciter était venu. « L'homme surpris par l'heure de la prière pendant qu'il cueille des fruits dans un arbre doit dire sa prière [3]. » C'est évidemment contre cette répétition du Schema que Jésus-Christ s'est élevé quand il s'est écrié : « Quand vous priez n'usez pas de vaines redites comme les païens » [4]. Nous avons dans les liturgies Israélites de nombreux exemples de ces « vaines redites. »

Le matin on prononçait, outre le Schema, trois formules d'actions de grâces, deux avant de le dire et une après l'avoir récité. Le soir on disait une formule de bénédiction de plus, soit quatre en tout.

Jamais le Juif ne s'agenouillait pour prier; quelquefois il se prosternait jusqu'en terre suivant la coutume de saluer des Orientaux, mais ce n'était que dans les circonstances exceptionnelles. D'ordinaire, l'Israélite disait ses prières debout, la tête inclinée en avant, les yeux fixés sur le sol. « En priant il faut se voiler la tête et regarder en bas [5]. » « Le disciple des sages regarde en bas quand il se tient debout et prie [6]. » Avant de commencer à prier, on se tournait du côté de Jérusalem et de son sanctuaire : « Si on prie dans le Temple, on regarde vers le Saint des saints, si on prie ailleurs, on regarde vers Jérusalem. »

Ce n'est pas tout. Il est une autre de ces vaines redites, aussi souvent répétée que le *Schema*, et plus longue que lui, contre laquelle Jésus-Christ s'est élevé aussi, nous voulons parler du *Schemoné Esré* (c'est-à-dire les dix-huit), nommé aussi *Amida*. On appelait ainsi dix-huit actions de grâces que tout Israélite, homme, femme, enfant, esclave, devait

---

[1] Ev. de Matth. VI, 5; *Berakhoth*, fol. 2, 1; fol. 69, 3.
[2] Ev. de Matth. VI, 5; Maimonide *in Tephillah*, ch. II.
[3] *Berakhoth*, 16.
[4] Ev. de Matth. VI, 7.
[5] Maimon. *in Tephillah*, ch. V. Voir Ev. de Luc XVIII, 13.
[6] *Peah*, ch. 5.

réciter trois fois par jour, le matin, l'après-midi à l'heure de l'oblation [1], et le soir. Voici la traduction intégrale de cette prière :

1. « Sois loué, Eternel notre Dieu, Dieu de nos pères, Dieu d'Abraham, Dieu d'Isaac, Dieu de Jacob, Dieu grand, fort, redoutable, Etre suprême, dispensateur des bienfaits et des grâces, créateur de toutes choses. Tu te souviens de la piété des patriarches et tu enverras un Libérateur à leurs enfants pour glorifier ton nom et pour manifester ton amour. O. Roi, notre aide, notre secours et notre bouclier, sois loué, Eternel, bouclier d'Abraham. »

2. « Tu es à jamais Tout Puissant, Seigneur, tu ressuscites les morts; tu es Tout Puissant pour secourir (tu fais souffler les vents et tomber la pluie [2]). Tu nourris les vivants par ta grâce; tu ressuscites les morts par ta grande miséricorde, tu soutiens ceux qui chancellent, tu guéris les malades, tu délivres les prisonniers et tu gardes tes promesses à ceux qui dorment dans la terre. Qui est Tout Puissant, comme toi, Seigneur? Qui peut t'être comparé? O notre Roi, c'est toi qui fais mourir et qui fais vivre; de toi vient tout secours. Tu accompliras ta promesse de ressusciter les morts. Sois loué, Eternel, qui ressuscite les morts. »

3. « Tu es Saint, ton nom est Saint, et tous les jours tes Saints te glorifient. Selah. Sois loué, Eternel! Dieu saint. »

4 « Tu donnes la sagesse à l'homme et tu lui inspires l'intelligence. Favorise-nous, Seigneur, de sagesse, de discernement et d'intelligence. Sois loué, Eternel, dispensateur de la sagesse. »

5. « Ramène-nous sous la Loi, ô notre Père; rapproche-nous, ô notre Roi, de ton service, ramène-nous à toi par un

---

[1] C'est probablement le Schemoné Esré de l'après-midi que Pierre et Jean allaient réciter au Temple à trois heures (Actes des ap. III, 1.) Le prêtre donnait aussi à cette heure-là la bénédiction. Voir chapitre XII, *Les cérémonies du Temple*.

[2] Cette parenthèse ne se disait que dans la mauvaise saison. depuis la fête des Tabernacles jusqu'à la Pâque.

repentir sincère; sois loué, ô Eternel, qui acceptes notre repentir. »

6. « Pardonne-nous, ô notre Père, nous avons péché; absous-nous, ô notre Roi, nous t'avons offensé; tu es un Dieu qui absous et qui pardonne; sois loué, ô Eternel, qui par ta miséricorde pardonne souvent et pour longtemps. »

7. « Vois notre misère, Seigneur, et prends notre défense, délivre-nous bientôt au nom de ta gloire; car tu es un tout puissant libérateur. Sois loué, ô Eternel, libérateur d'Israël. »

8. « Guéris-nous, ô Eternel, et nous serons guéris; secours-nous et nous serons secourus; Tu es l'objet de nos louanges. Apporte donc un remède efficace à tous nos maux; Tu es le Roi Tout-Puissant, notre vrai médecin, plein de miséricorde! Sois loué, ô Eternel, qui guéris les malades des enfants d'Israël. »

9. « Bénis, Eternel notre Dieu, cette année et ses récoltes, (donne la rosée et la pluie [1]), donne ta bénédiction à la terre; rassasie-nous par ta bonté et bénis cette année comme les bonnes années. Sois loué, Eternel qui bénis les années. »

10. « Fais retentir la trompette de la délivrance, élève l'étendard qui ralliera nos dispersés et rassemble-nous bientôt des quatre coins de la terre. Sois loué, Eternel, qui rassembleras les dispersés de ton peuple d'Israël. »

11. « Rends leurs places à nos juges comme autrefois, à nos magistrats comme dans les temps passés. Délivre-nous de l'affliction et de l'angoisse; règne seul sur nous, ô Eternel, par ta grâce et ta miséricorde et absous-nous dans tes jugements. Sois loué, ô Eternel, qui aimes la droiture et la justice. »

11 bis (12). « Que les calomniateurs n'aient plus d'espoir; que tous les artisans d'iniquité soient anéantis, que les rebelles soient détruits; que la puissance de l'orgueil soit humiliée; sois loué, Eternel, qui brise tes ennemis et humilie les orgueilleux. »

[1] Paroles que l'on ajoutait en hiver.

12 (13). « Que ta miséricorde, Eternel, soit émue en faveur des justes, des humbles, des anciens de ton peuple d'Israël, du reste de ses docteurs, en faveur des étrangers pieux et de nous tous; accorde une bonne récompense à ceux qui mettent sincèrement leur confiance en ton nom ; que dans l'avenir nous partagions leur sort; que notre espérance ne soit pas déçue ; nous mettons, nous aussi, notre confiance en toi; sois loué, Eternel, qui es le soutien et l'espérance des fidèles. »

13 (14). « Reviens dans ta miséricorde vers ta ville de Jérusalem ; fais-en ta demeure comme tu l'as promis ; rebâtis-la de nos jours; qu'elle soit indestructible; relèves-y bientôt le trône de David. Sois loué, ô Eternel, toi qui rebâtiras Jérusalem [1]. »

14 (15). « Fais bientôt croître le rejeton de David, et relève sa gloire par ton secours, car c'est en toi que nous espérons tous les jours. Sois loué, ô Eternel, qui fais naître la gloire du salut. »

15 (16). « Entends nos supplications, ô Eternel notre Dieu : protège nous, aie pitié de nous ; exauce nos prières avec miséricorde et bienveillance ; car tu es le Dieu qui écoute les prières et les supplications ; ne nous renvoie pas, ô notre Roi, sans nous avoir exaucés. Tu accueilles avec miséricorde les prières de ton peuple d'Israël. Sois loué, Eternel qui exauce les prières. »

16 (17). « Que ton peuple d'Israël et ses prières te soient agréables. Ramène le service divin dans les parvis de ta maison ; Reçois par ta grâce les offrandes d'Israël et ses prières, et que le culte de ton peuple d Israël te soit toujours

---

[1] Au jeûne du 9 Ab on ajoutait les paroles suivantes : Eternel, notre Dieu, console ceux qui pleurent Jérusalem et Sion; prends pitié de cette ville remplie de deuil, de ruines, de mépris et de destruction. Elle porte le deuil de ses enfants qu'elle a perdus. Ses palais sont détruits, sa gloire est évanouie. Elle est détruite, renversée et inhabitée; elle est abandonnée, ayant la tête voilée comme une femme stérile qui n'a pas eu d'enfants; des légions ennemies l'ont anéantie, des idolâtres s'en sont emparés; ils ont massacré ton peuple d'Israël; ils ont immolé sans

agréable. Puissent nos yeux voir le jour, où par ta miséricorde tu retourneras à Sion. Sois loué, ô Eternel, qui rétabliras ta demeure à Sion. »

17 (18). « Nous confessons que tu es l'Eternel notre Dieu et le Dieu de nos pères, aujourd'hui et aux siècles des siècles. Tu es le rocher de notre vie, le bouclier de notre salut, de génération en génération. Grâces et louanges soient rendues à ton nom saint et grand; pour la vie que tu nous a donnée, pour nos âmes que tu préserves, pour tes miracles quotidiens, en notre faveur, pour les merveilles et les bontés dont tu nous entoures à toute heure, le matin, à midi, le soir. Dieu de bonté, ta miséricorde est infinie, tes grâces ne cessent point; nous espérons éternellement en toi. Que pour tous ces bienfaits, ton nom soit béni et exalté à jamais. Que tous les êtres vivants te rendent grâces; Selah. Qu'ils louent ton nom avec sincérité. Sois loué, ô Éternel, ton nom est bon et seul tu es digne de louanges. »

18 (19). « O Notre Père, répands la paix, la prospérité, ta bénédiction, tes faveurs, tes grâces et ta miséricorde sur nous et sur tout ton peuple d'Israël. Bénis-nous tous ensemble avec la lumière de ta face, car c'est par cette lumière, Eternel notre Dieu, que tu nous as donné une loi éternelle, l'amour de la droiture et de la justice, la bénédiction, la miséricorde, la vie et la paix. Qu'il te soit agréable de bénir ton peuple d'Israël en tous temps et en tous lieux, et de lui donner ta paix. Sois loué, ô Eternel, qui donne la paix à ton peuple d'Israël. »

Tel était le Schemoné Esré. Il subissait certaines modifi-

pitié les saints du Très-Haut. C'est pourquoi Sion répand des larmes amères et Jérusalem fait entendre sa voix. Mon cœur, mon cœur saigne sur ces martyrs; mes entrailles, mes entrailles se déchirent sur ces massacres; mais toi, mon Dieu, qui as consumé cette ville par le feu, tu la rebâtiras par le feu; ainsi qu'il est écrit (Zacch. II, 5) : « *Et moi, dit l'Eternel, je serai autour d'elle comme une muraille de feu, et c'est pour sa gloire que je séjournerai au milieu d'elle.* » Sois loué, Eternel qui consoles Sion et rebâtis Jérusalem.

cations (additions ou retranchements) les jours de fête. Nous avons indiqué en note les admirables paroles de pénitence prononcées le 9 du mois d'Ab. De même, à la fête des Purim on disait quelques phrases rappelant le grand souvenir que l'on célébrait. A la fête de la Dédicace on ajoutait aussi une importante section à ces dix-huit bénédictions.

Il suffit de lire le Schemoné Esré pour se convaincre qu'il ne pouvait exister sous sa forme actuelle pendant la vie de Jésus. Il y est sans cesse fait allusion à la ruine de Jérusalem et à la destruction du Temple ; il a donc été écrit après l'an soixante-dix. Mais nous savons qu'une prière semblable était en usage cent ans avant la ruine du Sanctuaire, c'est-à-dire au moment même de la naissance du Christ. Il en a, sans doute, été du Schemoné Esré comme de toute prière liturgique ; il s'est modifié peu à peu, il a été complété par des additions successives ; on peut dire toutefois que la prière elle-même est très ancienne.

Le nombre de ses parties était-il déjà de dix-huit au commencement du premier siècle ? Etaient-elles déjà rangées dans l'ordre actuel ? Nous n'en savons rien ; le Talmud de Babylone dit qu'un certain Siméon Pekoleus avait fait, du temps de Gamaliel l'ancien, une série de dix-huit prières. Samuel le Petit aurait aussi composé une oraison sur la demande de ce docteur. C'est une preuve de plus qu'à l'époque de Jésus-Christ, il existait des prières rédigées semblables à celles que la liturgie israélite a fait parvenir jusqu'à nous.

Enfin, les Talmuds disent que le Schemoné Esré n'avait d'abord que dix-huit bénédictions et « *que la dix-neuvième a été ajoutée à Jabné* [1] ». Ce renseignement nous fait remonter fort loin, car le séjour des Rabbins à Jabné commença aussitôt après la ruine du Temple, et nous savons que le Schemoné Esré était récité par Aquiba, par Gamaliel le Jeune, par Josua, etc., c'est-à-dire dès le commencement du second siècle après Jésus-Christ.

---

[1] « La prière sur les Tsadoukim (les Saducéens, les hérétiques) a été ajoutée à Jabné. » (*Berakhoth*, fol. 28, *b*.)

Sous sa forme actuelle, le Schemoné Esré est d'une incomparable beauté ; et certainement les idées exprimées dans cette magnifique prière n'étaient pas étrangères aux Juifs pieux contemporains de Jésus. Sans doute ces idées sont déjà dans l'Ancien Testament et, si l'on cherchait bien, on ne trouverait guère dans le Schemoné Esré que des lambeaux de phrases tirés des Psaumes et des Prophètes ; mais c'est beaucoup que de les avoir réunis et d'avoir composé, avec ces lambeaux, ces apostrophes sublimes exprimant tour à tour l'adoration, la foi, l'humiliation, l'espérance.

N'oublions donc pas de rendre justice à tout ce qu'il y a d'admirable et de touchant dans la piété juive du premier siècle. L'idée de Dieu en particulier, telle que les livres de l'ancienne alliance l'exposaient à chacune de leurs pages, était comprise dans toute sa grandeur et toute sa beauté. Dieu était l'Eternel, le Tout-Puissant, l'Etre qui a dit : « Je suis Celui qui suis » et il était aussi le Père céleste. Nous sommes convaincu que ce nom popularisé par l'enseignement de Jésus n'était pas nouveau pour ses contemporains.

Cependant la plus belle des prières peut n'être qu'une « vaine redite » si elle est prononcée machinalement : les Rabbins ont bien essayé parfois de s'opposer à ces répétitions inintelligentes. « Si l'on dit sa prière comme pour s'acquitter d'une récitation obligatoire ce ne sont point des supplications[1]. » « Ne considère pas ta prière comme un devoir fixe, mais comme un acte d'humilité pour obtenir la miséricorde divine[2]. » Cette dernière parole est attribuée à Rabbi Siméon qui précisément vivait à l'époque que nous étudions, mais ces protestations des Rabbis ne signifient rien ; il n'y avait qu'un remède : la disparition de ces prières quotidiennes et c'est à quoi se résolurent les premiers chrétiens. Ajoutons que Jésus n'a nullement protesté contre la récitation des prières en soi, mais contre le mérite attaché à cette récitation.

[1] Talmud Jérus. *Berakhoth* IV, 4.
[2] *Pirké Aboth*, II, 13.

En lisant le Schema le lecteur aura remarqué les ordres de Moïse pour la conservation des commandements qu'il renferme ; ceux-ci devaient être attachés aux portes des maisons, aux mains, au front du fidèle, et lui être rappelés même par la bordure de son manteau. Les Juifs mettaient en pratique au pied de la lettre ces diverses recommandations. Aux quatre coins de leurs manteaux ils portaient les *Tsitsith* (dans le Nouveau Testament : κράσπεδα). Nous en avons déjà parlé en décrivant leurs vêtements. C'étaient des franges bleues ou blanches que les Pharisiens affectaient de porter fort longues [1], que ésus-Christ lui-même avait à sa robe [2] et dont l'usage était imposé par un commandement formel de Moïse [3]. Les Juifs pieux se servaient en outre d'une petite boîte allongée appelée la *Mesusa* qu'ils suspendaient aux portes des maisons et des chambres et qui renfermait un petit rouleau de parchemin. Ce manuscrit contenait en vingt-deux lignes les deux fragments : Deutér. VI, 4-9 sur l'amour pour Dieu et XI, 13-21 sur les bénédictions attachées à l'obéissance aux commandements. Cet usage n'est pas encore perdu et plus d'une famille juive, surtout en Allemagne, suspend la Mesusa au-dessus de la porte d'entrée de la maison [4].

Nous avons déjà décrit les *Tefillins* (dans le Nouv. Test. φυλακτήρια [5]), petits étuis ou bandes de parchemins assujetties par des courroies sur la main ou sur la tête, qui renfermaient les deux passages de la Mesusa et deux autres encore [6] sur la Pâque et le rachat des premiers nés. Les Talmuds nous parlent sans cesse des phylactères et Maimonide nous en donne la plus exacte description [7]. Nous savons comment

---

[1] Ev. de Matth. XXIII, 5.

[2] Ev. de Luc VIII, 44 : « Elle toucha les tsitsith de son manteau. »

[3] Nombres XV, 37 et suiv.; Deut. XXII, 12.

[4] Sur la Mesusa voyez Jos. *Ant. Jud.* IV, 8, 13; *Berakhoth* III, 3; *Megillah* I, 8; *Moed Katon* III, 4; *Menachoth* III, 7.

[5] Voir Livre I, chapitre X : *les Vêtements*.

[6] Exode XIII, 1-10 et 11-16.

[7] *Tephillin*, ch. I et II.

ils étaient attachés ; comment les versets qu'ils renfermaient
étaient écrits [1] ; comment on devait les réciter [2]. Il y a là des
détails d'une minutie puérile et d'une interminable longueur
dans lesquels nous ne pouvons songer à entrer. Jésus a sans
doute possédé des phylactères, car s'il a blâmé ceux qui en
font parade, ceux qui affectent de les porter très grands,
il n'a point condamné leur usage. A douze ans, c'est-à-dire
à l'époque de l'initiation à la Loi, on enseignait à l'enfant à
réciter les phylactères et c'est sans doute à cet âge, qui eut
sur l'avenir de Jésus une si décisive influence, qu'il apprit,
lui aussi, à se servir de ces étuis et commença à répéter les
versets qui y étaient renfermés. Il est certain toutefois que
l'Ancien Testament ne parle clairement que des Tsitsith. Les
passages où l'on a cru trouver des ordres relatifs à la *Mesusa*
et aux *phylactères* ont sans doute été interprétés trop littéralement [3].

Il est évident que la prière occupait une place importante
dans la vie du Juif et surtout, semble-t-il, la prière d'actions de
grâces. Tout un traité de la Mischna, le traité Berakhoth (c'est-
à-dire Bénédictions), est consacré à ce sujet. Jamais un Juif ne
commençait ni ne terminait son repas sans rendre grâces [4].
Les formules prononcées alors étaient fixes et invariables.
On ne se bornait pas à bénir la table en général, on bénissait chaque aliment [5], le pain, le vin, les fruits des arbres et.

---

[1] *Tosaphoth ad Megillah*, fol. 26, 2, 3.

[2] *Berakhoth*, ch. I, II, III.

[3] Voir sur les Tefillins Jos. *Ant. Jud.* IV, 8, 13; Mischna *Berakhoth*
III, 1, 3; *Schabbath* VI, 2; VIII, 3; XVI, 1; *Erubin* X, 1-2; *Schekalim* III, 2; *Megillah* I, 8; IV, 8; *Moed Katon* III, 4; *Sanhédr.* XI,
3, etc., etc.

[4] Il est remarquable que toutes les Epîtres de saint Paul, sauf celle aux
Galates, commencent par des actions de grâces.

[5] Les Arabes ont conservé cette coutume : « Chaque fois qu'on vient
de boire, dit un voyageur moderne, le Caïd qui vous reçoit dit : *saah*
(merci); on doit lui répondre : *Allah icel-mek*, ce qui équivaut à notre :
« Que Dieu vous bénisse! » Ces formules sont répétées dix fois pendant
chaque repas. » Guy de Maupassant, *Au soleil. Revue polit. et litt.*,
3ᵉ *série*, 3ᵉ *année*, 2ᵉ *semestre*, n° 22.

de la terre ; on bénissait aussi la lumière, le feu, l'eau, l'orage, l'éclair, la nouvelle lune. Lorsque Jésus institua la Cène,
il rendit grâces pour le pain et ensuite pour le vin [1]. On
priait en se levant, en se couchant, en assistant à une naissance, à un mariage, etc. « Plût à Dieu, s'écrie Rabbi Johanan, que l'homme priât toute la journée [2] ».

Jésus blâmait les longues prières. Quelques Rabbis, en
effet, y attachaient une grande importance. R. Isaac disait que
« les longues prières sont utiles si l'on croit être exaucé par le
prolongement de la méditation » [3]. Mais ce n'était pas l'avis
de tout le monde, et le traité Berakhoth nous a conservé cette
belle parole : « La meilleure des adorations consiste à gar-
« der le silence ».

Les prières étant en général récitées, il arrivait souvent
aux Docteurs de la Loi d'en composer eux-mêmes à l'usage
de leurs disciples. Jean-Baptiste en enseigna une aux siens [4],
et Jésus-Christ aussi. C'était, d'après les Talmuds, une coutume généralement répandue alors et le traité Berakhoth du
Talmud de Babylone nous a conservé quelques-unes de ces
oraisons. Elles n'étaient point destinées à remplacer les prières publiques ordinaires ; au contraire, elles les complétaient ; on prononçait ces courtes demandes après le Schema
ou après le Schemoné Esré et elles portaient le nom
de prières de conclusion [5]. « R. Eliézer, en finissant ses
prières, ajoutait ordinairement celle-ci : Qu'il te plaise,
Seigneur, que l'amour et la fraternité soient notre partage. »
Rabbi Johanan ajoutait après les siennes : « Qu'il te plaise,
Seigneur, d'avoir égard à notre bassesse et de voir nos
misères. » Il est probable que c'est sous cette forme de
conclusion que les apôtres et les premiers disciples de Jésus

[1] Ev. de Matth. XXVI, 26, 27 et parall.
[2] « Priez sans cesse », écrira plus tard saint Paul. I Thess. V, 17.
[3] Babyl. *Berakhoth*, fol. 55, *a*.
[4] Ev. de Luc XI, 1 et suiv.
[5] Babyl. *Berakhoth*, fol. 16, b.

répétèrent d'abord l'oraison dominicale. Elle trouvait naturellement sa place après la récitation du Schemoné Esré,
ou plutôt de ce qui en existait déjà. Lui-même était abrégé
par certains Docteurs. Rabbi Gamaliel imposait sa récitation
tout entière, mais R. Josua permettait de n'en dire que le
résumé, et R. Aquiba s'exprimait ainsi : « Si l'on peut dire
les dix-huit bénédictions en entier, qu'on les dise; si on ne
peut pas, qu'on en dise le résumé[1]. » Il est difficile de savoir
si l'oraison dominicale a été, dans la pensée de Jésus, un
résumé du Schemoné Esré; mais cela nous semble bien peu
probable.

Passons en revue les demandes qui composent la prière du
Seigneur, et, quelle que soit leur teneur, nous verrons qu'elles répondent toutes aux exigences de la théologie juive du
premier siècle. Il n'est presque pas une de ces requêtes
dont l'équivalent ne se trouve dans les Talmuds.

D'abord, le nom de Père donné à Dieu ne doit pas nous
surprendre. Il était généralement usité alors et nous le trouvons plusieurs fois dans le Schemoné Esré.

« Que ton nom soit sanctifié! » « Que ton règne vienne! »
« Toute prière, dit un des Talmuds[2], où le règne de Dieu n'est
pas mentionné, n'est pas une prière. »

« Que ta volonté soit faite sur la terre comme au ciel! »
R. Eliézer disait : « Qu'est-ce qu'une prière courte : accomplis ta volonté au ciel en haut et donne satisfaction à ceux
qui te craignent sur la terre [3]. »

« Donne-nous aujourd'hui notre pain quotidien. » « Qu'il
te plaise de donner à chacun ce qu'il lui faut pour se nourrir[4]. » Sur le pardon des offenses qui vient ensuite, nous
n'avons rien trouvé d'identique dans les Talmuds, mais cette

---

[1] *Berakhoth*, fol. 28, *b*.
[2] Babyl. *Berakhoth*, fol. 40, *b*.
[3] Id.   *Id.*,   fol. 29, *b*.
[4] Babyl. *Berakhoth*, fol. 29, *b*.

parole : « Délivre nous du mal[1] », nous est rappelée par ce passage : « R. Judah avait l'habitude de prier ainsi : Qu'il te plaise de nous délivrer de l'effronterie, de l'homme mauvais, de l'accident fâcheux, de la maladie mauvaise, d'un compagnon mauvais, d'un voisin mauvais, de Satan destructeur, d'un jugement dur, et d'un adversaire dur[2]. » La doxologie qui termine l'oraison dominicale dans le texte reçu du Nouveau Testament, ne faisait pas primitivement partie de la prière du Seigneur ; cependant, elle aussi est expliquée par les Talmuds qui nous mentionnent en plusieurs passages[3] des oraisons se terminant ainsi : « Que le nom de la gloire de ton règne soit béni aux siècles des siècles[4]. »

Au moment de terminer ces chapitres consacrés à l'étude de la piété juive au temps de Jésus-Christ (purifications, jeûnes, aumônes), nous sommes frappé plus que jamais de la ressemblance de la vie arabe de nos jours et de la vie israélite d'autrefois. Nous disons la ressemblance ; nous devrions dire l'identité. Les Arabes, par exemple, pratiquent le jeûne exactement comme les Juifs de l'époque que nous étudions. Quand un disciple de Mahomet célèbre le Ramadan, il ne doit ni boire, ni manger, « depuis l'heure matinale, où le soleil apparait, jusqu'à l'heure où l'œil ne distingue plus un fil blanc d'un fil rouge[5] ». N'est-ce pas, au pied de la lettre, les préceptes des Rabbis que nous rappelions tout à l'heure.

Les hommes, les femmes, les enfants à partir de quinze ans, restent le jour entier sans manger ni boire. Quelques-uns s'affranchissent de ce jeûne ; ce sont les Arabes des familles nobles. Ils disent comme les Saducéens aristocrates d'autrefois : — Nous sommes des gentilshommes ; la religion est

---

[1] Ou plutôt : du Méchant, du Diable, ἀπὸ τοῦ πονηροῦ. Si Jésus avait dit « du mal » le texte porterait ἐκ τοῦ πονηροῦ.

[2] Babyl. *Berakhoth*, fol. 16, 2.

[3] Jérus. *Berakhoth*, fol. 13, 3 ; Babyl. *Joma*, fol. 39, 1 et 41, 2.

[4] Babyl. *Taanith*, fol. 16, 2.

[5] Guy de Maupassant, *op. cit.*

bonne pour le peuple et non pour nous. — Il n'est pas jusqu'à la haine de l'étranger qui, chez les indigènes de nos colo-
nies d'Afrique, ne rappelle, à s'y méprendre, la haine que les
Juifs montraient aux Romains leurs maîtres. Décidément, les
personnes désireuses de se faire une idée exacte de la vie des
enfants d'Israël au temps de Jésus n'ont qu'à parcourir notre
Algérie moderne. Les *Roumis* conquérants sont, aux yeux des
habitants, ce qu'étaient les Romains en Palestine. « Les
Arabes se répètent, dit le voyageur que nous venons de citer,
que s'ils tuent un de ces Roumis, ils vont droit au ciel, que
l'époque de notre domination touche à sa fin. » Plus loin, le
même auteur nous décrit « les fanatiques à l'air calme, qui
vont et viennent, prêchant la révolte, annonçant la fin de la
servitude. » C'est ainsi que les occasions de comparer les deux
peuples, de rapprocher leurs coutumes, d'identifier leurs
mœurs et leurs idées, se présentent sans cesse. La race est la
même, la vie sociale n'a point changé, et l'attitude du Musulman dans sa mosquée, sous l'œil du Mufti et du Marabout,
ressemble étrangement à celle du Juif dans sa synagogue,
sous l'œil du Scribe et du Docteur de la Loi.

CHAPITRE XI

LE TEMPLE. — LES PARVIS.

Caractères généraux de la religion du Temple. — Aspect du Temple vu du Mont des Oliviers. — Sa construction. — Le parvis des Gentils. — Ses portes. — Ses portiques. — Son usage. — Le Hel. — Le parvis des femmes. — Les treize portes et les treize troncs pour les aumônes. — Le parvis d'Israël. — Le parvis des prêtres. — L'autel des holocaustes. — La salle des séances du Sanhédrin. — Les salles et les portes du parvis des prêtres. — Le Corban.

La religion juive, telle que nous venons de la décrire dans les chapitres qui précèdent, est complète; le Pharisien l'a façonnée à son image, il a assuré son avenir, et le Temple avec ses cérémonies antiques, ses prêtres et ses lévites, ses sacrifices et ses holocaustes, n'est plus absolument nécessaire à l'Israélite fidèle. Il peut pratiquer la Loi sans y monter jamais. Le Saducéen seul est à son aise dans le Sanctuaire, car il représente avec lui un passé qui s'en va. Dans quelques années, après la catastrophe de l'an soixante-dix, l'un et l'autre disparaîtront. Il n'y aura plus ni Temple, ni Saducéens, mais il y aura encore des synagogues et des Pharisiens; cela suffira. Le Judaïsme subsistera tout entier. Cet énorme monument qui domine Jérusalem et toute la Judée, cette gigantesque construction qui s'appelle le Temple, n'a plus de prestige que pour le Juif arrivant de loin et qui ne l'a jamais vue, pour le pèlerin Galiléen venant y faire ses ardentes dévotions. Mais le bourgeois de Jérusalem sait depuis longtemps à quoi s'en tenir. Il n'ignore pas que les prêtres Saducéens qui sont de service sourient tout bas des cérémonies qu'ils pratiquent et sont de purs formalistes. Le sacrifice a été condamné le jour où Esaïe s'est écrié : « Qu'ai-je à faire de la multitude de vos sacrifices, dit l'Eternel ? Je suis rassasié des holocaustes de bélier et de la graisse des veaux. Je ne prends point plaisir au sang des taureaux, des brebis et des boucs [1]. » Ces paroles avaient été vraiment prophétiques, elles renfermaient le germe de l'avenir ; à dater du jour où elles furent prononcées, le Temple fut perdu. Esdras eut beau restaurer la Loi et par suite le Sanctuaire, Hérode eut beau bâtir un somptueux monument, la synagogue devait le remplacer ; l'hébraïsme antique avait fait son temps, une évolution était nécessaire, et Esdras, en instituant partout les maisons de prières, fut l'initiateur de cette inévitable ré- forme. Au commencement du premier siècle, et tout le temps que l'édifice sacré sera debout, le Pharisien s'y rendra encore, il saura même mourir pour le défendre et ne se doutera pas qu'il a travaillé contre lui, en s'opposant au Saducéisme, en disant que la synagogue suffit et en spiritualisant le Judaïsme. Toutes les formes sont observées, on ne sait même pas que ces formes sont désormais vides de sens, mais il en est ainsi. L'indifférence des cœurs est profonde ; le règne du Sanctuaire touche à sa fin.

Après les remarquables travaux dont le Temple de Jérusalem a été l'objet, nous ne pouvons songer à en donner ici qu'une simple description topographique destinée à faciliter l'intelligence du Nouveau Testament. Nous avons deux sources capitales à consulter, Josèphe [2] et la Mischna [3]. L'admiration de l'historien juif est sans bornes : « Cet édifice, dit-il, était certainement le plus admirable qui ait jamais existé sous le soleil » ; et les Rabbins ne s'expriment pas avec moins d'enthousiasme : « Celui qui n'a pas vu le Temple d'Hérode n'a jamais vu de bel édifice [4] ».

La meilleure place pour l'apercevoir d'un peu loin et se

---

[1] Esaïe I, 11.
[2] Jos. *Ant. Jud.* XV, 11, I et suiv. *D. B. J.* V, 5, 1 et suiv.
[3] Surtout le traité *Middoth*.
[4] Babyl. *Bavabathra*, fol. 4, *a* ; *Succah*, fol. 51, *b*.

faire une idée de l'ensemble était le sommet du Mont des
Oliviers. C'est là que Jésus s'assit un jour et prédit à ses apôtres la ruine prochaine des grands bâtiments qu'ils avaient sous
les yeux [1].

L'apparence générale était celle d'une forteresse, à cause
de l'énorme mur de défense qui entourait les cours et formait
la première enceinte. Il était un peu moins élevé du côté
oriental [2]. On pouvait donc, du haut du Mont des Oliviers,
voir au delà, et on apercevait dans l'intérieur une série
d'enceintes successives dont les murailles étaient toujours
plus élevées en se rapprochant du centre, et, entre ces
murailles, des terrasses qui formaient autant de cours et
qui communiquaient entre elles par des escaliers [3].

Il y avait plusieurs de ces parvis, et il fallait les traverser
tous pour arriver au sommet où se trouvait le Sanctuaire
(ἱερόν), l'hiéron, bâtiment couvert, renfermant le « lieu saint »
et le « lieu très saint ». Les parvis, placés les uns au-dessus
des autres, se succédaient de l'Est à l'Ouest. Le plus grand,
le premier, celui qui renfermait les autres était immense.
Quant au Sanctuaire lui-même, il était, dit Josèphe, couvert de dorures étincelantes ; le toit en particulier était
semé d'aiguilles et de pointes dorées pour empêcher les
oiseaux de s'y poser, et, de loin, du haut du Mont des Oliviers, quand le soleil levant les éclairait, on croyait voir un
effet de neige [4].

Tel était l'aspect général au temps du Christ. Aujourd'hui
la mosquée d'Omar est bâtie sur cet emplacement appelé par
les musulmans le Haram. La parole de Jésus : « Il n'en restera pas pierre sur pierre qui ne soit renversée [5] » s'est
accomplie au pied de la lettre pour le Temple, pour le Sanc-

[1] Ev. de Marc XIII, 2.
[2] *Middoth*, ch. I, hal. 3.
[3] Jos. *Ant. Jud.* XV, 11-14 ; *D. B. J.* V, 14.
[4] Jos. *B. B. J.* V, 5, 6.
[5] Ev. de Marc XIII, 2.

tuaire. Quant à la première enceinte elle subsiste encore
en partie et telle que Jésus l'a vue. Elle est faite de pierres
énormes et en place depuis le temps du roi Salomon. C'est
d'elles que parlaient les apôtres quand ils s'écriaient :
« Quelles pierres[1] ! » Les voyageurs modernes en ont mesuré
quelques-unes ; elles ont jusqu'à six mètres trente-cinq centimètres et quelques-unes sept mètres vingt-cinq centimètres
de longueur. Elles forment maintenant le mur du Haram,
et c'est dans cette muraille que l'on voit l'origine d'une arche
qui faisait partie du pont traversant la vallée des fromagers et dont nous avons parlé au second chapitre de
notre premier livre[2].

La tradition plaçait sur la montagne du Temple l'emplacement de l'aire d'Ornan le Jébusien, sur lequel David avait
élevé un autel[3]. On disait encore qu'Abraham y bâtit l'autel
sur lequel il fut sur le point de sacrifier Isaac, que Noé y
brûla son holocauste en sortant de l'arche, que Caïn et Abel
y offrirent leurs sacrifices, enfin qu'Adam lui-même après sa
création y rendit un culte à l'Eternel[4].

Un seul fait est certain : c'était là que s'élevait le Temple de
Salomon. Il fut détruit de fond en comble quand le peuple
fut emmené en captivité ; et, à leur retour de l'exil, les Juifs
avaient construit sur ses ruines un édifice provisoire. Devenu
depuis longtemps insuffisant, il fut rebâti par Hérode-le-
Grand et c'est de ce Temple d'Hérode que nous parlons ici.
Commencé la dix-huitième année de son règne, l'an 734 de
Rome (19 avant Jésus-Christ) il fut achevé sous son arrière
petit-fils, Agrippa II, en l'an 64 après Jésus-Christ[5]. On
mit donc quatre-vingt-trois ans à le bâtir. On y travaillait
encore pendant la vie de Jésus et lorsqu'il commença son

[1] Ev. de Marc XIII, 1.
[2] Il reste aussi du Temple la Porte-Dorée ; nous en parlerons plus loin.
[3] I Chon. XXI, 18 et suiv.
[4] Maimonide *in Beth habbechim*, ch. II; *Juchas.* fol. 9, 1.
[5] Jos. *Ant. Jud.* XX, 9, 7.

ministère on était dans la quarante-sixième année depuis le commencement des travaux [1].

Six ans après qu'il fut achevé (70), il fut détruit de nouveau et entièrement. Quand Jésus le vit, il ne restait à faire que des détails d'ornementation intérieure. Dix-huit mois avaient suffi pour que le bâtiment principal fut terminé et les portiques avaient été achevés au bout de huit ans [2].

Ce Temple était construit dans le goût grec et romain du temps ; lourd à la fois et prétentieux [3]. Le seul fragment qui en reste, la Porte-Dorée, aujourd'hui murée, suffit à nous donner une idée de l'ensemble. Elle est surmontée de chapiteaux formés de deux rangs surperposés de feuille d'acanthe ou du moins d'un végétal semblable à l'acanthe [4].

LA COUR DES PAIENS.

La première enceinte n'était qu'un immense carré de cinq cents coudées de côté (225 mètres). L'intérieur formait une cour appelée parvis des Gentils ou cour des païens, dont on peut dire qu'elle était le lieu de réunion de la Palestine entière. Dans cette cour et vers le Nord-Ouest se trouvaient les bâtiments du Temple, comme on peut le voir sur le plan ci-joint.

On pénétrait dans le parvis des Gentils par un certain nombre de portes. Du côté de l'Ouest était la porte de Suse, elle s'ouvrait sur le mont des Oliviers ; il y avait, en outre, deux entrées au midi, quatre à l'Occident et une au Nord ; mais on ne se servait pas de celle-ci. Le voisinage de la Tour Antonia était peut-être le motif de cette exclusion. Les portes du Temple formaient comme celles de la ville un passage

[1] Év. de Jean II, 20.
[2] Jos. *Ant. Jud.* XV, 11, 5 et 6.
[3] Voir Livre I, chap. XIII : *Les Arts et la Littérature.*
[4] La Porte-Dorée est-elle véritablement un reste du Temple d'Hérode ? C'était l'opinion de M. de Saulcy ; mais la presque unanimité des archéologues lui assigne une date très postérieure.

profond et couvert avec deux battants à chaque extrémité et
au-dessus une chambre ou tour destinée à en défendre l'accès. Ces tours eurent une grande importance à la fin du siège
de Jérusalem quand les derniers combattants s'y réfugièrent
pour empêcher l'envahissement du Sanctuaire.

A l'intérieur du parvis et le long des murs régnaient des
portiques. C'étaient des abris contre la pluie et le soleil, des
promenoirs retentissant tout le jour de la voix aigre des
Scribes, des discussions ardentes des Pharisiens, des moque-
ries insultantes des Saducéens. Le portique qui longeait le
mur oriental des deux côtés de la porte de Suse s'appelait
portique de Salomon. Celui qui longeait le mur du Midi était
le portique royal (στοὰ βασιλική). Il était triple, dit Josèphe[1],
c'est-à-dire qu'il était composé de quatre rangées de colonnes
formant trois allées. Celui de Salomon n'avait que trois
rangées de colonnes, et par suite deux allées seulement. Les
toits de ces galeries étaient de bois de cèdre sculpté ; les
colonnes avaient vingt-cinq coudées (11m 25) de hauteur, et la
largeur de l'espace couvert était de trente coudées (13m 50).
Les piliers étaient formés d'un seul bloc de marbre blanc, et
le sol était pavé de pierres de différentes couleurs [2]. Du portique de Salomon [3] on découvrait toute la vallée de Cédron ;
et, en face de lui, le spectateur avait les tombeaux des prophètes [4] bâtis sur la pente de la colline des Oliviers.

La cour des Gentils, appelée cour commune par les
Juifs, était ouverte à tout le monde. Les païens, hommes ou
femmes, y circulaient librement [5], ainsi que les excommu-

---

[1] Jos. *Ant. Jud.* XV, 14.

[2] Les portiques avaient été brûlés sous Archélaüs par les Romains,
dans une émeute. Ce désastre avait été réparé, mais avec moins de somp-
tuosité.

[3] Josèphe *D. B. J.* V, 5, 2 ; *Ant. Jud.* XV, 11, 5 ; XX, 9, 7 ; Ev. de Jean
X, 23.

[4] Ev. de Matth. XXIII, 29 ; Ev. de Luc XI, 47 ; voir Livre I, chap. II :
Environs de Jérusalem.

[5] « Rabbi Gamaliel, se promenant dans la cour des Gentils, y vit un
jour une femme païenne. » Jérus. *Abodah Zarah*, fol. 40, 2.

niés, les hérétiques, les personnes dans le deuil, et ceux qui avaient contracté des impuretés [1].

Josèphe l'appelle « le Temple extérieur. » C'était une place publique, un forum, un bazar, les marchands de bestiaux s'y installaient dès le matin, et les changeurs y dressaient leurs petites tables, offrant la monnaie sacrée contre la monnaie romaine ; la foule allait et venait ; on vendait des tourterelles prises sur les cèdres de Hanan [2] aux femmes relevées de couches et des passereaux aux lépreux [3] ; on leur en donnait cinq pour deux pites [4]. A certains jours il y avait affluence de pélerins venus de Galilée ou d'ailleurs. On discutait, on argumentait, on se disputait ; l'édification et le recueillement étaient totalement absents et le désordre d'une mosquée musulmane peut seul donner une idée de l'aspect ordinaire de la cour des Gentils.

Cependant il y avait certains règlements à observer et tout Juif, tout zélateur de la Loi pouvait prendre l'initiative de leur observation. Les vendeurs et les changeurs devaient s'établir non dans la cour, mais hors de l'enceinte, près des portes. Leur présence à l'intérieur du parvis, tolérée depuis longtemps, était un pur abus. Jésus chercha un jour à y mettre fin en chassant impitoyablement tous les marchands. Il est probable que plus d'un Pharisien l'approuva en secret. Il alla plus loin : « Il ne laissa personne transporter aucun objet à travers le Temple [5]. » Il ne faisait que suivre les prescriptions des rabbins. « Quel est le respect que l'on doit au Temple ? disent les Talmuds [6], c'est que personne ne vienne dans la cour des païens avec son bâton, avec ses chaussures, avec sa bourse, avec de la poussière aux pieds, et qu'il

---

[1] *Middoth,* ch. II, hal. 2.
[2] Voir Livre II, chap. II : *Les environs de Jérusalem.*
[3] Lévit. XIV, 4.
[4] Ev. de Luc XII, 6.
[5] Ev. de Marc XI, 16.
[6] Mischna *Berakhoth,* IX, 5; Babyl. *Jevamoth,* fol. 6, *b.*

ne s'en serve pas comme de chemin en la traversant, et qu'il n'en fasse pas un endroit où il crache à terre. »

L'intérieur de la cour des païens avait été nivelé, comme du reste le sol de tous les parvis. On marchait de plain-pied dans toutes les cours, et les escaliers qui conduisaient de l'une dans l'autre se trouvaient aux portes.

LA COUR DES FEMMES

(*Azarath Naschim*)

Pénétrons maintenant dans la partie du Temple qui n'était accessible qu'aux Juifs.

La première cour dans laquelle nous entrons est appelée « cour des femmes ». Tous les Israélites, hommes ou femmes, y circulent librement, mais les femmes ne peuvent aller plus loin, et de là vient le nom de ce parvis. Il est carré et a cent trente-cinq coudées (60^m75) de côté. Il est séparé de la cour extérieure ou parvis des Gentils par deux murs parallèles et l'espace compris entre ces murs qui a dix coudées (4^m50) de largeur porte le nom de Hel (espace entre les murs). Le premier, celui qui sépare le Hel de la cour des païens, n'aurait eu, d'après la Mischna, que dix palmes de hauteur et n'aurait été qu'une simple barrière [1]. Josèphe nous indique un chiffre plus probable quand il lui donne trois coudées (1^m35). C'était une balustrade de pierre, travaillée avec art, et percée de treize portes. Devant elles, de distance en distance, treize colonnes portaient une inscription, probablement en grec et en latin, défendant aux païens, sous peine de mort, de pénétrer plus avant. Josèphe, qui nous décrit ces petits monuments, nous dit que les Romains les respectaient [2]. On a mis en doute cette assertion de l'historien juif ; mais si saint Paul fut un jour accusé d'avoir laissé des Grecs entrer dans

---

[1] *Middoth*, ch. 12, hal. 3 : « Cet espace était large de dix coudées, séparé de la cour commune par une barrière haute de dix palmes. »
[2] Jos. *D. B. J.* V, 5, 2 ; *Ant. Jud.* XV, 14 ; *D. B. J.* VI, 2, 4.

le Temple [1], cette accusation suppose bien une défense formelle et écrite. Philon, du reste, parle aussi de ces inscriptions [2]; et M. Clermont-Ganneau a précisément découvert,
il y a quelques années, l'une de ces stèles gravées en caractères grecs. On peut supposer que Jésus l'a vue, l'a lue ; il est
certainement passé devant [3].

On entrait dans le Hel par les treize portes placées derrière les treize colonnes. La principale était à l'Est et avait
un escalier de quatorze marches. Chacune d'elles ayant une
demi-coudée de hauteur (0,22^{c}1/2), on montait en tout
3^{m}15; puis on traversait le Hel et alors venait une seconde
porte donnant accès dans la cour des femmes. Cette porte
aussi avait un escalier de douze marches (2^{m}30 environ). La
cour des femmes était donc plus élevée de 5^{m}45 que la cour
des Gentils. La porte dont nous venons de parler s'appelait la
Belle [4] ou la Corinthienne [5]. Ses deux battants ensemble
avaient trente coudées de hauteur (13^{m}50) et quinze de largeur (6^{m}75); à l'intérieur de la voûte deux colonnes de douze
coudées (5^{m}40) de circonférence supportaient la tour. Le mur
qui séparait la cour des femmes du Hel avait vingt-cinq
coudées (11^{m}25) et neuf portes, quatre au Nord, quatre au
Sud et la Belle à l'Est. Un portique semblable à ceux de la
cour des païens, mais plus simple régnait à l'intérieur de la
cour [6].

Devant les portes treize troncs appelés dans les Talmuds
Schoupheroth (trompettes), à cause du goulot étroit qui les
surmontait, recevaient les sommes offertes pour les divers

---

[1] Actes des apôtres XXI, 28.
[2] *Legat. ad Caium*, § 31.
[3] Voir *Rev. polit. et litt.*, n° du 21 déc. 1872. En voici la teneur :
« Que nul étranger ne pénètre à l'intérieur de la balustrade et de l'en-
« ceinte autour du Sanctuaire. Celui donc qui serait pris serait cause
« (responsable envers lui-même) que la mort s'en suivrait. »
[4] ὡραία, Actes des apôtres III, 2.
[5] Jos. *D. B. J.* V, 14, 3.
[6] Jos. *D. B. J.* V, 14, 3.

services du Temple. Chacun avait sa destination différente
indiquée par une inscription en langue hébraïque [1]. Le premier portait : *sicles nouveaux*, c'est-à-dire sicles consacrés
aux dépenses de la présente année; le second : *sicles anciens*,
c'est à-dire, sicles consacrés aux dépenses de l'année précé-
dente; le troisième portait : *colombes et tourterelles* ; l'argent
qu'on y mettait servait à couvrir le prix à payer par celui qui
avait à offrir deux tourterelles ou deux colombes, l'une en
holocauste, l'autre en sacrifice pour le péché. Au dessus du
quatrième tronc était écrit : *Holocaustes*, c'était l'argent cou-
vrant les dépenses des autres holocaustes. Le cinquième portait le mot : *Bois*, il renfermait les dons des fidèles destinés à
acheter du bois pour l'autel. Le sixième : *Encens* (argent pour
acheter l'encens); le septième: *Pour le sanctuaire* (argent
pour le propitiatoire); les six derniers portaient l inscription
dons à volonté [2]. Nous savons leur destination : lorsqu'on
avait acheté ce qu'il fallait pour offrir un sacrifice et qu'il
restait quelque chose, on mettait ce surplus dans l'un de
ces troncs. L'un recevait ce qui restait après un sacrifice
pour le péché, l'autre après un sacrifice pour une maladie ou
pour la purification d'une femme récemment accouchée ; un
autre ce qui restait après un sacrifice offert par un lépreux
guéri, etc , etc. Devant un de ces treize troncs s'est passée la
scène racontée par l'Evangile et où Jésus vit une pauvre veuve
jeter une pite, tout ce qui lui restait, tout ce qu'elle avait
pour vivre [3]. « Jésus regardait ce que chacun mettait; » les
offrandes étaient, en effet, toutes volontaires [4]; cependant, si
l'on donnait pour le *bois* ou pour l'*encens*, il y avait un minimum au-dessous duquel on ne devait rien offrir. Il fallait
donner au moins ce qui était nécessaire pour une poignée

---

[1] *Schekalim* VI, hal. 1, 5, etc.
[2] *Schekalim*, ch. VI, hal. 5; *Middoth, loc. cit.*, hal. 5; Babyl. *Joma*,
fol. 16, 1.
[3] Ev. de Marc XII, 41 et suiv.
[4] *Schekalim*, fol. 8, 4.

d'encens ou pour deux morceaux de bois longs d'une coudée (0m45 c.) et gros en proportion. Tous ces dons réunis constituaient le Corban[1], c'est-à-dire l'argent consacré à Dieu, et la partie de la cour des femmes où se trouvaient les *Schoupheroth* était appelée le trésor. Lorsqu'il nous est dit : « Jésus parla ainsi enseignant dans le trésor[2], » cela signifie enseignant dans la cour des femmes et près des treize Schoupheroth.

Dans ce parvis, les femmes Israélites remplissaient leurs devoirs religieux. Elles s'avançaient à l'extrémité du côté du sanctuaire jusqu'à une balustrade qui était assez basse pour leur permettre de voir plus loin. L'entrée de la cour des femmes était interdite à quiconque avait contracté une souillure et s'en était purifié le jour même[3].

Aux quatre angles de ce parvis se trouvaient quatre chambres (*lischca* en hébreu) ou plutôt quatre petites cours, car elles étaient à ciel ouvert, et jusqu'ici, sauf les portiques, nous n'avons rien remarqué qui ne fût en plein air. Elles avaient quarante coudées de côté (18 mètres) et étaient carrées[4]. Celle du nord-est était la chambre du *Naziréat*; c'est là que les Naziréens cuisaient leur repas de sacrifice, se faisaient couper les cheveux et les livraient pour être brûlés[5]. Au sud-est était la chambre du *Bois*. Les prêtres y visitaient celui qu'on apportait pour les sacrifices et s'assuraient qu'il n'était pas piqué des vers. Le bois reconnu attaqué ne pouvait servir à l'autel. Au sud-ouest était la chambre des *Lépreux*. C'était là, et aussi à la porte de Nicanor, que se pratiquaient les rites ordonnés pour leur purification. Nous les avons décrits[6]. Enfin, la cour du nord-ouest était appelée chambre du *Vin et de l'Huile*.

---

[1] Ev. de Matth. XV, 1 et suiv.
[2] Ev. de Jean VIII, 20.
[3] Maimon. *in Beth habbech.*
[4] Voir Ezéchiel XLVI, 21 et 22.
[5] Nombres, ch. VI, 1-22.
[6] Voir livre I, ch. XIV, *La lèpre.*

COUR DES ISRAÉLITES

(Azarath Yisraël)

Elle était très étroite, elle n'avait que onze coudées (4m95) de profondeur. Sa longueur était naturellement la même que celle du côté ouest de la cour des femmes, cent trente cinq coudées (60m75). C'était moins une cour qu'un emplacement réservé aux hommes qui se tenaient devant les femmes. On y entrait par une porte appelée de Nicanor; elle était de bronze, tandis que toutes les autres étaient de bois et revêtues d'or et d'argent [1]. La tradition disait qu'elle avait été apportée d'Alexandrie par un certain Nicanor et miraculeusement sauvée d'un naufrage. A cette porte on montait un escalier de quinze marches en demi-cercle, mais ces marches étaient peu élevées. Elles n'étaient pas plus hautes, dit Josèphe [2], que cinq des autres.

La cour d'Israël n'était donc que de deux coudées (1m 12) plus élevée que la cour des femmes. D'après les Talmuds on aurait chanté sur ces quinze marches les quinze Psaumes dits des degrés [3].

La tour qui surmontait la porte de Nicanor avait cinquante coudées (22m 50) de hauteur et quarante coudées (18m) de largeur [4].

C'est à cette porte qu'on donnait à boire les eaux amères aux femmes soupçonnées d'infidélité [5]. Cette singulière cérémonie, qui est décrite dans la Mischna [6], était devenue extrêmement rare. Elle n'est mentionnée que deux fois dans

---

[1] *Joma*, ch. III, § 10; Jos. *D. B. J.* V, 5, 3.

[2] Jos. *D. B. J.* V, 14.

[3] Ps. CXX à Ps. CXXXV. Le fait est douteux. Nous croyons que ces Psaumes étaient avant tout les cantiques des pélerinages, c'est-à-dire chantés par les pélerins qui montaient à la ville sainte.

[4] Jos. *Ant. Jud.* XII, 17. Nous croyons, en effet, que dans ce passage il décrit la porte de Nicanor. Voir Munk, *la Palestine*, p. 553.

[5] Nombres V, 19-22.

[6] *Sotah* III; voir E. Weil, *La femme juive*, p. 58 et suiv.

les traditions rabbiniques et Rabbi Johanan ben Zaccaï l'abolit tout-à-fait au premier siècle. On pratiquait aussi à cette porte de Nicanor la purification de la femme accouchée et, en partie, celle du lépreux [1].

La limite extrême de la cour d'Israël était marquée par une balustrade au milieu de laquelle se trouvaient trois marches et une estrade où se plaçaient les prêtres pour prononcer la bénédiction sur le peuple[2].

COUR DES PRÊTRES

(Azarath Cohanim)

Nous approchons du sanctuaire ; nous voici à la dernière cour, celle des prêtres, le parvis où ceux-ci pouvaient seuls pénétrer. Au milieu s'élevait le ἱερόν, le Temple au sens strict de ce mot, bâtiment couvert et dont nous parlerons plus loin. En entrant dans le parvis des prêtres on montait une marche d'une coudée (45 cent.) Si nous y ajoutons les trois marches de l'estrade du haut de laquelle les sacrificateurs bénissaient le peuple et qui avaient chacune une demi-coudée de hauteur, nous arrivons à un total de trois coudées (1m 35) pour l'élévation de la cour des prêtres sur la cour d'Israël. Ce dernier parvis était immense ; il avait cent trente-cinq coudées de largeur (60m 75) et une profondeur de cent quatre-vingt sept coudées (84m 15). Le mur intérieur était entouré d'une colonnade.

Derrière l'estrade de bénédiction et devant la porte du sanctuaire s'élevait le grand autel des holocaustes, bâti de pierres non polies. Il était au milieu de la cour en face de l'entrée. Il était carré. Les Talmuds lui donnent trente deux coudées (14m 40) de côté. Josèphe lui en donne cinquante (22m 50) et ajoute qu'il avait quinze coudées de hauteur (6m 75) ; cette différence s'explique aisément. Josèphe comprend

[1] Sotah, ch. I, hal. 5.
[2] Mischna Middoth, ch. II, § 6.

dans son évaluation les gradins qui donnaient accès à l'autel, les Rabbins ne les ont pas comptés dans la leur. Les prêtres y montaient par une pente douce ménagée du côté du midi. Les pointes des quatre angles de l'autel se terminaient en forme de corne. On avait ménagé un conduit au sud-ouest par lequel le sang s'écoulait et allait se perdre dans le torrent de Cédron. Au Nord de l'autel plusieurs tables de marbre servaient à déposer la chair des victimes.

Au Nord et au Sud de la cour des prêtres et le long des portiques s'ouvraient plusieurs salles couvertes; chacune avait une destination spéciale. La plus importante était celle des séances du Sanhédrin ou salle en pierres de taille (*Lischcat-ha-Gazith*); nous l'avons déjà décrite [1]. Elle avait deux entrées : l'une par la cour, l'autre par le Hel[2]. Comme il n'était permis qu'au roi de s'asseoir dans la cour d'Israël, les membres du Sanhédrin ne pouvaient le faire dans la salle de leurs séances que lorsqu'ils se tenaient dans la partie comprise dans le Hel, c'est-à-dire dans la première moitié. On s'est demandé où était Jésus enfant lorsqu'il « s'assit[3] » au milieu des docteurs. Il y avait trois endroits dans le Temple où l'on pouvait s'asseoir pour discuter; le premier à la porte de Suse, le second à la porte de la cour des Gentils et le troisième ici dans la première moitié de la salle en pierres de taille; c'est dans l'un ou l'autre de ces endroits que Marie retrouva Jésus. Cette salle des séances du Sanhédrin avait assez la forme d'une basilique. Elle était exactement placée à l'angle Sud-Est de la cour des prêtres[4]. A côté d'elle et plus à l'Ouest était la salle dite de la *Source*. Elle renfer-

---

[1] Livre I, chap. IV, le *Sanhédrin*.

[2] *Middoth*, ch. 5.

[3] Ev. de Luc II, 46.

[4] Le Traité *Middoth* dit : Au Sud de la cour des prêtres étaient la salle du bois, celle de la source et celle en pierres taillées. La Guemara de Babylone et Maimonide précisent davantage, et c'est du Traité *Joma* (fol. 25, 1) que nous concluons qu'elle était à l'angle S.-E.

mait un puits surmonté d'une poulie. On y puisait l'eau
nécessaire dans la cour des prêtres[1].

La porte *des eaux*, donnant directement par le Hel dans le
parvis des Gentils, était contiguë. Son nom lui venait sans
doute de sa situation, à côté de la salle de la source. Il est
possible aussi que l'on passât par cette porte l'eau dont on
avait besoin dans certaines fêtes, les Tabernacles par exemple,
où celle fournie par le puits ne suffisait pas[2].

Après cette porte, venait la *salle du bois*. Le bois trouvé
pur, c'est-à-dire qui n'était pas attaqué par les vers, y était
déposé avant d'être brûlé sur l'autel. Au-dessus de cette salle,
au premier étage, s'en trouvait une autre où les prêtres se
réunissaient pour discuter les questions relatives aux divers
services. Enfin venaient les portes de l'oblation et de l'incendie. Les deux entrées correspondantes, placées exactement en
face au Nord, avaient le même nom.

De ce côté nous trouvons d'abord une porte et une salle où
étaient de garde les prêtres et les lévites. On l'appelait *Nitsots*
et aussi porte du chœur[3].

Ensuite venaient la salle où on lavait les entrailles des victimes, et celle où on salait les peaux[4]. Au-dessus d'elle se
trouvait une chambre où se baignait le grand-prêtre au
jour solennel des expiations[5].

Plus loin s'ouvraient les portes de l'oblation et de l'incendie comme au côté Sud de la cour. Elles étaient séparées
par la chambre du sel où l'on déposait le sel des oblations.
La porte de l'oblation s'appelait aussi porte des femmes.

Son premier nom venait de ce que les bêtes destinées aux
sacrifices entraient par là, et le second de ce qu'elle servait

---

[1] *Middoth* V, hal. 3; *Joma*, fol. 19, 1.
[2] Babyl. *Joma*, fol. 31. Ce passage semble indiquer qu'un conduit
d'eau de source passait par cette porte.
[3] *Middoth*, 1, hal. 5.
[4] Babyl. *Joma*, 35, 1.
[5] *Middoth*, 5, hal. 2.

en particulier aux femmes pour y livrer aux prêtres les victimes qu'elles désiraient offrir sur l'autel.

La porte de l'incendie tirait son nom de l'usage auquel était consacré la salle contiguë. On y entretenait le feu perpétuel dont avaient besoin les sacrificateurs. On donnait aussi à ces deux portes (de l'oblation et de l'incendie) le nom de portes du Corban, parce que le trésor du Temple se trouvait tout auprès. On réunissait là, sous le nom d'argent sacré ou Corban, le produit des treize troncs dont nous avons parlé, ainsi que l'impôt direct d'un demi-sicle par tête et par année[1].

C'était la caisse générale. Les Romains ne se faisaient pas faute d'y puiser de temps en temps et nous avons raconté comment Pilate se rendit odieux en prenant le Corban pour payer la construction d'un aqueduc amenant à Jérusalem les eaux des étangs de Salomon[2].

Le Corban était très considérable; « l'or de chaque collecte, disait-on, remplit trois immenses cuves creusées dans les souterrains du Temple[3]. » Cet argent servait avant tout à payer le sacrifice quotidien. On l'employait aussi pour le salaire des fonctionnaires subalternes, de ceux qui décidaient si les animaux amenés étaient purs ou impurs, des Scribes attachés au sanctuaire et chargés officiellement de faire des copies de la Loi, des boulangers qui faisaient les pains de proposition, des préparateurs d'encens, etc. etc.[4].

Enfin, à côté de la porte de l'incendie, étaient quatre salles: 1o celle des agneaux où étaient les agneaux réservés pour les sacrifices ; 2o celle des pains de proposition ; 3o la salle où les Asmonéens avaient déposé les pierres de l'autel après que les rois successeurs d'Alexandre l'eurent profané ; 4o une salle de bains.

Il ne nous reste plus qu'à mentionner au Sud-Est du sanc-

[1] Voir Livre I, chap. XI. *La vie publique*; *les impôts*.
[2] Voir Livre 1, chap. III. *Ponce Pilate*.
[3] *Schekalim*, 6, *a*.
[4] Graetz, *Gesch. der Juden* III, 124.

tuaire, dans la cour, un grand bassin d'airain semblable à celui qui avait été dans le Tabernacle et dans le Temple de Salomon. Un certain Ben-Katon y fit mettre douze robinets pour que douze prêtres pussent s'y laver à la fois. Le même personnage y fit installer un appareil y amenant directement l'eau du puits.

Telle était la cour des prêtres. L'impression première qui se dégage de la description succincte que nous venons d'en faire, impression irrésistible, est qu'elle devait ressembler beaucoup à l'intérieur d'un abattoir.

La bergerie pour les moutons qui sont amenés, la salle où on lavera leurs intestins, celle où on salera leurs peaux, rien n'y manque. Voici six rangées de quatre anneaux chacune auxquels on attache les victimes pour les égorger, voici huit tables de marbre sur lesquelles on dépose la chair des animaux sacrifiés, voici huit colonnes auxquelles on suspend les quartiers de viande pour les dépouiller et les écorcher. Sur l'autel ce sont des scènes de boucheries que nous avons peine à imaginer et qui contrastent étrangement avec l'idée que nous nous faisons aujourd'hui d'un culte, d'un sanctuaire, d'une cérémonie religieuse, sans parler de l'odeur écœurante de la graisse brûlée. Il nous est difficile, impossible même, à cause des longs siècles écoulés depuis que les religions où de tels sacrifices étaient pratiqués ont disparu, de donner à ces scènes d'abattoir un caractère sacré, de nous représenter à la fois les beuglements des victimes, le sang qui coule, le bois qui s'allume et le sacrificateur en costume, le décorum accompagnant chaque acte de ce culte sanglant, la solennité avec laquelle tout s'accomplit, malgré l'inévitable désordre de certains sacrifices. Mais que nous puissions ou non nous faire une idée de ce culte des Juifs, il se pratiquait cependant; il est vrai qu'il était aux dernières années de sa vie, mais il avait derrière lui un long passé de plusieurs siècles.

CHAPITRE XII

LE TEMPLE. — LE SANCTUAIRE. — LES PRÊTRES. — LES CÉRÉMONIES

Les dimensions du sanctuaire. — Le vestibule. — Le Lieu Saint. — Le Lieu Très Saint. — Le capitaine du Temple. — Les Prêtres. — Les Grands-Prêtres. — Leurs costumes. — Les cérémonies quotidiennes. — Le sacrifice de l'agneau. — L'offrande du parfum.

LE SANCTUAIRE.

Dans le parvis des prêtres s'élevait le hiéron, (ἱερόν), le Sanctuaire.

On l'avait bâti au sommet de la montagne et dans l'angle N.-O. du quadrilatère formé par le haut de la colline dont l'ensemble des constructions du Temple occupait la surface. Le Sanctuaire était en marbre blanc couvert de dorures à l'extérieur et à l'intérieur. Jamais le peuple n'y entrait, puisque l'accès même de la cour qui l'entourait n'était réservé qu'aux prêtres. Ce hiéron n'était donc qu'un symbole, un signe visible de la présence de Jéhovah. Il était la maison de Dieu, au sens littéral de ce mot. Lui seul y habitait, les sacrificateurs et les lévites formaient sa garde d'honneur et le peuple se tenait dans les parvis.

On donnait le nom général de cour du Temple à toutes les parties de l'enceinte sacrée renfermées dans les parvis d'Israël et des prêtres. L'ensemble avait cent quatre-vingt-sept coudées (84m15) de longueur ainsi distribuées :

Cour d'Israël.	11 coudées	= 4m, 95.
Cour des prêtres jusqu'à l'autel.	11 —	= 4m, 95.
A reporter. . .	22 coudées	= 9m, 90.

Report	22 coudées	$= 9^m, 90.$
Autel	32 —	$= 14^m, 40.$
Espace compris entre l'autel et le sanctuaire	22 —	$= 9^m, 90.$
Longueur du sanctuaire . . .	100 —	$= 45^m,$
Espace compris entre le sanctuaire et le mur extérieur .	11 —	$= 4^m, 95.$
TOTAL	187 coudées	$= 84^m, 15.$

Le Sanctuaire avait, nous venons de le dire, quarante-cinq mètres de longueur. Il avait aussi quarante-cinq mètres (ou cent coudées) de hauteur. C'est à un mètre près la hauteur de l'arc de triomphe de l'Etoile à Paris. Nous en donnons ci-joint le plan exact. Il se composait de trois parties bien distinctes : le vestibule, le Lieu saint et le Lieu Très-Saint.

Sa largeur (A B sur notre plan) était de cent coudées (45ᵐ). Le vestibule C D avait, d'après les Rabbins, soixante coudées (27ᵐ).

Il reste trente coudées, quinze pour chacune des cellules où étaient déposés les couteaux, c'est-à-dire 5ᵐ75, et 5 coudées (2ᵐ25) de chaque côté, pour l'épaisseur des murs.

Les chiffres de Josèphe sont un peu différents.

Voici le tableau comparatif des mesures de Josèphe et de celles des Rabbins :

MESURES DES RABBINS	MESURES DE JOSÈPHE
A B — 100 coudées (45ᵐ)	A B — 100 coudées (45ᵐ)
se décomposant ainsi :	se décomposant ainsi :
u — 15 coudées (6ᵐ75)	u — 20 coudées (9ᵐ)
C D — 60 — (27ᵐ)	C D — 50 — (22ᵐ50)
u — 15 — (6ᵐ75)	u — 20 — (9ᵐ)
deux murs 10 — (4ᵐ50)	deux murs 10 — (4ᵐ50)
Total 100 coudées 45ᵐ	Total 100 coudées 45ᵐ

Josèphe, on le voit, donne au vestibule 50 coudées (22ᵐ50) au lieu de 60. Les cellules des couteaux auraient alors été un peu plus grandes et auraient eu 20˙ coudées au lieu de 15. Il y a lieu de croire que l'historien juif est plus exact que la Mischna dont les mesures, conservées par la tradition, ont pu s'altérer.

Pour entrer dans le vestibule, on montait un escalier de douze marches ; chacune avait une demi-coudée de hauteur (27 centimètres). Le sol du sanctuaire se trouvait donc plus élevé que celui de la cour des prêtres de 2m70 et que celui de la porte de Suze de 9m90 (22 coudées).

LE LIEU SAINT

(Héchal)

Le vestibule n'avait point de porte, on le traversait et on arrivait à la porte du *Héchal* ou Lieu Saint. L'entrée avait 55 coudées de hauteur (24m75) et 16 de largeur (7m20). La porte elle-même, dont la dimension nous est inconnue, était à deux battants incrustés d'or et surmontée d'une vigne colossale en or. Un magnifique rideau babylonien couvert de tapisseries de différentes couleurs se trouvait aussi à l'entrée du Lieu Saint. Il se composait d'une vaste salle rectangulaire ayant une profondeur double de sa largeur, vingt coudées de largeur (9m) et quarante de profondeur (18m). Là se trouvait au Nord la table des pains de proposition à deux coudées et demie du mur (1m10); au Sud le candélabre à sept branches également à deux coudées et demie du mur (1m10); entre les deux, un peu vers l'Est, l'autel des parfums[1] sur lequel on déposait deux fois par jour, le matin et le soir[2], l'encens qui devait être brûlé en l'honneur de Jéhovah[3]. L'autel des parfums tout recouvert d'or était devant le rideau qui fermait l'entrée du Lieu Très-Saint.

---

[1] Ev. de Luc I, 9.

[2] Exode ch. XXX, 7, 8. Voir plus loin la description de cette cérémonie.

[3] Babyl. *Joma*, fol. 33, 2.

LE LIEU TRÈS SAINT

Le rideau, ou voile du Temple, était une immense tapisserie orientale suspendue entre le Lieu Saint et le Lieu Très Saint. Ses dimensions nous sont inconnues. Le Lieu Très Saint était une salle de vingt coudées (neuf mètres) de côté, (quatre-vingt un mètres carrés). Sa hauteur était de soixante coudées (vingt-sept mètres). La hauteur totale de l'édifice étant de cent coudées, il restait au-dessus du Lieu Saint et du Lieu Très Saint, un étage supérieur (*Aliyya*) de quarante coudées (dix-huit mètres)[1], ou plutôt trente quatre coudées (15ᵐ, 30), car il faut en déduire la hauteur des marches de la porte d'entrée, six coudées (2ᵐ, 70)·

Extérieurement, dit Josèphe, on voyait trois étages au Nord, au Sud et à l'Ouest. L'édifice principal, au centre, dépassait ces trois étages de quarante coudées (dix-huit mètres). Ils avaient donc soixante coudées (vingt-sept mètres) et étaient certainement percés de fenêtres, quoiqu'il n'en soit point parlé. Le toit était plat et entouré d'une balustrade de trois coudées (1ᵐ, 35); des aiguilles dorées d'une coudée (quarante-cinq centimètres), empêchaient les oiseaux d'y séjourner. Un escalier, décrit par les Talmuds, permettait de monter jusque sur ce toit[2].

Le Lieu Très Saint était vide. Il ne renfermait, à la place de l'Arche sainte du Temple de Salomon, qu'une pierre haute de trois doigts, et sur laquelle le grand prêtre déposait l'encensoir le jour des Expiations. Cette pierre était appelée *schethiyya* (fondement)[3].

La surveillance générale de tout l'ensemble des constructions appelées « le Temple » était confiée à un personnage nommé « capitaine ou préfet du Temple[4] ». Il était chargé de

---

[1] *Middoth*, ch. IV, hal. 6.

[2] *Middoth* IV, hal. 5 ; Babyl. *Taanith*, fol. 29, 1.

[3] Mischna *Joma*, ch. V, hal. 2 et Babyl., *Joma*, fol. 54, *b*.

[4] Actes des apôtres IV, 1; *Schekalim*, ch. V.

la police des parvis, et avait sous ses ordres un certain nombre
d'agents subalternes[1]. Il faisait fermer et ouvrir les portes ;
il veillait à l'observation des règlements, dont nous avons
parlé, pour que l'on conservât le respect d'un lieu consacré,
même dans la cour des Gentils. Ce capitaine et les gardes
qu'il commandait, étaient tous des Juifs. C'est à eux que
Pilate dit un jour : « Vous avez la garde[2] ». Et voici ce que
nous lisons dans la Mischna : « Le préfet du Temple se pro-
mène parmi les diverses choses dont il a la garde, avec des
torches allumées : S'il trouve un de ceux qu'il surveille
endormi, il le frappe de son bâton et il lui est permis de mettre
le feu à ses vêtements. Comme on disait un jour : Quel est
ce bruit dans le parvis ? on répondit : Ce sont les cris d'un
lévite qui est frappé de coups, et dont on brûle les vêtements[3]. »

LES PRÊTRES

Les prêtres ou sanctificateurs étaient partagés en vingt-quatre classes ou familles créées par David[4], et, chaque semaine,
l'une d'elles desservait le Temple à son tour[5]. La classe d'Abia,
par exemple, à laquelle appartenait Zaccharie, père de Jean-
Baptiste[6], occupait le huitième rang[7]. Cet Abia descendait d'E-
léazar, fils d'Aaron. Mais tous ceux qui portaient le nom de
prêtres ne servaient pas au Temple, car toute la race d'Aaron
faisait partie du sacerdoce et quiconque descendait du premier souverain sacrificateur ou était censé en descendre était
prêtre. Ceux-ci étaient donc en quantité innombrable, et la
plupart étaient pauvres, ignorants, grossiers. Leur instruction

[1] Ev. de Luc XXII, 4.
[2] Ev. de Matth. XXVII, 65.
[3] *Middoth*, ch. I, hal. 2.
[4] I Chron. XXIV, 7-19.
[5] II Chron. VIII, 14.
[6] Ev. de Luc I, 5.
[7] I Chron. XXIV, 10.

religieuse était le plus souvent nulle ou à peu près. Ils formaient un immense bas clergé fort peu intéressant, n'ayant
aucun prestige et n'exerçant plus même l'ombre d'une autorité
quelconque. Ceux que l'Evangile appelle « prêtres du peuple[1] »,
étaient de ceux-là. Ils étaient sortis des classes inférieures,
ils n'avaient point fréquenté les écoles des Scribes, ils étaient
de race sacerdotale par leur naissance et c'était tout. N'ayant
rien à faire, la plupart du temps ils mouraient de faim. Jamais
les hauts fonctionnaires ne leur donnaient l'argent des dîmes[2],
et ils s'unissaient au peuple pour haïr les souverains pontifes.

Il n'arrivait point qu'un de ces membres du bas clergé
fut appelé au service du Temple ; le Sanhédrin qui était
chargé de choisir les sacrificateurs dans la foule des prêtres
de toutes conditions, qui était « juge du sacerdoce », se serait
bien gardé de nommer un de ces « prêtres du peuple ». Pour
trouver grâce devant lui il fallait être riche ; alors il vous
reconnaissait « sans tache ». Une fois reconnu tel, le nouvel
officiant était vêtu de blanc, il pouvait sacrifier avec les prêtres ses frères, et on célébrait un jour de joie « parce qu'on
n'avait pas trouvé de tache chez un des descendants d'Aaron,
le souverain sacrificateur ».

Ce n'était pas seulement les prêtres pauvres et d'un ordre inférieur qui étaient ignorants. Toute la caste sacerdotale
passait pour ne plus connaître que les formes du culte. Les
sacrificateurs récitaient quand il fallait réciter, chantaient
quand il fallait chanter, et offraient des sacrifices quand il
fallait en offrir ; mais les discussions religieuses, l'étude des
textes, les commentaires de la Loi, étaient au-dessus de
leur portée[3]. L'antique autorité du sacerdoce n'existait plus
et le prêtre ne pouvait plus en imposer qu'au pèlerin
venu de loin et qui ne le connaissait pas. Il n'avait de

---

[1] Ev. de Matth. XXVI, 3 ; voir aussi Jérus. *Trumoth*, fol. 44, 1, où se
trouve la même expression : « prêtres du peuple ».

[2] Jos. *Ant. Jud.* XX, 6.

[3] *Joma.*, ch. I.

place qu'à l'autel, le premier venu qui savait un peu parler le supplantait à la Synagogue. Ceux qui officiaient au Temple devenaient vite riches, car ils vivaient de l'autel et se posaient d'ordinaire en Saducéens convaincus. Ennemis des nouveautés, conservateurs par intérêt, ils se tenaient loin des Docteurs de la Loi qui, du haut des chaires de Moïse, partout dressées, devenaient chaque jour de plus nombreux et plus redoutables concurrents[1].

A la tête du collége sacerdotal était le grand Prêtre dont l'avilissement dépasse toute idée. Il était toujours Saducéen car depuis des siècles les Tsadokites trafiquaient de la charge suprême. Elle était devenue une marchandise mise à l'encan qu'eux seuls étaient assez riches pour payer. Du temps d'Antiochus Epiphane, Jeschoua dit Jason, frère d'Onias, avait offert au roi, pour être nommé, trois cent soixante talents d'argent et quatre-vingts de revenus divers, outre cent cinquante talents pour l'autorisation d'ouvrir un gymnase à Jérusalem[2]; mais Ménélaos en offrit trois cents de plus et eut la place[3]. Une fois nommé, il vola les vases d'or du Temple et les vendit.

Ces vils personnages accablaient le peuple d'impôts. Un certain Abba Saül avait composé une chanson satirique sur l'abaissement du pontificat. Elle devint populaire et les Talmuds nous l'ont conservée[4]. La voici : « Quel malheur que la famille de Boéthos, malheur à cause de leurs bâtons ! Quel malheur que la famille de Hanan[5], malheur à

---

[1] Les Lévites, nommés dans l'Evangile (Ev. de Luc X, 32) étaient originairement de la tribu de Lévi qui était, d'après la Loi, exclusivement sacerdotale. Au premier siècle ce nom était réservé à ceux des membres de la tribu de Lévi qui n'étaient pas prêtres proprement dits. Car tous les Lévites n'étaient pas prêtres, mais tous s'occupaient du culte et se chargeaient de ce qui ne regardait pas directement les sacrificateurs.

[2] II Macch. IV, 7 et suiv.

[3] Jos. *Ant. Jud.* XII, 6. Voir sur le pontificat acheté à prix d'argent : Mischna *Yebamoth* VI, 4.

[4] *Pesachim*, 57 *a*.

[5] Celui qui est appelé « Anne » dans les Evangiles.

cause de leurs sifflements de vipères ! Quel malheur que la famille de Kataros (Kanthéra), malheur à cause de leurs plumes diffamatoires ! Quel malheur que la famille d'Ismaël ben Phabi, malheur à cause de la lourdeur de leurs poings ! Ils sont grands-prêtres eux-mêmes; leurs fils sont trésoriers, leurs gendres gardiens du Temple et leurs valets frappent le peuple de leurs bâtons. »

Josèphe ne ménage pas non plus les souverains pontifes[1]. Ils nous apparaissent dans ses écrits comme de grands seigneurs, gorgés de richesses, menant une vie fastueuse. Dans les campagnes leurs agents faisaient payer de force la dîme au pauvre peuple et rouaient de coups ceux qui la refusaient. Leur table était servie avec un luxe insolent[2] et au Temple ces bouchers sacrés mettaient des gants de soie pour ne pas toucher les victimes de leurs mains aristocratiques[3].

Les grands-prêtres étaient désignés par le gouvernement et étaient censés nommés à vie; mais, en réalité, ils étaient constamment déposés et remplacés. Josèphe en compte vingt-huit depuis l'avénement d'Hérode-le-Grand jusqu'à la destruction de Jérusalem. Nous en retrouvons facilement vingt-sept dont voici les noms[4] :

Nommés par Hérode-le-Grand (37-4 avant Jésus-Christ) :

I. Ananel (37-36)[5].

II. Aristobule (35). Il était l'héritier légitime du Pontificat, comme membre de la famille asmonéenne, mais il n'avait que seize ans ; Hérode avait alors choisi Ananel. Aristobule était le jeune frère de Mariamne Macchabée, l'épouse d'Hérode, et

---

[1] Jos. *Ant. Jud.* XX, 6 et 8.
[2] *Pesachim*, 57 *a*.
[3] *Midrasch Echa*, I, 16.
[4] Nous avons déjà donné un résumé de cette liste dans notre tableau des autorités civiles et religieuses; voir Livre I, chap. III.
[5] Jos. *Ant. Jud.* XV, 2, 4, — 3, 1.

par conséquent le beau-frère du roi. Hérode le nomma sur les instances d'Alexandra, sa belle-mère, puis le fit mettre à mort[1]. Ananel fut ensuite grand-prêtre pour la seconde fois (34 et suiv.)[2].

III. Jésus, fils de Phabi[3]. Hérode lui ôta le pontificat pour le donner à son beau-père Simon, lors de son mariage avec Marianne II.

IV. Simon, fils de Boéthos, père de la reine Mariamne II (vers 24 à 5 avant J.-C.)[4]. D'après d'autres données le grand-prêtre, beau-père du roi, aurait été Boéthos lui-même.

V. Matthias, fils de Théophile (5-4 av. J.-C.)[5].

VI. Joasar, fils de Boéthos (4 av. J.-C.)[6].

Nommés par Archélaüs (4 av. J.-C. — 6 ap. J.-C.):

VII. Eléazar, fils de Boéthos (4 et suiv.)[7].

VIII. Jésus, fils de Sié[8].

Joasar pour la seconde fois[9].

Ces derniers grands-prêtres étaient insignifiants et n'avaient aucune influence. Nous croyons (et c'est une opinion que nous avons défendue au chapitre quatrième du premier livre de cet ouvrage) que le célèbre Hillel était à ce moment président du Sanhédrin. Venu à Jérusalem trente-six ans avant Jésus-Christ, il aurait commencé sa présidence vers l'an trente. Il mourut, d'après les uns, en l'an cinq avant Jésus-Christ, et d'après les autres en l'an dix après lui[10].

---

[1] Jos. *Ant. Jud.* XV, 3, 1-3.
[2] Jos. *Ant. Jud.* XV, 3, 3.
[3] Id.   *Id.*   XV, 9, 3.
[4] Id.   *Id.*   XV, 9, 3; XVII, 4, 2 ; Cf XVIII, 5, 1; XIX, 6, 2.
[5] Id.   *Id.*   XVII, 4, 2.
[6] Id.   *Id.*   XVII, 6, 4.
[7] Id.   *Id.*   XVII, 13, 1.
[8] Id.   *Id.*   XVII, 13, 1.
[9] Id.   *Id.*   XVIII, 1, 1 ; 2, 1.
[10] Voir sur la date de la mort d'Hillel, le chap. II.

Nommé par Quirinius (6 après J.-C.) :

IX. Ananos (*Josèphe*), Hannas (*Nouv. Test.*)[1], en hébreu : Hanan, fils de Seth (6-15 apr. J.-C.) [2].

Hanan fut, à notre avis, le premier grand-prêtre président du Sanhédrin. Hillel était mort, le gouvernement venait de passer aux Romains désireux de diriger eux-mêmes le Sanhédrin en ayant son président dans la main ; Hanan était puissant, les Pharisiens mis en minorité comme pouvoir officiel, tout explique et justifie cette transmission de la présidence.

Nommés par Valérius Gratus (15-26 ap. J.-C.) :

X. Ismaël, fils de Phabi (vers 15-16 apr. J.-C.) [3].
XI, Eléazar, fils de Hanan (vers 16-17 apr. J.-C.) [4].
XII. Simon, fils de Kamithos (vers 17-18 apr. J.-C.) [5].
XIII. Joseph, surnommé Kaiaphas[6] (vers 18-36 apr. J. C.)[7]. Il était gendre de Hanan [8].

Nommés par Vitellius (35-39 apr. J.-C.) :

XIV. Jonathan, fils de Hanan (36-37 apr. J.-C.) [9].
XV. Théophile, fils de Hanan (37 et suiv.) [10].

---

[1] Anne dans nos versions usuelles.
[2] Jos. *Ant. Jud.* XVIII, 2, 1 et 2 ; Cf XX, 9, 1 ; *D. B. J.* V, 12, 2 ; Ev. de Luc III, 2 ; Ev. de Jean XVIII, 13-24 ; Actes des apôtres, IV, 6.
[3] Jos. *Ant. Jud.* XVIII, 2, 2.
[4] Id. *Id.* XVIII, 2, 2.
[5] Id. *Id.* XVIII, 2, 2.
[6] Caïphe dans les versions usuelles du Nouveau-Testament. Ev. de Matth. XXVI, 3, 57 ; Ev. de Luc III, 2 ; Ev. de Jean, XI, 49 ; XVIII, 13, 14, et Actes des apôtres IV, 6.
[7] Jos. *Ant. Jud.* XVIII, 2, 2 et 4, 3.
[8] Ev. de Jean XVIII, 13.
[9] Jos. *Ant. Jud.* XVIII, 4, 3 et 5, 3 ; Cf XIX, 6, 4 ; *D. B. J.* II, 12, 5-6 ; XIII, 3 ; *Ant. Jud* XX, 8, 5.
[10] Jos. *Ant. Jud.* XVIII, 5, 3.

Nommés par Agrippa I (41-44) :

XVI. Simon Kanthéros, fils de Boéthos (41 et suiv.) [1].
XVII. Matthias, fils de Hanan [2].
XVIII. Elionaios, fils de Kantheros [3].

Nommés par Hérode de Chalcis (44-48) :

XIX. Joseph, fils de Kamithos [4].
XX. Ananias, fils de Nebedaios (vers 47-59) [5].

Nommés par Agrippa II (50-100) :

XXI. Ismaël, fils de Phabi (vers 59-61 apr. J.-C.) [6].
Cet Ismaël se rendit célèbre par sa gloutonnerie. Les Talmuds racontent qu'il fallait pour son entretien, trois cents veaux, trois cents tonneaux de vin, quarante saa de jeunes pigeons, etc., etc., mais ils ne disent pas pour combien de temps.

On racontait aussi que sa mère lui avait fait une tunique qui avait coûté cent mines et qu'il ne porta qu'une seule fois.
XXII. Joseph Kabi, fils du grand-prêtre Simon (61-62) [7].
XXIII. Ananos ou Hanan, fils de Hanan (62 apr. J.-C.) pendant trois mois seulement) [8].
XXIV. Jésus, fils de Damnaios (vers 62-63 apr. J.-C.) [9].
XXV. Jésus, fils de Gamala ou Gamaliel (vers 63-65 apr. J.-C.) [10].

---

[1] Jos. *Ant. Jud.* XIX, 6, 2.
[2] Id.   *Id.*   XIX, 6, 4.
[3] Id.   *Id.*   XIX, 8, 1.
[4] Jos. *Ant. Jud.* XX, 1, 3 et 5, 2.
[5] Id.   *Id.*   XX, 5, 2; (Cf XX, 6, 2; *D. B. J.* II, 12, 6; Actes des apôtres XXIII, 2; XXIV, 1; *Ant. Jud.* XX, 9, 2-4; *D. B. J.* II, 17, 6 et 9.
[6] Jos. *Ant. Jud.* XX, 8, 8 et 11.
[7] Id.   *Id.*   *Id.*   XX, 8, 11.
[8] Id.   *Id.*   *Id.*   XX, 9, 1.
[9] Id.   *Id.*   *Id.*   XX, 9, 1.
[10] Jos. *Ant. Jud.* XX, 9, 4-7.

D'après la tradition rabbinique, sa femme Martha était de la famille de Boéthos.

XXVI. Matthias, fils de Théophile (65 et suiv.) [1].

Nommé par le peuple pendant la guerre (67-68) :

XXVII. Phannias ou Phinéésos, fils de Samuel [2].

Le lecteur aura remarqué que les grands prêtres, dont nous venons de donner les noms, appartiennent à deux ou trois familles toujours les mêmes, celle de Phabi (les IIIe, X^e et XXIe), celle de Boéthos (les IVe, VIe, VIIe, XVIe, XVIIIe, XXVe), celle de Hanan (les IXe, XIe, XIIIe, XIVe, XVe, XVIIe, XXIIIe, XXVIe) et celle de Kamith (les XIIe, XIXe, XXIIe). Ananel, le premier, qui était de Babylone, Aristobule, le second, qui était le dernier des Macchabées et Phannias, le vingt-septième, grand-prêtre du temps de la Révolution, restent seuls en dehors, ainsi que les Ve, VIIIe, XXe et XXIVe. Il y avait donc des familles connues pour fournir les souverains pontifes ; Josèphe parle des υἱοὶ τῶν ἀρχιερέων, et d'après les Actes des apôtres [3], tous les membres de ces familles avaient le droit de siéger au Sanhédrin.

La Mischna donne aussi aux *Bené Koanim Gedolim* (fils des grands prêtres) une autorité juridique.

Le costume des prêtres dans l'exercice de leurs fonctions se composait de quatre pièces : 1° des pantalons (*Michnasaïm*) [4]. Josèphe dit qu'après y avoir fait entrer les pieds on les tirait jusqu'aux reins et qu'on les serrait autour de la taille. Il ne parle pas de leur longueur ; 2° La tunique (*Chetoneth*) [5]. Elle avait des manches, dit Josèphe, était étroite et

---

[1] Jos. *Ant. Jud.* XX, 9, 7.
[2] Id. *Id. Id.* XX, 10; *D. B. J.* IV, 3, 8.
[3] Ch. IV, verset 6.
[4] Exode XXVIII, 42.
[5] Id. XXVIII, 39.

d'une seule pièce; d'après les Rabbins les manches étaient à part et cousues à la tunique. Elle était largement ouverte en haut et on la fermait sur les épaules avec des cordons. 3° La ceinture (*Abnet*), en broderie de diverses couleurs [1]. Elle faisait deux ou trois fois le tour du corps, et avait, dit Josèphe, quatre doigts de largeur. Les bouts formaient un nœud sur le devant, puis retombaient jusqu'aux pieds. Quand le prêtre offrait un sacrifice, il rejetait ces bouts sur l'épaule gauche; 4° Le turban (*Migbaah* ou *Misnepheth*). Moïse en distingue deux [2], mais Josèphe ne parle que d'un seul.

Le grand-prêtre avait le même costume, mais son turban était entouré d'un second bandeau de couleur violette. De plus il avait : 1° une tunique de dessus plus large que le Chetoneth et sans manches. Elle était appelée *Meîl*, était de couleur violette et garnie en bas de clochettes d'or qui résonnaient et annonçaient l'entrée du pontife dans le Sanctuaire et sa sortie; 2° L'*Ephod*, vêtement plus court, fait de lin retors, entremêlé de fils d'or et de fils teints en pourpre, en violet et en cramoisi. D'après Josèphe, l'Ephod avait des manches [3] et se composait de deux pièces, l'une sur le dos, l'autre sur la poitrine, et réunies sur les épaules par deux agrafes; sur ces agrafes étaient deux pierres précieuses, et sur ces deux pierres précieuses on avait gravé les noms des douze tribus, six d'un côté, six de l'autre. Enfin le grand prêtre portait le *Pectoral*, grande pièce carrée de la même étoffe que l'Ephod et suspendue sur la poitrine. Elle était double et formait une sorte de sac attaché à l'Ephod par des anneaux d'or et des cordons violets. Sur ce Pectoral étaient fixées douze pierres précieuses, enchâssées dans l'or, rangées trois par trois. Les noms des douze tribus y étaient gravés. Dans le creux du Pectoral se trouvait « l'oracle des Ourim

---

[1] Exode XXVIII, 8, et XXXIX, 29.
[2] Id. XXXIX, 28.
[3] D'après l'Exode (ch. XXVIII) il n'en avait pas.

et des Thummim [1] ». On ignore le véritable sens de cette expression [2].

Le grand jour des Expiations, le souverain sacrificateur avait un simple costume de lin blanc.

Il faut remarquer que les prêtres, dans le Temple, marchaient toujours pieds nus. La terre était sainte et elle aurait été profanée si le sacrificateur avait gardé ses sandales; cet usage, qui datait de Moïse lui-même, a été conservé par les musulmans. L'obligation de marcher pieds nus n'était pas sans inconvénients pour la santé. On s'en était préoccupé et il y avait un poste médical installé dans le Temple. « Les prêtres se promènent sans chaussures, lisons-nous dans les Talmuds [3], et marchent sur les carreaux; ils se servent d'eau et ils n'ont qu'une tunique, alors leurs forces languissent et leurs entrailles sont faibles », aussi le médecin, qui était établi exprès pour leur donner des soins, était-il appelé assez irrévérencieusement « le médecin des entrailles ».

LES CÉRÉMONIES QUOTIDIENNES

Il est facile de se représenter ce qui se passait au Temple quand on n'était pas au moment des grandes fêtes. Dans la cour des païens, nous l'avons dit, c'était un va et vient continuel. Ce parvis était une place publique; le rendez-vous de tous les discuteurs et, au premier siècle, il n'en manquait pas. On y entendait le bruit des pièces de monnaie romaines échangées contre les pièces d'argent sacré, les cris des bestiaux vendus pour les sacrifices.

Dans la cour des femmes il y avait plus de recueillement; on y voyait les Israélites ayant à faire dans la salle du Naziréat ou dans celle des lépreux. Chaque matin on rendait un culte solennel pour la célébration duquel la foule se réunis-

[1] Exode XXVIII, 30.
[2] Les mots Ourim et Thummim signifient lumière et intégrité.
[3] Schekalim, ch. V.

sait dans les cours d'Israël et des femmes. Le but principal de ce culte était le sacrifice quotidien de l'agneau. Les prêtres de service s'y préparaient dès le lever du jour.

Ils commençaient par se baigner, puis revêtaient leur costume sacerdotal. Quelques-uns, désignés pour cet office, montaient sur le toit du Temple, et épiaient le moment où les rayons du soleil levant éclaireraient la ville d'Hébron au S. E. Aussitôt qu'elle apparaissait, ils s'écriaient : « le jour est à Hébron » et ils sonnaient de la trompette pour réveiller la cité sainte [1]. Le service religieux commençait immédiatement après et l'agneau était immolé [2]. Après le sacrifice on célébrait dans la salle des séances du Sanhédrin un culte assez semblable à l'office du matin dans les synagogues. Un prêtre venait prier devant le peuple et lui lire la Loi ; il récitait le Schema et l'Alénou. Puis venait dans le Sanctuaire le sacrifice du parfum sur l'autel d'or. Le parfum dont on se servait au Temple se composait de quatre substances aromatiques : la gomme storax, le coquillage odorant appelé onyx marin, le galbanum et l'encens pur auquel on ajoutait toujours du sel [3].

Le prêtre que le sort avait désigné pour brûler les parfums prenait une cassolette au milieu de laquelle était posé un encensoir à couvercle, plein d'encens [4]. Un autre sacrificateur recevait une petite cruche d'or dans laquelle il devait porter le feu sacré et, dans ce but, il montait à l'autel, sur lequel le bois était allumé pour l'holocauste, remuait les charbons, prenait des braises incandescentes et les emportait dans le vase qu'il tenait à la main. Il avait à ses vêtements des clochettes comme le grand-prêtre et les faisait résonner en traversant l'espace qui séparait l'autel du vestibule du Sanc-

---

[1] *Joma*, 3, 1.

[2] Nous ne racontons pas ce sacrifice très exactement décrit dans l'Exode.

[3] Exode XXX, 23, 24, 34, 35. Il était défendu de se servir de ces parfums, ainsi que de l'huile sainte pour l'usage ordinaire (Exode XXX, 37).

[4] *Tamid*, ch. V, hal. 4, 5, 6.

tuaire. Les prêtres et les lévites l'entouraient alors et tous entraient dans l'hiéron ; celui qui portait la cassolette et celui qui portait les braises passaient les premiers. Le peuple réuni dans les cours comprenait au bruit des sonnettes que les prêtres entraient dans le Sanctuaire et que le sacrifice allait commencer. Celui des sacrificateurs qui avait réuni les braises les plaçait sur l'autel des parfums, les étendait, adorait Dieu et sortait. Celui qui devait offrir le parfum enlevait l'encensoir du milieu de la cassolette, le remettait à un jeune lévite qui l'assistait, puis il répandait l'encens sur les braises et sortait.

Tout ce service se faisait sous les ordres d'un prêtre supérieur qui présidait à chacun des actes accomplis, et rien ne se passait qu'à son commandement. Ainsi le prêtre qui répandait le parfum ne le faisait pas avant d'avoir entendu le président lui dire : « Fais l'offrande. » Quand chacun était sorti, le président restait seul un moment dans le Lieu saint, les prêtres placés sous ses ordres l'attendaient dehors entre le vestibule du Sanctuaire et le grand autel des holocaustes. Il est évident que Zaccharie, d'après le récit évangélique [1], fut un jour ce président. Le moment pendant lequel celui-ci restait seul devait être fort court, et, s'il se prolongeait trop, le peuple et les autres prêtres s'en étonnaient [2]. « Un jour la prière de ce sacrificateur président fut longue, raconte un des Talmuds [3], et ses collègues étaient prêts à entrer pour savoir ce qui lui arrivait. Enfin il sortit, c'était Siméon-le-Juste, et on lui dit : Pourquoi as-tu tardé ? Il répondit : Je suppliais pour que le Temple de notre Dieu ne fut pas détruit. » Et on lui répliqua : « Il ne convient pas cependant que tu tardes si longtemps. »

Pendant tout le temps que brûlaient les parfums, les prêtres musiciens jouaient de l'instrument appelé Magrelah, et

[1] Ev. de Luc, I, 9.
[2]   Id.   I, 21.
[3] Jérus. *Joma,* fol. 43, 2.

le peuple restait en prière. L'offrande et les requêtes terminées, on déposait sur l'autel les parties de l'agneau qui devaient être consumées, les lévites chantaient des Psaumes avec accompagnement de harpes, de cithares et de cymbales, puis un prêtre bénissait le vin et en répandait sur l'autel [1]. Le son de la trompette annonçait que le service du matin était fini.

L'après-midi, à trois heures [2], il y avait encore une prière prononcée sur le peuple. Elle était courte et on n'offrait point de sacrifice. C'était un service de vêpres, moins important que celui du matin. Le prêtre y récitait, du haut de l'estrade dont nous avons parlé, la bénédiction suivante : « Que l'Eternel te bénisse et qu'Il te garde; que l'Eternel fasse luire sa face sur toi et qu'Il t'accorde sa grâce ! Que l'Eternel tourne sa face vers toi, et qu'Il te donne la paix ! [3] »

M. Renan dit dans sa *Vie de Jésus* que Luc prend à tort le Temple pour un oratoire en y faisant prier le Pharisien et le Publicain [4]; le savant écrivain commet une erreur. Les Israélites allaient prier au Temple, soit à la porte de Nicanor, soit dans la cour d'Israël [5]. R. Josua ben Lévi dit : « Celui qui se tient debout en priant doit d'abord s'asseoir, car il est écrit : « Heureux ceux qui s'asseyent dans ta maison. »

Le reste de la journée on sacrifiait pour les particuliers [6]; un des actes les plus importants était l'offrande faite par les femmes après leur délivrance. Elle consistait pour les pauvres en une paire de tourterelles ou deux jeunes pigeons. Ces oiseaux venaient des cèdres de Hanan sur le Mont des Oliviers, on les achetait dans la cour des Gentils, et on venait

---

[1] Mischna *Tamid*, IV, V, VII; Babyl. *Berakhoth*, 11, *b*.
[2] Actes des apôtres III, 1.
[3] Nombres VI, 24-26.
[4] Ev. de Luc XVIII, 10.
[5] Jérus. *Berakhoth*, fol. 8, 4.
[6] Sauf, bien entendu, le sacrifice public du second agneau qui se faisait « entre les deux soirs. » (Exode XXIX, 39), c'est-à-dire après le coucher du soleil et avant la nuit.

les livrer au prêtre à la porte de l'oblation ou porte des femmes.
L'une des colombes était offerte en holocauste et l'autre en
sacrifice pour le péché [1]. Outre cet acte de purification on
amenait son enfant au Temple s'il était le premier né ; les
parents se tenaient à la porte orientale dite porte de Nicanor
et y étaient aspergés du sang des victimes [2]. C'est là que se
tint Marie ; c'est là que Jésus nouveau-né fut présenté au
sacrificateur.

Tel était le Temple de Jérusalem, tels étaient ses parvis,
ses prêtres, ses cérémonies. Le peuple croyait que tout l'ensemble de ces constructions et de ces rites était indestructible ; il croyait que le corps des prêtres était éternel, et que
le sacrifice quotidien serait célébré aux siècles des siècles [3].
Il est curieux de rapprocher cette croyance populaire de cette
parole de Jésus : « Il n'en sera pas laissé pierre sur pierre ».
Le jour où le Christ parla ainsi, il y avait quatre-vingt-dix
ans que Pompée était entré dans le Lieu Très Saint et que
cet infidèle l'avait profané. Quarante ans plus tard ce Lieu
Très Saint lui-même sera détruit et la parole de Jésus sera
réalisée !

---

[1] Lévitique ch. IV et V. Remarquons que Marie, la mère de Jésus, a
offert, d'après l'Evangile (Ev. de Luc II, 24) un sacrifice *pour ses
péchés.*

[2] *Tamid*, ch. V, hal. 6.

[3] Livre d'Hénoch, ch. CXIII, 7.

CHAPITRE XIII

LES FÊTES

La Pâque. — Son époque. — Sa durée — L'après-midi du 14 Nisan. — La soirée du 14 Nisan. — Le repas pascal. — L'institution de la Sainte-Cène. — La Pentecôte. — Les Tabernacles. — Le grand jour des Expiations. — La Dédicace. — Les Purim.

Les grandes fêtes se célébraient au Temple et nulle part ailleurs. Les Israélites montaient alors à Jérusalem de toutes les parties de la Palestine. On voyait aussi dans la ville des « disséminés » en grand nombre et, en parlant de la cité Sainte [1], nous avons décrit cette affluence extraordinaire de pèlerins à telles ou telles époques de l'année. La confusion dans les rues était extrême [2]. Les étrangers logeaient où ils pouvaient, sous des tentes [3], sous des abris élevés à la hâte, ou dans les villages des environs s'ils y avaient quelque connaissance. La Pâque surtout attirait beaucoup de monde. Les païens eux-mêmes y venaient en curieux ; c'était

---

[1] Livre I, ch. II.

[2] Jos. *D. B. J.* II, 14, 3 ; VI, 9, 3. Nous pouvons nous faire une idée de l'affluence des pèlerins par le récit suivant : « Le roi Agrippa, désirant savoir combien il y avait de personnes à Jérusalem pour la Pâque, dit aux prêtres : Séparez-moi un rein de chaque agneau immolé, et ils séparèrent six cent mille reins. Si nous comptons dix personnes par agneau (et les rabbins disent 40 ou même 50) nous avons un total de six millions. Une fois, dit encore la tradition, le Temple ne put contenir la foule ; un vieillard fut foulé aux pieds. Il faut faire, dans ce récit, emprunté par Lightfoot au *Echah Rabbath* (fol. 59, 1, 2), la part de l'exagération ordinaire aux Juifs. Toutefois, il reste certain que la foule était énorme à Jérusalem pendant les jours des pains sans levain.

[3] Il est possible que Jésus eut une tente sur le mont des Oliviers (Ev. de Jean, VIII, 1.)

le moment, en effet, de visiter Jérusalem. Quant aux Juifs, ceux de Galilée par exemple, ils montaient à la ville Sainte en caravanes et chantaient en route les Psaumes dits des pélérinages[1]. Ces voyages solennels étaient faits régulièrement par les jeunes garçons, à partir de l'âge de douze ans.

La Pâque était un mémorial et son but unique était la célébration du souvenir de la délivrance d'Egypte. Elle se fêtait à date fixe et durait sept jours ; commençant le quinze Nisan, elle se terminait le vingt et un[2].

Ces sept jours étaient appelés jours des Azymes (ἄζυμος), c'est-à-dire des (pains) sans levain. Le premier et le dernier étaient les plus solennels. Comme la journée chez les Juifs commençait non le matin mais la veille au soir, la fête se trouvait débuter, en réalité, le 14 Nisan au coucher du soleil, et c'était dans l'après-midi du 14 que l'agneau ou le chevreau pascal était immolé au Temple.

Reportons nous par la pensée à la mémorable journée du 14 Nisan de l'an 30. C'est à deux de ses apôtres que Jésus confie le soin de préparer la fête[3]. En effet, les disciples des Rabbins sacrifiaient la Pâque et apprêtaient pour leurs maîtres le repas sacré[4]. Pierre et Jean vont donc choisir et acheter, sur la bourse commune, l'agneau sans défaut et sans tache. Ils le portent au Temple sur leurs épaules, suivant la coutume[5] et le présentent aux sacrificateurs sous le nom d'agneau pascal à l'entrée de la cour des prêtres[6]. Ceux-ci s'en emparent et l'égorgent sur l'autel des holocaustes. Une foule immense de Juifs les entourent, apportant

---

[1] Du CXX⁰ au CXXXV⁰ exclusivement, Cantiques de *Maaloth*.

[2] Ev. de Luc II, 43.

[3] Ev. de Marc XIV, 12 et 13 ; Ev. de Matth. XXVI, 19.

[4] *Pesachim*, ch. VIII, hal. 2. « Si quelqu'un dit à son disciple : Va et sacrifie-moi la Pâque et que celui-ci sacrifie un chevreau, qu'il en mange....., etc. »

[5] *Pesachim*, ch. VI, hal. 1.

[6] Maimon. *in Korban Pesachim*, ch. I.

chacun l'animal consacré dont ils réclament l'immolation[1]. Le peuple s'amasse aux abords du Temple et dans le parvis des Gentils. Un coup de trompette donne le signal de chaque sacrifice. Le sang, recueilli par un prêtre, est répandu par lui au pied de l'autel et s'écoule par des canaux souterrains dans le torrent de Cédron. L'animal est dépouillé et vidé; ses entrailles et sa graisse sont jetées dans le feu. Une prière est prononcée, puis les apôtres prenant le corps, l'emportent et préparent le repas sacré dans la chambre haute d'un disciple inconnu qui déjà attendait le maître et savait qu'il viendrait chez lui ce soir-là.

L'animal devait être rôti et non bouilli[2]. Aucun de ses os ne devait être brisé et on brûlera ce qui ne sera pas mangé.

Le soir venu, Jésus arrive avec les dix autres apôtres. La salle est garnie de tapis[3] sur lesquels ils s'asseyent ou plutôt se couchent à demi, suivant la mode orientale, le bras gauche supportant le poids du corps; Jean qui est à côté de son maître, est « penché sur son sein[4]. »

Autrefois l'usage était de prendre le repas pascal debout, en costume de voyage, le bâton à la main, pour reproduire dans tous ses détails la scène du départ d'Egypte, la nuit de la délivrance[5], mais cette coutume était depuis longtemps tombée en désuétude.

Le festin sacré se célébrait dans un ordre rituel. Les Talmuds nous l'ont décrit dans ses plus grands détails, tel qu'il se passait au premier siècle. Quatre fois la coupe devait circuler parmi les convives. Celui qui présidait annonçait, avant tout,

---

[1] D'après le quatrième Evangile, Jésus aurait mangé la Pâque, avec ses disciples, le 13 Nisan et non le 14. Nous demandons à ceux qui admettent cette date comment ils se représentent que les apôtres aient pu faire sacrifier l'agneau pascal avant le jour consacré. Un tel acte aurait été un sacrilège. Il fallait ne tuer l'agneau que le 14 et le manger le jour même.

[2] Exode XII, 9.

[3] Ev. de Marc XIV, 15. ἀνώγεον μέγα ἐστρωμένον.

[4] Ev. de Jean XIII, 23, 25.

[5] Exode XII, 11.

le commencement de la fête, prononçait une formule de
bénédiction sur la coupe, en buvait et la faisait passer aux
assistants [1], puis tous se lavaient les mains. C'est pendant que
cette première coupe circulait que Jésus dit : « J'ai fort
« désiré de manger cette Pâque avec vous avant que je ne
« souffre, car je vous le déclare, je ne la mangerai plus, jusqu'à
« ce qu'elle soit accomplie dans le Royaume de Dieu. » Et
ayant pris une coupe et rendu grâces, il dit : « Prenez cette
coupe et distribuez-la entre vous; car je vous le déclare, je ne
boirai plus désormais du fruit de la vigne, jusqu'à ce que le
Royaume de Dieu soit venu [2]. » Il ne s'agit nullement ici de
l'institution de la Sainte-Cène, mais seulement de la première
coupe du repas pascal. Après le passage de cette coupe on
apportait les herbes amères et on les mangeait avec les pains
azymes; le pain d'abord, « car, disent les Talmuds, ce n'est
pas la coutume des hommes de manger des herbes avant le
repas [3]. »

Ces herbes amères trempées de vinaigre ou d'eau salée
rappelaient les souffrances endurées autrefois en Egypte.

A ce moment, l'un des assistants interrogeait celui qui
présidait au repas et lui demandait la signification de ce qui
se passait sous ses yeux. Cette interrogation était faite deux
fois et, entre les deux, le vin de la seconde coupe était versé.
Celui qui présidait répondait en disant : « Ceci est la Pâque
que nous mangeons, parce que Dieu est passé sur les maisons de nos pères en Egypte », et prenant les herbes amères,
il disait : « Nous mangeons ces herbes amères parce que
les Egyptiens ont rendu amères les vies de nos pères en
Egypte. »

Puis il élevait dans ses mains les pains azymes et disait :
« Nous mangeons ces pains sans levain, parce qu'on n'eut pas
le temps de faire fermenter la pâte avant que Dieu se révélât

---

[1] *Pesachim*, ch. X, hal. 2.
[2] Ev. de Luc XXII, 15, 16.
[3] *Pesachim*, ch. X, hal. 2.

à nos pères et les rachetât ; nous devons louer, célébrer, honorer, magnifier Celui qui a fait ces grandes et admirables choses à nos pères et qui nous a amenés de la servitude à la liberté, de la douleur à la joie, des ténèbres à une grande lumière. Disons donc : Halleluiah ! Louez le Seigneur. » Toute l'assemblée chantait alors les Psaumes CXIIIᵉ et CXIVᵉ. Les Pharisiens de l'école de Schammaï s'arrêtaient à la fin du Psaume CXIIIᵉ ; ceux de l'école d'Hillel allaient jusqu'à la fin du CXIVᵉ. Ce chant appelé *Hallel* sera repris à la fin du repas [1]. Après le chant, celui qui avait parlé disait encore : « Béni sois-tu Seigneur, ô notre Dieu, Roi Eternel, qui nous a rachetés, qui a racheté nos pères de l'Egypte et qui nous a amenés à cette soirée où nous sommes, pour que nous mangions ces pains sans levain et ces herbes amères ». On buvait alors la seconde coupe, on se lavait encore une fois les mains, puis le président prenait deux pains, en rompait un, en plaçait les morceaux sur le pain resté entier et disait : « Béni soit celui qui a produit le pain pur de la terre. » Puis il trempait les morceaux dans le plat d'herbes amères et disait : « Béni sois-tu, Seigneur notre Dieu, Roi éternel, qui nous as sanctifiés de tes préceptes et qui nous as appris à manger ce repas ».

Il mangeait ensuite du pain, puis des herbes après avoir rendu grâces séparément pour chacun de ces aliments. Les mêmes faits se passaient lorsque l'agneau était partagé et distribué entre les convives.

Il ressort clairement des textes évangéliques que Jésus institua la Sainte-Cène en deux fois. Il établit la communion du pain *pendant* le repas pascal et celle du vin *après* [2]. C'est donc au moment précis où il venait de tremper le morceau de pain rompu dans les herbes amères que Jésus institua la

---

[1] Babyl. *Pesachim*, ch. IX, hal. 3 et fol. 118, *a*.

[2] « *Après* le repas il prit la coupe » (Luc XXII, 20), ce qui n'est pas dit du pain qu'il prit *pendant* le repas (Luc XXII, 19) ; voir aussi I Cor. XI, 24 et 25 « *après* avoir soupé il prit la coupe ».

communion du pain. Ce fut « pendant qu'ils mangeaient »
dit Marc [1]. L'agneau mangé, le repas pascal était considéré
comme terminé ; la troisième coupe circulait alors et elle
portait le nom de « coupe de bénédiction ». C'est avec elle
que Jésus institua la communion du vin [2].

Enfin venait la quatrième et dernière coupe et le chant de
la seconde partie du Hallel (Psaume CXIV° à CXVIII°) [3]. Tout
était terminé.

Le lendemain 15 Nisan était le premier et le grand jour de
la fête. Il n'était permis de travailler ni ce jour là, ni le dernier.

Le 16, on offrait dans le sanctuaire une gerbe de la moisson
nouvelle, car la Pâque était aussi la fête de l'ouverture des
récoltes. Le Sanhédrin déclarait solennellement la moisson
commencée. L'obligation de manger des pains sans levain
pendant les sept jours était absolue, et pendant tout ce temps
il n'était pas permis de sortir de Jérusalem. On s'est demandé
comment les disciples d'Emmaüs [4] avaient pu quitter la ville ;
mais il faut remarquer que l'on était déjà au soir du troisième jour, c'est-à-dire au commencement du quatrième, et que
les Rabbins ne faisaient pas du séjour obligatoire une question d'une très-grande importance. « Il est plus louable,
disaient-ils, de rester les sept jours à Jérusalem. On peut
s'éloigner le troisième s'il y a nécessité. » Le traité Moed
Katon, qui parle de ce qui est permis et de ce qui est défendu
pendant les fêtes, condamne l'absence et l'éloignement de Jérusalem, surtout parce qu'on ne sera pas là le dernier jour qui
est très solennel, or il faut se rappeler que les disciples d'Emmaüs revinrent à la ville sainte le soir même de leur départ.

Nous ne savons rien ni par les Talmuds, ni par Josèphe, de

[1] Ev. de Marc XIV, 22.
[2] « La coupe de *bénédiction* que nous bénissons », dit saint Paul,
Ire Epître aux Corinth., ch. X, 16 et XI, 23-26. Voir sur la coupe de
bénédiction, Scholten, *Revue de théol. de Strasbourg*, année 1866.
p. 66.
[3] Ev. de Marc XIV, 26.
[4] Ev. de Luc XXIV, 13.

l'usage de relâcher un prisonnier à la fête de Pâque [1]. Il est probable que cette coutume avait été récemment établie par les Romains et au moment où ils avaient ôté au Sanhédrin le droit d'exécuter une sentence capitale.

Nous ne ferons que mentionner la fête de la Pentecôte, car notre intention n'est pas de décrire en détail les fêtes juives, mais seulement d'éclairer tels ou tels chapitres du Nouveau Testament en recueillant soit dans les écrits de Josèphe, soit dans les Talmuds les passages qui peuvent aider à leur interprétation ; or il ne nous est parlé qu'incidemment de la Pentecôte et dans un seul verset du livre des Actes [2]. Cette fête se célébrait le cinquantième jour après le 16 Nisan, c'est-à-dire le 5, le 6 ou le 7 de Sivan, suivant les combinaisons des mois caves ou pleins en Ijar [3]. Elle était beaucoup plus civile que religieuse, car on y fêtait avant tout la clôture de la moisson [4]. L'usage semble avoir été établi de célébrer aussi à ce moment là le souvenir de la promulgation de la Loi sur le Mont Sinaï [5]. Moïse n'avait rien ordonné de semblable, mais la Loi ayant été donnée cinquante jours après la sortie d'Égypte, la date de sa promulgation tombait précisément sur le jour de la Pentecôte [6]. Les Juifs l'appelaient la fête des Semaines [7] ou des Prémices [8] ; Josèphe l'appelle fête *Hasartha* ou *Hatsartha*, c'est-à-dire du Rassemblement, et ce mot se retrouve dans les Talmuds [9]. Il l'appelle aussi Πεντηκοστή [10], et ce nom lui est resté quand elle est devenue une fête chrétienne. Il nous raconte qu'on la célébrait « avec joie et empressement [11] ». Elle consistait sur ·

[1] Ev. de Jean XVIII, 39.

[2] Actes II, 1.

[3] Voir, sur les mois caves et les mois pleins, Livre I, chap. XI.

[4] Exode XXIII, 16.

[5] Voir Racine, *Athalie*, acte I, vers 1, 2, 3, 4.

[6] Exode XIV, 1, 16.

[7] Deutér. XVI, 9 ; Exode XXXIV, 22.

[8] Nombres XXVIII, 26.

[9] Mischna *Rosch haschana*, 1, 2 ; *Chagiga*, 2, 4.

[10] Jos. *Ant. Jud.* III, 10, 6.

[11] Id.   Id.   XIV, 13, 4.

tout en offrandes faites au Temple, un gâteau nouveau, deux pains levés et un bouc pour le péché [1].

Nous nous étendrons davantage sur la fête des Tabernacles, qui est nommée dans les Evangiles [2], et avait aussi une importance beaucoup plus grande que celle de la Pentecôte.

Elle se célébrait en automne et rappelait le voyage des Israélites dans le désert pendant quarante ans; elle servait en même temps à fêter la clôture de toutes les récoltes et en particulier de la vendange. Enfin elle était au commencement de l'année civile dont le premier jour était, nous l'avons dit [3], le premier du mois de Thischri [4], qui correspond à la fin de septembre et au commencement d'octobre.

Les trompettes du Temple annonçaient solennellement le commencement de l'année [5]. Le 2 Thischri était férié. Le 10 était le grand jour des Expiations ou du Pardon [6]. Déjà depuis six jours, c'est-à-dire depuis le 4, le grand-prêtre avait été éloigné de sa maison et s'était rendu dans une salle spéciale du Temple [7], car il lui fallait se sanctifier et se mettre à l'abri de tout contact impur. Un prêtre ordinaire le remplaçait au Sanhédrin et ailleurs pendant ce temps de retraite. Le 5, le 6 et le 7 Thischri, il offrait lui-même le matin le sacrifice perpétuel ordinaire, brûlait les parfums, préparait les lampes et apportait à l'autel la tête et les cuisses de la victime [8]; quelques vieillards de la section *Beth Din* [9] du Sanhédrin se rassemblaient et lisaient devant lui l'office ordinaire. Le huitième jour, les vieillards le remettaient aux anciens parmi les prêtres qui

[1] Lévit. XXIII; Nombres XXVIII; Deut. XVI, 10.
[2] Ev. de Jean, ch. VII, 2 et suiv.
[3] Voir Livre I, chapitre XI.
[4] *Rosch haschanah*, fol. 2, 1.
[5] Lévit. XXIII, 24.
[6] On l'appelait aussi le Jeûne; Actes des ap. XXVII, 9.
[7] *Joma*, ch. I, hal. 1.
[8] *Joma*, fol. 14, 1.
[9] Voir Livre I, ch. IV, *le Sanhédrin*.

l'adjuraient de remplir ses devoirs quand le dix serait arrivé. Pendant les neuf jours qui précédaient le jeûne solennel, il lui était permis de se nourrir comme d'habitude, mais le soir du neuvième, il devait peu manger, pour pouvoir résister au sommeil; car il devait veiller toute la nuit. Les prêtres l'entouraient, et s'ils le voyaient s'assoupir, ils le réveillaient en lui parlant ou en faisant du bruit. Enfin voici le 10, le jour du Jeûne solennel, de l'Expiation, du Pardon. Le grand prêtre entrait pour la première et la dernière fois de toute l'année dans le Lieu Très Saint. Le peuple passait toute la journée dans le jeûne le plus rigoureux, il lui était interdit de manger, de boire, de se laver et de s'oindre d'huile [1]. L'onction sacrée, autorisée le jour du Sabbat, était défendue le jour des Expiations [2]. Les 11, 12 et 13 Tischri, le peuple se réunissait encore pour se sanctifier et aussi pour préparer ce qui lui serait bientôt nécessaire, des tentes, des branches de palmier et de saule. Ceux qui s'étaient souillés du contact d'un cadavre étaient depuis sept jours à Jérusalem, occupés à se purifier.

Le 15, premier jour des Tabernacles, on immolait treize taureaux, et on passait la nuit à Jérusalem.

Le 16, deuxième jour de la fête, on immolait douze taureaux.

Le 17, troisième jour de la fête, on en immolait onze.

Le 18, le quatrième jour, dix ; le 19, le cinquième jour, neuf; le 20, le sixième jour, huit; le 21, le septième jour, sept; et enfin le 22, le huitième et dernier jour, on n'en immolait qu'un seul. Le premier et le dernier de ces jours était comme pour la Pâque, les plus solennels [3], on les appelait : jours de repos.

Chacune des huit journées de la fête était marquée par de grandes manifestations de joie. Chaque famille demeurait sous

[1] *Joma*, ch. I, hal. 1. Il y a exception « pour le roi et pour la nouvelle mariée. Il lui est permis de se laver la face, car elle doit être agréable à voir et plaire à son mari. »
[2] Talm. *Jérus. Schabbath*, fol. 12, 1.
[3] Ev. de Jean VII, 37.

des cabanes de feuillage. On chantait l'Hosannah, en agitant des palmes [1], et chaque jour, une libation de vin renfermé dans deux vases d'argent, était faite à l'autel, ainsi que des libations d'eau puisée dans une cruche d'or, par un prêtre, à la fontaine de Siloé, et apportée au Temple en grande pompe. Le prêtre montait à l'autel, le peuple lui disait : « Élève ta main », et il versait du côté de l'Occident l'eau de la fontaine de Siloé, et le vin du côté de l'Orient.

Le soir [2] on allumait deux candélabres dans le parvis des femmes et une danse sacrée, dont l'origine était récente [3], était exécutée devant ces candélabres et au son de la musique. Elle était appelée : de l'eau de la libation; nous en avons le programme détaillé dans les Talmuds [4]. Le voici : « Le soir du premier jour de la fête on descend dans la cour des femmes, et là on prépare une grande scène. Des candélabres d'or y sont fixés aux murailles, et sur eux de petites coupes d'or; on y parvient par quatre marches, quatre jeunes prêtres ayant dans leurs mains des flacons contenant cent vingt logs d'huile, en versent le contenu dans chacune de ces petites lampes. Ils les allument et il n'y a pas une place dans Jérusalem qui ne brille éclairée par elles. Des hommes pieux et graves dansent devant elles ayant dans leurs mains des torches allumées et chantent des cantiques et des doxologies. Les lévites, avec leurs cithares, leurs cymbales et d'autres instruments, se tiennent en grand nombre sur les quinze marches qui séparent la cour des femmes de la cour d'Israël et chantent un cantique. Deux prêtres se tiennent à la porte qui est au sommet de ces quinze marches ayant chacun une trompette dans la main. A un signal donné

[1] Mischna *Succah*, ch. III, hal. 9.

[2] Chaque soir, disent les Talmuds; le premier jour seulement, d'après Maimonide.

[3] Elle datait d'Alexandre Jannée et avait été instituée en souvenir d'une protestation unanime du peuple contre une profanation de la fête dont ce roi s'était rendu coupable.

[4] *Succah*, ch. V, hal. 2.

par le capitaine du Temple ils sonnent de la trompette. Ils
descendent et sonnent encore sur la dernière marche, ils font
de même dans la cour des femmes, dans le parvis des Gentils et continuent à jouer de la trompette jusqu'à la porte
orientale. Là ils tournent leurs torches de l'Orient vers l'Occident et disent : Nos pères en cet endroit, le dos tourné au
Temp'e et la face vers l'Orient, ont adoré le soleil ; mais nous,
nous tournons nos faces vers Dieu. »

Le septième jour on effeuillait les branches de saules qui
avaient recouvert les tentes. Les Pharisiens attachaient à cet
acte une telle importance qu'ils le permettaient même si le
septième jour se trouvait être un Sabbat. Plus tard ils s'ar-
rangèrent pour qu'il ne tombât jamais sur le samedi.

Le dernier et grand jour de la fête nous intéresse particulièrement parce qu'il est spécialement mentionné dans l'E-
vangile [1]. C'était, avons-nous dit, le huitième [2], « la conclusion sainte de l'année » dit Josèphe. Le peuple abandonnait ses
tabernacles de feuillage et se rendait en foule au Temple. Malheureusement les Talmuds ne nous ont laissé aucune indication spéciale sur les actes sacrés accomplis ce huitième jour.
Il semble même qu'il était moins solennel que les autres puisqu'on n'y sacrifiait qu'un seul taureau. Cependant le traité
Succah l'appelle, mais sans préciser, « le dernier et *bon* jour
de la fête. »

Il est remarquable que c'est pendant ces journées où l'eau répandue sur l'autel et les lumières allumées dans le Temple
jouaient un si grand rôle que Jésus prononça ces paroles : « Si
quelqu'un a soif, qu'il vienne à moi et qu'il boive [3] » et « je
suis, moi, la lumière du monde [4]. »

---

[1] Ev. de Jean VII, 37.

[2] Nombres XXIX, 12, 35 et non pas le septième. La fête, proprement
dite, était terminée le soir du septième jour et le huitième était un jour
complémentaire « une conclusion », comme dit Josèphe.

[3] Ev. de Jean VII, 37 et 38.

[4] Ev. de Jean VIII, 12. M. Godet a fait ressortir ces faits avec beau-

Au mois de Kisleu venait la fête de la Dédicace [1]. Elle durait huit jours, à partir du 25, et avait été instituée en mémoire du triomphe de Judas Macchabée, qui avait restauré le Temple après sa victoire sur Antiochus Epiphane [2]. Voici ce que nous en dit un des Talmuds : « Les Rabbis enseignent que le 25° jour du mois de Kisleu [3] on commence les huit jours en souvenir de la Dédicace pendant lesquels on ne doit ni s'attrister, ni jeûner, car lorsque les Grecs entrèrent dans le Temple ils souillèrent toute l'huile qui était dans le Temple, mais le grand roi des Asmonéens les vainquit, on chercha et on ne trouva qu'une fiole d'huile qui avait été placée sous le sceau du grand-prêtre et où il n'y avait d'huile que pour un jour. Il se fit un miracle, car on s'en servit pendant huit jours. L'année suivante on fit de ce souvenir des jours de fête. » Maimonide tient le même langage et ajoute ceci [4] : « Ces huit jours sont des jours de joie ; on allume des lumières aux portes des maisons, pendant huit nuits, pour rappeler ce miracle. Y a-t-il plusieurs habitants dans une maison? on n'allume pourtant qu'une seule lumière. Toutefois celui qui veut honorer le commandement en allume autant qu'il y a de personnes et même davantage, car on double le nombre des lumières la seconde nuit, on le triple la troisième, etc., par exemple, s'il y a dix habitants dans la maison, on allume dix lumières la première nuit, vingt la deuxième, trente la troisième et la huitième quatre-vingts. » Il faut noter aussi que la fête de la Dédicace ne se célébrait pas seulement à Jérusalem et au Temple, mais dans tout le pays.

Les Purim, pendant lesquels on lisait solennellement le livre d'Esther, parce qu'on commémorait en ces jours la dé-

coup de justesse et de vérité dans son très remarquable commentaire sur l'Evangile selon saint Jean.

[1] Ev. de Jean X, 22.
[2] I Macch. IV, 52 et suiv.; Jos. *Ant. Jud.* XII, 11.
[3] *Schabbath*, fol. 21, 2.
[4] *Chamicah*, ch. 3.

livrance des Juifs sous Assuérus, se célébraient les 14° et 15° jours du mois d'Adar. La veille, le 13, était un jour de jeûne. Nous croyons que cette fête est mentionnée dans un passage de l'Evangile de Saint-Jean [1].

---

[1] Ev. de Jean V, 1. Les Purim sont nommés II Macch. XV, 36 ; Jos. *Ant. Jud.* XI, 6, 13 et Mischna, *Megillah* II, 10. Mais nous n'avons aucun détail sur la manière dont on célébrait cette fête au temps de Jésus-Christ.

CHAPITRE XIV

LES ESSÉNIENS

Les Esséniens formaient non seulement un parti, non seulement une secte, mais un ordre religieux. Ils étaient quatre mille et vivaient en dehors du Judaïsme. On peut parler de la Palestine au temps de Jésus-Christ sans s'occuper d'eux ; les Talmudistes ne s'en sont pas souciés, le Nouveau Testament ne les nomme pas une seule fois. Cependant ils étaient là, enfermés dans leurs couvents, y menant la vie la plus étrange, et de prime abord la plus inexplicable. On parvient toutefois à l'expliquer, et l'Essénisme n'a presque plus de secrets pour nous. Nous le comprenons à peu près complètement. Cependant tout n'a pas encore été dit sur cette secte bizarre, sur cette espèce de superfétation du Judaïsme en décadence, et lorsqu'on lit et relit les auteurs qui nous en ont parlé, on est presque certain de trouver, dans leurs écrits, quelque détail non encore étudié et jetant une lumière nouvelle sur leurs croyances ou leurs coutumes. Cinq écrivains de l'antiquité nous parlent des Esséniens, et toutes les descriptions que l'on a faites de ces sectaires, toutes les suppositions auxquelles ils ont donné lieu ont été tirées de l'un ou de l'autre de ces cinq écrivains : Josèphe [1], Philon [2], Pline l'ancien [3], Epiphane [4] et Hippolyte [5].

Leur origine n'est plus douteuse. Ils sont sortis du Judaïsme et n'ont eu aucun rapport ni avec les Bouddhistes, ni avec les Grecs, ni même avec les Alexandrins. Nous avons parlé du fameux parti des *Hassidim* (les pieux) qui s'était formé au temps d'Esdras, s'était révolté avec Judas Macchabée et était devenu le parti des Pharisiens opposés aux Saducéens. Or, tous les Hassidim ne s'étaient pas faits Pharisiens. La vie active, la politique militante, les discussions ardentes n'étaient pas le fait d'une minorité désireuse de rester purement religieuse et contemplative. Quatre mille d'entre eux demeurèrent ce qu'ils étaient. Ils gardèrent leur nom d'*Hassidim* dont la forme syriaque est *Hassaïm*, et dont on a fait le mot Esséniens. ('Εσσαιοί n'est pas un mot hébreu, mais le mot syriaque *hassa*, traduction du mot hébreu *hassid*[6]). Nous savons qu'on a proposé d'autres étymologies de leur nom. On s'est demandé s'il ne viendrait pas de *sahah* (baptiser) ou de *asah*, (guérir,) ou encore de *hachach* (se taire) ; en effet, les Esséniens prenaient souvent des bains en signe de purification, guérissaient les malades et affectaient un silence mystérieux. Ces diverses étymologies sont donc possibles ; la nôtre nous paraît la plus probable.

Les Esséniens ne sont donc qu'un groupe détaché des anciens Hassidim. D'une piété fervente, exaltée, ils trouvaient que l'orthodoxie pharisienne elle même n'était pas assez pure. Les Juifs les plus stricts, les plus dévots, les plus avancés, n'étaient pas encore fidèles comme il fallait l'être.

[1] *De Bell. Jud* II, 8, 2-13; *Ant. Jud.* XIII, 5, 9; XV, 10, 4-5; XVIII, 1, 5.
[2] *Quod omnis probus liber*, § 12-13.
[3] *Hist. nat.*, V, 17.
[4] *Adv. Hær.* XIX, 1 et 2.
[5] Φιλοσοφούμενα.
[6] Josèphe mentionne déjà l'existence des Esséniens sous Aristobule I (105-104 av. J.-C.)

La Synagogue, disaient-ils, est dégénérée, il ne faut plus la fréquenter. Elle est devenue « le monde. »

Ces hommes aux convictions ardentes s'associèrent pour tenir entre eux des réunions religieuses, et, pendant quelque temps, on les appela les ébions (les pauvres), parce qu'un de leurs principes était d'affecter la pauvreté. Enfin, se séparant toujours davantage du reste de la nation, ils formèrent une secte, ou plutôt un ordre, celui des Esséniens.

Ils se bâtirent de grandes maisons sur le bord oriental de la mer Morte, à une petite distance du rivage et dans l'oasis d'Engaddi, véritables couvents habités par de véritables moines. En entrant dans ces cloîtres et en observant de près les mœurs de ces singuliers anachorètes, on ne leur aurait d'abord rien trouvé de commun avec le Judaïsme. Ils n'offrent pas de sacrifice et ils ont horreur de ceux qui sont offerts au Temple. Jamais ils ne montent à Jérusalem. Ils ne s'éloignent guère de leur oasis ; ils vivent séparés de leurs semblables.

Eh bien, s'ils paraissent différents des autres Juifs, ils ne sont cependant que des Israélites exagérés. Ils ont pris au pied de la lettre le Mosaïsme ; ils l'ont poussé à ses conséquences extrêmes. Les Esséniens ne sont autre chose que des Pharisiens conséquents jusqu'à la folie ; ils sont orthodoxes au point de devenir sectaires. A toutes les époques de foi et de convictions ferventes on a vu se former des associations semblables à celles des Esséniens. Dans l'Eglise protestante du XIXᵉ siècle, il s'est trouvé des hommes, et surtout des femmes, pour dire que l'orthodoxie la plus stricte n'était pas encore assez fidèle, assez pure, pour dire que l'Eglise s'était confondue avec « le monde ». Nous voulons parler des darbystes. Sans pousser trop loin la comparaison, on peut, par le mouvement darbyste qui s'est produit de nos jours, se rendre un compte assez exact de ce que furent autrefois les Esséniens. Ils étaient les darbystes du Judaïsme. La religion juive, le Sanctuaire surtout, étaient souillés à leurs yeux. Les prêtres étaient presque tous Saducéens ; cela suffisait pour les éloigner. Si donc ils n'allaient plus au Temple, c'était dans un sentiment de fidélité à leurs convictions religieuses: les Lieux Saints ne sont plus fréquentés, disaient-ils, que par des Juifs dégénérés.

Du reste, ils n'avaient pas entièrement rompu avec le Sanctuaire, car ils y envoyaient encore des offrandes non sanglantes.

Les Esséniens voulaient être « des Juifs parfaits, accomplissant toute la Loi. » Nous les avons appelés des Pharisiens exagérés. En effet, ils avaient changé les prescriptions pharisiennes en règles inflexibles Les opinions des deux partis étaient à l'origine les mêmes ; mais tandis que les Pharisiens étaient restés dans le monde et avaient plus ou moins gardé leur liberté, les Esséniens avaient formé une communauté et créé un clergé régulier. Les Pharisiens, par exemple, approuvaient le mépris des richesses. Les Esséniens l'ordonnaient et le mettaient en pratique, ils étaient communistes. Les Pharisiens célébraient ensemble les festins religieux que nous avons décrits. Les Esséniens faisaient de ces repas consacrés une obligation absolue et ne prenaient pas autrement leur nourriture. — Il arriva que les Pharisiens prirent les Esséniens en horreur. Ils ne pouvaient supporter qu'on leur mît ainsi sous les yeux les conséquences logiques de leurs principes et qu'on leur dît : « Voilà où vous devriez en venir si vous alliez jusqu'au bout. » Le communisme essénien leur parut ridicule : « Celui qui dit : le mien est à toi et le tien est à moi est un niais[1] », disaient-ils, faisant évidemment allusion au partage des biens pratiqué par les Esséniens. Ils les appelaient aussi « de pieux imbéciles[2] », des « baptiseurs du matin[3] ». Et, cependant, que faisaient ceux-ci ?

[1] *Pirké Aboth* V, 14.

[2] *Sotah*, 26, *a.*

[3] Hémérobaptistes, *Berakhoth*, 22, *a.* Allusion au bain que l'Essénien prenait tous les matins à onze heures.

Ils prenaient simplement dans leur sens littéral les moindres paroles du Lévitique. Il en résultait qu'ils ne pouvaient rester dans le monde, car ils y auraient sans le vouloir violé sans cesse quelqu'un de ces commandements multiples. Or, l'observation de la Loi n'est-elle pas le premier devoir d'un Juif croyant ? Qu'il sorte donc de ce monde impur et aille vivre dans la solitude. Dans l'oasis d'Engaddi, sur les bords de la mer Morte, il trouvera cette solitude, et tous ceux qui pensent comme lui acceptant une discipline commune, se livreront avec lui et dans une paix profonde aux plus rigoureuses pratiques du Mosaïsme. L'oasis est formée par de magnifiques dattiers, et les dattes, aliment pur et autorisé par la Loi, seront la principale nourriture de ces Juifs fidèles. Ils n'iront point dans les villes, parce que leurs portes d'entrée sont ornées de statues, et ils ne se serviront point de pièces de monnaie grecques ou romaines : la Loi ne dit-elle pas, en effet : « Tu ne te feras point d'images taillées ? » Ils ne se marieront point, car jamais ils ne parviendraient à accomplir toutes les pratiques auxquelles Moïse a soumis les personnes mariées[1] ; tous se considéreront comme prêtres, car il est écrit : « Vous serez un peuple de prêtres », et ils s'abstiendront entièrement de vin, cette boisson étant interdite aux sacrificateurs dans l'exercice de leurs fonctions. Si l'essénisme était une exagération du pharisaïsme, il est juste d'ajouter qu'il en était une aussi du sacerdoce. Dans les ouvrages écrits jusqu'ici sur les Esséniens, on a soutenu l'une ou l'autre de ces explications de leur secte. Nous croyons qu'il faut les donner toutes deux, l Essénien était avant tout un Juif parfait, un Israélite s'abstenant de toute impureté, par suite il se considérait comme un prêtre et en même temps il poussait à l'absurde la logique pharisienne.

Racontons l'emploi que les Esséniens faisaient de leur journée. Levés avant le soleil, ils adressent une prière à Dieu

---

[1] Ἐσσαίων οὐδεὶς ἄγεται γυναῖκα, dit Philon.

quand l'astre paraît à l'horizon, exactement comme les
prêtres de service au Temple [1]. Puis ils vaquent à leurs occupations. La plupart cultivent la terre, et on sait que Moïse
avait voulu faire de son peuple un peuple d'agriculteurs.
A onze heures, l'Essénien se plonge dans l'eau froide ; il est
nu et ne porte qu'une ceinture de toile. C'est un bain purifi-
cateur, un baptême. Tous se réunissent ensuite dans la salle
commune ; ils s'asseyent ; le silence le plus profond règne
dans l'assemblée. Ils prennent du pain et un des aliments
autorisés par la Loi. Leur sobriété est extrême ; ils ne
mangent que d'un seul plat. La prière commence et termine
le repas. Puis le travail est repris jusqu'au soir, où un second
repas semblable au premier les réunit de nouveau. Le jour
du sabbat est rigoureusement observé ; les aliments sont préparés la veille. Enfin jamais les Esséniens ne se servent
d'huile pour s'oindre le corps, dans la crainte qu'elle ne
provienne d'un pressoir païen, ou n'ait été faite avec des
fruits dont on n'aurait pas donné la dîme. Leur préoccupation fondamentale : ne pas contracter de souillure, ne les
abandonne jamais. Ils ont toujours à leur côté une serviette
suspendue à une ceinture de cuir pour s'essuyer les mains et
portent des vêtements du lin blanc le plus pur.

Si leur discipline est d'une rigueur extrême, si l'Essénien
doit à son supérieur une soumission aveugle, si chaque
maison de l'ordre est administrée par un conseil élu au scru-
tin secret, il ne faut voir là que des nécessités inséparables
de la vie commune.

Il en est de même du mystère dont la secte aimait à s'entourer. Les communautés religieuses qui ont des allures
mystérieuses en imposent aux foules et ne manquent pas de
revêtir à leurs yeux un certain prestige : ce procédé réussit
aux Esséniens ; on leur témoignait le plus grand respect.

Il est probable que l'affection du peuple pour eux venait

---

[1] Josèphe semble dire que leur invocation du matin s'adressait au
soleil (D. B. J. II, 8, 5). Cette assertion n'a aucune valeur.

aussi de ce qu'ils pratiquaient le communisme. Les questions
sociales se posaient ardentes, impérieuses dans la société juive
du premier siècle ; l'idée de l'égalité se faisait jour et s'affir-
mait partout. Il ne s'agissait nullement de l'égalité de tous
les hommes, un Juif ne pouvait traiter un païen comme un
frère, mais de celle des Juifs entre eux. Les Saducéens,
maintenant les distinctions de castes, étaient détestés. Les
Pharisiens, affectant la pauvreté, étaient au contraire très
aimés, mais ceux qui la pratiquaient en vendant leurs biens et
en les distribuant aux indigents, comme les Esséniens, l'étaient
plus encore. Le partage des fortunes particulières a toujours
été le rêve des pauvres, et l'idée de la communauté des biens
chère aux classes inférieures. En Palestine on admettait
volontiers que le riche ne valait pas mieux que le pauvre. On
était même disposé à croire qu'il valait moins que lui, on
l'appelait : « le mauvais riche » et ses richesses étaient « injus-
tes » ; le peuple aimait à opposer à la morgue saducéenne
l'humilité essénienne. Le règne messianique devait être pour
beaucoup la venue du règne des pauvres qui auraient
enfin une compensation à leurs souffrances, or les Esséniens
paraissaient hâter cet avènement et même le réaliser d'avance.

Il faut remarquer que ces idées socialistes avaient été pré-
parées par le Mosaïsme et qu'ici encore les Esséniens lui
étaient fidèles. La Loi renfermait bien des règlements égali-
taires ; il y a un vrai socialisme dans les ordonnances réglant
les contrats et les propriétés[1]. — Quand le Messie viendra, pen-
sait-on, tout cela sera enfin mis en pratique. La paix et la
justice règneront ici-bas. — Le monde à venir ne devait point
être un ciel peuplé d'esprits purs, mais une société bienheureuse de ressuscités, vivant sur une terre où « la justice
habiterait » et où les droits de tous seraient reconnus ; et on
savait gré aux Esséniens de donner l'exemple et de montrer
d'avance ce que serait ce monde à venir.

[1] Voir Renouvier, *la Critique philosophique*. 6e année, n° 3. 15 février 1877.

Ils étaient, du reste, excellents pour le peuple. Ils aimaient
les humbles, les petits, les pauvres. Ils les soignaient gratuitement quand ils étaient malades et leurs recettes pour guérir
étaient très appréciées. On disait qu'ils faisaient beaucoup de
miracles et en particulier qu'ils étaient très habiles à chasser les
démons. Ils se servaient dans ce but de talismans et de pierres
magiques, et le titre d'un de leurs livres de médecine nous a
été conservé, le *Sefer Refuot*, livre de recettes; nous en avons
déjà parlé [1]. Il passait pour aussi ancien que le roi Salomon.
On prétendait aussi que les Esséniens prédisaient l'avenir [2].

Leur communisme était absolu ; Philon et Josèphe sont
aussi positifs l'un que l'autre sur ce point. « Ce que chacun
a est à tous, ce qui est à tous est à chacun » ; la nourriture,
les habits mêmes étaient à la communauté. L'Essénien versait
dans la caisse générale le salaire de son travail. Un d'entre
eux était le trésorier de tous et était chargé de la bourse ; il
faisait les dépenses nécessaires. Si un membre tombait malade, il était soigné à frais communs. Quand ils allaient en
voyage, ils ne portaient ni argent, ni provisions ; les frères,
chez lesquels ils descendaient, pourvoyaient à tous les besoins
des voyageurs [3].

Les Esséniens étaient certainement des modèles de sobriété,
de vertu, de désintéressement. Leur moralité était exemplaire. Satisfaits de peu, la simplicité de leurs mœurs était
extrême. « Ils ne mangent et ne boivent que pour se rassa-
sier, disait-on, ils repoussent les plaisirs des sens comme un
péché. Ils ne jettent leurs chaussures et leurs vêtements que
lorsqu'ils sont absolument hors d'usage. Ils ne recueillent
d'or et d'argent que ce qui leur est strictement nécessaire ».
Ils n'avaient point d'esclaves ; tous étaient libres et travail-

---

[1] Livre I, chap. XIV.

[2] Josèphe cite des prophéties esséniennes; *Ant. Jud.* XIII, 11, 2;
D. B. J. I, 3, 5; II, 7, 3. *Ant. Jud.* XV, 10, 5; XVII, 13, 3.

[3] Il y avait, en effet, des Esséniens séculiers, ne vivant pas dans les
couvents d'Engaddi. Nous en parlerons tout à l'heure.

laient les uns pour les autres. Ils avaient horreur du men
songe comme du faux témoignage et ils s'interdisaient de
jamais prêter serment, leur parole suffisait.

L'organisation de l'essénisme fut d'abord très simple. Peu
à peu, et par la force même des choses, elle se compliqua.
Alors s'introduisirent parmi les Esséniens des pratiques et
des doctrines entièrement nouvelles et fort étrangères au
véritable esprit israélite. Il en fut de leur secte comme de
certaines corporations religieuses du moyen-âge dont les
principes étaient d'abord tout-à-fait évangéliques, et puis qui
se trouvèrent peu à peu entraînées à admettre des idées et à
se livrer à des pratiques non-seulement différentes de celles
que l'Evangile commande, mais qui lui étaient quelquefois
opposées. Le monachisme et l'ascétisme finissent toujours
par produire d'eux-mêmes des doctrines mystérieuses et des
spéculations mystiques ; les moines esséniens n'y échappèrent
pas. Ils décidèrent d'abord que le premier venu, ne pouvant
atteindre immédiatement à la pureté parfaite, devait passer
par un noviciat. Ils en fixèrent la durée à une année au bout
de laquelle l'Essénien recevait une hache, une ceinture et
une robe blanche, puis commençaient pour lui deux années
d'épreuves. Au bout de ces deux ans, le nouveau membre de
la secte prenait part aux repas communs et prêtait un serment[1]. Ils en vinrent à admettre quatre degrés de perfection
ou plutôt de pureté, et si deux Esséniens de classes différentes
se touchaient en se rencontrant, ce contact était une souillure pour celui de la classe inférieure ; chacun d'eux devait
alors prendre un bain pour se purifier. Les quatre classes se
décomposaient ainsi : 1re classe, les enfants[2] ; 2e et 3e,
les novices ; 4e, les membres proprement dits. Enfin, au sommet, les Ἐπιμελnταί, les chefs, qui étaient strictement obéis.

[1] Ce serment était le seul qui fut admis ; une fois que l'Essénien l'avait
prêté, il ne devait plus en prononcer d'autre.
[2] Ils recevaient, en effet, dans leurs maisons, des enfants qu'ils formaient à leur tâche.

Les Esséniens devinrent à la longue de vrais philosophes mystiques ; mais, pour expliquer leurs spéculations, il n'est pas plus nécessaire de recourir au bouddhisme ou à la philosophie des Juifs alexandrins que pour comprendre leur origine. Les rapports de l'Egypte et de la Palestine à l'époque que nous étudions ne sont rien moins que certains, et les recherches métaphysiques auxquelles se sont livrés les Esséniens sont nées d'elles-mêmes sur les bords de la mer Morte. Elles n'ont été qu'une conséquence très naturelle de la vie retirée qu'on y menait.

Ils s'occupèrent beaucoup de la création du monde. Lisant souvent la Loi, le premier chapitre de la Genèse était pour eux l'objet de recherches sans fin. De là à un système sur l'origine des choses, il n'y avait qu'un pas, et ils le franchirent aisément. Nous devinons l'existence de ce système en lisant la formule du serment prêté par le jeune Essénien à son entrée définitive dans la communauté, et dont nous trouvons le texte dans Josèphe. On lui faisait solennellement promettre d'observer les coutumes de la secte, de transmettre à ses successeurs les traditions reçues, de garder le secret « sur les livres de la secte et sur les noms des anges. » Les trois premières promesses se comprennent aisément. La quatrième seule est obscure. Qu'est-ce que les « noms des anges » ? Nous n'en savons rien ; mais il ressort de cette expression que les solitaires avaient une doctrine importante sur les anges, où leurs noms jouaient un certain rôle. Peut-être ne faut-il pas attacher à ce fait une très grande importance. Nous savons expressément par les livres juifs de cette époque que les Pharisiens avaient une théologie des anges très complète et très détaillée. Il s'agit sans doute de cette doctrine que les Esséniens avaient exagérée en la développant, suivant en cela leur procédé constant. Les Juifs croyaient à l'existence d'esprits célestes servant d'intermédiaires entre Dieu et les hommes. Il est donc fort naturel que les Esséniens y aient cru comme leurs compatriotes et aient donné à chaque série d'anges un nom spécial. Il est certain que leur mysticisme les portait à tourner leurs regards vers le monde invisible ; leur vie retirée leur créant beaucoup de loisirs, ils s'occupaient à méditer sur le monde des esprits, et s'ils attachaient une réelle importance aux noms des anges, c'est qu'alors le nom passait pour avoir une valeur en lui-même. On sait que les Juifs ne prononçaient jamais le nom de Jéhovah, et attribuaient des vertus mystérieuses aux consonnes sacrées de ce mot JHVH. C'est ainsi que commença la foi aux formules magiques. Elle se conserva dans l'Eglise chrétienne ; on avait des phrases consacrées au moyen-âge pour évoquer le diable ou pour le chasser. Aujourd'hui encore, c'est en disant quelques paroles magiques que le prêtre catholique opère le miracle de la trans-substantiation. Nous avons parlé des formules prononcées par les Pharisiens médecins quand ils guérissaient un malade ; les Esséniens prononçaient sans doute en guérissant ou en prophétisant certaines phrases cabalistiques où entraient les noms des anges.

Allant aux extrêmes en toutes choses, ils tirèrent de la théologie juive ses dernières conséquences ; on peut dire qu'ils devancèrent leur époque et se trouvèrent être, un siècle trop tôt, de véritables gnostiques. La matière était à leurs yeux la source du mal, et ils considéraient le corps comme la prison de l'âme. Ils disaient que les âmes avaient existé avant les corps à l'état d'esprits purs. Elles viennent « de l'éther le plus subtil » et « ont été attirées vers la matière par une sorte de séduction ». Pendant cette vie terrestre, elles soupirent après la délivrance, elles désirent ardemment voir se briser le lien qui les rattache au mal. La mort amènera avec elle ce moment impatiemment attendu ; l'esprit rentrera dans son domaine en remontant dans les cieux ; le corps retournera au sien en se mêlant à la poussière de la terre. Les Esséniens se trouvaient donc à la fois nier la résurrection du corps et affirmer énergiquement l'immortalité de l'âme.

Il est vrai que ces deux croyances souvent confondues sont, en réalité, fort distinctes. Les anciens païens, par exemple, ont cru à l'immortalité de l'âme; mais l'idée d'une résurrection du corps ne les aborda jamais. Les Juifs, au contraire, qui étaient réalistes, et qui ne savaient pas faire de distinction philosophique entre le corps et l'âme, ne concevaient pas la vie future sans le retour à l'existence du corps terrestre. Les Esséniens, ici, comme en bien d'autres points, se séparèrent du Judaïsme; ils devinrent dualistes et ascètes. C'est ainsi que, sous l'influence de la vie monacale, ces hommes qui avaient été d'abord les plus orthodoxes de tous les Juifs, se transformèrent peu à peu en ennemis du vieil Hébraïsme. La plus douce joie de l'ancien Israélite était de se reposer sous sa vigne et sous son figuier, entouré de ses nombreux enfants. L'abondance des bénédictions temporelles était pour lui le signe évident de la protection divine. Combien différent était l'Essénien qui mangeait le plus frugalement possible, s'imposait le célibat, et ne songeait qu'au meilleur moyen de se délivrer des liens du corps!

Il convient cependant d'ajouter que Josèphe, notre seule source pour l'étude des spéculations esséniennes, est ici passablement suspect. Il se trompe évidemment quand il nomme les Esséniens entre les Pharisiens et les Saducéens, les appelant les uns comme les autres des sectaires. Il se trompe peut-être aussi en nous montrant chez les Esséniens un système précis des rapports du corps et de l'âme et en prétendant qu'ils étaient déterministes au point de nier le libre arbitre.

Les Esséniens attendaient-ils le Messie comme les autres Juifs de leur temps? Josèphe passe cette question sous silence; mais cette omission est certainement intentionnelle. Il ne voulait pas parler aux Grecs et aux Romains d'espérances qui étaient essentiellement révolutionnaires et où la politique tenait une si grande place. Attendre le Messie, c'était attendre la délivrance du joug de l'étranger et la destruction de la puissance romaine. Le patriotisme des Esséniens n'était sans doute pas très ardent ; leurs pratiques religieuses devaient les absorber presque exclusivement. Cependant il semble résulter de certains passages de Josèphe qu'ils restaient attachés de cœur à la cause nationale. Nous savons que, pendant la guerre juive de 66 à 70, ils se laissèrent mener au supplice plutôt que de toucher aux mets interdits. Et puis, s'ils tenaient peu au triomphe politique et terrestre des Juifs sur les Romains, ils pouvaient cependant avoir beaucoup développé le côté purement religieux et spéculatif des espérances messianiques. Nous avons montré que leur communisme passait lui-même pour une réalisation anticipée de l'avenir. Ils avaient coutume de dire que le Royaume des cieux (*Malchouth-ha-Schamaïm*) était très proche. Ils s'occupaient de questions eschatologiques et ce n'est pas sans raison qu'on a vu dans l'Essénisme une école de spéculations apocalyptiques [1].

Les quatre mille Esséniens ne vivaient pas tous au bord de la mer Morte. Un certain nombre d'entre eux, moins rigoureux, demeuraient dans les villes. Refusant de suivre jusqu'au bout le parti des exaltés, ils étaient restés dans le monde. C'étaient les Esséniens du premier degré, sorte de tiers-ordre placé entre le Pharisaïsme ordinaire et l'Essénisme rigoureux. Ils formaient le clergé *séculier*, tandis qu'au bord de la mer Morte vivait le clergé *régulier*. Ils ne renonçaient pas au mariage ; cependant, avant de le contracter, ils attendaient trois années. passées à étudier les mœurs de celle qu'ils avaient choisie pour femme, et elle, de son côté, promettait de se soumettre aux lois les plus sévères sur la pureté.

Si Jésus n'est jamais allé voir de près les Esséniens réguliers de l'oasis d'Engaddi, ce qui est bien probable, il rencontra certainement les Esséniens séculiers et dut en voir plus d'une fois passer quelques uns en vêtements blancs dans les rues de Jérusalem. Quels furent ses rapports avec eux ?

[1] Hilgenfeld, *Apocalyptique juive* (1857), p. 243 et suiv.

Les rapprochements à faire entre sa prédication et certaines maximes esséniennes sont faciles. Jésus a prêché le mépris des richesses; et des paroles comme celles-ci : «Vous êtes heureux, vous pauvres, car le royaume de Dieu est à vous [1]. » « Un riche entrera difficilement dans le Royaume des cieux[2]. » «Vous ne pouvez servir Dieu et Mammon [3]. » « Ne soyez point en souci pour votre vie, de ce que vous mangerez, de ce que vous boirez... etc. » « Cherchez premièrement le Royaume de Dieu et sa justice, le reste vous sera donné par surcroît [4] », sont des paroles esséniennes. Quand il dit au jeune riche « Vends tout ce que tu as et donne-le aux pauvres [5] », il semble lui dire : « Fais-toi essénien. »

Remarquons aussi ce précepte : « Ne jurez ni par le ciel, car c'est le trône de Dieu, ni par la terre, car c'est l'escabeau de l'Eternel, ni par Jérusalem qui est la ville du grand Roi, ni sur ta tête... Mais dites : cela est, ou : cela n'est pas. Ce qu'on dit de plus vient du Malin [6]. » Cette parole sur le mariage est encore très significative : « Tous ne sont pas capables de cela (de ne pas se marier), mais ceux-là seulement à qui cela a été donné. Car il y a des eunuques qui sont nés tels dès le sein de leur mère; il y en a qui ont été faits eunuques par les hommes ; et il y en a qui se sont faits eunuques eux-mêmes pour le Royaume des cieux [7]. » Nous avons déjà remarqué que Jésus voyageait à la mode essénienne. Il pratiquait avec ses disciples le système de la caisse commune; Judas Isch-Kerioth était le trésorier, « il tenait la bourse et il portait ce qu'on y mettait [8]. » Les conseils que Jésus donne à ses apôtres en les envoyant en mission sont exactement conformes à la règle

[1] Ev. de Luc VI, 20.
[2] Ev. de Matth. XIX, 23.
[3] Ev. de Matth. VI, 24 et suiv.
[4] Id.   Id.   VI, 31, 34.
[5] Ev. de Luc XVIII, 22.
[6] Ev. de Matth. V, 34-38.
[7] Id.   Id. XIX, 11, 12.
[8] Ev. de Jean, XII, 6.

essénienne : « Ne prenez ni or, ni argent, ni monnaie dans vos
ceintures [1], etc. »

Eh bien, ces rapprochements sont superficiels. Jésus a
connu les Esséniens séculiers, cela ne peut faire de doute
pour personne. Il leur a emprunté certaines coutumes et
certains préceptes ; mais les savants Israélites de nos jours,
comme Graetz, Cohen etc., se trompent, quand ils font de
Jésus lui-même un Essénien. L'idée fondamentale de l'essénisme, la purification devant Dieu obtenue par des pratiques
extérieures,a été fortement combattue par Jésus. Il a toujours
protesté contre elle. Il se mettait à table sans s'être plongé
dans l'eau, au grand scandale des Pharisiens et des Esséniens
qui l'observaient, et quand il a dit : « Ce n'est pas ce qui entre
dans la bouche de l'homme qui peut le rendre impur ; c'est
ce qui en sort [2], » il a condamné l'Essénisme dans son principe même. C'est d'Esséniens qu'il nous est parlé sous le nom
de Pharisiens « qui ne mangent pas sans s'être lavé les mains
jusqu'au poignet, qui se plongent dans l'eau, en revenant de
la place publique ; qui lavent les coupes, les vases de bronze
et les lits [3]. » Jésus n'a jamais été des leurs. Il a lutté contre
eux, il les a tous enveloppés dans son énergique réprobation
du Pharisaïsme formaliste. N'oublions pas non plus que Jésus
parlait aux foules, au grand jour, dans un langage simple et
populaire ; il n'a jamais été partisan de l'ésothérisme et du
mystère si cher aux Esséniens.

Après sa mort, l'Essénisme et le Christianisme eurent des
rapports certains. Les premiers chapitres du livre des Actes
nous montrent les chrétiens de l'Eglise primitive mettant
leurs biens en commun [4]. Il est probable qu'un certain nombre d'Esséniens s'étaient déjà fait chrétiens à cette époque.

---

[1] Ev. de Matth. X, 9 et parall.

[2] Ev. de Matth. XV, 11 ; voir tout le passage 1-12 ; voir aussi Ev. de
Luc XI, 37 et suiv.

[3] Ev. de Marc VII, 3 et 4.

[4] Actes des apôtres II, 44, 45.

Jacques, le chef de l'Eglise de Jérusalem, le frère de Jésus, fut à la fois essénien et chrétien. L'épitre qui porte son nom et les détails que nous ont laissés les Pères sur lui, en racontant qu'il laissait croître ses cheveux, ne mangeait pas de viande, était toujours vêtu comme un prêtre, sont ici tout à fait concluants.

Les Esséniens disparurent en l'an 70. Il est probable qu'ils périrent pour la plupart victimes de leur attachement à la Loi. Ils étaient peu nombreux ; les partis extrêmes ont toujours eu peu d'influence sur les masses. Ils étaient respectés, mais faisaient peu de prosélytes.

Cette secte bizarre nous fait comprendre combien était grand le respect du Juif du premier siècle pour le Mosaïsme. L'Essénien ne sortait du monde que pour accomplir la Loi ; mais, trop conséquent avec sa religion, il n'a été qu'un rêveur. Le Pharisien, beaucoup plus intelligent que lui, est resté dans les limites où il était possible de fonder une œuvre durable. Cette œuvre a duré, en effet, nous l'avons encore aujourd'hui sous les yeux ; la théologie du Judaïsme actuel ne se distingue guère de la théologie pharisienne telle que le Christ l'a connue et combattue ; elle a survécu à toutes les destructions, à la ruine du Temple, à d'horribles persécutions. Le Pharisien a compris quelle forme devait revêtir la religion de ses pères pour ne pas périr ; l'Essénisme, au contraire, était quelque chose d'étrange et d'absolu qui ne pouvait vivre longtemps.

CHAPITRE XV

LES DATES PRINCIPALES DE LA VIE DE JÉSUS

La date de sa mort. — Celle de sa naissance. — La durée de son ministère. — La Pâque de l'an 28. — Le sabbat second-premier. — Chronologie générale. — L'an 781. — Les Purim en 782. — Le ministère de Galilée. — Le sermon sur la montagne. — La crise de la foi des disciples. — Le ministère errant. — La fête des Tabernacles de l'an 29. — La fête de la Dédicace de l'an 29. — La dernière semaine.

Les vraies dates de l'histoire évangélique sont plus faciles à établir qu'on ne le pense généralement[1]. Cherchons d'abord celle de la mort de Jésus ; c'est la plus aisée à déterminer, et, une fois connue, elle nous aidera à découvrir les autres. Jésus a été crucifié, d'après les trois premiers évangiles, le jour même de la Pâque juive ; d'après le quatrième, la veille de ce jour. Or la Pâque était célébrée tous les ans le 15 du mois de Nisan. Il est donc mort soit le 14, soit le 15 Nisan. Si les documents bibliques nous laissent le choix entre ces deux dates, ils s'accordent à affirmer que Jésus fut crucifié un vendredi. Ils placent en effet, la résurrection au troisième jour qui était le premier de la semaine, c'est-à-dire le dimanche. Or, le 14 (ou le 15) Nisan n'est tombé sur un vendredi, dans la période d'années où nous pouvons raisonnablement chercher, qu'en l'an 30 ou en l'an 33 [2].

---

[1] A une condition, toutefois : que l'on accepte l'autorité, sur ce point, du quatrième Evangile ; ce que nous faisons. Les détails historiques qu'il renferme, les dates qu'il indique et, en particulier, la précision avec laquelle il classe les voyages de Jésus à Jérusalem sont, à notre avis, certainement authentiques.

[2] Le doute entre le 14 et le 15 subsiste en tous cas, car nous ne savons pas si le mois précédent (Adar) avait été cave ou plein. Voir sur les mois caves ou pleins Livre I, chapitre XI.

Pour trouver un vendredi avant l'année 30 il faudrait remonter trop haut: Jésus serait mort à vingt ans à peine.
Après l'année 33, il faudrait descendre trop bas, Jésus aurait
été âgé de plus de quarante ans lors de sa crucifixion. Nous
devons donc choisir l'une ou l'autre de ces deux années,
30 ou 33. Jésus a été certainement crucifié soit le vendredi 14
(ou 15) Nisan 30, soit le vendredi 14 (ou 15) Nisan 33;
dans la première alternative le vendredi 7 avril, dans la seconde le vendredi 3 avril[1]. Cherchons si d'autres données nous
permettent de choisir entre ces deux dates et de préciser encore.

Les Juifs dirent un jour à Jésus-Christ, d'après l'Evangile
de saint Jean [2] : « On a mis quarante six ans à bâtir ce Temple. » Or le Temple ne fut achevé que longtemps après la mort
de Jésus-Christ; on y travaillait encore lorsque ces paroles
furent prononcées, elles signifient donc qu'on y travaillait
depuis quarante-six ans. Josèphe nous apprend que la
construction du Temple fut commencée la dix-huitième
année d'Hérode-le-Grand, en automne. Ce prince, étant
monté sur le trône au printemps de l'an 717 de Rome
(37 avant Jésus-Christ), la dix-huitième année de son règne
commença en 734 et finit en 735 (l'an 19 avant J.-C.). Quarante-six ans plus tard nous sommes au printemps de 781 ou
en 28 après Jésus-Christ. Celui-ci était alors au début de son
ministère. La Pâque dont il nous est parlé au chapitre II de
l'Evangile selon saint Jean étant celle de l'an 28, le chapitre VI verset 4 [3] mentionne celle de l'an 29, et la Pâque de sa
mort se trouve être celle de l'an 30; précisément une des deux

---

[1] M. Sabatier (*Encyclopédie des sciences religieuses*, art. Jésus-
Christ), trouve cette recherche de la date par l'année où le 14 ou 15
Nisan est tombé sur un vendredi « très chanceuse. » Elle est, au contraire, d'une grande précision. Le calendrier des années du premier
siècle, et, en particulier, de ces années-là, a été fait. Nous l'avons sous
les yeux. Fixé par l'astronomie, il est d'une rigoureuse exactitude.

[2] Ev. de Jean, II, 20.

[3] La fête dont il est parlé au chapitre V, verset 1, n'est pas une
Pâque; nous le montrerons tout à l'heure.

années entre lesquelles nous devons choisir. Cet accord fixe
notre choix et nous concluons rigoureusement qu'il faut s'en
tenir à l'an 30, et que Jésus fut crucifié le vendredi 7 avril de
l'an 30. M. Renan adopte, il est vrai, l'année 33 [1], mais il ne
dit pas pourquoi et ne s'explique nulle part sur la chronologie
qu'il a suivie. M. de Saulcy en parle aussi [2]; mais les preuves
qu'il donne n'ont aucune valeur ; il va jusqu'à admettre l'exactitude de l'ère Dyonisienne [3]. Keim a cru pouvoir fixer la date
de la mort de Jésus-Christ à l'an 35. — D'après Josèphe,
dit-il, lorsque Hérode Antipas fut vaincu en 36 par Arétas,
les Juifs virent dans cette défaite une punition méritée du
meurtre de Jean-Baptiste. Il y avait donc peu de temps, deux
ans au plus, que Jean était mort, et s'il fut décapité en 34
Jésus fut crucifié au plus tôt en 35. — Ce raisonnement repose
sur une base bien fragile. Les Juifs ne pouvaient-ils pas
voir dans la défaite d'Antipas une punition du meurtre de
Jean-Baptiste six ou sept ans plus tard ? Du reste, le 15 Nisan
ne tomba pas sur un vendredi en l'an 35 ; et enfin, la date
que nous avons trouvée est confirmée par cette affirmation
de Luc [4] : « Jésus avait environ trente ans » la quinzième
année de Tibère César, c'est-à-dire en 781 (28 après J.-C.);
car cette indication concorde exactement avec celle donnée
par Jean [5] : « On a mis quarante six ans à bâtir ce Temple. »
Tacite, aussi, en plaçant le ministère de Jésus-Christ sous
Ponce-Pilate (c'est-à-dire entre 26 et 36), vient à son tour for-
tifier notre résultat.

[1] *Les apôtres.* Introduction, p. 1.
[2] *Sept siècles de l'histoire judaïque,* p. 267.
[3] On appelle ainsi l'ère vulgaire fixée par Denys-le-Petit, moine originaire de Scythie, mort vers 540. Il fixa le commencement de l'ère chrétienne à l'année 753 de Rome qu'il prit pour l'année de la naissance de
Jésus-Christ ou « année de l'incarnation ». Or, les passages : Ev. de Luc
III, 1 et 2 et 23 montrent qu'il faut commencer l'ère chrétienne plus tôt.
Jésus était certainement déjà né en l'an Ier. Avant Denys-le-Petit, l'Eglise
comptait les années à partir de la mort de Jésus-Christ.
[4] Chap. III, 1 et 23.
[5] Chap. II, 20.

L'année de la naissance de Jésus-Christ est impossible à fixer avec certitude. M. Sabatier croit qu'il faut se résigner à la placer approximativement entre 744 au plus tôt et 753 au plus tard. Nous pensons qu'on peut préciser davantage. Il avait « environ 30 ans » en l'an 28, il serait donc né « environ » deux ans avant l'ère vulgaire, c'est-à-dire vers l'an 751 de Rome, c'est une première indication. Remarquons ensuite que Matthieu, Luc et les Talmuds s'accordent à placer cette naissance à la fin du règne d'Hérode-le-Grand. Malheureusement Josèphe nous donne deux dates différentes de la mort de ce prince et indique tantôt 750, tantôt 752, ou même 753[1]. Mais on s'accorde généralement à accepter le premier de ces chiffres et à placer la mort d'Hérode-le-Grand en 750.

Il reste le recensement de Quirinius, dont parle Luc[2], mais il est difficile à expliquer. Nous connaissons par les Actes des Apôtres[3] et par Josèphe[4] un recensement de Quirinius fait en 760. L'évangéliste Luc donne le sien comme « le premier ». Or il est possible que Quirinius ait été deux fois Légat de Syrie[5] et la première fois vers 750 ou 752. Sans discuter ici l'authenticité de ce « premier » recensement, nous croyons pouvoir placer en 749 ou 750 la date probable de la naissance de Jésus Il est né trois ou quatre ans avant l'ère chrétienne et avait environ trente-trois ans lorsqu'il fut crucifié.

Telles sont les dates principales, celles qu'il faut fixer avant tout. C'est donc à la fin du règne d'Hérode-le-Grand, au moment où la folie de ce tyran atteignait son paroxysme,

---

[1] L'astronome Kepler a découvert qu'une conjonction de Jupiter et de Saturne s'était produite en 747 et s'est demandé s'il ne fallait pas voir dans ce fait étrange l'origine de l'histoire de l'étoile des Mages. Ce n'est qu'une hypothèse curieuse; mais nous n'avons aucune preuve à l'appui.

[2] Luc, ch. II, 2.

[3] Actes V, 37.

[4] *Ant. Jud.* XVIII, 1, 1.

[5] Une inscription latine, découverte aux environs de Rome (l'inscription dite de Tibur) semble le prouver: voir l'article intitulé *Une ins-*

que naquit dans un petit village cet enfant qui reçut le nom de Jeschoua, traduit Jésus par les Latins. Il naissait sous un régime de terreur, à cette époque profondément agitée que nous avons essayé de décrire au chapitre troisième du premier livre de cet ouvrage. Son enfance et sa jeunesse s'écoulèrent au milieu des troubles dont la Palestine était alors le théâtre. Mais il fut élevé à Nazareth en Galilée, dans la tétrarchie d'Antipas, dont le gouvernement était relativement paisible.

Essayons maintenant de faire une chronique rapide du ministère de Jésus-Christ. Il durera de la fin de l'an 27 au mois d'avril de l'an 30, c'est-à-dire deux ans et demi. On a prétendu que les Synoptiques le plaçaient tout entier dans l'espace d'une seule année. Cette assertion est injustifiable; une foule de passages[1] supposent de fréquents séjours de Jésus en Judée et surtout à Jérusalem. Il s'y rendait pour les fêtes et en particulier pour la Pâque, et le quatrième Evangile nous fournit ici les plus précieuses indications. Il parle de trois fêtes de Pâque [2]. Nous en avons déjà indiqué les années (28, 29 et 30). Nous ne pouvons, en effet, considérer comme une Pâque la fête mentionnée par Jean au chapitre V, verset 1 [3].

L'article (Ἡ ἑορτή,) qui serait absolument nécessaire, ne se trouve que dans le Codex Sinaïticus et il est plus naturel de supposer son addition dans ce manuscrit que sa suppression dans tous les autres. Pourquoi Jean ne nommerait-il pas la

cription relative au recensement de Quirinius, par M. Wabnitz, Revue de théologie de Montauban, 1881-1882.

Voir aussi, sur le recensement de Quirinius : De censu Quiriniano, broch. in-8°; Paris, par Lecoultre, 1883. L'auteur démontre que Luc a commis une erreur en plaçant sous Quirinius le recensement dont il parle. Cette erreur reste incompréhensible.

[1] Ev. de Matth. XXI, 3; IV, 25; XV, 1; XXII, 18; XXIII, 37; XXVII, 57; Ev. de Marc VII, 1, etc., etc.

[2] Ev. de Jean II, 23; VI, 4; XIII, 1.

[3] Nous avons cru longtemps qu'il s'agissait ici de la Pâque: nous ne le pensons plus aujourd'hui. Voir Jésus de Nazareth et le développement de sa pensée sur lui même, note de la page 66.

Pâque? Il faudrait aussi admettre avec cette hypothèse qu'une année s'est écoulée entre les événements du chapitre V et ceux du chapitre VI, année que Jean passerait entièrement sous silence. Le passage chapitre IV, verset 35, nous place clairement en décembre; et le passage chapitre VI, verset 4, en avril; la fête dont il est parlé chapitre V, verset 1, se trouve être tout simplement celle des Purim qui se célébrait en mars.

Les Synoptiques nous indiquent encore une dernière date [1] : « le Sabbat second-premier » ; mais cette expression reste énigmatique. Wieseler a cru en découvrir le sens. Ce Sabbat serait, d'après lui, le premier de la seconde année ecclésiastique à partir de la dernière année sabbatique. Cette explication reste une hypothèse et elle est assez généralement abandonnée aujourd'hui [2]. Fût-elle exacte, elle confirmerait encore nos calculs, car elle ferait tomber la scène qui nous est racontée dans ce passage au mois d'avril de l'an 29.

En tout cas, le fait dont il s'agit ne peut s'être passé qu'au printemps et aux environs de la Pâque, car les apôtres arrachent des épis et les mangent. Il y eut donc plusieurs fêtes de Pâque pendant le ministère de Jésus, et celle dont il est ici parlé a précédé sa mort juste d'une année.

Le tableau général de la chronologie des Evangiles s'établit tout naturellement à l'aide des dates que nous avons fixées. Jésus de Nazareth, ou plus exactement Jeschoua de Nazareth (car Jésus, nous l'avons dit, est un nom hébreu latinisé) naît en 749 ou 750 de Rome. Il est appelé dans les Evangiles Ἰησοῦς ὁ Ναζωραῖος, et le nom que lui donneront plus tard ses compatriotes et ses disciples sera : Rabbi Jeschoua Natsarieh. Hérode meurt à Jéricho peu de temps après sa naissance, quelques mois au moins, trois ans au plus [3]. L'enfant est élevé à Naza-

---

[1] Ev. de Luc VI, 1.

[2] Reuss. *La Bible : Les Synoptiques*, commentaire sur Luc VI, 1; *Revue de théologie de Lausanne*, lettre de M. F. Chavannes, numéro d'octobre 1878.

[3] Ev. de Matth. II, 16 et suiv.

reth. Il a neuf ans environ, quand Archélaüs est déposé et que
le légat de Syrie nomme un procurateur chargé d'administrer
la Judée. C'est sous le premier d'entre eux, appelé Coponius,
que Jésus vient pour la première fois au Temple de Jérusalem,
âgé de 12 ans.

En l'an 28 (781 de Rome), il a déjà commencé son ministère. Il a alors « environ » trente ans. Il faut placer avant la
Pâque, c'est-à-dire dans les premiers mois de l'année et peut-
être à la fin de 27, son baptême, la tentation, les noces de
Cana. Après un court séjour à Capharnahum, il monte à Jérusalem pour la fête de Pâque 781. Nous fixons à cette date
la purification du Temple et l'entretien avec Nicodème. Il
retourne en Galilée quelque temps après et passe à Nazareth les mois d'été. En septembre, il revient en Judée pour
les Tabernacles et renoue ses relations avec Jean-Baptiste.
Vers la fin de décembre, il reprend le chemin de la Galilée et
passe par la Samarie (Ev. de Jean, ch. IV, entretien avec la
Samaritaine). « Il y a encore, dit-il, quatre mois jusqu'à la
moisson » (verset 35). Et comme celle-ci se faisait à la fin
d'avril, on était à la fin de décembre.

De retour à Nazareth, il rentre dans le silence ; il travaille
sans doute à l'entretien de sa famille. Au mois de mars, il
monte à la ville sainte pour la fête des Purim (14 et 15
d'Adar), cette année là les jeudi 17 et vendredi 18 mars, (ou
les vendredi 18 et samedi 19[1]). La fête des Purim n'impli-
quait pas la cessation obligatoire du travail. La guérison du
malade de Béthesda, qui eut lieu un jour de Sabbat, tombe
par conséquent sur le samedi 19 mars.

Rentré peu après en Galilée, il commence son ministère
actif. Il se décide à quitter Nazareth, village perdu dans les
montagnes, et va s'établir à Capharnahum, gros bourg situé
sur la route d'Egypte en Syrie. Capharnahum est sur les
bords du lac de Tibériade ; Jésus n'a en ligne droite que huit

---

[1] Suivant que le mois précédent avait été cave ou plein.

ou neuf heures de marche à faire pour y arriver, mais il se
rend d'abord à Magdala, situé aussi sur les bords du lac. Il
y passe la nuit et puis, longeant la mer (Ev. de Marc, I, 16),
il rencontre ses premiers disciples entre Bethsaïda et Capharnahum. Il arrive dans le voisinage de ce bourg deux jours
après son départ de Nazareth (Ev. de Marc, I, 21). Le lendemain était un Sabbat; il avait donc quitté Nazareth un mercredi, et c'est d'un vendredi qu'il faut dater la vocation de
Pierre et des autres disciples.

Le samedi, il enseigne dans la synagogue de Capharnahum,
et il faut placer ici les événements racontés dans les Synoptiques (Ev. de Marc, I, 29-34 ; de Luc IV, 38-41 et de Matth.
VIII, 14-17). Le dimanche, de grand matin, il se retire en un
lieu solitaire pour prier (Ev. de Marc I, 35-38 ; de Luc IV,
42, 43). Il parcourt cette semaine-là toute la Galilée. Le bruit
de sa renommée pénètre jusqu'en Syrie (Ev. de Matth. IV, 23,
24; IX, 35; XI, 11 ; XII, 15 et suiv.). Peu à peu se groupent
autour de lui quelques disciples qui forment son cercle le
plus intime. Les autorités de Jérusalem commencent à s'é-
mouvoir. Des Scribes vont l'épier et s'entendre avec les Pharisiens qui séjournent en Galilée. Ceux-ci le connaissent. Ils
s'étaient rencontrés deux fois avec lui à Jérusalem (Ev. de
Jean, II et V). Jésus leur semble déjà en opposition ouverte
avec le Judaïsme. C'est de cette semaine qu'il faut dater la
vocation de Matthieu et les paroles du Christ sur le jeûne.
Six disciples se donnent à lui avant tous les autres : Pierre,
André, Jacques, Jean, Philippe et Barthélemi.

Le samedi suivant est celui que les Evangiles appellent second-premier. Si l'explication de Wieseler est bonne (nous
avons montré qu'elle n'est qu'une simple hypothèse), ce
samedi serait le 9 avril. Le samedi précédent aurait donc été
le 2 et le calendrier de cette partie de l'histoire évangélique
devient facile à établir.

La semaine suivante fut une des plus importantes de la vie
de Jésus. Le premier jour, il se retire sur la montagne pour

prier. Il choisit les douze apôtres (Ev. de Marc, III, 13 et suiv.). Il prononce ensuite les enseignements dont quelques fragments nous ont été conservés sous le nom de sermon sur la montagne. Jésus « *s'établit* » dans la montagne, dit Matthieu (V. 1)[1], et il les « *enseignait* ». C'était sans doute au N. O. de Capharnahum, où se trouve une chaîne de collines. Le mot « *s'établit* », et l'imparfait « *enseignait* » montrent bien qu'il s'agit ici d'une série de discours prononcés par le Christ, pendant un certain temps, au moins pendant quelques jours, et qui ne sont parvenus jusqu'à nous que par fragments. Jésus pense pour la première fois à fonder une Eglise. Les douze apôtres lui serviront à établir une ἐκκλησία.

Peu de temps après (Ev. de Luc, VIII, 1-3), nous le voyons parcourant la Galilée accompagné de ses apôtres et de quelques femmes s'occupant des besoins de chaque jour. Il envoie ses apôtres en mission; Judas tient la bourse commune; ils voyagent sans doute à la mode essénienne; Jésus a la robe sans couture, le turban sur la tête, des franges à son manteau[2]. Deux envoyés de Jean-Baptiste viennent lui poser la question : « Es-tu celui qui doit venir? » Peu après Jésus apprend la mort du Précurseur. On lui dit en même temps qu'Hérode Antipas le surveille. Il traverse alors le lac et se retire dans les collines voisines de Bethsaïde Julias, sur le territoire du tétrarque Philippe. La foule l'y suit et veut le nommer roi. Il prie les apôtres de remonter dans la barque et de retourner sans lui à Capharnahum. Le lendemain il parle dans la synagogue de ce village. Ce n'était pas un jour de sabbat, car le peuple n'aurait pu naviguer sur le lac un samedi; c'était un lundi ou un jeudi, les seuls jours où la synagogue fut ouverte en dehors du sabbat. Jésus y prononce son grand discours sur le pain de vie (Ev. de Jean, ch. VI).

---

[1] « καθίσαντος. » Voyez Actes des apôtres, ch. XVIII, 11 ; ἐκάθισέ τε ἐνιαυτὸν καὶ μῆνας ἕξ.

[2] Voir Livre I, chapitre X. *Les Vêtements*.

Nous voici arrivés à cette période critique du ministère du Christ, où le peuple l'abandonne, où il reste seul avec les douze, et où la nécessité absolue de sa mort violente lui apparaît pour la première fois. Les trois synoptiques se rencontrent ici avec le quatrième Evangile (Ev. de Matth. XVI, de Marc VIII, de Luc IX), Jésus se retire vers le Nord du pays et, se trouvant sur le chemin de Césarée de Philippe, il pose à Pierre les deux questions : « Qui disent les hommes que je suis? » « et vous qui dites-vous que je suis? » Il est décidé à rompre avec le Judaïsme et avec la théocratie; le mot Eglise déjà prononcé paraît définitivement ; une communauté indépendante est fondée. Jusqu'ici il a surtout parlé du Royaume de Dieu ; désormais il prêchera d'abord sa propre personne ; il s'ouvrira davantage à ses disciples ; il les initiera à sa vie intérieure et spirituelle. Son ministère en Galilée est devenu impossible. Forcé de fuir les grands centres, il va jusqu'à Tyr et Sidon, mais il ne peut ni ne veut éviter une rencontre décisive avec ses adversaires. Il doit faire la volonté de son Père et il monte à Jérusalem (Ev. de Marc, VII, 24, 31, de Luc, IX, 51). Nous l'y trouvons cette année là à la fête des Tabernacles (Ev. de Jean, VII, 1). Elle commençait le 15 de Thischri; en l'an 29, ce jour se trouvait être le mardi 11 octobre. « Le dernier et le grand jour de la fête » (Ev. de Jean, VII, 37), fut soit le 19, soit le 20 octobre. Le samedi 15 tombait, en tout cas, au milieu et c'est ce jour là que Jésus se montra à l'improviste dans le Temple (Ev. de Jean, VII, 14).

Il faut, sans doute, placer entre la fête des Tabernacles et celle de la Dédicace un certain nombre de faits rapportés par Luc, et qui ne trouvent pas leur place ailleurs, comme l'envoi des soixante-dix disciples. Pendant cette dernière année de sa vie, Jésus alla beaucoup çà et là, car il avait abandonné Capharnahum aussitôt après la crise de la foi des disciples et avant la fête des Tabernacles (Ev. de Luc, IX, 51). Les chapitres X, XI, XII, XIII, de Luc, doivent être approximativement placés dans l'automne de l'an 29. Cet

Evangéliste a confondu en un seul voyage (IX, 51 — XVIII, 43), les faits qui se sont passés pendant cette vie errante de toute une année.

La fête de la Dédicace, dont il nous est parlé ensuite (Ev. de Jean, X, 22), durait huit jours et commençait le 25 Kisleu (du 19 ou 20 Décembre au 27 ou 28 de l'an 29). Jean et Luc sont donc seuls à nous donner des renseignements sur les six mois qui s'écoulèrent d'Octobre 29 à Avril 30.

Après la fête, Jésus traverse le Jourdain et s'arrête. Nous ne savons rien des premiers mois de l'an 30 ; nous le trouvons un moment à Béthanie (Ev. de Jean, XI, 1-46), puis il se retire à Ephraïm, ville située entre Silo et Béthel, au Nord de Jérusalem (II Chroniques, XIII, 19). Il retourne en Galilée, qu'il voit pour la dernière fois, et revient en Judée par la Pérée (Ev. de Matth., XIX, 1, de Marc, X, 1). C'était son dernier voyage ; il passe à Jéricho, où il rencontre Zachée, et enfin arrive à Béthanie (Ev. de Jean, XII, 1-11). Le repas de Béthanie se date exactement du samedi 1er Avril 30 (9 Nisan, jour de sabbat et six jours avant la Pâque).

Nous voici à la dernière semaine. Le Dimanche 2 Avril, il entre solennellement à Jérusalem ; le soir il retourne à Béthanie (Ev. de Marc, XI, 11) ; c'est ce jour là que l'agneau était choisi et mis à part pour la Pâque (Exode, XII). Les Synoptiques, ne racontant qu'un seul voyage à Jérusalem, placent ici un certain nombre de faits qui se sont passés certainement à d'autres époques : la purification du Temple, par exemple, à laquelle le quatrième Evangéliste assigne seul sa vraie date. Il en est de même, sans doute, des réponses aux Saducéens sur le divorce, aux Pharisiens sur l'impôt, à un Scribe sur le sommaire de la Loi.

On ne saurait dire avec certitude, le lundi 3, il fit telle et telle chose, le mardi 4, telle autre ; un seul fait est hors de doute : il restait tout le jour au Temple et le soir il sortait de la ville et allait passer la nuit soit à Béthanie (Ev. de Marc XI, 9) soit dans une des fermes du Mont des Olivíers. Il semble donc avoir pris quelques précautions pour sa sûreté pendant ces derniers jours (voir Ev. de Jean XII, 36; de Matth. XXIV, 1). Il ne voulait ni éviter la mort puisqu'il ne retournait pas en Galilée, ni hâter sa venue, en se livrant lui-même à ses ennemis.

Ce fut sans doute le mardi, qu'assis sur le Mont des Oliviers en face du Temple, il prononça ses paroles sur la fin du monde et sur la ruine de Jérusalem (Ev. de Matth. XXIV et XXV et parall.); puis il passa le mercredi à Béthanie. Le soir de ce jour le peuple détruisait le levain qui lui restait encore (*Pesachim*, ch. I).

Le jeudi 13 ou 14 Nisan (6 avril 30) il envoie deux disciples préparer la Pâque. L'après-midi il entre à Jérusalem et monte chez un ami; tout est prêt pour un dernier repas avec les apôtres.

Nous disons le 13 ou le 14 Nisan; nous avons expliqué (Livre I chapitre XI) cette incertitude qui tient à l'imperfection du calendrier chez les Juifs. D'après les Synoptiques ce fut le 14, d'après Jean ce fut le 13. Ils sont inconciliables; il faut choisir. Nous serions d'abord porté à croire qu'ici encore le quatrième Evangéliste a raison et que les Synoptiques se sont trompés d'un jour. La tradition talmudique est en effet d'accord avec Jean et place la date de mort du Christ le 14 Nisan [1]. De plus Jésus, étant mort le 15, aurait été mis en croix le grand jour de la fête, ce qui est difficile à admettre; on ne devait pas exécuter une sentence de mort à un moment aussi solennel. Simon de Cyrène, que l'on obligea de porter la croix, revenait des champs et on n'allait pas travailler aux champs (Ev. de Marc XV, 21) le 15 Nisan.

Nous sommes donc tenté d'admettre que Jésus fut crucifié le 14, au moment où l'on immolait la Pâque et la mangeait, à l'heure même de la παρασκευή. Le lendemain samedi fut le grand jour de la fête; mais, dans cette hypothèse, une diffi-

---

[1] Talm. Babyl. *Sanhédr.* 43 *a* et 67 *a*.

culté subsiste et elle est insurmontable. Jésus, ayant mangé
la Pâque avec ses disciples le jeudi soir, aurait devancé de
vingt-quatre heures la coutume de son peuple. Les textes des
Synoptiques sont formels : il mangea la Pâque juive puis il
institua la Pâque chrétienne [1]. Sans doute le fait que Jésus
aurait devancé la coutume juive n'aurait rien d'impossible en
soi, mais ce qui est absolument inadmissible c'est la préparation de la Pâque par deux disciples la veille du jour ordinaire, c'est-à-dire l'immolation de l'agneau au Temple faite
par un prêtre vingt-quatre heures avant le moment fixé par
la Loi et où tout le peuple sacrifiait. La cérémonie pascale à
la date du 13 aurait été un sacrilège et elle n'est admissible à
aucun titre ; il faut donc revenir à la première hypothèse.
Jésus a été crucifié le 15, le grand jour de la fête ; ce qui est
moins impossible qu'un sacrifice pascal le 13 Nisan [2].

Après avoir institué la Cène il prononce les paroles conservées dans le quatrième Evangile (Ch. XIV, XV, XVI, XVII).
Vers minuit ils partent, traversent les rues silencieuses de
Jérusalem, sortent de la ville par la porte des Brebis [3] et ga-
gnent le torrent de Cédron et le Mont des Oliviers. Jésus
passe par l'agonie de Gethsémané, il est arrêté et mené chez
Hanan qui avait une maison au sommet de la colline [4].

Le vendredi 7, de grand matin, on le conduit à Jérusalem,
à la demeure de Pilate, tout près de la tour Antonia. Il est jugé
par le procurateur dans la salle pavée du rez-de-chaussée qui
lui servait de prétoire, à côté du corps de garde. Il compa-
raît aussi devant Hérode Antipas, venu pour la fête et qui
habitait probablement le magnifique palais de son père [5].
Condamné au supplice de la croix, Jésus est mené à l'Ouest

---

[1] Jean, au contraire, passe sous silence et le repas de l'agneau pascal
et l'institution de la Cène. Il y a là une difficulté que nous n'avons pas à
résoudre ici.

[2] Voir chapitre XIII, *Les Fêtes ; le Sacrifice pascal.*

[3] Voir Livre I, chapitre II : *Description de Jérusalem.*

[4] Voir Id. Id. : *Les Environs de Jérusalem.*

[5] Voir Id. Id. : *Les Palais.*

de la ville, hors des murs. Il est crucifié avec deux autres condamnés dans un terrain vague, sur un tertre rond et dénudé
appelé le Crâne, non loin de la porte des Jardins et en face de
la tour Hippicus.

Mis en croix à neuf heures, il meurt à trois heures après-
midi.

Le soir même, avant six heures, son corps est descendu de
la croix et déposé tout à côté dans un tombeau neuf creusé
dans le rocher pour la famille de Joseph d'Arimathée.

Les autres dates de l'histoire évangélique sont faciles à
calculer ; la résurrection se place le 9 avril, l'ascension le
18 mai et la première Pentecôte chrétienne le 28 mai de l'an 30.

CHAPITRE XV

« Il est monté comme une plante qui sort d'une terre desséchée, » dit Esaïe [1] en parlant du serviteur de l'Eternel, et cette parole, appliquée à Jésus, s'impose à nous au moment où nous terminons cet ouvrage. La terre de la Palestine était desséchée au premier siècle; il soufflait un vent mortel qui passait sur elle et la stérilisait. Mais voici, sur ce sol durci, une plante nouvelle paraît et deviendra l'arbre gigantesque et magnifique qui s'appelle le Christianisme. Jésus parle, il annonce l'Évangile dans ce monde des Scribes et des Docteurs de la Loi qui prêchent le salut par les œuvres et l'avénement prochain d'une ère messianique glorieuse.

Quels étaient les traits caractéristiques de la prédication du Christ? Nous voudrions essayer de le montrer dans ce dernier chapitre.

Et d'abord, cette prédication, nous l'avons; on voudrait nous interdire, au nom de la critique, de rien affirmer de positif sur Jésus [2]. Nous répondrons, également au nom de la critique, que de l'étude des Synoptiques, pour ne parler que

[1] Chap. LIII, verset 2.
[2] Voir E. Havet : *Revue des Deux-Mondes*, 1er avril 1881.

d'eux, se dégage un ensemble de préceptes, de paroles, d'affirmations de Jésus, dont l'authenticité ne peut plus être mise en doute que par le parti pris, et une inqualifiable partialité. On voudrait nous ramener aux idées émises par Strauss dans sa première « *Vie de Jésus* [1] ». C'est méconnaître les remarquables travaux critiques dont les trois premiers Evangiles ont été l'objet en Allemagne depuis quarante ans et c'est oublier que Strauss lui-même, dans sa « *Nouvelle vie de Jésus* », en a reconnu la légitimité.

Que s'est-il passé dans ce monde juif que nous avons essayé de décrire? Une religion universelle s'y est fondée et a commencé à se substituer au judaïsme d'abord et quelques années plus tard aux autres religions nationales du monde civilisé. C'est une grande loi de l'histoire qui s'est accomplie. Le christianisme avait sans doute son fondement dans le passé; l'histoire de la formation des dogmes chrétiens a été longue, elle a commencé avant Jésus et elle s'est continuée après lui. Mais Jésus a donné au mouvement religieux qui était alors en formation une impulsion nécessaire; il a vraiment créé l'ordre de choses nouveau; il a été en un mot le fondateur du christianisme; et ce titre que l'on essaie de lui contester ne peut décidément pas lui être ravi.

Reconnaissons d'abord (et le lecteur de ce livre l'a certainement déjà reconnu) que, sur une quantité de questions importantes, Jésus a partagé les idées de ses contemporains. Il ne nous semble pas possible de le rattacher à aucune des écoles de son temps, mais on peut dire qu'il leur a fait à toutes des emprunts. Il a dû beaucoup aux Pharisiens; il a adopté leur doctrine de la Providence et celle de la résurrection des corps. Il les connaissait trop bien pour ne pas avoir étudié à fond leur tendance et leur avoir emprunté ce qu'il pouvait y avoir de généreux et d'élevé chez les plus larges et les plus tolérants d'entre eux. Mais nous n'irons

---

[1] Parue en 1835.

pas jusqu'à dire avec Keim qu'il dut, à un certain moment de son développement religieux, dans sa jeunesse, être décidément pharisien, puis abandonner plus tard ce parti. Cette hypothèse est gratuite et inutile.

Nous avons montré plus haut [1] tout ce que Jésus a emprunté aux Esséniens ; nous n'y reviendrons pas ici. Remarquons encore que l'exégèse de Jésus est parfois la même que celle de ses contemporains, par exemple, lorsqu'il veut prouver que la résurrection des morts est dans le Pentateuque [2]. Il a certainement partagé sur les démons et les mauvais esprits les idées de son peuple. Pour quiconque lit les Evangiles sans parti pris c'est une question de bonne foi. Enfin, il est resté Juif toute sa vie ; il ne nous est pas dit qu'il ait jamais renoncé au culte de la synagogue, et la veille de sa mort il célébrait encore la Pâque avec ses disciples.

Cependant il y eut dans l'enseignement de Jésus deux idées entièrement nouvelles et, à nos yeux, d'une incontestable originalité. L'enseignement rabbinique de ses contemporains, tel que nous l'avons exposé dans les chapitres qui précèdent, se résumait, nous venons de le rappeler, en ces deux mots : Pratiquez toute la Loi et attendez le Messie, roi de la terre. Jésus a répondu : Vous serez sauvés par la foi et je suis le Messie qui doit mourir crucifié. Il a rejeté la pratique des œuvres qui justifient et l'attente d'un messianisme terrestre et les a remplacées par la prédication de la justification par la foi et par celle d'un messianisme purement spirituel dont il est, lui, le héros. Ces deux doctrines résument, nous le croyons, tout l'Evangile.

La première est celle de la foi. A quelles conditions entre-t-on dans le Royaume de Dieu ? se demandaient ses contemporains. Ils répondaient : en pratiquant la Loi et nous avons montré comment ils réglementaient leur vie et en-

---

[1] Chapitre XIV, *les Esséniens.*
[2] Ev. de Matth. XXII, 31 et suiv. et parall.

touraient le code sacré d'une haie de préceptes. Ce qui disparaissait ici c'était le sentiment religieux et le sentiment moral. On ne se demandait plus : ceci est-il bien? ceci est-il mal? mais : ceci est-il permis? ceci est-il défendu ? La religion était devenue une science, une γνῶσις. Quand on lit les écrits des Israélites de nos jours sur les Juifs du temps de Jésus-Christ, on reste confondu de la sérénité avec laquelle ces savants parlent de ces déplorables doctrines. Ils n'élèvent pas une critique, ils ne prononcent pas un mot de blâme. Ils ne semblent pas se douter qu'elles anéantissaient la vie religieuse elle-même. Dieu n'était plus qu'un créancier avec lequel on calculait. L'acte accompli justifiait devant lui et cet acte était une prière récitée, une purification accomplie, une aumône sacrifiée. Or, Jésus a dit ici exactement le contraire de ses contemporains; il a rejeté toute la casuistique pharisienne; il a montré que la dette contractée envers Dieu est inexorable et qu'il n'y a d'espoir possible que si Dieu remet toute cette dette et sans condition aucune. Or, il la remet, car il est « le Père ». Ce nom de Père donné à Dieu n'était certainement pas inconnu des contemporains de Jésus, mais lui seul en comprenait le sens véritable et profond. Dieu est le Père; il n'est donc pas un créancier sans entrailles, il remet les dettes, il pardonne les fautes de ses enfants. Ce n'est pas que Jésus abolisse la Loi. Il n'abolit pas même celle qui ordonne de payer la dîme de la menthe, de l'anet et du cumin [1]. « Il ne faut pas, dit-il, négliger ces choses-là, » mais il repousse toutes les traditions qui, loin d'aider à accomplir la Loi, deviennent des obstacles à son accomplissement. La haie protectrice est devenue une barrière infranchissable. Il ne veut pas qu'on attache d'importance à ce qui est secondaire : se laver les mains avant de se mettre à table, ne pas froisser d'épis entre ses doigts le jour du Sabbat, ne pas s'asseoir à une table sans savoir si tout a été préparé suivant les

---

[1] Ev. de Luc XI, 42.

rites et si les dîmes ont été payées. « Dans une maison, dit-il,
« mangez de tout ce qu'on vous présentera [1]. »

Que faut-il donc faire d'après lui pour se justifier devant
Dieu ? Reconnaître d'abord que le siège du mal c'est le cœur,
que l'adultère est dans le cœur, que le meurtre est dans le
cœur [2], et se repentir. L'appel à la repentance est adressé par
lui à tout homme, car le prochain c'est tout homme, même
le Samaritain, affirmation inouïe pour son époque. Tous
sont appelés, tous peuvent se repentir. Sur ce point il n'a
fait que suivre la tradition de Jean-Baptiste et continuer ses
appels, mais il le dépasse quand il dit que la repentance est
un changement du cœur et une condition de pardon, quand
il montre ce pardon accordé par Dieu à quiconque le demande avec contrition, quand il déclare que si Dieu fait miséricorde, c'est un acte gratuit de sa part, car il ne nous doit
rien. L'homme n'a aucun mérite à accomplir son devoir ;
« Quand vous aurez fait tout ce qui vous a été commandé,
dites encore, nous sommes des serviteurs inutiles [3] ».

La foi qui est quelquefois pour lui la simple croyance à un
fait religieux, aux prophéties par exemple [4], est surtout, dans
sa prédication, un acte, et un acte de confiance. Elle est insé-
parable d'un changement de vie [5].

Quant au Royaume de Dieu lui-même il le spiritualise, il
le place dans le cœur de ses disciples. Ils y entrent par la
foi, par la confiance. Il est aux enfants, il est à ceux qui ne
raisonnent pas, mais qui font la volonté du Père céleste et
ne reculent devant aucun sacrifice. Il faut être prêt à vendre
ses biens, à rompre les liens de famille les plus étroits, à
renoncer au mariage, à donner sa vie, mais ce ne sont pas
des devoirs à apprendre ; ce ne sont pas des rites à accom-

[1] Luc X, 8.
[2] Ev. de Matth. ch. V, 21 et suiv., 27 et suiv.
[3] Ev. de Luc XVII, 10.
[4] Ev. de Luc XXIV, 25.
[5] Ev. de Matth. VII, 21 et suiv.; VI, 14; XVIII, 35; XXV, 31-45.

plir : Pour quiconque est pénétré de l'esprit de l'Evangile, les devoirs viennent d'eux-mêmes ; ils sont remplis par besoin du cœur, par amour.

Nous venons d'écrire le mot Evangile ; Jésus a suffisamment indiqué par ce mot qu'il prétendait fonder un ordre de choses nouveau. Cette « bonne nouvelle » (εὐαγγέλιον) n'est pas un simple triage des préceptes mosaïques comme Hillel pouvait en faire, mais l'accomplissement de ces préceptes obtenu par un changement du cœur, par un sentiment tout moral. « On ne met pas le vin nouveau dans de vieilles outres, on ne coud pas le drap neuf sur du drap usé[1] ». Il faut renoncer aux outres vieillies et au drap usé ; la forme comme le fond doivent être changés. C'est ainsi que Jésus réagit contre la première des erreurs de son temps, la croyance que la stricte observation de la Loi met l'homme en règle avec Dieu.

La seconde erreur des contemporains de Jésus était une attente messianique ardente, passionnée, fiévreuse, politique à la fois et religieuse et la seconde idée entièrement nouvelle et originale de son enseignement fut sa conception du Messie. Nous y attachons une importance capitale; elle nous donne la clef de tout son ministère et de toute son œuvre.

L'idée messianique s'est offerte à lui telle que l'avaient rêvée ses compatriotes. Il la rencontra dès le début de son ministère et s'en défia immédiatement; elle lui sembla fausse, anti-scriptuaire, inadmissible, et il lutta contre elle. Il se déclara lui-même le Messie et il conçut cette idée inconnue et étrange, scandaleuse, insensée pour un Juif d'un Sauveur humble, souffrant, crucifié par dévouement pour ses frères et par obéissance à son Dieu.

Ce n'est pas du jour au lendemain qu'il s'éleva à une si étonnante doctrine messianique. Les croyants se représentent d'ordinaire Jésus comme sachant parfaitement dès le

[1] Ev. de Matth. IX, 16 et 17 et parall.

début de son ministère ce qu'il était et ce qu'il venait faire
au monde. Son plan aurait été arrêté d'avance et il l'aurait
exécuté lentement ; il aurait su dès le premier jour qu'il
mourrait crucifié et s'il n'a pas fait, avant la dernière année,
la moindre allusion à la croix, son silence était voulu, calculé, intentionnel. Il faisait partie de son plan. Eh bien !
nous ne pouvons le croire. Ce Jésus qui calcule, qui ne dit
pas tout ce qu'il sait, ne nous semble conforme ni à la vérité
morale ni à la vérité historique. Nous prenons au sérieux
l'humanité du Christ et nous pensons que Jésus s'est développé comme le plus humble des hommes ; la volonté de son
Père ne lui est apparue que peu à peu et s'il n'a point parlé
dès le début de sa mort sanglante, c'est parce qu'il l'ignorait
encore. Son idée messianique purement spirituelle, si originale, si étrange, a grandi en lui peu à peu, lentement. Il ne
l'a certainement pas conquise immédiatement tout entière.
La lutte fut longue au contraire et douloureuse.

Tandis qu'il avait acquis sans effort sa foi au Père céleste
dans la solitude paisible du recueillement et de la prière et
simplement en regardant en lui-même et en sondant sa
conscience, ici il dut combattre, il dut lutter contre des tenta-
tions terribles. Ces épreuves venaient de ce qu'il était Juif
et par conséquent fort innocemment imbu depuis son
enfance des idées de son peuple sur le Messie. Ce n'avait pas
été sans un combat intérieur qu'il avait prêché la repentance
et le salut par la foi telle que nous les avons exposés tout à
l'heure ; il dut renoncer sans doute à des croyances auxquelles il avait été longtemps attaché pour arriver à cette conception si pure, si élevée, si religieuse des seules vraies conditions d'entrée dans le Royaume de Dieu. Mais autrement
terrible, autrement douloureux fut le combat qu'il dut soutenir contre les croyances messianiques de son temps chères
à tout enfant d'Israël qui aimait sa religion et qui aimait sa
patrie.

Les personnes qui ont lu les détails que nous donnons

plus haut [1] sur les croyances messianiques au premier siècle ont compris que Jésus a connu toute cette théologie. Il en a même adopté certaines parties, mais avec cette différence immense, capitale, avec cette opposition tranchée que le Messie sera humble, souffrira et mourra crucifié.

C'est à répandre cette doctrine nouvelle, en opposition avec les croyances messianiques de son temps, qu'il a consacré la plus grande partie de son ministère, parce que ces fausses croyances étaient la préoccupation dominante de son peuple.

Si les Talmuds parlent çà et là des souffrances du Messie, ses rédacteurs ont subi l'influence du christianisme. Jamais le Judaïsme authentique n'a été favorable à cette idée. Elle était « scandaleuse » à ses yeux, dit saint Paul [2]. Les passages des prophètes, le chapitre LIII d'Esaïe par exemple, où il est parlé des souffrances du serviteur de l'Eternel, n'étaient pas alors appliqués au Messie [3]. Lorsque Jésus l'a prêchée elle était nouvelle ; il ne la tenait même pas de Jean-Baptiste qui en est toujours resté à sa conception purement juive d'un Messie vengeur et juge du monde. C'est même pour cela que Jésus s'est séparé de lui et a déclaré le plus petit dans son Royaume plus grand que lui.

Nous avons affirmé que Jésus s'est dit le Messie, et a prêché la foi en lui. Nous n'insistons pas sur ce fait ; il n'a rien de très surprenant pour l'époque où il vivait ; il n'a pas manqué d'hommes qui se sont crus alors des Messies et ils n'étaient certainement pas tous des imposteurs ; quelques-uns devaient être sincères. Nous ne dirons donc pas que les prétentions de Jésus sur lui-même fussent extraordinaires et nouvelles. Il a dit qu'il fallait s'abandonner à lui, que celui qui le confesserait devant les hommes serait confessé par lui devant Dieu ; il a dit : « Venez à moi » ; il a déclaré que les devoirs les plus sacrés de la vie de famille venaient après ce qu'on lui

---

[1] Chapitre V.
[2] Ire Epître aux Corinth., ch. I, 23.
[3] Les Targoums sont formels sur ce point.

devait à lui-même. Or on pouvait dans ce milieu du premier
siècle se croire le Messie, on pouvait s'exalter jusque-là ; la
fièvre pouvait s'emparer de vous, quand on respirait l'atmosphère brûlante de ce monde agité ; et on pourrait expliquer par
l'entrainement, l'exaltation, la folie ces paroles de Jésus sur
lui-même.

Mais ce qui est surprenant, ce qui nous empêche de prononcer ces mots d'entrainement, d'exaltation, de folie, c'est
que Jésus, en prêchant la foi en lui, a dit qu'il mourrait crucifié et qu'il n'était pas le Roi attendu qui serait vainqueur
de l'étranger. Ce simple fait suffit à écarter l'explication
moderne d'un Christ illuminé, exalté, inspiré. Ce qui nous
frappe au contraire en Jésus quand il parle de lui, c'est sa
possession de lui-même, sa clairvoyance, l'absence complète
d'illusion.

Il y eut dans son ministère trois moments où nous apparaît surtout la lutte dont nous venons de parler, le combat qui
fut le grand combat de sa vie, sa véritable Passion. Ces trois
moments solennels se placent le premier au début, le
second au milieu, le troisième à la fin de sa vie publique.
La lutte du début nous est révélée par le récit mystérieux de
la tentation au désert [1]. Nous l'expliquerons d'un mot : la
défiance à l'égard des idées messianiques de son temps. Il
s'est défié tout de suite de ce que pensaient ses contemporains. Il s'est douté qu'il y avait là une formidable erreur
et que la théologie juive faisait fausse route, que la doctrine
d'un Messie cherchant sa propre gloire en changeant des
pierres en pain, d'un thaumaturge se jetant du haut du Temple pour étonner le monde par ses prodiges, d'un Roi maître
de toutes les nations de la terre, devait être une suggestion
de l'Esprit des ténèbres et non pas l'idée messianique conforme à la volonté de Dieu. Pendant quarante jours, il lutte,
il combat et il sort enfin vainqueur de cette première et dure
épreuve.

[1] Ev. de Matth. IV, 1 et suiv.; Ev. de Luc IV, 1 et suiv.

Au milieu de son ministère, un an avant sa mort et au moment même où l'inévitable nécessité de cette crucifixion sanglante lui apparaît, la tentation revient. Elle se représente à lui quand Pierre s'écrie : « A Dieu ne plaise, ce que tu dis ne t'arrivera point. [1] » Il lui semble que c'est Satan lui-même qui se montre à lui de nouveau sous les traits de son apôtre, et, ne se laissant pas gagner, ne voulant pas recommencer la lutte qu'il a déjà livrée, il s'écrie : « Arrière de moi, Satan, tu m'es en scandale, tu veux me faire tomber. » La volonté du Père est qu'il souffre et qu'il meure ; là est la victoire, là est le salut.

Ce n'est pas tout, et ce qu'il dût souffrir pour anéantir en lui l'idée juive et créer l'idée messianique nouvelle nous est aussi révélé par le troisième et dernier combat, celui du jardin des Oliviers. Il était temps encore d'échapper à la mort ; mais ce serait sa volonté et non la volonté du Père ; il boira la coupe que le Père lui a donnée à boire ; il vaincra définitivement ; il mourra pour son idée ; elle doit sauver le monde et elle ne le sauvera que si celui qui l'a conçue la réalise dans sa vie et dans sa mort. Et on nous dit que Jésus s'est fait illusion ; et on nous le montre subissant les croyances de son peuple ; on nous le montre enivré par son succès, exalté par l'enthousiasme de ses disciples ; on en fait un illuminé. Ici nous protestons au nom de l'histoire, au nom des faits les plus avérés de la vie de Jésus. Ce qui nous frappe au contraire en lui, répétons-le, c'est la clairvoyance, le calme, la sûreté du coup d'œil, l'observation réfléchie, la parfaite possession de lui-même qui ne l'abandonne pas un instant. On comprend qu'il y ait eu à cette époque des cas de folie. On comprend qu'il y ait eu des Juifs s'exaltant et se croyant le Messie. Cela est arrivé, en effet, à quelques-uns d'entre eux ; mais il y en eut un qui ne fut certainement pas un de ces exaltés, un chez lequel il est impossible de surprendre autre chose que le contraire même de l'exaltation, c'est-à-dire

[1] Ev. de Matth. XVI, 22.

la crainte de se laisser entraîner, la sainte défiance en face des exagérations de son peuple ; cet homme, c'est Jésus ; Quelle prudence d'abord et quelle réserve ! Et puis, le jour venu, quelle lutte, quel combat ! Il est si peu entraîné par les croyances messianiques de son temps que ces croyances sont par lui repoussées, vaincues et transformées. On peut dire qu'il a protesté contre elles jusqu'à la mort et jusqu'à la mort de la croix.

Un mot résume notre pensée sur l'enseignement de Jésus : Il a été une *réaction,* une réaction spiritualiste et universaliste contre le formalisme et le particularisme du peuple juif. Poussés à leurs extrêmes conséquences, ils ont provoqué chez un des enfants de ce peuple cette sublime protestation qui s'appelle l'Evangile.

Personne n'a été moins de son temps que Jésus ; personne n'a moins subi l'influence de son milieu ; personne n'a été plus affranchi de préjugés, et plus indépendant que lui.

Où donc a-t-il puisé le principe de cette réaction spiritualiste et universaliste ? Avant tout auprès de Jean Baptiste, auquel d'ordinaire on ne rend pas assez justice. Son œuvre de précurseur a été immense, et nul ne saura jamais quelle influence il exerça sur Jésus ; les documents nous font entièrement défaut. La lecture de l'Ancien Testament dut aussi révéler Jésus à lui-même ; il semble y avoir étudié de préférence les Psaumes, ainsi que les prophètes Esaïe et Jérémie ; il découvrit sans doute la notion du Messie souffrant dans le chapitre LIII d'Esaïe, mieux compris par lui que par ses contemporains. Mais surtout il puisa ses idées nouvelles dans sa conscience, et il les trouva dans ses longues heures de communion avec son Père ; il y eut chez lui inspiration. Jésus a été, dans ce sens, un inspiré, et nous sommes logiquement amené à dire que la véritable nouveauté au premier siècle ne fut pas tant la parole de Jésus que Jésus lui-même. L'apparition de cet homme, son enseignement, ses actes, sa vie entière est un miracle. Si cette vie n'est pas un « signe », pour employer le mot de l'Evangile [1], le signe auquel on peut re-connaître une révélation de Dieu, une communication de Dieu aux hommes, alors nous n'avons aucun moyen de re-connaître de telles communications.

Le problème des origines du christianisme n'est donc pas insoluble ; Dieu nous a donné assez de lumière pour le ré-soudre. Notre raison est vaincue et convaincue, et nous nous sentons monter au cœur un amour profond pour celui qui a ainsi vécu et ainsi souffert, pour cet homme dont l'hé-roïsme moral se résume d'un mot : « Ne boirai-je pas la coupe que le Père m'a donnée à boire ? », pour cet ouvrier, ce char-pentier qui a conçu seul, au milieu d'un monde hostile, l'idée d'un salut universel accompli par une œuvre purement spi-rituelle ; certain d'avance de succomber dans la lutte, de mourir pour sa foi et qui n'était pas même soutenu dans sa tâche par l'approbation de ses disciples, puisqu'ils ne le com-prenaient pas, mais seulement par l'approbation de sa cons-cience et par celle de son Dieu. C'est ainsi que Jésus a sauvé l'avenir religieux de l'humanité. M. Renan a terminé sa « *Vie de Jésus* » en disant : « Il ne sera pas surpassé ; entre les fils des hommes, il n'en est pas né de plus grand que Jésus. » Cette parole-là est une des plus chrétiennes qui aient jamais été écrites au monde. Pour en finir avec le christianisme, pour que cette religion eut fait son temps, il faudrait précisément que Jésus fut dépassé, il faudrait qu'il naquit un homme plus grand que lui. Or, cela n'arrivera jamais. Voilà pourquoi nous affirmons, nous chrétiens, que le christianisme est éternel, que le christianisme est la vérité.

[1] σημεῖον.

FIN.

TABLE

DES

PASSAGES DE LA BIBLE

Cités ou commentés dans cet Ouvrage

———

ANCIEN TESTAMENT

GENÈSE

EXODE (*Suite*)

LÉVITIQUE

JUGES (*Suite*)

II ROIS (*Suite*)

I CHRONIQUES

II CHRONIQUES

ESDRAS

CANTIQUE DES CANTIQUES *(Suite)*

ESAÏE

JÉRÉMIE

LAMENTATIONS DE JÉRÉMIE

EZÉCHIEL

NOUVEAU TESTAMENT

ÉVANGILE DE MATTHIEU

ÉVANGILE DE MATTHIEU (*Suite*)

ÉVANGILE DE MATTHIEU (*Suite*)

ÉVANGILE DE MATTHIEU (*Suite*)

ÉVANGILE DE MARC

ÉVANGILE DE MARC (*Suite*)

ÉVANGILE DE MARC (*Suite*)

ÉVANGILE DE LUC

ÉVANGILE DE LUC (*Suite*)

ÉVANGILE DE LUC (*Suite*)

ÉVANGILE DE LUC (*Suite*)

ÉVANGILE DE JEAN (*Suite*)

ACTES DES APOTRES (*Suite*)

FIN DE LA TABLE DES PASSAGES BIBLIQUES

INDEX ALPHABÉTIQUE

A

A (Suite)

B

C

C (*Suite*)

D

F

G

H

H (*Suite*)

33

L *(Suite)*

M

M *(Suite)*

P (Suite)

Q

R

R (*Suite*)

S

S *(Suite)*

T

T (*Suite*)

U

V

X

Z

TABLE DES MATIÈRES

LIVRE I

LA VIE SOCIALE

CHAPITRE I

LA GÉOGRAPHIE DES ÉVANGILES

—

La Palestine. — Ses frontières. — Son étendue. — La Galilée. — Le chiffre de sa population. — Nazareth. — Naïm. — Tibériade. — Capharnahum. — Le lac. — La Pérée. —

CHAPITRE V

LA JUSTICE

—

CHAPITRE VI

LA POPULATION

—

CHAPITRE VII

LA VIE PRIVÉE

—

CHAPITRE VIII

LA VIE PRIVÉE *(Suite)*

—

LIVRE II

LA VIE RELIGIEUSE

—

CHAPITRE I

LES PHARISIENS ET LES SADUCÉENS SOUS LES MACCHABÉES ET SOUS HÉRODE-LE-GRAND

—

Les Hassidims. — Origines du pharisaïsme et du saducéisme.

ERRATA

Bibliographie, page 31, après : *La géographie et la topographie de la Palestine ont été étudiées par,* — ajouter : KARL RITTER, *Die Erdkunde,* Berlin, 1818, in-8°, 2° vol. *Westasien,* nouvelle édition, Berlin, 1850-1852, in-8°, vol. 15 à 17. — GEORGES EBERS ET HERMANN GUTHE, *Palæstina in Worth und Bild,* 1883.

Page 35, après : SMITH, *Dictionnary of the Bible,* Londres, 1863, 3 v., — ajouter : ALFRED EDERSHEIM, *The Life and Times of Jesus the Messiah,* 2 vol., London 1883.

Page 14, avant-dernière ligne, au lieu de : *Alexandre,* — lire : *Alexandra.*

Page 57, note 1, au lieu de : *Chron.,* — lire : *II Chron.*

Page 123, note 3, au lieu de : *Ev. de Luc VI, 52-53,* — lire : *Ev. de Luc IX, 52-53.*

Page 444, ligne 27, au lieu de : *Classe inférieure,* — lire : *Classe supérieure.*

www.ingramcontent.com/pod-product-compliance
Lightning Source LLC
Chambersburg PA
CBHW061023030726
47504CB00002B/236